I0867936

The Complete Fables of Jean de la Fontaine

The Complete Fables of Jean de la Fontaine

Edited,
with a Rhymed Verse
Translation

Norman B. Spector

Northwestern University Press
Evanston, IL

Open access edition funded by the National Endowment for the Humanities/Andrew W. Mellon Foundation Humanities Open Book Program.

Jean de la Fontaine. The Complete Fables of Jean de la Fontaine. Evanston, Ill.: Northwestern University Press, 1988.

ISBN 978-0-8101-0759-5 (cloth)
ISBN 978-0-8101-3963-3 (paper)
ISBN 978-0-8101-3964-0 (ebook)

Printed in the United States of America

Original edition LCCN 87-34843

For my children, Bob and Miriam

Note on the French Text

Norman Spector adapted his French text from the edition by Henri Régnier in the series Grands Ecrivains de la France, adding four fables from the edition by Georges Couton in the Classiques Garnier (see below). He introduced light touches of modernization, especially by replacing the graphy *oi* with *ai* in the endings of the imperfect and conditional, except where such a change would clash with a rhyme in *oi*.

Régnier, Henri, ed. *Oeuvres de J. de la Fontaine. Nouvelle édition.* Les Grands Ecrivains de la France. 3 vols. Paris: Hachette, 1883–85.

Couton, Georges, ed. *La Fontaine: Fables choisies mises en vers.* Classiques Garnier. Paris: Garnier, 1962. For Book XII, Fable XXVI ("La matrone d'Ephèse") and the unnumbered fables with the titles "Le renard et l'écureuil," "La pouie et le renard," and "L'âne juge."

Those who have assisted in proofreading include Gerald Mead, William Paden, Simone Pavlovich, Deborah Perkal-Balinsky, William Roberts, Sylvie Romanowski, Tilde Sankovitch, Janine Spencer, and Sylvie Vergne-Fisher.

This publication was funded in part by the A. J. Roslyn Gaines Fund; Carolyn Spector; The Spector Memorial Fund established by the Department of French at Northwestern University; and the Dean's Fund of the College of Arts and Sciences, Northwestern University.

Matières

Contents

BOOK ONE

BOOK TWO

LIVRE TROISIEME

LIVRE QUATRIEME

BOOK THREE

BOOK FOUR

LIVRE CINQUIEME

BOOK FIVE

LIVRE SIXIEME

LIVRE SEPTIEME

BOOK SIX

BOOK SEVEN

LIVRE HUITIEME

BOOK EIGHT

LIVRE NEUVIEME

LIVRE DIXIEME

BOOK NINE

BOOK TEN

LIVRE ONZIEME

LIVRE DOUZIEME

BOOK ELEVEN

BOOK TWELVE

APPENDICE

APPENDIX

A Monseigneur Le Dauphin

Monseigneur,

S'il y a quelque chose d'ingénieux dans la République des lettres, on peut dire que c'est la manière dont Esope a débité sa morale. Il serait véritablement à souhaiter que d'autres mains que les miennes y eussent ajouté les ornements de la poésie, puisque le plus sage des anciens a jugé qu'ils n'y étaient pas inutiles. J'ose, Monseigneur, vous en présenter quelques essais. C'est un entretien convenable à vos premières années. Vous êtes en un âge où l'amusement et les jeux sont permis aux princes; mais en même temps vous devez donner quelques-unes de vos pensées à des réflexions sérieuses. Tout cela se recontre aux fables que nous devons à Esope. L'apparence en est puérile, je le confesse; mais ces puérilités servent d'enveloppe à des vérités importantes.

Je ne doute point, Monseigneur, que vous ne regardiez favorablement des inventions si utiles et tout ensemble si agréables; car que peut-on souhaiter davantage que ces deux points? Ce sont eux qui ont introduit les sciences parmi les hommes. Esope a trouvé un art singulier de les joindre l'un avec l'autre. La lecture de son ouvrage répand insensiblement dans une âme les semences de la vertu, et lui apprend à se connaître sans qu'elle s'aperçoive de cette étude, et tandis qu'elle croit faire toute autre chose.

C'est une adresse dont s'est servi très-heureusement celui sur lequel Sa Majesté a jeté les yeux pour vous donner des instructions. Il fait en sorte que vous apprenez sans peine, ou pour mieux parler, avec plaisir, tout ce qu'il est nécessaire qu'un prince sache. Nous espérons beaucoup de cette conduite. Mais, à dire la vérité, il y a des choses dont nous espérons infiniment davantage: ce sont, Monseigneur, les qualités que notre invincible Monarque vous a données avec la naissance; c'est l'exemple que tous les jours il vous donne. Quand vous le voyez former de si grands desseins; quand vous le considérez qui regarde sans s'étonner l'agitation de l'Europe, et les machines qu'elle remue pour le détourner de son entreprise; quand il pénètre dès sa première démarche jusque dans le coeur d'une province où l'on trouve à chaque pas des barrières insurmontables, et qu'il en subjugue une autre en huit jours, pendant la saison la plus ennemie de la guerre, lorsque le repos et les plaisirs règnent dans les cours des autres princes; quand, non content de dompter les hommes, il veut triompher aussi des éléments; et quand, au retour de cette expédition, où il a vaincu comme un Alexandre, vous le voyez gouverner ses peuples comme un Auguste: Avouez le vrai, Monseigneur, vous soupirez pour la gloire aussi bien que lui, malgré l'impuissance de vos années; vous attendez avec impatience le temps où vous pourrez vous déclarer son rival dans l'amour de cette

To Milord the Dauphin

Milord,

If there's anything ingenious in the republic of letters, it can be said to be Aesop's way of stating his moral position. I wish other hands than mine had added the embellishments of poetry to it, since the wisest of the ancients found them useful. I take the liberty, Milord, of presenting you a few attempts at it. They're a diversion suitable to one of your tender years. You are at an age when amusement and games are allowed to princes; at the same time, you must be thinking now and then of serious matters. All of this is to be found in the fables we owe to Aesop. Their appearance is juvenile, I admit. But these juvenile traits serve to cloak important truths.

I have no doubt, Milord, that you will look favorably on creations as useful and pleasing as these, for what could one wish to have other than these two traits? The development of learning in man is their doing. Aesop possessed the special art of joining them together. To read his work is unconsciously to sow the seeds of virtue in one's soul, and to learn to know oneself without being aware that the instruction is taking place, while under the impression that one is doing other things.

This is a skill used with felicity by the person chosen by His Majesty to direct your schooling. He does this in such a way that without pain, or rather with pleasure, you learn everything a prince must know. We have high hopes in this method. But, to tell the truth, there are things for which our hopes are infinitely higher. They are, Milord, the qualities our invincible Monarch gave you at birth; the examples he gives you every day. When you see the great designs he has; when you observe him, unshaken, note Europe's stirring about and the operations it's undertaking to deter him from his enterprise; when with his very first move he penetrates to the heart of a province defended at every step of the way by insurmountable barriers; subdues another in a week, during the season most inimical to a campaign, when ease and pleasures rule the courts of other princes; when, not satisfied with mastering men, he decides to defeat the elements too, and when, returning from this expedition, in which his victory was that of an Alexander, you see him govern his subjects like Augustus; admit it, Milord, you yearn for glory as much as he, despite the as yet undeveloped strength of your years. Impatiently you await the time when you can claim to be his rival for the affection of that divine mistress. You don't await it, Milord, you anticipate it. I need as evidence only those noble stirrings, that vivacity, that ardor, the signs of your wit, your courage, the greatness of your soul, that you display at every moment. This surely gives our Monarch the joy he feels very deeply; but it's a most

divine maîtresse. Vous ne l'attendez pas, Monseigneur; vous le prévenez. Je n'en veux pour témoignage que ces nobles inquiétudes, cette vivacité, cette ardeur, ces marques d'esprit, de courage, et de grandeur d'âme, que vous faites paraître à tous les moments. Certainement c'est une joie bien sensible à notre Monarque; mais c'est un spectacle bien agréable pour l'univers que de voir ainsi croître une jeune plante qui couvrira un jour de son ombre tant de peuples et de nations.

Je devrais m'étendre sur ce sujet; mais comme le dessein que j'ai de vous divertir est plus proportionné à mes forces que celui de vous louer, je me hâte de venir aux fables, et n'ajouterai aux vérités que je vous ai dites que celle-ci: c'est, Monseigneur, que je suis, avec un zèle respectueux,

Votre très-humble, très-obéissant,
et très-fidèle serviteur,

De La Fontaine

pleasing sight to the entire universe thus to observe the growth of a young plant that will one day with its shade shelter so many peoples and nations. I should expand on this subject, but my goal of entertaining you is better proportioned to my ability than that of praising you. I hasten along to the fables, and will add to the truths I have told you only this one: that I am, Milord, with respectful devotion,

Your most humble, most obedient,
and most faithful servant,

De La Fontaine

Préface

L'indulgence que l'on a eue pour quelques-unes de mes fables me donne lieu d'espérer la même grâce pour ce recueil. Ce n'est pas qu'un des maîtres de notre éloquence n'ait désapprouvé le dessein de les mettre en vers: il a cru que leur principal ornement est de n'en avoir aucun; que d'ailleurs la contrainte de la poésie, jointe à la sévérité de notre langue, m'embarrasseraient en beaucoup d'endroits, et banniraient de la plupart de ces récits la brèveté, qu'on peut fort bien appeler l'âme du conte, puisque sans elle il faut nécessairement qu'il languisse. Cette opinion ne saurait partir que d'un homme d'excellent goût; je demanderais seulement qu'il en relâchât quelque peu, et qu'il crût que les grâces lacédémoniennes ne sont pas tellement ennemies des muses françaises, que l'on ne puisse souvent les faire marcher de compagnie.

Après tout, je n'ai entrepris la chose que sur l'exemple, je ne veux pas dire des anciens, qui ne tire point à conséquence pour moi, mais sur celui des modernes. C'est de tout temps, et chez tous les peuples qui font profession de poésie, que le Parnasse a jugé ceci de son apanage. A peine les fables qu'on attribue à Esope virent le jour, que Socrate trouva à propos de les habiller des livrées des muses. Ce que Platon en rapporte est si agréable, que je ne puis m'empêcher d'en faire un des ornements de cette préface. Il dit que Socrate étant condamné au dernier supplice, l'on remit l'exécution de l'arrêt, à cause de certaines fêtes. Cébès l'alla voir le jour de sa mort. Socrate lui dit que les Dieux l'avaient averti plusieurs fois, pendant son sommeil, qu'il devait s'appliquer à la musique avant qu'il mourût. Il n'avait pas entendu d'abord ce que ce songe signifiait; car, comme la musique ne rend pas l'homme meilleur, à quoi bon s'y attacher? Il fallait qu'il y eût du mystère là-dessous: d'autant plus que les Dieux ne se lassaient point de lui envoyer la même inspiration. Elle lui était encore venue une de ces fêtes. Si bien qu'en songeant aux choses que le Ciel pouvait exiger de lui, il s'était avisé que la musique et la poésie ont tant de rapport, que possible était-ce de la dernière qu'il s'agissait. Il n'y a point de bonne poésie sans harmonie; mais il n'y en a point non plus sans fiction; et Socrate ne savait que dire la vérité. Enfin il avait trouvé un tempérament: c'était de choisir des fables qui continssent quelque chose de véritable, telles que sont celles d'Ésope. Il employa donc à les mettre en vers les derniers moments de sa vie.

Socrate n'est pas le seul qui ait considéré comme soeurs la poésie et nos fables. Phèdre a témoigné qu'il était de ce sentiment; et par l'excellence de son ouvrage, nous pouvons juger de celui du prince des philosophes. Après Phèdre, Aviénus a traité le même sujet. Enfin les modernes les ont suivis: nous en avons des exemples, non- seulement chez les étrangers, mais chez nous. Il est vrai que lorsque nos gens y ont travaillé, la langue était si différente

Preface

The kindness shown to some of my fables gives me reason to hope for the same kind of favor for this collection. Not that one of our teachers of eloquence didn't disapprove of the decision to put them into verse. He thought that their principal adornment was to have none; further, that the constraints of poetry, along with the rigor of our language, would frequently hamper me and prevent most of these stories from having that brevity that can most justly be called the soul of tales, since without it they must drag. This opinion could come only from a man of excellent taste. I would ask him only to relax it slightly, and to judge the Lacedemonian Graces to be not so inimical to the French Muses that they couldn't often make their way together.

After all, I've undertaken this only on the example, I won't say of the Ancients, which is of no consequence to me, but of the Moderns. At all times, and among all peoples that practice poetry, Parnassus has judged this appropriate. Hardly had the fables attributed to Aesop seen the light of day when Socrates saw fit to clothe them in the livery of the Muses. Plato's allusion to them is so pleasing that I can't keep from embellishing this preface with it. He said that on the occassion of Socrates' condemnation to capital punishment, execution of the sentence was delayed because of certain festivals. Cebes went to see him on the day of his death. Socrates told him that several times during his sleep the Gods had instructed him to devote himself to music before he died. At first he hadn't understood what this dream meant; for, since music doesn't elevate man, what's the point of taking it up? There had to be some mystery behind it; all the more so in that the Gods kept sending him the same message. It had come to him again during one of these festivals. To such an extent that in thinking about what Heaven could be demanding of him, he had realized that music and poetry are so closely related that perhaps the reference was to the latter. There is no good poetry without harmony; nor is there any without fiction, and Socrates was able to say only what was true. At last he found a compromise: it was to choose fables containing something true, like those of Aesop. So he devoted the last moments of his life to putting them into verse.

Socrates was not alone in judging poetry and our fables to be sisters. Phaedrus expressed the same sentiment; and from the excellence of his work we can judge that of the prince of philosophers. After Phaedrus, Avienus dealt with the same subject. Finally, the Moderns followed suit: we have examples not only in other lands, but here at home. It's true that when our compatriots worked at them the language was so different from what it is now, that we can only consider them to be foreign. This doesn't at all dissuade me from my undertaking. On the contrary, I flattered myself with the hope

de ce qu'elle est, qu'on ne les doit considérer que comme étrangers. Cela ne m'a point détourné de mon entreprise: au contraire, je me suis flatté de l'espérance que si je ne courais dans cette carrière avec succès, on ne me donnerait au moins la gloire de l'avoir ouverte.

Il arrivera possible que mon travail fera naître à d'autres personnes l'envie de porter la chose plus loin. Tant s'en faut que cette matière soit épuisée, qu'il reste encore plus de fables à mettre en vers que je n'en ai mis. J'ai choisi véritablement les meilleures, c'est-à-dire celles qui m'ont semblé telles; mais outre que je puis m'être trompé dans mon choix, il ne sera pas difficile de donner un autre tour à celles-là même que j'ai choisies; et si ce tour est moins long, il sera sans doute plus approuvé. Quoi qu'il en arrive, on m'aura toujours obligation, soit que ma témérité ait été heureuse, et que je ne me sois point trop écarté du chemin qu'il fallait tenir, soit que j'aie seulement excité les autres à mieux faire.

Je pense avoir justifié suffisamment mon dessein: quant à l'exécution, le public en sera juge. On ne trouvera pas ici l'élégance ni l'extrême brèveté qui rendent Phèdre recommandable: ce sont qualités au-dessus de ma portée. Comme il m'était impossible de l'imiter en cela, j'ai cru qu'il fallait en récompense égayer l'ouvrage plus qu'il n'a fait. Non que je le blâme d'en être demeuré dans ces termes: la langue latine n'en demandait pas davantage; et si l'on y veut prendre garde, on reconnaîtra dans cet auteur le vrai caractère et le vrai génie de Térence. La simplicité est magnifique chez ces grands hommes: moi, qui n'ai pas les perfections du langage comme ils les ont eues, je ne la puis élever à un si haut point. Il a donc fallu se récompenser d'ailleurs: c'est ce que j'ai fait avec d'autant plus de hardiesse, que Quintilien dit qu'on ne saurait trop égayer les narrations. Il ne s'agit pas ici d'en apporter une raison: c'est assez que Quintilien l'ait dit. J'ai pourtant considéré que ces fables étant sues de tout le monde, je ne ferais rien si je ne les rendais nouvelles par quelques traits qui en relevassent le goût. C'est ce qu'on demande aujourd'hui: on veut de la nouveauté et de la gaieté. Je n'appelle pas gaieté ce qui excite le rire; mais un certain charme, un air agréable qu'on peut donner à toutes sortes de sujets, même les plus sérieux.

Mais ce n'est pas tant par la forme que j'ai donnée à cet ouvrage qu'on en doit measurer le prix, que par son utilité et par sa matière; car qu'y a-t-il de recommandable dans les productions de l'esprit, qui ne se rencontre dans l'apologue? C'est quelque chose de si divin, que plusieurs personnages de l'antiquité ont attribué la plus grande partie de ces fables à Socrate, choisissant, pour leur servir de père, celui des mortels qui avait le plus de communication avec les Dieux. Je ne sais comme ils n'ont point fait descendre du ciel ces mêmes fables, et comme ils ne leur ont point assigné un dieu qui en eût la

that if I didn't travel this path with success, I would at least be given credit for having cleared the way.

It may happen that my work will engender in others the desire to carry it further. So far are we from having exhausted the material, that there remain still more fables to put into verse than I have done. I've chosen unquestionably the best ones: that is, those that seemed so to me. But beside the fact that I may have been wrong in my choice, it won't be difficult to give another twist to the ones I have chosen; and if such a recasting is shorter, it will no doubt be more welcome. Be that as it may, people will always be in my debt; either because my temerity turned out fortunately and I didn't stray too far from the path I had to keep to, or because at the very least I stimulated others to do better.

I think I've sufficiently justified my intention; as for its execution, the public will be the judge of that. It will find here neither the elegance nor the extreme brevity that are to Phaedrus's credit; those are virtues beyond my reach. Since it was impossible for me to emulate him in those areas, to compensate, I thought I had to make my work more entertaining. Not that I criticize him for having remained within his limits: the Latin language required nothing more. And if we look closely, we detect in this author the real character and the real genius of Terence. Simplicity is magnificent in the works of these great men. I, who don't have the perfect command of language that was theirs, cannot raise mine to such a high level. I therefore had to compensate for this in other ways. That's what I've done all the more boldly, inasmuch as Quintilian says that stories can't be made too entertaining. No need to cite a reason for this: suffice it that Quintilian said it. I've concluded, however, since these fables are known by everyone, that I'd accomplish nothing if I didn't rejuvenate them with some features that would make them piquant once again. That's what's desired today: novelty and amusement. By amusement I don't mean what produces laughter, but a certain charm, an agreeable appearance that can be given to all sorts of subjects, even the most serious.

But it's not so much by the form that I've given this work that its value can be measured as by its usefulness and its subject matter. For what worthy things has the mind produced that are not to be found in the apologue? The latter is something so divine that several people in antiquity have attributed the great majority of these fables to Socrates, deciding that their creator was that mortal who communicated best with the Gods. I don't know how it is that the deities didn't send the fables themselves down to us, assigning a god to them as patron, as they did for poetry and eloquence. What I say is not entirely baseless, since, if I may mix what we hold most sacred with the error

direction, ainsi qu'à la poésie et à l'éloquence. Ce que je dis n'est pas tout à fait sans fondement, puisque, s'il m'est permis de mêler ce que nous avons de plus sacré parmi les erreurs du paganisme, nous voyons que la Vérité a parlé aux hommes par paraboles; et la parabole est-elle autre chose que l'apologue, c'est-à-dire un exemple fabuleux, et qui s'insinue avec d'autant plus de facilité et d'effet, qu'il est plus commun et plus familier? Qui ne nous proposerait à imiter que les maîtres de la sagesse nous fournirait un sujet d'excuse: il n'y en a point quand des abeilles et des fourmis sont capables de cela même qu'on nous demande.

C'est pour ces raisons que Platon, ayant banni Homère de sa république, y a donné à Esope une place très-honorable. Il souhaite que les enfants sucent ces fables avec le lait; il recommande aux nourrices de les leur apprendre; car on ne saurait s'accoutumer de trop bonne heure à la sagesse et à la vertu. Plutôt que d'être réduits à corriger nos habitudes, il faut travailler à les rendre bonnes pendant qu'elles sont encore indifférentes au bien ou au mal. Or quelle méthode y peut contribuer plus utilement que ces fables? Dites à un enfant que Crassus, allant contre les Parthes, s'engagea dans leur pays sans considérer comment il en sortirait; que cela le fit périr, lui et son armée, quelque effort qu'il fît pour se retirer. Dites au même enfant que le Renard et le Bouc descendirent au fonds d'un puits pour y éteindre leur soif; que le Renard en sortit s'étant servi des épaules et des cornes de son camarade comme d'une échelle; au contraire, le Bouc y demeura pour n'avoir pas eu tant de prévoyance; et par conséquent il faut considérer en toute chose la fin. Je demande lequel de ces deux exemples fera le plus d'impression sur cet enfant. Ne s'arrêtera-t-il pas au dernier, comme plus conforme et moins disproportionné que l'autre à la petitesse de son esprit? Il ne faut pas m'alléguer que les pensées de l'enfance sont d'elles-mêmes assez enfantines, sans y joindre encore de nouvelles badineries. Ces badineries ne sont telles qu'en apparence; car dans le fond elles portent un sens très-solide. Et comme, par la définition du point, de la ligne, de la surface, et par d'autres principes très-familiers, nous parvenons à des connaissances qui mesurent enfin le ciel et la terre, de même aussi, par les raisonnements et conséquences que l'on peut tirer de ces fables, on se forme le jugement et les moeurs, on se rend capable des grandes choses.

Elles ne sont pas seulement morales, elles donnent encore d'autres connaissances. Les propriétés des animaux et leurs divers caractères y sont exprimés; par conséquent les nôtres aussi, puisque nous sommes l'abrégé de ce qu'il y a de bon et de mauvais dans les créatures irraisonnables. Quand Prométhée voulut former l'homme, il prit la qualité dominante de chaque bête: de ces pièces si différentes il composa notre espèce; il fit cet ouvrage qu'on appelle le Petit-Monde. Ainsi ces fables sont un tableau où chacun de

of paganism, we see that Truth has spoken to men in parables; and is the parable anything other than the apologue, that is, a fabulous example, making its point with all the greater ease and effect to the extent that it's of everyday, familiar material? Whoever would recommend that we imitate only the philosophers would provide us an excuse to get out of it; one not available when bees and ants can accomplish the very things asked of us.

It's for this reason that Plato, having banished Homer from his republic, gave Aesop an honored place in it. His wish was for infants to imbibe these fables with their milk: he recommends that wet nurses teach them, for one cannot become used to wisdom and virtue too soon. Rather than limiting ourselves to correcting our habits, we must work at making them good ones while they're still unconditioned by good or evil. Now what method can more fruitfully contribute to this than these fables? Tell a child that Crassus, going against the Parthians, invaded their land without considering how he'd get out; that this caused his death and that of his army, strive as he might to withdraw. Tell the same child that the Fox and the Goat went down into a well to quench their thirst; that the Fox got out by using his comrade's shoulders and horns as a ladder, whereas the Goat stayed there for lack of foresight; and that consequently the outcome of all things should be considered. I ask which of these two examples will make the greater impression on that child. Will he not linger over the second, as being more in conformity and less disproportionate to the limited scope of his mind? Don't tell me that the thoughts of childhood are in themselves sufficiently childish without our adding other trifling matters to them. They only seem trifling, for at bottom they contain very meaningful substance. And as, by means of the definition of a point, a line, a surface, and other very familiar principles we arrive finally at understanding how to measure the heavens and the earth, in the same way, through the arguments and conclusions drawn from these fables, our judgment and our actions are formed and we become capable of great things.

The fables are not limited to moral behavior; they provide other kinds of enlightenment. The properties of animals and their various characteristics are presented in them. Consequently ours are too, since we're the epitome of good and evil among irrational creatures. When Prometheus undertook to fashion man, he took the dominant characteristics of every beast. From these disparate pieces he made our species, the creation we call the Microcosm. These fables are portraits in which all of us are depicted. What they portray confirms for persons in adult life what experience has brought to them, and teaches children what they should know. Since the latter are newcomers to the world, they don't yet know its inhabitants, they don't know themselves. They should be left in this ignorance as short a time as possible; they must

nous se trouve dépeint. Ce qu'elles nous représentent confirme les personnes d'âge avancé dans les connaissances que l'usage leur a données, et apprend aux enfants ce qu'il faut qu'ils sachent. Comme ces derniers sont nouveaux-venus dans le monde, ils n'en connaissent pas encore les habitants: ils ne se connaissent pas eux-mêmes. On ne les doit laisser dans cette ignorance que le moins qu'on peut: il leur faut apprendre ce que c'est qu'un lion, un renard, ainsi du reste; et pourquoi l'on compare quelquefois un homme à ce renard ou à ce lion. C'est à quoi les fables travaillent: les premières notions de ces choses proviennent d'elles.

J'ai déjà passé la longueur ordinaire des préfaces; cependant je n'ai pas encore rendu raison de la conduite de mon ouvrage. L'apologue est composé de deux parties, dont on peut appeler l'une le corps, l'autre l'âme. Le corps est la fable; l'âme, la moralité. Aristote n'admet dans la fable que les animaux: il en exclut les hommes et les plantes. Cette règle est moins de nécessité que de bienséance, puisque ni Ésope, ni Phèdre, ni aucun des fabulistes, ne l'a gardée, tout au contraire de la moralité, dont aucun ne se dispense. Que s'il m'est arrivé de le faire, ce n'a été que dans les endroits où elle n'a pu entrer avec grâce, et où il est aisé au lecteur de la suppléer. On ne considère en France que ce qui plaît: c'est la grande règle, et pour ainsi dire la seule. Je n'ai donc pas cru que ce fût un crime de passer par-dessus les anciennes coutumes lorsque je ne pouvais les mettre en usage sans leur faire tort. Du temps d'Ésope la fable était contée simplement: la moralité séparée, et toujours ensuite. Phèdre est venu, qui ne s'est pas assujeti à cet ordre: il embellit la narration, et transporte quelquefois la moralité de la fin au commencement. Quand il serait nécessaire de lui trouver place, je ne manque à ce précepte que pour en observer un qui n'est pas moins important: c'est Horace qui nous le donne. Cet auteur ne veut pas q'un écrivain s'opiniâtre contre l'incapacité de son esprit, ni contre celle de la matière. Jamais, à ce qu'il prétend, un homme qui veut réussir n'en vient jusque-là; il abandonne les choses dont il voit bien qu'il ne saurait rien faire de bon:

Et quae
Desperat tractata nitescere posse relinquit.

C'est ce que j'ai fait à l'égard de quelques moralités du succès desquelles je n'ai pas bien espéré.

Il ne reste plus qu'à parler de la vie d'Ésope. Je ne vois presque personne qui ne tienne pour fabuleuse celle que Planude nous a laissée. On s'imagine que cet auteur a voulu donner à son héros un caractère et des aventures qui répondissent à ses fables. Cela m'a paru d'abord spécieux; mais j'ai trouvé à la fin peu de certitude en cette critique. Elle est en partie fondée sur ce qui

learn what it is to be a lion, a fox, and so forth; and why a man is compared sometimes to this fox or that lion. That's what fables seek to do: the first notions of these things come from them.

I've already exceeded the usual length of prefaces; yet I haven't explained the form of my work. The apologue is composed of two parts, one of which may be called the body, the other the soul. The body is the fable proper, the soul is the moral. Aristotle admits only animals into fables; he excludes mankind and plants. This rule is less a matter of necessity than of taste, since neither Aesop nor Phaedrus, nor any of the writers of fables, have held to it. It's the contrary for the moral, which no one discards. If I happen to have done so, it's only in those places where it wouldn't fit without awkwardness and where the reader can easily supply it. In France esteem is given only to what pleases; that's the main rule, the only one, so to speak. I thought it no crime, consequently, to skirt the ancient customs when I couldn't apply them without damage. In Aesop's time the fable was told simply, the moral being separate and always coming at the end. When Phaedrus came on the scene, he did not subscribe to this order: he embellishes the story, and sometimes moves the moral from the end to the beginning. When it's necessary to find a place for it, I don't fail to observe this rule, except when having to follow one no less important. Horace gave it to us. This author wants no writer to attempt stubbornly to stretch the limits of his talent or those of the material. Never, he maintains, will a man who wishes to succeed go to such lengths; he abandons those things he sees he can't do well:

And on those things he
despairs of being able to do brilliantly he gives up.

That's what I've done in the case of some morals for the success of which I hadn't much hope.

There remains only to speak of Aesop's life. I know no one who doesn't consider the biography left to us by Planudes to be a fabrication. It's thought that this author decided to give his hero a character and adventures that correspond to his fables. That judgment at first seemed appropriate to me, but I later found little that's well founded in this assessment. It's partly based on what happened between Xanthus and Aesop: Too many stupid things have been found in it. But where is the wise man to whom similar things don't happen? Socrates' life was not entirely limited to serious matters. What confirms my impression for me is that the character that Planudes gives Aesop is like the one Plutarch gave him in the *Banquet of the Seven Sages*, i.e. that of a perceptive man who let nothing get by him. I'll be told that the *Banquet of the Seven Sages* is also a fabrication. It's easy to cast doubts on anything. I

se passe entre Xantus et Esope: on y trouve trop de niaiseries. Et qui est le sage à qui de pareilles choses n'arrivent point? Toute la vie de Socrate n'a pas été sérieuse. Ce qui me confirme en mon sentiment, c'est que le caractère que Planude donne à Ésope est semblable à celui que Plutarque lui a donné dans son *Banquet des sept Sages*, c'est-à-dire d'un homme subtil, et qui ne laisse rien passer. On me dira que le *Banquet des sept Sages* est aussi une invention. Il est aisé de douter de tout: quant à moi, je ne vois pas bien pourquoi Plutarque aurait voulu imposer à la postérité dans ce traité-là, lui qui fait profession d'être véritable partout ailleurs, et de conserver à chacun son caractère. Quand cela serait, je ne saurais que mentir sur la foi d'autrui: me croira-t-on moins que si je m'arrête à la mienne? Car ce que je puis est de composer un tissu de mes conjectures, lequel j'intitulerai: *Vie d'Ésope*. Quelque vraisemblable que je le rende, on ne s'y assurera pas; et fable pour fable, le lecteur préférera toujours celle de Planude à la mienne.

don't really see why Plutarch would have wanted to mislead posterity in that work, when it was his principle to be truthful everywhere else and truly portray the character of everyone.

Even if that were the case, I would only be false on the basis of someone else's good faith. Will I be believed less than if I stopped short at my own? For all I can do is create a fabric out of my own conjectures that I'll call *Aesop's Life*. However plausible I make it, it can't be taken as certain; and, fable for fable, the reader will still prefer Planudes' version to my own.

BOOK ONE

I

LIVRE PREMIER

À Monseigneur le Dauphin

Je chante les héros dont Esope est le père,
Troupe de qui l'histoire, encor que mensongère,
Contient des vérités qui servent de leçons.
Tout parle en mon ouvrage, et même les poissons:
Ce qu'ils disent s'adresse à tous tant que nous sommes;
Je me sers d'animaux pour instruire les hommes.
ILLUSTRE REJETON D'UN PRINCE aimé des cieux,
Sur qui le monde entier a maintenant les yeux,
Et qui faisant fléchir les plus superbes têtes,
Comptera désormais ses jours par ses conquêtes,
Quelque autre te dira d'une plus forte voix
Les faits de tes aïeux et les vertus des rois.
Je vais t'entretenir de moindres aventures,
Te tracer en ces vers de légères peintures;
Et si de t'agréer je n'emporte le prix,
J'aurai du moins l'honneur de l'avoir entrepris.

To Milord the Dauphin

The heroes I extol were all Aesop's creation,
A company whose story, although it's fabrication,
Gives lessons in truth to meet anyone's wish.
All of them speak in my work, including the fish.
What they say concerns each one of us, whether near or far:
I use beasts to teach men, no matter who they are.
FAMOUS SCION OF A PRINCE held dear in the skies,
From whom the world entire does not take its eyes,
And who, making the proudest of heads bow down low,
Will now number his days by how his victories grow,
Someone else will regale you, whose voice rings
Louder, with deeds of your sires, virtues of kings.
I'll tell you tales marked by lighter features,
In these verses draw you more modest creatures.
And if by my efforts you're not gratified,
I will at least possess the honor of having tried.

I
La Cigale et la Fourmi

La Cigale, ayant chanté
    Tout l'été,
Se trouva fort dépourvue
Quand la bise fut venue:
Pas un seul petit morceau
De mouche ou de vermisseau.
Elle alla crier famine
Chez la Fourmi sa voisine,
La priant de lui prêter
Quelque grain pour subsister
Jusqu'à la saison nouvelle.
"Je vous paierai, lui dit-elle,
Avant l'oût, foi d'animal,
Intérêt et principal."
La Fourmi n'est pas prêteuse:
C'est là son moindre défaut.
"Que faisiez-vous au temps chaud?
Dit-elle à cette emprunteuse.
—Nuit et jour à tout venant
Je chantais, ne vous déplaise.
—Vous chantiez? j'en suis fort aise:
Eh bien! dansez maintenant."

II
Le Corbeau et le Renard

Maître Corbeau, sur un arbre perché,
  Tenait en son bec un fromage.
Maître Renard, par l'odeur alléché,
  Lui tint à peu près ce langage:
  "Hé! bonjour, Monsieur du Corbeau.

I
The Cicada and the Ant

Cicada, having sung her song
All summer long,
Found herself without a crumb
When winter winds did come.
Not a scrap was there to find
Of fly or earthworm, any kind.
Hungry, she ran off to cry
To neighbor Ant, and specify:
Asking for a loan of grist,
A seed or two so she'd subsist
Just until the coming spring.
She said, "I'll pay you everything
Before fall, my word as animal,
Interest and principal."
Well, no hasty lender is the Ant;
It's her finest virtue by a lot.
"And what did you do when it was hot?"
She then asked this mendicant.
"To all comers, night and day,
I sang. I hope you don't mind."
"You sang? Why, my joy is unconfined.
Now dance the winter away."

II
The Crow and the Fox

At the top of a tree perched Master Crow;
In his beak he was holding a cheese.
Drawn by the smell, Master Fox spoke, below.
The words, more or less, were these:
"Hey, now, Sir Crow! Good day, good day!

Que vous êtes joli! que vous me semblez beau!
Sans mentir, si votre ramage
Se rapporte à votre plumage,
Vous êtes le phénix des hôtes de ces bois."
A ces mots le Corbeau ne se sent pas de joie;
Et pour montrer sa belle voix,
Il ouvre un large bec, laisse tomber sa proie.
Le Renard s'en saisit, et dit: "Mon bon Monsieur,
Apprenez que tout flatteur
Vit aux dépens de celui qui l'écoute:
Cette leçon vaut bien un fromage, sans doute."
Le Corbeau, honteux et confus,
Jura, mais un peu tard, qu'on ne l'y prendrait plus.

III
La Grenouille qui se veut faire aussi grosse que le Boeuf

Une Grenouille vit un Boeuf
Qui lui sembla de belle taille.
Elle, qui n'était pas grosse en tout comme un oeuf,
Envieuse, s'étend, et s'enfle, et se travaille,
Pour égaler l'animal en grosseur,
Disant: "Regardez bien, ma soeur;
Est-ce assez? dites-moi; n'y suis-je point encore?
—Nenni. —M'y voici donc? —Point du tout. —M'y voilà?
—Vous n'en approchez point." La chétive pécore
S'enfla si bien qu'elle creva.

Le monde est plein de gens qui ne sont pas plus sages:
Tout bourgeois veut bâtir comme les grands seigneurs,
Tout petit prince a des ambassadeurs,
Tout marquis veut avoir des pages.

How very handsome you do look, how grandly *distingué*!
No lie, if those songs you sing
Match the plumage of your wing,
You're the phoenix of these woods, our choice."
Hearing this, the Crow was all rapture and wonder.
To show off his handsome voice,
He opened beak wide and let go of his plunder.
The Fox snapped it up and then said, "My Good Sir,
Learn that each flatterer
Lives at the cost of those who heed.
This lesson is well worth a cheese, indeed."
The Crow, ashamed and sick,
Swore, a bit late, not to fall again for that trick.

III
The Frog Who Would Be as Big as an Ox

A Frog had an Ox in her view;
His bulk, to her, appeared ideal.
She, not even as large, all in all, as an egg hitherto,
Envious, stretched, swelled, strained, in her zeal
To match the beast in overall size,
Saying, "Sister, lend me your eyes.
Is this enough? Am I not yet there, in every feature?"
"Nope." "Then now?" "No way." "There now, as good as first?"
"You're not anywhere near." The diminutive creature
Inflated still more, till she burst.

The world is full of folk who are as far from being sages.
Every city gent would build chateaux like Louis Quatorze;
Every petty prince names ambassadors,
Every marquis wants to have pages.

IV
Les Deux Mulets

Deux Mulets cheminaient, l'un d'avoine chargé,
L'autre portant l'argent de la gabelle,
Celui-ci, glorieux d'une charge si belle,
N'eût voulu pour beaucoup en être soulagé.
Il marchait d'un pas relevé,
Et faisait sonner sa sonnette:
Quand l'ennemi se présentant,
Comme il en voulait à l'argent,
Sur le Mulet du fisc une troupe se jette,
Le saisit au frein et l'arrête.
Le Mulet, en se défendant,
Se sent percer de coups; il gémit, il soupire.
"Est-ce donc là, dit-il, ce qu'on m'avait promis?
Ce Mulet qui me suit du danger se retire;
Et moi j'y tombe, et je péris!
—Ami, lui dit son camarade,
Il n'est pas toujours bon d'avoir un haut emploi:
Si tu n'avais servi qu'un meunier, comme moi,
Tu ne serais pas si malade."

V
Le Loup et le Chien

Un Loup n'avait que les os et la peau,
Tant les chiens faisaient bonne garde.
Ce Loup rencontre un Dogue aussi puissant que beau,
Gras, poli, qui s'était fourvoyé par mégarde.
L'attaquer, le mettre en quartiers,
Sire Loup l'eût fait volontiers;
Mais il fallait livrer bataille,
Et le mâtin était de taille

IV
The Two Mules

Two Mules were en route: on one oats were borne,
On the other one the salt-tax money rode.
He, proud to be bearer of such a fine load,
Would indeed have spurned relief with scorn.
Prancing as to the manner born,
He kept sounding his little bell.
When bandits, stalking the pack
With the money, made their attack,
At the Tax-Mule a gang of them rushed pell-mell,
Seized his bridle, halted him; he fell.
The Mule resisting, kicking back,
Was stabbed, again and again; he groaned and sighed.
"Is this, then," he said, "what I was promised on high?
That Mule behind me takes this peril in stride,
And I'm the one struck down to die!"
His comrade said to him, "Friend,
It's not always so good to be named to a lofty position.
If serving a miller, like me, had been your mission,
You'd not have met this sad end."

V
The Wolf and the Dog

A Wolf, mere skin and bones a long time,
So well did the guard dogs keep him away,
Encountered a Watchdog, powerful, right in his prime,
Fat and sleek, who'd inadvertently gone astray.
To attack him and tear him all apart
Would have warmed the Wolf's heart,
But he'd have had to start a fight.
The cur was of a size and might

A se défendre hardiment.
Le Loup donc l'aborde humblement,
Entre en propos, et lui fait compliment
Sur son embonpoint, qu'il admire.
"Il ne tiendra qu'à vous, beau sire,
D'être aussi gras que moi, lui repartit le Chien.
Quittez les bois, vous ferez bien:
Vos pareils y sont misérables,
Cancres, haires, et pauvres diables,
Dont la condition est de mourir de faim.
Car quoi? rien d'assuré: point de franche lippée;
Tout à la pointe de l'épée.
Suivez-moi: vous aurez un bien meilleur destin."
Le Loup reprit: "Que me faudra-t-il faire?
—Presque rien, dit le Chien: donner la chasse aux gens
Portants bâtons, et mendiants;
Flatter ceux du logis, à son maître complaire:
Moyennant quoi votre salaire
Sera force reliefs de toutes les façons,
Os de poulets, os de pigeons,
Sans parler de mainte caresse."
Le Loup déjà se forge une félicité
Qui le fait pleurer de tendresse.
Chemin faisant, il vit le col du Chien pelé.
"Qu'est-ce là? lui dit-il. —Rien. —Quoi? rien? —Peu de chose.
—Mais encor? —Le collier dont je suis attaché
De ce que vous voyez est peut-être la cause.
—Attaché? dit le Loup: vous ne courez donc pas
Où vous voulez? —Pas toujours; mais qu'importe?
—Il importe si bien, que de tous vos repas
Je ne veux en aucune sorte,
Et ne voudrais pas même à ce prix un trésor."
Cela dit, maître Loup s'enfuit, et court encor.

To resist bravely, and more.
The Wolf approached humbly therefore,
Began conversation, paid compliments galore
To his bulk, which he did so admire.
"It's all clearly up to you, fair sire,"
Replied the Dog, "to be as stout, my equal in size.
Leave the woods; you'd surely be wise.
Your kind do live in misery there:
Scroungers, wretches, poor devils for fair
Whose only lot in life is to die of starvation.
What's in it? No certainty, no free filling one's maw,
All meals won by tooth and claw.
Follow me; you'll have a better fate and situation."
The Wolf responded, "What will I have to do?"
"Almost nothing," said the Dog. "All you do is just chase
Cripples and beggars from the place,
Fawn on those of the house, make the master happy too.
All of which earns rewards for you:
Leftovers and to spare, of every sort and kind;
Chicken and pigeon bones you'll find,
Not to mention caresses, left and right."
The Wolf now foresaw such an end to all care
That it made him weep in sheer delight.
On the way he saw the Dog's neck all raw and bare.
"What's that?" "Nothing." "What, nothing?" "Just a trivial thing."
"Well, what, then?" "The collar attached to me there
May perhaps be the cause of what you're noticing."
"Attached?" said the Wolf, "Then you don't run free
Where you wish?" "Not always, but what's it matter?"
"It matters so, that of all the meals you offer me
Not a one do I want on my platter,
Nor at that price would I want any treasure I'd get."
Saying this, Master Wolf ran off, and he's running yet.

VI
La Génisse, la Chèvre, et la Brebis, en société avec le Lion

La Génisse, la Chèvre, et leur soeur la Brebis,
Avec un fier Lion, seigneur du voisinage,
Firent société, dit-on, au temps jadis,
Et mirent en commun le gain et le dommage.
Dans les lacs de la Chèvre un cerf se trouva pris.
Vers ses associés aussitôt elle envoie.
Eux venus, le Lion par ses ongles compta,
Et dit: "Nous sommes quartre à partager la proie."
Puis en autant de parts le cerf il dépeça;
Prit pour lui la première en qualité de Sire:
"Elle doit être à moi, dit-il; et la raison,
    C'est que je m'appelle Lion."
    A cela l'on n'a rien à dire.
"La seconde, par droit, me doit échoir encor;
Ce droit, vous le savez, c'est le droit du plus fort.
Comme le plus vaillant, je prétends la troisième.
Si quelqu'une de vous touche à la quatrième
    Je l'étranglerai tout d'abord."

VII
La Besace

Jupiter dit un jour: "Que tout ce qui respire
S'en vienne comparaître aux pieds de ma grandeur.
Si dans son composé quelqu'un trouve à redire,
    Il peut le déclarer sans peur;
    Je mettrai remède à la chose.
Venez, Singe; parlez le premier, et pour cause.
Voyez ces animaux, faites comparaison
    De leurs beautés avec les vôtres.
Etes-vous satisfait? —Moi? dit-il: pourquoi non?
N'ai-je pas quatre pieds aussi bien que les autres?

VI
The Heifer, the Goat, and the Ewe in Partnership with the Lion

The Heifer, the Goat, and their sister the Ewe,
With a fierce Lion, the neighborhood lord,
Were partners once (they do say it's true),
Sharing profits and losses in common accord.
The Goat's net took a stag; without further ado
To her partners she sent word straightway.
When they'd come, the Lion counted on his claws
And said, "There are four of us to share this prey."
Then he tore the stag in four parts with his jaws;
Took the first for himself as befitting a King:
"It must be mine. The reason, I hereby proclaim,
    Is that Lion is my name."
    To this none said a thing.
"The second, likewise, must fall to me by right;
This right, I'm sure you know, is right by might.
As the bravest one here I lay claim to the third.
And if one of you touches the fourth, in a word,
    I'll choke her here outright."

VII
The Double Sack

Jupiter said one day, "Let all living creatures
Come stand before my throne, from far away or near.
If in their makeup any now see faulty features,
    They may say so without fear;
    To make amends I'll not be slow.
Step forward, Ape. You speak first, and rightly so.
Seeing these beasts, compare, on the spot,
    Their finest traits with your best.
Are you satisfied?" "I," said the Ape. "Why not?
Don't I have four feet, just as well as all the rest?

Mon portrait jusqu'ici ne m'a rien reproché;
Mais pour mon frère l'Ours, on ne l'a qu'ébauché:
Jamais, s'il me veut croire, il ne se fera peindre."
L'Ours venant l'à-dessus, on crut qu'il s'allait plaindre.
Tant s'en faut: de sa forme il se loua très-fort;
Glosa sur l'Eléphant, dit qu'on pourrait encor
Ajouter à sa queue, ôter à ses oreilles;
Que c'était une masse informe et sans beauté.
L'Eléphant étant écouté,
Tout sage qu'il était, dit des choses pareilles:
Il jugea qu'à son appétit
Dame Baleine était trop grosse.
Dame Fourmi trouva le Ciron trop petit,
Se croyant, pour elle, un colosse.
Jupin les renvoya s'étant censurés tous,
Du reste, contents d'eux. Mais parmi les plus fous
Notre espèce excella; car tout ce que nous sommes,
Lynx envers nos pareils, et taupes envers nous,
Nous nous pardonnons tout, et rien aux autres hommes:
On se voit d'un autre oeil qu'on ne voit son prochain.
Le fabricateur souverain
Nous créa besaciers tous de même manière,
Tant ceux du temps passé que du temps d'aujourd'hui:
Il fit pour nos défauts la poche de derrière,
Et celle de devant pour les défauts d'autrui.

My looks up to now give me no cause for care,
But if my brother the Bear, who's not yet all there,
Listens to me, he'll not sit for portraits, it's plain."
When the Bear came forward then, they thought he would complain.
Far from it: long and loud he praised the shape he had;
Criticized the Elephant; declared that one could add
Lots more to his tail, take away from his ears;
That he was an ugly mass, whose form was all blurred.
    When the Elephant was heard,
He spoke in like vein, despite the wisdom of his years:
    To his own taste, first of all,
    Dame Whale showed far too much bulk.
Dame Ant judged Mites were much too small,
    Thought she herself was quite a hulk.
Jove dismissed them all, with all maligned;
Smug, at that. But of all the foolish species, any kind,
Ours took the prize; for all of us are, without questioning,
Lynxes to our fellows; to ourselves, like moles, blind.
We forgive ourselves all and in others don't pardon a thing;
We see ourselves otherwise than the way we view our neighbors.
    The sovereign creator of our labors
Bestowed on all of us this double-chambered sack,
Just as much on folks today as on those now long since gone:
Our faults fill up the pouch we hide behind our back;
Others' flaws, in front; and there our gaze is drawn.

VIII
L'Hirondelle et les Petits Oiseaux

Une Hirondelle en ses voyages
Avait beaucoup appris. Quiconque a beaucoup vu
Peut avoir beaucoup retenu.
Celle-ci prévoyait jusqu'aux moindres orages,
Et devant qu'ils fussent éclos,
Les annonçait aux matelots.
Il arriva qu'au temps que la chanvre se sème,
Elle vit un manant en couvrir maints sillons.
"Ceci ne me plaît pas, dit-elle aux Oisillons:
Je vous plains; car pour moi, dans ce péril extrême,
Je saurai m'éloigner, ou vivre en quelque coin.
Voyez-vous cette main qui par les airs chemine?
Un jour viendra, qui n'est pas loin,
Que ce qu'elle répand sera votre ruine.
De là naîtront engins à vous envelopper,
Et lacets pour vous attraper,
Enfin mainte et mainte machine
Qui causera dans la saison
Votre mort ou votre prison:
Gare la cage ou le chaudron!
C'est pourquoi, leur dit l'Hirondelle,
Mangez ce grain; et croyez-moi."
Les Oiseaux se moquèrent d'elle:
Ils trouvaient aux champs trop de quoi.
Quand la chènevière fut verte,
L'Hirondelle leur dit: "Arrachez brin à brin
Ce qu'a produit ce maudit grain,
Ou soyez sûrs de votre perte.
—Prophète de malheur, babillarde, dit-on,
Le bel emploi que tu nous donnes!
Il nous faudrait mille personnes
Pour éplucher tout ce canton."
La chanvre étant tout à fait crue,
L'Hirondelle ajouta: "Ceci ne va pas bien;
Mauvaise graine est tôt venue.

VIII
The Swallow and the Small Birds

On her trips a Swallow didn't fail
To learn a lot. Whoever's observed a lot on the wing
May remember almost everything.
This bird did easily anticipate the slightest gale
And, long before storms were full-blown,
To sailors she would make them known.
It came about that, in the hemp-growing season,
She saw a farmer planting seeds, in many a row.
"This is bad," she cried to Little Birds below.
"In this dire peril I do pity you, and with good reason,
For I can fly far, or live in some crevice nearby.
You see that hand, that's moving about in the air?
The time is coming, and the day is nigh
When its sowing will be your ruin and care.
There will spring many a treacherous device:
Nooses to clutch you, like a vise.
In short, many a trap, many a snare
Will bring, when you're caught,
Demise or capture, on the spot.
Beware the cage, or cooking pot!
That's why," to them the Swallow did aver,
"You'll eat this seed; take heed."
All the Birds just laughed at her:
The fields were full of better feed.
When the field of hemp was green,
The Swallow said to them, "Pluck, blade by blade,
Each shoot this cursed seed has made,
Or be sure your fate you've seen."
"Prophetess of doom, babbler," was their sneer,
"A fine labor of us you now do ask!
We'd require thousands for the task
Of stripping fields 'round here."
Later, when the hemp was fully grown,
The Swallow added, "Now danger is widespread:
Bad seed soon does claim its own.

Mais puisque jusqu'ici l'on ne m'a crue en rien,
Dès que vous verrez que la terre
Sera couverte, et qu'à leurs blés
Les gens n'étant plus occupés
Feront aux oisillons la guerre;
Quand reginglettes et réseaux
Attraperont petits oiseaux,
Ne volez plus de place en place,
Demeurez au logis, ou changez de climat:
Imitez le canard, la grue, et la bécasse.
Mais vous n'êtes pas en état
De passer, come nous, les déserts et les ondes,
Ni d'aller chercher d'autres mondes;
C'est pourquoi vous n'avez qu'un parti qui soit sûr:
C'est de vous renfermer aux trous de quelque mur."
Les Oisillons, las de l'entendre,
Se mirent à jaser aussi confusément
Que faisaient les Troyens quand la pauvre Cassandre
Ouvrait la bouche seulement.
Il en prit aux uns comme aux autres:
Maint oisillon se vit esclave retenu.

Nous n'écoutons d'instincts que ceux qui sont les nôtres,
Et ne croyons le mal que quand il est venu.

But, since no one's yet heeded anything I've said,
    As soon as you see that the land
    Is covered, and that their grain
    No longer causes farmers strain,
    Against small birds they'll band.
    When traps and nets to match
    Are set to make their catch,
    Fly no more about the plain.
Remain in nests or change your clime,
Like the duck, the woodcock, the crane.
    But you lack power and time
To fly past desert lands and cross the sea like us,
    Or seek other worlds, less dangerous.
That's why you have no more than one safe move at all:
To conceal yourselves in crannies, in some wall."
    Fed up with hearing her for weeks,
    The birds pell-mell began to chatter,
Like those of Troy whenever poor Cassandra, fearing Greeks,
    Opened her mouth on the matter.
    Like them, these were taken and entwined,
And many a bird enslaved with no reprieve.

We heed, instinctively, just those of our own views and mind.
Only after evil strikes us down do we believe.

IX
Le Rat de Ville et le Rat des Champs

Autrefois le Rat de ville
Invita le Rat des champs,
D'une façon fort civile,
A des reliefs d'ortolans.

Sur un tapis de Turquie
Le couvert se trouva mis.
Je laisse à penser la vie
Que firent ces deux amis.

Le régal fut fort honnête:
Rien ne manquait au festin;
Mais quelqu'un troubla la fête
Pendant qu'ils étaient en train.

A la porte de la salle
Ils entendirent du bruit:
Le Rat de ville détale;
Son camarade le suit.

Le bruit cesse, on se retire:
Rats en campagne aussitôt;
Et le citadin de dire:
"Achevons tout notre rôt.

—C'est assez, dit le rustique;
Demain vous viendrez chez moi.
Ce n'est pas que je me pique
De tous vos festins de roi;

Mais rien ne vient m'interrompre:
Je mange tout à loisir.
Adieu donc. Fi du plaisir
Que la crainte peut corrompre!"

IX
The Town Rat and the Country Rat

Once the Rat who lived in town,
As befitting any courtly man,
Invited the Country Rat down
For some leftovers of ortolan.

On a Turkish cloth spread right,
The table was set with due care.
Oh, what opulent fare and delight
These two good friends did share!

A real treat, to say the least;
They lacked not a thing to chew.
But someone then troubled the feast
When they'd not yet got half-through.

At the dining room door
Several voices were heard.
Off scuttled City Señor
And Pal without a word.

Noise stopped, folks went away.
Rats returned to their meal.
City Rat hastened to say,
"Let's finish off our veal."

"Enough!" The Country Rat rose:
"Tomorrow we eat at my canteen.
It's not that I turn up my nose
At all of your royal cuisine,

But nothing comes there to interfere
With dining at one's leisure.
Farewell, then. Fie on pleasure
That's spoiled constantly by fear!"

X
Le Loup et l'Agneau

La raison du plus fort est toujours la meilleure:
    Nous l'allons montrer tout à l'heure.

    Un Agneau se désaltérait
    Dans le courant d'une onde pure.
Un Loup survient à jeun qui cherchait aventure,
  Et que la faim en ces lieux attirait.
"Qui te rend si hardi de troubler mon breuvage?
    Dit cet animal plein de rage:
Tu seras châtié de ta témérité.
—Sire, répond l'Agneau, que Votre Majesté
    Ne se mette pas en colère;
    Mais plutôt qu'elle considère
    Que je me vas désaltérant
      Dans le courant,
    Plus de vingt pas au-dessous d'Elle;
Et que par conséquent, en aucune façon
    Je ne puis troubler sa boisson.
—Tu la troubles, reprit cette bête cruelle;
Et je sais que de moi tu médis l'an passé.
—Comment l'aurais-je fait si je n'étais pas né?
  Reprit l'Agneau; je tette encor ma mère.
    —Si ce n'est toi, c'est donc ton frère.
  —Je n'en ai point. —C'est donc quelqu'un des tiens;
    Car vous ne m'épargnez guère,
    Vous, vos bergers, et vos chiens.
  On me l'a dit: il faut que je me venge."
    Là-dessus, au fond des forêts
    Le Loup l'emporte, et puis le mange,
    Sans autre forme de procès.

X
The Wolf and the Lamb

The strong are always best at proving they're right.
Witness the case we're now going to cite.

A Lamb was drinking, serene,
At a brook running clear all the way.
A ravenous Wolf happened by, on the lookout for prey,
Whose sharp hunger drew him to the scene.
"What makes you so bold as to muck up my beverage?"
This creature snarled in rage.
"You will pay for your temerity!"
"Sire," replied the Lamb, "let not Your Majesty
Now give in to unjust ire,
But rather do consider, Sire:
I'm drinking — just look —
In the brook
Twenty feet farther down, if not more,
And therefore in no way at all, I think,
Can I be muddying what you drink."
"You're muddying it!" insisted the cruel carnivore.
"And I know that, last year, you spoke ill of me."
"How could I do that? Why I'd not yet even come to be,"
Said the Lamb. "At my dam's teat I still nurse."
"If not you, then your brother. All the worse."
"I don't have one." "Then it's someone else in your clan,
For to me you're all of you a curse:
You, your dogs, your shepherds to a man.
So I've been told; I have to pay you all back."
With that, deep into the wood
The Wolf dragged and ate his midday snack.
So trial and judgment stood.

XI
L'Homme et son Image
Pour M. L. D. D. L. R.

Un homme qui s'aimait sans avoir de rivaux
Passait dans son esprit pour le plus beau du monde:
Il accusait toujours les miroirs d'être faux,
Vivant plus que content dans une erreur profonde.
Afin de le guérir, le sort officieux
    Présentait partout à ses yeux
Les conseillers muets dont se servent nos dames:
Miroirs dans les logis, miroirs chez les marchands,
    Miroirs aux poches des galands,
    Miroirs aux ceintures des femmes.
Que fait notre Narcisse? Il se va confiner
Aux lieux les plus cachés qu'il peut s'imaginer,
N'osant plus des miroirs éprouver l'aventure.
Mais un canal, formé par une source pure,
    Se trouve en ces lieux écartés:
Il s'y voit, il se fâche; et ses yeux irrités
Pensent apercevoir une chimère vaine.
Il fait tout ce qu'il peut pour éviter cette eau;
    Mais quoi? le canal est si beau
    Qu'il ne le quitte qu'avec peine.

    On voit bien où je veux venir.
  Je parle à tous; et cette erreur extrême
Est un mal que chacun se plaît d'entretenir.
Notre âme, c'est cet homme amoureux de lui-même;
Tant de miroirs, ce sont les sottises d'autrui,
Miroirs, de nos défauts les peintres légitimes;
    Et quant au canal, c'est celui
  Que chacun sait, le livre des *Maximes*.

XI
The Man and His Image
For M. L. D. D. L. R.

A Man who, with no rivals, loved himself alone
Was, so he imagined, the fairest the world had to give.
He kept claiming all mirrors to lying were prone
And was all too content in such serious error to live.
So as to cure him of this, solicitous Fate,
    Wherever he looked, would inundate
Him with the mute advisors to which our ladies dash:
Mirrors in houses, mirrors all clothiers keep so handy,
    Mirrors in pockets of every dandy,
    Mirrors hanging from a woman's sash.
What does our Narcissus do? Goes off in isolation
To the farthest place conceived by his blind imagination,
Not daring henceforth to face any more mirrors' trial.
But a stream is formed from a pure spring meanwhile
    In this faraway place, to his surprise.
He sees himself in it, is furious; and his angry eyes
Judge as empty illusion the image they've met.
He does all he can to shun the stream's refulgence there,
    But its gleam, indeed, is so fair
    That he leaves it only with regret.

    What I'm getting at is plain.
  I speak to all, and this error so extreme
Is a disease that all of us love to maintain:
All souls hide this man, rapt in self-love's dream.
To us, so many mirrors show others' imperfections,
Mirrors that paint our own flaws in true tableaux.
    And the stream? Its pure reflections
  Are *The Maxims*, the book that everyone knows.

XII
Le Dragon à plusieurs têtes et le Dragon à plusieurs queues

Un envoyé du Grand Seigneur
Préférait, dit l'histoire, un jour chez l'Empereur,
Les forces de son maître à celles de l'Empire.
Un Allemand se mit à dire:
"Notre Prince a des dépendants
Qui, de leur chef, sont si puissants
Que chacun d'eux pourrait soudoyer une armée."
Le chiaoux, homme de sens,
Lui dit: "Je sais par renommée
Ce que chaque Electeur peut de monde fournir;
Et cela me fait souvenir
D'une aventure étrange, et qui pourtant est vraie.
J'étais en un lieu sûr, lorsque je vis passer
Les cent têtes d'une Hydre au travers d'une haie.
Mon sang commence à se glacer;
Et je crois qu'à moins on s'effraie.
Je n'en eus toutefois que la peur sans le mal:
Jamais le corps de l'animal
Ne put venir vers moi, ni trouver d'ouverture.
Je rêvais à cette aventure,
Quand un autre Dragon, qui n'avait qu'un seul chef,
Et bien plus d'une queue, à passer se présente.
Me voilà saisi derechef
D'étonnement et d'épouvante.
Ce chef passe, et le corps, et chaque queue aussi:
Rien ne les empêcha; l'un fit chemin à l'autre.
Je soutiens qu'il en est ainsi
De votre empereur et du nôtre."

XII
The Dragon with Several Heads and the Dragon with Several Tails

The Sultan's envoy, says the story,
At the Emperor's court one day claimed more power and glory
Were in his master's army than in that of the Empire.
A German boasted of his Sire,
"Our Prince's allies, for defense
All have independent powers, so immense
That each alone could launch an army at the foe."
The legate, a man of sense,
Said, "If rumor is right, I know
What every Elector can furnish in numbers of men.
And this reminds me once again
Of a strange adventure, but one that's true, I pledge.
I was in a safe place, when I saw that with ease
A Hydra's hundred heads were passing through a hedge.
At once my blood began to freeze.
Much less, I think, puts one on edge.
Still, though afraid, I came to no harm, at least:
Never could the body of the beast
Get through to where I was, find an opening or gap.
My thoughts were on this handicap
When a second Dragon, one equipped with nothing but one head,
And far more than one tail, tried its passage at the site.
I was all amazed, in dread
And terror, paralyzed by fright.
This head passed, and the body, and each tail with no strain.
Nothing blocked them; each enhanced the next one's powers.
That's how it is, I maintain,
With your emperor and ours."

XIII
Les Voleurs et l'Ane

Pour un Ane enlevé deux Voleurs se battaient:
L'un voulait le garder, l'autre le voulait vendre.
    Tandis que coups de poing trottaient,
Et que nos champions songeaient à se défendre,
    Arrive un troisième larron
    Qui saisit maître Aliboron.

L'Ane, c'est quelquefois une pauvre province:
    Les voleurs sont tel ou tel prince
Comme le Transylvain, le Turc, et le Hongrois.
    Au lieu de deux, j'en ai rencontré trois:
    Il est assez de cette marchandise.
De nul d'eux n'est souvent la province conquise:
Un quart voleur survient, qui les accorde net
    En se saisissant du Baudet.

XIV
Simonide préservé par les Dieux

On ne peut trop louer trois sortes de personnes:
    Les Dieux, sa maîtresse, et son roi.
Malherbe le disait; j'y souscris, quant à moi:
    Ce sont maximes toujours bonnes.
La louange chatouille et gagne les esprits:
Les faveurs d'une belle en sont souvent le prix.
Voyons comme les Dieux l'ont quelquefois payée.

    Simonide avait entrepris
L'éloge d'un Athlète; et la chose essayée,
Il trouva son sujet plein de récits tout nus.
Les parents de l'Athlète étaient gens inconnus;

XIII
The Thieves and the Ass

Over a stolen Ass two Thieves were in a violent fight.
One wanted to keep it, to sell was the desire of the other.
While the storm of blows was at its height,
With each champion busy resisting attack by his brother,
Along came a third thief, no fool,
Who then made off with Master Mule.

The Ass at times is some kingdom, a poor thing;
The thieves are such and such a king,
Indeed like those of Transylvania, Turkey, Hungary.
Instead of two, I've now encountered three:
Of such stuff there's no lack at all.
To no one of them, often, does the kingdom ever fall.
A fourth thief arrives, who makes of each a monkey
By then snapping up the Donkey.

XIV
Simonides Protected by the Gods

There are three sorts of folk one can't praise to excess:
The Gods, one's lady, and one's king.
Malherbe said it. As for me, I agree without arguing.
Maxims like this are always a success.
Praise titillates and sways the mind of everyone;
Through use of it a lady's favors are quite often won.
Let's see how the Gods once showed their appreciation.

Simonides had undertaken and begun
An Athlete's eulogy. In course of its realization,
His subject, he found, was just bones that were bare:
The kinfolk of the Athlete were quite unknown anywhere;

Son père, un bon bourgeois; lui, sans autre mérite;
    Matière infertile et petite.
Le poète d'abord parla de son héros.
Après en avoir dit ce qu'il en pouvait dire,
Il se jette à côté, se met sur le propos
De Castor et Pollux; ne manque pas d'écrire
Que leur exemple était aux lutteurs glorieux;
Elève leurs combats, spécifiant les lieux
Où ces frères s'étaient signalés davantage:
    Enfin l'éloge de ces dieux
    Faisait les deux tiers de l'ouvrage.
L'Athlète avait promis d'en payer un talent;
    Mais quand il le vit, le galand
N'en donna que le tiers; et dit fort franchement
Que Castor et Pollux acquitassent le reste.
"Faites-vous contenter par ce couple céleste.
    Je vous veux traiter cependant:
Venez souper chez moi; nous ferons bonne vie:
    Les conviés sont gens choisis,
    Mes parents, mes meilleurs amis;
    Soyez donc de la compagnie."
Simonide promit. Peut-être qu'il eut peur
De perdre, outre son dû, le gré de sa louange.
    Il vient: l'on festine, l'on mange.
    Chacun étant en belle humeur,
Un domestique accourt, l'avertit qu'à la porte
Deux hommes demandaient à le voir promptement.
    Il sort de table; et la cohorte
    N'en perd pas un seul coup de dent.
Ces deux hommes étaient les gémeaux de l'éloge.
Tous deux lui rendent grâce; et pour prix de ses vers,
    Ils l'avertissent qu'il déloge,
Et que cette maison va tomber à l'envers.
    La prédiction en fut vraie.
    Un pilier manque; et le plafonds,
    Ne trouvant plus rien qui l'étaie,

His father, a plain citizen; he had no other claim to glory.
    It was a lean and sterile story.
The poet first treated his hero's profession.
After having said of him what he was able to say,
He moved on, in a praiseworthy digression,
To Castor and Pollux: made sure to note in every way
How to wrestlers their glorious example was optimum;
Lauded their combats and specified every stadium
Where these brothers had won themselves more fame.
    In short, these gods' encomium
    Made up two-thirds of the poem of acclaim.
He'd been assured a fee of a talent by the Athlete.
    But on seeing the work, the cheat
Gave only a third; said, frankly, so the fee'd be complete,
Castor and Pollux should pay the other fraction:
"Let those celestial twins award you satisfaction.
    But I do want to give you a treat.
Come to supper at my home; we'll dine in fine style.
    The guest selection transcends:
    My relatives, all my best friends.
    So come and join us a while."
Simonides accepted. Perhaps, indeed, he feared
Losing, beside his due recognition of his praise.
    He went: lots of food and cups to raise.
    As guests all laughed and cheered,
A servant ran in with a message for him: at the gate
Two men had requested to see him and this posthaste.
    He left the table. Those at the fete
    Ate on. Not a single bite went to waste.
These two men were the twins of the eulogy he'd done.
Both thanked him and, recompensing his hymn to their renown,
    They warned him that he had to run.
The house they were in was about to fall down.
    A prediction not made in jest:
    A pillar failed; the ceiling, askew,
    With no more support on which to rest,

Tombe sur le festin, brise plats et flacons,
N'en fait pas moins aux échansons.
Ce ne fut pas le pis; car pour rendre complète
La vengeance due au poète,
Une poutre cassa les jambes à l'Athlète,
Et renvoya les conviés
Pour la plupart estropiés.
La Renommée eut soin de publier l'affaire:
Chacun cria miracle. On doubla le salaire
Que méritaient les vers d'un homme aimé des Dieux.
Il n'était fils de bonne mère
Qui, les payant à qui mieux mieux,
Pour ses ancêtres n'en fît faire.

Je reviens à mon texte, et dis premièrement
Qu'on ne saurait manquer de louer largement
Les Dieux et leurs pareils; de plus, que Melpomène
Souvent, sans déroger, trafique de sa peine;
Enfin qu'on doit tenir notre art en quelque prix.
Les grands se font honneur dès lors qu'ils nous font grâce:
Jadis l'Olympe et le Parnasse
Etaient frères et bons amis.

XV et XVI
La Mort et le Malheureux
La Mort et le Bûcheron

Un Malheureux appelait tous les jours
La Mort à son secours.
"O Mort, lui disait-il, que tu me sembles belle!
Viens vite, viens finir ma fortune cruelle."
La Mort crut, en venant, l'obliger en effet.

Fell on the feast; broke plates, broke flagons too,
And maimed the whole cupbearers' crew.
That wasn't the worst; more harm was likewise observed:
To cap the revenge the poet deserved,
A beam broke the Athlete's legs, and so served
The guests, sent home ill-used,
Most of them crippled and bruised.
Rumor took great pains to broadcast the affair:
A marvel, all cried. Fees doubled and to spare
For worthy poems by a man the Gods loved like a brother.
There was no decent mother's son
Who, bent on paying more than another,
For his forebears failed to order one.

I return to my text, and the first point I raise
Is this: one cannot go wrong in lavishing praise
On the Gods and their like; and Melpomene, furthermore,
Often, without loss, traffics in blood and gore.
Lastly, our art should earn us credit and dividends.
Those in high places honor themselves when our favor they uphold:
Olympus and Parnassus, in days of old,
Were both brothers and good friends.

XV and XVI
Death and the Wretched Man
Death and the Woodman

Every day, a Wretched Man would shout
For Death to help him out.
"O Death," he'd call to it, "how exquisite you seem!
Quickly, quickly end my cruel fate's regime."
Death, thinking to oblige him with its sting,

Elle frappe à sa porte, elle entre, elle se montre.
"Que vois-je? cria-t-il, ôtez-moi cet objet;
Qu'il est hideux! que sa rencontre
Me cause d'horreur et d'effroi!
N'approche pas, ô Mort; ô Mort, retire-toi!"

Mécénas fut un galand homme;
Il a dit quelque part: "Qu'on me rende impotent,
Cul-de-jatte, goutteux, manchot, pourvu qu'en somme
Je vive, c'est assez, je suis plus que content."
Ne viens jamais, ô Mort; on t'en dit tout autant.

Ce sujet a été traité d'une autre façon par Esope, comme la fable suivante le fera voir. Je composai celle-ci pour une raison qui me contraignait de rendre la chose ainsi générale. Mais quelqu'un me fit connaître que j'eusse beaucoup mieux fait de suivre mon original, et que je laissais passer un des plus beaux traits qui fût dans Esope. Cela m'obligea d'y avoir recours. Nous ne saurions aller plus avant que les anciens: ils ne nous ont laissé pour notre part que la gloire de les bien suivre. Je joins toutefois ma fable à celle d'Esope, non que la mienne le mérite, mais à cause du mot de Mécénas que j'y fais entrer, et qui est si beau et si à propos que je n'ai pas cru le devoir omettre.

Un pauvre Bûcheron, tout couvert de ramée,
Sous le faix du fagot aussi bien que des ans
Gémissant et courbé, marchait à pas pesants,
Et tâchait de gagner sa chaumine enfumée.
Enfin, n'en pouvant plus d'effort et de douleur,
Il met bas son fagot, il songe à son malheur.
Quel plaisir a-t-il eu depuis qu'il est au monde?
En est-il un plus pauvre en la machine ronde?
Point de pain quelquefois, et jamais de repos.
Sa femme, ses enfants, les soldats, les impôts,
Le créancier, et la corvée
Lui font d'un malheureux la peinture achevée.
Il appelle la Mort. Elle vient sans tarder,
Lui demande ce qu'il faut faire.

Knocked at his door, went right in and made its display.
"What do I see?" he cried. "Remove that thing!
How hideous! To look at this decay
Fills me with horror and fear!
Stay far away, O Death! Death, get out of here!"

Maecenas was a gallant man.
Somewhere or other he said, "Let them make me impotent,
A crippled beggar, give me gout, take my arm, provided I can
Go on living. That's enough, I'll be more than content."
Never come, O Death. To tell you that is also our intent.

This subject was treated in another way by Aesop, as the following fable will show. I composed the first one for a reason which obliged me to treat the matter more generally in this way. But someone informed me that I would have done much better to follow my model, and that I was passing up one of the finest features of Aesop's tale. This obliged me to use it. We can't advance farther than the ancients; they've left us as our lot only the glory of following them closely. Nevertheless, I attach my fable to Aesop's. Not that mine is deserving, but because of Maecenas's observation that I've put in, a point so fine and apt that in my opinion it can't be left out.

A poor Woodman, bearing leafy boughs he'd cut,
With the weight of the faggots and years bent low,
Groaning, hunched over, trudged heavily and slow
In his struggle to get to his smoke-filled hut.
Worn out at last, by much effort and pain distraught,
He put down his load, to his sad lot gave thought:
What joy had ever been his since the day of his birth?
Could a poorer soul than he be found on this earth?
No food at times, repose never, throughout his life.
His children, the soldiers, the taxes, his wife,
Creditors, labor owed the lord,
Made of him, as model of misery, the very last word.
He called Death, which came at once at his command,
Asked him what had to be done.

"C'est, dit-il, afin de m'aider
A recharger ce bois; tu ne tarderas guère."

Le trépas vient tout guérir;
Mais ne bougeons d'où nous sommes.
Plutôt souffrir que mourir,
C'est la devise des hommes.

XVII
L'Homme entre deux âges et ses deux Maîtresses

Un Homme de moyen âge,
Et tirant sur le grison,
Jugea qu'il était saison
De songer au mariage.
Il avait du comptant,
Et partant
De quoi choisir; toutes voulaient lui plaire:
En quoi notre amoureux ne se pressait pas tant;
Bien adresser n'est pas petite affaire.
Deux Veuves sur son coeur eurent le plus de part:
L'une encor verte, et l'autre un peu bien mûre,
Mais qui réparait par son art
Ce qu'avait détruit la nature.
Ces deux Veuves, en badinant,
En riant, en lui faisant fête,
L'allaient quelquefois testonnant,
C'est-à-dire ajustant sa tête.

Said he, "Just give me a hand
To reload this wood, no more, and you can run."

For everything death is a cure,
But let's resist it as long as we can.
Rather than die, to suffer, endure
Is the device that's proper to man.

XVII
The Middle-aged Man and His Two Would-Be Wives

A Man in the middle of life,
And going gray with reason,
Judged it was now the season
To think of taking a wife.
He did have cash to flow
And so
From whom to choose; yearning to please were a swarm.
As a result of which, our suitor made haste to go slow:
Proper courting demands the use of proper form.
Of his affection two Widows obtained the largest share,
One still young, the other already overripe a bit long,
But who artfully restored with care
What nature had caused to go wrong.
These two Widows, in gay flirtation,
Laughing, acting the playful mate,
Would favor him with headification;
That is, redo the hair on his pate.

La Vieille, à tous moments, de sa part emportait
Un peu du poil noir qui restait,
Afin que son amant en fût plus à sa guise.
La Jeune saccageait les poils blancs à son tour.
Toutes deux firent tant, que notre tête grise
Demeura sans cheveux, et se douta du tour.
"Je vous rends, leur dit-il, mille grâces, les Belles,
Qui m'avez si bien tondu:
J'ai plus gagné que perdu;
Car d'hymen point de nouvelles.
Celle que je prendrais voudrait qu'à sa façon
Je vécusse, et non à la mienne.
Il n'est tête chauve qui tienne:
Je vous suis obligé, Belles, de la leçon."

XVIII
Le Renard et la Cicogne

Compère le Renard se mit un jour en frais,
Et retint à dîner commère la Cicogne.
Le régal fut petit et sans beaucoup d'apprêts:
Le galand, pour toute besogne,
Avait un brouet clair; il vivait chichement.
Ce brouet fut par lui servi sur une assiette:
La Cicogne au long bec n'en put attraper miette;
Et le drôle eut lapé le tout en un moment.
Pour se venger de cette tromperie,
A quelque temps de là, la Cicogne le prie.
"Volontiers, lui dit-il; car avec mes amis
Je ne fais point de cérémonie."

The Older One constantly pulled, in movements quite deft,
At the bit of black hair he had left,
So her suitor would look like a much better match.
The Younger One ravaged where white hair was already thick.
They both did this so much that at last our gray thatch
Found himself hairless and saw through the trick.
"Ladies," he said, "my heartfelt thanks, in spite of the cost,
To you who've clipped me so well.
I've gained much more than I've lost,
For of marriage there's no news to tell.
Whichever one of you I'd take would insist on her measure
Of the way I live, and not my own.
That no bald head can ever condone.
I'm obliged to you, Ladies: the lesson's a treasure."

XVIII
The Fox and the Stork

Mister Fox did go and put himself out one day,
And entertained Mistress Stork at dinner.
A meager feast it was; no frills or sumptuous array.
For all of his labor, the sinner
Had just a clear broth: cheap was his life-style.
He served up this broth on a platter that was flat.
The long-billed Stork ingested nary a drop from that,
And the rogue lapped it up in a very short while.
To get back at him for such a raw deal,
Some time later, the Stork asked him to a meal.
"Gladly," he said to her, "for with friends of mine
Standing on ceremony's not genteel."

A l'heure dite, il courut au logis
De la Cicogne son hôtesse;
Loua très-fort la politesse;
Trouva le dîner cuit à point:
Bon appétit surtout; renards n'en manquent point.
Il se réjouissait à l'odeur de la viande
Mise en menus morceaux, et qu'il croyait friande.
On servit, pour l'embarrasser,
En un vase à long col et d'étroite embouchure.
Le bec de la Cicogne y pouvait bien passer;
Mais le museau du sire était d'autre mesure:
Il lui fallut à jeun retourner au logis,
Honteux comme un renard qu'une poule aurait pris,
Serrant la queue, et portant bas l'oreille.

Trompeurs, c'est pour vous que j'écris:
Attendez-vous à la pareille.

XIX
L'Enfant et le Maître d'École

Dans ce récit je prétends faire voir
D'un certain sot la remontrance vaine.

Un jeune Enfant dans l'eau se laissa choir,
En badinant sur les bords de la Seine.
Le Ciel permit qu'un saule se trouva,
Dont le branchage, après Dieu, le sauva.
S'étant pris, dis-je, aux branches de ce saule,
Par cet endroit passe un Maître d'école;
L'Enfant lui crie: "Au secours! je péris."

At the appointed hour, he rushed to dine
At the Stork his hostess's place;
Praised the ambiance and her grace;
Judged the dinner cooked just right;
Likewise his appetite (foxes never miss a bite).
Overjoyed he was at the smell of the meat,
Cut up in tiny bits that looked tasty and neat.
It was served, to his great chagrin,
In a long-necked vase, the mouth of which was a slit.
Now the bill of the Stork could slide right in,
But the gent had a muzzle that just wouldn't fit.
He had to go home famished, distraught,
As ashamed as a fox that some hen might have caught,
His tail all tucked in, his ears hanging low.

Cheats, it's for you I write this thought:
Count on being served just so.

XIX
The Boy and the Schoolmaster

In this tale it's my goal above all to show
How a dolt's carping was pointless and vain.

Down into the water a Boy once did slip, to his woe,
While fooling around on the banks of the Seine.
Heaven had planted a willow tree at the place,
The branches of which, after God, provided grace.
He held on, for dear life, to a willow branch, as I say,
When a Schoolmaster happened to pass that way.
The Boy yelled to him, "Help, I'm about to die!"

Le Magister, se tournant à ses cris,
D'un ton fort grave à contre-temps s'avise
De le tancer: "Ah! le petit babouin!
Voyez, dit-il, où l'a mis sa sottise!
Et puis, prenez de tels fripons le soin.
Que les parents sont malheureux qu'il faille
Toujours veiller à semblable canaille!
Qu'ils ont de maux! et que je plains leur sort!"
Ayant tout dit, il mit l'Enfant à bord.

Je blâme ici plus de gens qu'on ne pense.
Tout babillard, tout censeur, tout pédant
Se peut connaître au discours que j'avance.
Chacun des trois fait un peuple fort grand:
Le Créateur en a béni l'engeance.
En toute affaire ils ne font que songer
    Aux moyens d'exercer leur langue.
Hé! mon ami, tire-moi de danger,
    Tu feras après ta harangue.

XX
Le Coq et la Perle

Un jour un Coq détourna
Une Perle, qu'il donna
Au beau premier lapidaire.
"Je la crois fine, dit-il;
Mais le moindre grain de mil
Serait bien mieux mon affaire."

The Lecturer, turning around at his cry,
Voice solemn, at just the wrong time did decide
To scold him: "What an imp with no brains!
Do look where his folly has made him slide!
And then with such rascals, go and take pains!
No more wretched parents on earth could anyone find
Than those who must tend to brats of this kind!
What misfortunes they have! I couldn't pity them more!"
Having said all this, he pulled the Boy to shore.

I blame more folks than you think in this case.
All chatterers, all critics, all pedantic fools
Can be recognized at once in the parable I trace.
They're everywhere we look, in countless schools;
The Creator indeed blessed their race.
What they all wish, wherever they happen to be,
    Is only to hear their tongues rattle.
I'm in danger, my friend! Do save me,
    And then commence your prattle.

XX
The Cock and the Pearl

One day a Cock did happen upon
A Pearl, which he passed on
At the very first jewelry store:
"I think it's fine indeed,
But the least little millet seed
Would suit me very much more."

Un ignorant hérita
D'un manuscrit, qu'il porta
Chez son voisin le libraire.
"Je crois, dit-il, qu'il est bon;
Mais le moindre ducaton
Serait bien mieux mon affaire."

XXI
Les Frelons et les Mouches à Miel

A l'oeuvre on connaît l'artisan.

Quelques rayons de miel sans maître se trouvèrent:
Des Frelons les réclamèrent;
Des Abeilles s'opposant,
Devant certaine Guêpe on traduisit la cause.
Il était malaisé de décider la chose;
Les témoins déposaient qu'autour de ces rayons
Des animaux ailés, bourdonnants, un peu longs,
De couleur fort tannée, et tels que les abeilles,
Avaient longtemps paru. Mais quoi? dans les Frelons
Ces enseignes étaient pareilles.
La Guêpe, ne sachant que dire à ces raisons,
Fit enquête nouvelle, et pour plus de lumière
Entendit une fourmilière.
Le point n'en put être éclairci.
"De grâce, à quoi bon tout ceci?
Dit une Abeille fort prudente.
Depuis tantôt six mois que la cause est pendante,
Nous voici comme aux premiers jours.
Pendant cela le miel se gâte.

An illiterate was left a book
In manuscript, which he took
To the bookdealer next door.
"I think," he said, "it's a boon,
But the least little ducatoon
Would suit me very much more."

XXI
The Hornets and the Honeybees

One can tell craftsmen's work with ease.

Their owner having left a few honeycombs without any heirs,
Some Hornets claimed they were theirs.
On an opposing plea by Honeybees,
To a certain Judge Wasp they then assigned the case,
Which was no easy matter to decide on its face.
Witnesses deposed: around the combs, before their eyes,
Some winged creatures, buzzing, somewhat long in size,
Quite tan in color, and looking very much like honeybees,
Had long appeared. So what? To compare the Hornets' guise,
These signs were the same, if you please.
Such evidence no proof, the Wasp could but temporize,
Continue to investigate and hear, to break the impasse,
A colony of ants en masse.
But no more light did anyone see.
"Please, what use can this all be?"
A very wise Honeybee then said.
"After nearly six months that the case has been pled,
We're still just where we always were.
Honey, meanwhile, goes to waste.

Il est temps désormais que le juge se hâte:
N'a-t-il point assez léché l'ours?
Sans tant de contredits, et d'interlocutoires,
Et de fatras, et de grimoires,
Travaillons, les Frelons et nous.
On verra qui sait faire, avec un suc si doux,
Des cellules si bien bâties."
Le refus des Frelons fit voir
Que cet art passait leur savoir;
Et la Guêpe adjugea le miel à leurs parties.

Plût à Dieu qu'on réglât ainsi tous les procès!
Que des Turcs en cela l'on suivît la méthode!
Le simple sens commun nous tiendrait lieu de code:
Il ne faudrait point tant de frais;
Au lieu qu'on nous mange, on nous gruge,
On nous mine par des longueurs;
On fait tant, à la fin, que l'huître est pour le juge,
Les écailles pour les plaideurs.

It's now past time for the judge to make haste.
    Hasn't he amply licked the bear's fur?
Without so many interlocutories, opposite positions,
    These interrogatories, depositions,
    Let's get down to work, Hornets and we.
We'll see who can make nectar, so sweet and savory,
    And these fine cells, who cannot."
    The Hornets' outright refusal then
    Showed this art surpassed their ken,
And Wasp adjudged honey to plaintiffs on the spot.

Would to God we could settle all our lawsuits this way,
And that, so doing, we might follow the Turkish mode!
Simple common sense would replace our present legal code,
    And we'd have far fewer fees to pay.
    Whereas we're devoured, just can't budge,
    Sapped, sucked dry by continuance.
So much so, that in the end the oyster belongs to the judge,
    And the shells go to the litigants.

XXII
Le Chêne et le Roseau

Le Chêne un jour dit au Roseau:
"Vous avez bien sujet d'accuser la nature;
Un roitelet pour vous est un pesant fardeau;
Le moindre vent qui d'aventure
Fait rider la face de l'eau,
Vous oblige à baisser la tête,
Cependant que mon front, au Caucase pareil,
Non content d'arrêter les rayons du soleil,
Brave l'effort de la tempête.
Tout vous est aquilon, tout me semble zéphyr.
Encor si vous naissiez à l'abri du feuillage
Dont je courvre le voisinage,
Vous n'auriez pas tant à souffrir:
Je vous défendrais de l'orage;
Mais vous naissez le plus souvent
Sur les humides bords des royaumes du vent.
La nature envers vous me semble bien injuste.
—Votre compassion, lui répondit l'arbuste,
Part d'un bon naturel; mais quittez ce souci:
Les vents me sont moins qu'à vous redoutables;
Je plie, et ne romps pas. Vous avez jusqu'ici
Contre leurs coups épouvantables
Résisté sans courber le dos;
Mais attendons la fin." Comme il disait ces mots
Du bout de l'horizon accourt avec furie
Le plus terrible des enfants
Que le Nord eût portés jusque-là dans ses flancs.
L'arbre tient bon; le Roseau plie.
Le vent redouble ses efforts,
Et fait si bien qu'il déracine
Celui de qui la tête au ciel était voisine,
Et dont les pieds touchaient à l'empire des morts.

XXII
The Oak and the Reed

To the Reed one day the Oak did prate:
"To blame nature you have more than ample reason.
For you the tiniest wren becomes a crushing weight;
The slightest breeze, in any season,
That ripples waters soon or late
Makes your head bow, without fail.
Whereas, a match for the Caucasus range, my brow
Not only blocks out the rays of the sun, as now,
But stems the might of the gale.
Each winter wind you feel is only zephyr soothing me.
If you'd been born, at least, in the sheltered space
My leaves cover in this place,
You wouldn't suffer such great agony:
I'd save you from storm's embrace.
But most frequently your native clime
Is humid shores where winds reign all of the time.
Nature's quite unfair to you, it surely seems to me."
"Your compassion," said the shrub, quite equably,
"Shows a good heart, but just rid yourself of care:
Winds are far less awesome to me than to you as foes:
I bend and do not break. You have till now, up there,
Resisting their most frightful blows,
Not bent your back in the least;
But let's see how it comes out." Its words hadn't ceased
When from the pole, in rage, a wind was sent.
The fearsome creature rushed forth,
More awful than any yet spawned in the womb of the North.
The Oak stood there firm, the Reed bent.
Blast redoubled, the wind so dread,
With a rip tore clear of its terrain
The tree whose top thrust upward to heaven's domain,
And whose roots reached down toward the realm of the dead.

BOOK TWO

II

LIVRE DEUXIEME

I
Contre ceux qui ont le goût difficile

Quand j'aurais en naissant reçu de Callippe
Les dons qu'à ses amants cette Muse a promis,
Je les consacrerais aux mensonges d'Esope:
Le mensonge et les vers de tout temps sont amis.
Mais je ne me crois pas si chéris du Parnasse
Que de savoir orner toutes ces fictions.
On peut donner du lustre à leurs inventions:
On le peut, je l'essaie; un plus savant le fasse.
Cependant jusqu'ici d'un langage nouveau
J'ai fait parler le Loup et répondre l'Agneau;
J'ai passé plus avant: les arbres et les plantes
Sont devenus chez moi créatures parlantes.
Qui ne prendrait ceci pour un enchantement?
    "Vraiment, me diront nos critiques,
    Vous parlez magnifiquement
    De cinq ou six contes d'enfant.
—Censeurs, en voulez-vous qui soient plus authentiques
Et d'un style plus haut? En voici: "Les Troyens,
Après dix ans de guerre autour de leurs murailles,
Avaient lassé les Grecs, qui par mille moyens,
    Par mille assauts, par cent batailles,
N'avaient pu mettre à bout cette fière cité,
Quand un cheval de bois, par Minerve inventé,
    D'un rare et nouvel artifice,
Dans ses énormes flancs reçut le sage Ulysse,
Le vaillant Diomède, Ajax l'impétueux,
    Que ce colosse monstrueux
Avec leurs escadrons devait porter dans Troie,
Livrant à leur fureur ses dieux mêmes en proie:
Strategème inouie, qui des fabricateurs
    Paya la constance et la peine."
—C'est assez, me dira quelqu'un de nos auteurs:
La période est longue, il faut reprendre haleine;
    Et puis votre cheval de bois,

I
Against the Hard to Please

If from Calliope, when first I saw the light of day,
I'd had the gifts this Muse promises suitors she engages,
To Aesop's lies I would devote them come what may:
Fiction and verse have always been friends through the ages.
But I don't believe Parnassus holds me up so very high
As to let me adorn his tales in each dimension.
One can, here and there, polish up their invention.
One can, I try; let somebody do it more learned than I.
Meanwhile up to now in a language that's new,
I've made the Wolf speak, had the Lamb reply too.
I've even gone beyond that: the plants and the trees
In my works converse as well, if you please.
Who wouldn't judge this to be magic or spell?
    "Really," to me our critics will say,
    "Fulsome praises you've sung
    Of five or six tales for the young."
Censors, you want some you'll judge as more substantial, pray,
And in loftier style? Here you are: "Those of Troy,
After ten years of war fought all around their walls,
Had wearied Greeks, who myriad tactics did employ:
    Countless assaults, tens of battle calls,
But couldn't crush that proud citadel for good,
When Minerva's invention, a horse built of wood,
    A new and ingenious construction,
Inside its vast flanks took, without obstruction,
Brave Diomed, rash Ajax, Ulysses the wise,
    Whom this beast of monstrous size
Was to carry into Troy, all their legions in array,
Handing over to their fury its very deities as prey,
An unheard-of device whose makers, so efficient,
    Were repaid for their pains and zeal."
One of our authors will tell me, "That's sufficient,
Now take a breath; a sentence that long is not ideal.
    And your wooden horse and all the rest:

Vos héros avec leurs phalanges,
Ce sont des contes plus étranges
Qu'un renard qui cajole un corbeau sur sa voix:
De plus, il vous sied mal d'écrire en si haut style.
—Eh bien! baissons d'un ton. "La jalouse Amarylle
Songeait à son Alcippe, et croyait de ses soins
N'avoir que ses moutons et son chien pour témoins.
Tircis, qui l'aperçut, se glisse entre des saules;
Il entend la bergère adressant ces paroles
Au doux Zéphire, et le priant
De les porter à son amant.
—Je vous arrête à cette rime,
Dira mon censeur à l'instant;
Je ne la tiens pas légitime,
Ni d'une assez grande vertu:
Remettez, pour le mieux, ces deux vers à la fonte.
—Maudit censeur! te tairas-tu?
Ne saurais-je achever mon conte?
C'est un dessein très-dangereux
Que d'entreprendre de te plaire."

Les délicats sont malheureux:
Rien ne saurait les satisfaire.

Your phalanxes, heroes, each with a god,
These are tales more believable and odd
Than a fox leading a crow to think its voice is best.
Besides, it ill suits you to write in such elevated style."
Then I'll lower the level: "Jealous Amaryllis did beguile
Herself with dreams of Alcippus; thought she could keep
Her cares from all ears but those of her dog and her sheep.
Thyrsis, spying, slipped in to hear among the willow trees:
The shepherdess told gentle Zephyr words like these,
Imploring him to take them, with care,
To her beloved through the air."
"At this rhyme of yours I call a halt,"
My critic will say at once with a glare.
"I judge it's improper, and at fault,
And it's lacking in force and skill.
These two verses would be better if they were recast."
Damned critic! Will you be still?
Can't I complete my tale at last?
It's indeed a most hazardous aim
To undertake to give you pleasure.

The finicky are glum unless they blame:
Nothing can suit them in any measure.

II
Conseil tenu par les Rats

Un Chat, nommé Rodilardus,
Faisait de rats telle déconfiture
Que l'on n'en voyait presque plus,
Tant il en avait mis dedans la sépulture.
Le peu qu'il en restait, n'osant quitter son trou,
Ne trouvait à manger que le quart de son soû,
Et Rodilard passait, chez la gent misérable,
Non pour un chat, mais pour un diable.
Or un jour qu'au haut et au loin
Le galand alla chercher femme,
Pendant tout le sabbat qu'il fit avec sa dame,
Le demeurant des Rats tint chapitre en un coin
Sur la nécessité présente.
Dès l'abord, leur Doyen, personne fort prudente,
Opina qu'il fallait, et plus tôt que plus tard,
Attacher un grelot au cou de Rodilard;
Qu'ainsi, quand il irait en guerre,
De sa marche avertis, ils s'enfuiraient en terre;
Qu'il n'y savait que ce moyen.
Chacun fut de l'avis de Monsieur le Doyen:
Chose ne leur parut à tous plus salutaire.
La difficulté fut d'attacher le grelot.
L'un dit: "Je n'y vas point, je ne suis pas si sot;"
L'autre: "Je ne saurais." Si bien que sans rien faire
On se quitta. J'ai maints chapitres vus,
Qui pour néant se sont ainsi tenus;
Chapitres, non de rats, chapitres de moines,
Voire chapitres de chanoines.
Ne faut-il que délibérer,
La cour en conseillers foisonne;
Est-il besoin d'exécuter,
L'on ne rencontre plus personne.

II
Council Held by the Rats

A Cat whose name was Nibblebacon
Was wreaking such havoc in the rat nation
That scarcely a one was left to be taken,
He'd subjected so many of them to rat inhumation.
Afraid to step from their holes, the few remaining there
Were able to find just a fourth of their usual fare;
And Nibblebacon seemed to be in the wretches' mind,
No feline creature, but a devil of some kind.
So when the rogue both high and low
Sought a mate with whom to unite
One day and the pair's unholy racket reached its height,
To chapter meeting in a corner the surviving Rats did go,
For action on the present need.
Right off, their Dean, a Rat with great foresight, indeed,
Opined that sooner rather than later they must full well
'Round Nibblebacon's neck suspend a little bell;
That thus, whenever on warfare he was bound,
Alerted to his movements, they'd all run quickly underground;
That this was the only way he knew.
Each one there did concur with Mister Dean's view:
No more helpful plan, it seemed, could one supply.
But hanging the bell was the problem for a Rat:
One said, "I'm not gonna do it, I'm no such fool as that."
Another, "I couldn't." So, their clever scheme now gone awry,
They adjourned. Lots of chapters have I seen
That to no effect did thus convene.
Chapters of monks they were, not chapters of rats;
Indeed, chapters of canons in hats.
If it's just debate we need,
Counselors, all over court, abound.
Ask someone to do the deed:
Not one of them will stay around.

III
Le Loup plaidant contre le Renard par-devant le Singe

Un Loup disait que l'on l'avait volé:
Un Renard, son voisin, d'assez mauvaise vie,
Pour ce prétendu vol par lui fut appelé.
Devant le Singe il fut plaidé,
Non point par avocats, mais par chaque partie.
Thémis n'avait point travaillé,
De mémoire de singe, à fait plus embrouillé.
Le magistrat suait en son lit de justice.
Après qu'on eut bien contesté,
Répliqué, crié, tempêté,
Le juge, instruit de leur malice,
Leur dit: "Je vous connais de longtemps, mes amis,
Et tous deux vous paierez l'amende;
Car toi, Loup, tu te plains, quoiqu'on ne t'ait rien pris;
Et toi, Renard, as pris ce que l'on te demande."
Le juge prétendait qu'à tort et à travers
On ne saurait manquer, condamnant un pervers.

Quelques personnes de bon sens ont cru que l'impossibilité et la contradiction qui est dans le jugement de ce singe était une chose à censurer; mais je ne m'en suis servi qu'après Phèdre; et c'est en cela que consiste le bon mot, selon mon avis.

IV
Les deux Taureaux et une Grenouille

Deux Taureaux combattaient à qui posséderait
Une Génisse avec l'empire.
Une Grenouille en soupirait.
"Qu'avez-vous?" se mit à lui dire
Quelqu'un du peuple croassant.
"Et ne voyez-vous pas, dit-elle,
Que la fin de cette querelle

III
The Wolf Suing the Fox in Monkey's Court

He'd been robbed, a Wolf once maintained,
By his neighbor the Fox, a shady, criminal sort.
For this alleged theft he had him arraigned.
Before Monkey the case was ordained:
Both parties, their own lawyers, pled it as a tort.
Themis had not at any time toiled,
In monkeys' memory, at any lawsuit more embroiled;
The judge was in a sweat on his judicial chair.
After they both had argued things out,
Rebutted, yelled, stormed about,
The judge, of their malice all too aware,
Told them, "My friends, I've known you both many a day.
The two of you will have to pay the fine:
For you, Wolf, from whom nothing's taken, at complaints do play.
And you, Fox, took what you're charged with, I do opine."
The judge held: notwithstanding topsy-turvy vision,
Convicting the perverse could not be a wrong decision.

Some persons of good sense have thought that the impossibility and contradiction contained in the judgment of this monkey ought to be censured. But I've only made use of Phaedrus's model; and therein lies the joke, in my opinion.

IV
The Two Bulls and a Frog

Two Bulls were in combat to see which would own
A Heifer and the royal station.
Seeing this, a Frog gave a groan.
Another citizen of the croaky nation
Then said, "Are you feeling pain?"
The first one replied, "Don't you see
What the end of this fight will be?

Sera l'exil de l'un; que l'autre, le chassant,
Le fera renoncer aux campagnes fleuries?
Il ne régnera plus sur l'herbe des prairies,
Viendra dans nos marais régner sur les roseaux;
Et nous foulant aux pieds jusques au fond des eaux,
Tantôt l'une, et puis l'autre, il faudra qu'on pâtisse
Du combat qu'a causé Madame la Génisse."
    Cette crainte était de bon sens.
    L'un des Taureaux en leur demeure
    S'alla cacher à leurs dépens:
    Il en écrasait vingt par heure.

    Hélas! on voit que de tout temps
Les petits ont pâti des sottises des grands.

V
La Chauve-Souris et les deux Belettes

Une Chauve-souris donna tête baissée
Dans un nid de Belette; et sitôt qu'elle y fut,
L'autre, envers les souris de longtemps courroucée,
    Pour la dévorer accourut.
"Quoi? vous osez, dit-elle, à mes yeux vous produire,
Après que votre race a tâché de me nuire!
N'êtes-vous pas souris? Parlez sans fiction.
Oui, vous l'êtes, ou bien je ne suis pas belette.
    —Pardonnez-moi, dit la pauvrette.
    Ce n'est pas ma profession.
Moi souris! Des méchants vous ont dit ces nouvelles.
    Grâce à l'auteur de l'univers
    Je suis oiseau; voyez mes ailes:

The exile of one, chased by the other, it's plain,
And driven right out of the fields of flowers.
In grasslands having had to yield his royal powers,
He'll come and rule the reeds here in our marshy pool.
Right down to the river bottom he'll trample our school:
First one of us and then another, we'll all soon be reduced
By this combat Madame Heifer's produced."
    This alarm made very good sense.
    One Bull, straight to their bower,
    Fled in exile at their expense:
    He crushed a score of them an hour.

    In every age, alas, one can state:
The small have paid for the follies of the great.

V
The Bat and the Two Weasels

A Bat blundered, head down, away from her path,
Into a Weasel's nest. Once she was in this cul-de-sac,
Its mistress, who for mice had long felt nothing but wrath,
    Rushed down for a midnight snack.
"What!" she said. "Right here before my eyes you dare appear
After harm done me by your race for many a year?
Aren't you a mouse? Talk, and don't tell any lies!
Oh, undoubtedly you are, or else weasel is not my name."
    "Pardon," said the poor flying dame,
    "That calling I don't exercise.
Me, a mouse? It's nasty folks who've told you these things.
    Thanks to Him who made all up there,
    I'm a bird; just look at my wings.

Vive la gent qui fend les airs!"
Sa raison plut, et sembla bonne.
Elle fait si bien qu'on lui donne
Liberté de se retirer.
Deux jours après, notre étourdie
Aveuglément se va fourrer
Chez une autre Belette, aux oiseaux ennemie.
La voilà derechef en danger de sa vie.
La dame au logis avec son long museau
S'en allait la croquer en qualité d'oiseau,
Quand elle protesta qu'on lui faisait outrage:
"Moi, pour telle passer? Vous n'y regardez pas.
Qui fait l'oiseau? c'est le plumage.
Je suis souris: vivent les rats!
Jupiter confonde les chats!
Par cette adroite repartie
Elle sauva deux fois sa vie.

Plusieurs se sont trouvés qui, d'écharpe changeants,
Aux dangers, ainsi qu'elle, ont souvent fait la figue.
Le sage dit, selon les gens;
"Vive le Roi! vive la ligue!"

VI
L'Oiseau blessé d'une Flèche

Mortellement atteint d'une flèche empennée,
Un Oiseau déplorait sa triste destinée,
Et disait, en souffrant un surcroît de douleur:
"Faut-il contribuer à son propre malheur!
Cruels humains! vous tirez de nos ailes

Long live folks who cleave the air!"
So sound her logic seemed, her case,
That right off she was accorded grace:
Freedom to go, unmolested.
Two days later our blind scatterbrain
Hit where another weasel nested,
A foe of birds, pursued by her with might and main.
There was Bat, at once in mortal peril again.
The long-nosed occupant, without even a word,
Was about to consume her, since this was a bird,
When she protested: more than outrage, it was crime:
"Me, one of them? You haven't really looked at bats.
What makes birds? Plumage every time.
Why, I'm a mouse. Long live rats!
May Jupiter confound the cats!"
Clever replies were her device:
Indeed they saved her life twice.

Several there are who've managed, by turning coats
Like her, to thumb their noses when danger's at hand.
"Long live the King!" the wise man quotes,
Or "Long live the League!" on demand.

VI
The Bird Wounded by an Arrow

Wounded mortally by an arrow's feathered shot,
A Bird was lamenting his sad, wretched lot
And saying, while still in the throes of his pain,
"Must I be destined to add to my sorrow again?
Fierce men, our wings you strip and lacerate

De quoi faire voler ces machines mortelles.
Mais ne vous moquez point, engeance sans pitié:
Souvent il vous arrive un sort comme le nôtre.
Des enfants de Japet toujours une moitié
Fournira des armes à l'autre."

VII
La Lice et sa Compagne

Une Lice étant sur son terme,
Et ne sachant où mettre un fardeau si pressant,
Fait si bien qu'à la fin sa Compagne consent
De lui prêter sa hutte, où la Lice s'enferme.
Au bout de quelque temps sa Compagne revient.
La Lice lui demande encore une quinzaine;
Ses petits ne marchaient, disait-elle, qu'à peine.
Pour faire court, elle l'obtient.
Ce second terme échu, l'autre lui redemande
Sa maison, sa chambre, son lit.
La Lice cette fois montre les dents, et dit:
"Je suis prête à sortir avec toute ma bande,
Si vous pouvez nous mettre hors."
Ses enfants étaient déjà forts.

Ce qu'on donne aux méchants, toujours on le regrette.
Pour tirer d'eux ce qu'on leur prête,
Il faut que l'on en vienne aux coups;
Il faut plaider, il faut combattre.
Laissez-leur prendre un pied chez vous,
Ils en auront bientôt pris quatre.

To make deadly shafts you shoot fly so straight.
But don't mock, pitiless folk, or be self-satisfied.
Your fate is often like ours, though you protest.
Half the human race will ever be crucified:
They'll furnish arms to the rest.

VII
The Bitch and Her Companion

A Bitch close to giving birth,
With no place to deposit such a pressing weight,
Went begging her Neighbor to lend her estate.
The latter agreeing, she took over her berth.
After a time, Companion returned to the nest.
Bitch asked for a two-week longer stay:
Her pups, she said, still walked in such a shaky way.
In short, she got her request.
The second term gone by, the other wanted back
Her house, her room, her bed.
But now the Bitch bared every tooth in her head
And said, "I'm ready to leave with my whole pack
If you can manage to put us out."
By now her young were quite stout.

What one lends to the wicked is always cause for regret.
To get them to pay back a debt,
One must come to blows or more;
One must sue, one must fight.
Let them get one foot in your door,
They'll take everything in sight.

VIII
L'Aigle et l'Escarbot

L'Aigle donnait la chasse à maître Jean Lapin,
Qui droit à son terrier s'enfuyait au plus vite.
Le trou de l'Escarbot se rencontre en chemin.
    Je laisse à penser si ce gîte
Etait sûr; mais où mieux? Jean Lapin s'y blottit.
L'Aigle fondant sur lui nonobstant cet asile,
    L'Escarbot intercède, et dit:
"Princesse des oiseaux, il vous est fort facile
D'enlever malgré moi ce pauvre malheureux;
Mais ne me faites pas cet affront, je vous prie;
Et puisque Jean Lapin vous demande la vie,
Donnez-la-lui, de grâce, ou l'ôtez à tous deux:
    C'est mon voisin, c'est mon compère."
L'oiseau de Jupiter, sans répondre un seul mot,
    Choque de l'aile l'Escarbot,
    L'étourdit, l'oblige à se taire,
Enlève Jean Lapin. L'Escarbot indigné
Vole au nid de l'oiseau, fracasse, en son absence,
Ses oeufs, ses tendres oeufs, sa plus douce espérance:
    Pas un seul ne fut épargné.
L'Aigle étant de retour, et voyant ce ménage,
Remplit le ciel de cris; et pour comble de rage,
Ne sait sur qui venger le tort qu'elle a souffert.
Elle gémit en vain: sa plainte au vent se perd.
Il fallut pour cet an vivre en mère affligée.
L'an suivant, elle mit son nid en lieu plus haut.
L'Escarbot prend son temps, fait faire aux oeufs le saut:
La mort de Jean Lapin derechef est vengée.
Ce second deuil fut tel, que l'écho de ces bois
    N'en dormit de plus de six mois.
    L'oiseau qui porte Ganymède
Du monarque des Dieux enfin implore l'aide,
Dépose en son giron ses oeufs, et croit qu'en paix
Ils seront dans ce lieu; que pour ses intérêts,
Jupiter se verra contraint de les défendre:

VIII
The Eagle and the Dung Beetle

The Eagle once gave chase to Master Jack Rabbit,
Who fled denward just as fast as ever he could go.
En route he saw a hole, one Dung Beetles inhabit.
    What a haven this was you must know,
But where find a better? Jack Rabbit buried his head.
This refuge notwithstanding, Eagle made to strike.
    Dung Beetle interceded and said,
"Princess of birds, it's easy for you to do as you like
In spite of me: take this poor wretch on his knees.
But refrain from this insult to me, I hereby beg of you.
Since Jack Rabbit's begging for his life, please
Grant it to him or, along with his, take my life too:
    He's my neighbor, he's my friend."
Jupiter's bird, without even deigning to make a reply,
    Struck Beetle with wing on the fly,
    Stunned him, brought his plea to an end,
Carried Jack Rabbit away. The outraged Insect
Flew to the nest of the bird and, while she was away,
Smashed her frail eggs, eggs where her fondest hopes lay;
    Not a one did he spare or respect.
When the Eagle, back at her nest, viewed this rampage,
She filled the heavens with cries. To heighten her rage,
Not knowing who was guilty, she could not avenge the crime.
In vain she moaned, plaints lost in the wind every time.
That year she lived in sorrow, maternal grief her lot.
She built her nest the following year in a higher place.
The Dung Beetle chose his time, shoved the eggs off into space,
Jack Rabbit's death once more avenged on the spot.
Such was her mourning again that all the woods did hear
    Its echos, more than half the year.
    The bird that carried Ganymede
Went to Jupiter at last, for support in her need;
Placed her eggs on his lap, certain they'd hatch in peace
In that place; in his own interest Jove wouldn't cease
To protect and keep them safe in his possession:

Hardi qui les irait là prendre.
Aussi ne les y prit-on pas.
Leur ennemi changea de note,
Sur la robe du dieu fit tomber une crotte:
Le dieu la secouant jeta les oeufs à bas.
Quand l'Aigle sut l'inadvertance,
Elle menaça Jupiter
D'abandonner sa cour, d'aller vivre au désert,
Avec mainte autre extravagance.
Le pauvre Jupiter se tut:
Devant son tribunal l'Escarbot comparut,
Fit sa plainte, et conta l'affaire.
On fit entendre à l'Aigle enfin qu'elle avait tort.
Mais les deux ennemis ne voulant point d'accord,
Le monarque des Dieux s'avisa, pour bien faire.
De transporter le temps où l'aigle fait l'amour
En une autre saison, quand la race escarbote
Est en quartier d'hiver, et, comme la marmotte,
Se cache et ne voit point le jour.

IX
Le Lion et le Moucheron

"Va-t'en, chétif insecte, excrément de la terre!"
C'est en ces mots que le Lion
Parlait un jour au Moucheron.
L'autre lui déclara la guerre.
"Penses-tu, lui dit-il, que ton titre de roi
Me fasse peur ni me soucie?
Un boeuf est plus puissant que toi:
Je le mène à ma fantaisie."

Bold indeed would be any aggression.
So to take them no one came 'round.
Her resourceful foe did not relent.
On Jupiter's robe he then dropped a ball of excrement.
Shaking it off, the god tossed the eggs to the ground.
When the Eagle was informed of his neglect,
To Jove she made the threat
Of quitting his court for the wild, to his lasting regret;
Gave many another sign of disrespect.
Poor Jupiter sat there mute.
To his court the Dung Beetle brought suit:
Told the entire story, made his plea.
The final judgment was that the Eagle was wrong.
But since the two foes would not get along,
Jupiter then ruled, to do things properly,
He'd move the time when eagles in love unite
To a season when the whole beetle nation,
In winter homes, like the marmot in hibernation,
Hides away and doesn't see the light.

IX
The Lion and the Gnat

"Get out, you puny bug! Excrement earth does deplore!"
It was in words such as these that
The Lion spoke one day to the Gnat.
The latter replied by declaring war.
"Do you think," he said, "your royal title says boo
To me, or brings me any worry?
An ox is a bulkier creature than you;
I move him as I fancy, in a hurry."

A peine il achevait ces mots
Que lui-même il sonna la charge,
Fut le trompette et le héros.
Dans l'abord il se met au large;
Puis prend son temps, fond sur le cou
Du Lion, qu'il rend presque fou.
Le quadrupède écume, et son oeil étincelle;
Il rugit; on se cache, on tremble à l'environ;
Et cette alarme universelle
Est l'ouvrage d'un moucheron.
Un avorton de mouche en cent lieux le harcelle;
Tantôt pique l'échine, et tantôt le museau,
Tantôt entre au fond du naseau.
La rage alors se trouve à son faîte montée.
L'invisible ennemi triomphe, et rit de voir
Qu'il n'est griffe ni dent en la bête irritée
Qui de la mettre en sang ne fasse son devoir.
Le malheureux Lion se déchire lui-même,
Fait résonner sa queue à l'entour de ses flancs,
Bat l'air, qui n'en peut mais; et sa fureur extrême
Le fatigue, l'abat: le voilà sur les dents.
L'insecte du combat se retire avec gloire:
Comme il sonna la charge, il sonne la victoire,
Va partout l'annoncer, et rencontre en chemin
L'embuscade d'une araignée;
Il y rencontre aussi sa fin.

Quelle chose par là nous peut être enseignée?
J'en vois deux, dont l'une est qu'entre nos ennemis
Les plus à craindre sont souvent les plus petits;
L'autre, qu'aux grands périls tel a pu se soustraire,
Qui périt pour la moindre affaire.

    Scarcely were these words said
    When he sounded the call to attack
    As both bugler and hero who led.
    In his assault he first drew back,
    Chose his time, then dived on the mane
    Of the Lion, drove him nigh insane.
The beast foamed at the mouth, eyes flashing, manic;
He roared. They hid in fear and trembling, all around.
    This general alarm, this total panic,
    Was the work of a gnat from the ground.
A tiny fly's raids, in a hundred places, were titanic:
First he's sting his muzzle, next chew on his back,
    Then deep in his nose find a snack.
The Lion's rage swelled, to its peak increased.
His foe, invisible, triumphant, merely laughed
To see every tooth and claw of the maddened beast
Do the job of drawing his blood both fore and aft.
By himself the poor Lion to shreds was torn.
From flank to flank he lashed his tail where he stood;
At a loss, he pawed the air. Then, by his utter fury worn,
Exhausted, he was felled: defeated, floored for good.
From the battle the insect came back, in full glory:
As he'd sounded the charge, he sounded the victor's story;
Went everywhere to tell it and flew headlong, on the way,
    To the ambush of a waiting spider.
    There he also met his end that day.

Of what lessons for us is this tale the provider?
Two I do see, one of which is that of all our enemies,
The most to dread are often the smallest one sees.
The other, that from great perils one may well escape,
    Only to die in the slightest scrape.

X
L'Ane chargé d'Eponges et l'Ane chargé de sel

Un Anier, son sceptre à la main,
Menait, en empereur romain,
Deux Coursiers à longues oreilles.
L'un, d'éponges chargé, marchait comme un courrier;
Et l'autre, se faisant prier,
Portait, comme on dit, les bouteilles:
Sa charge était de sel. Nos gaillards pèlerins,
Par monts, par vaux, et par chemins,
Au gué d'une rivière à la fin arrivèrent,
Et fort empêchés se trouvèrent.
L'Anier, qui tous les jours traversait ce gué-là,
Sur l'Ane à l'éponge monta,
Chassant devant lui l'autre bête,
Qui voulant en faire à sa tête,
Dans un trou se précipita,
Revint sur l'eau, puis échappa;
Car au bout de quelques nagées,
Tout son sel se fondit si bien
Que le Baudet ne sentit rien
Sur ses épaules soulagées.
Camarade épongier prit exemple sur lui,
Comme un mouton qui va dessus la foi d'autrui.
Voilà mon Ane à l'eau; jusqu'au col il se plonge,
Lui, le conducteur et l'éponge.
Tous trois burent d'autant: l'Anier et le Grison
Firent à l'éponge raison.
Celle-ci devint si pesante,
Et de tant d'eau s'emplit d'abord,
Que l'Ane succombant ne put gagner le bord,
L'Anier l'embrassait, dans l'attente
D'une prompte et certaine mort.
Quelqu'un vint au secours: qui ce fut, il n'importe;
C'est assez qu'on ait vu par là qu'il ne faut point
Agir chacun de même sorte.
J'en voulais venir à ce point.

X
The Ass Loaded with Sponges and the Ass Loaded with Salt

A Mule Driver, with scepter in hand
Like a Roman emperor in command,
Was leading two Steeds with long ears.
One—its cargo was sponges—trotted, quick and spry.
The other needed urging to comply,
Walking along as though on eggs, it appears:
The load it transported was salt. Our travelers hale,
By path, by hill, and by dale,
Finally came to a ford in a stream,
An obstacle, it did seem.
The Muleteer, who crossed at this very ford daily,
On sponge-laden Ass mounted gaily
And drove before him the other beast,
Whose mulishness merely increased.
Into a hole in the riverbed
It plunged, surfaced, then fled:
Its swimming along in this state
Made the salt dissolve, melt.
So by Donkey soon nothing was felt
On shoulders relieved of weight.
Comrade sponge-bearer mimicked his brother,
Like a sheep that proceeds on its faith in another.
There's Donkey in the water; up to its neck it plunges
With the Driver and the sponges.
All three drank in contest, Ass and Driver in a lunge.
They didn't match the sponge.
So dense by now it had become,
All filled with water, to the core,
That Donkey, sinking, couldn't get to shore.
The Driver held on for his life, numb,
Certain swift death was in store.
Someone came to the rescue. No matter who the savior;
Suffice it if thus we've seen that we must all eschew
Aping other folks' behavior.
That's the point I was coming to.

XI et XII
Le Lion et le Rat
La Colombe et la Fourmi

Il faut, autant qu'on peut, obliger tout le monde:
On a souvent besoin d'un plus petit que soi.
De cette vérité deux fables feront foi,
    Tant la chose en preuves abonde.

    Entre les pattes d'un Lion
Un Rat sortit de terre assez à l'étourdi.
Le roi des animaux, en cette occasion,
Montra ce qu'il était, et lui donna la vie.
    Ce bienfait ne fut pas perdu.
    Quelqu'un aurait-il jamais cru
    Qu'un lion d'un rat eût affaire?
Cependant il avint qu'au sortir des forêts
    Ce Lion fut pris dans des rets,
Dont ses rugissements ne le purent défaire.
Sire Rat accourut, et fit tant par ses dents
Qu'une maille rongée emporta tout l'ouvrage.
    Patience et longueur de temps
    Font plus que force ni que rage.

L'autre exemple est tiré d'animaux plus petits.

Le long d'un clair ruisseau buvait une Colombe,
Quand sur l'eau se penchant une Fourmis y tombe,
Et dans cet océan l'on eût vu la Fourmis
S'efforcer, mais en vain, de regagner la rive.
La Colombe aussitôt usa de charité:
Un brin d'herbe dans l'eau par elle étant jeté,
Ce fut un promontoire où la Fourmis arrive.
    Elle se sauve; et là-dessus
Passe un certain croquant qui marchait les pieds nus.
Ce croquant, par hasard, avait une arbalète.
    Dès qu'il voit l'oiseau de Vénus,
Il le croit en son pot, et déjà lui fait fête.

XI and XII
The Lion and the Rat
The Dove and the Ant

As best we can, we must oblige all others, and care:
Of folk smaller than ourselves we often have need.
Two fables will attest to this truth indeed,
So much proof lies everywhere.

Right between a Lion's paws
A Rat, quite heedlessly, emerged from his hole.
The royal beast, for once not using his jaws,
Showed what he was, let him scamper off whole;
A boon not just tossed away.
Who'd ever think, to this day,
Rats to Lions might be of use?
Yet it came about that on leaving his forest lair
This Lion was caught in a snare
From which none of his roaring could get him loose.
Master Rat ran up, and so set his teeth to the chore,
His gnawing of one last knot tore up the whole cage.
Endurance and patience do more
Than mere brute strength or rage.

The other case is drawn from beasts of smaller size.

At a clear stream where a Dove was taking a drink,
An Ant, leaning down too far, toppled over the brink.
In this ocean the Ant could be seen to agonize,
Struggling to get to shore, but struggling in vain.
The Dove's kindness was used on the spot:
A blade of grass she threw in the stream like a shot
Served as a pier that the Ant was able to gain;
She got out. Whereupon we meet
A country bumpkin passing by, with no shoes on his feet;
And a crossbow too, held by this rustic biped.
Perceiving Venus's bird as a treat,
He already saw her in his pot and at his dinner spread.

Tandis qu'à le tuer mon villageois s'apprête,
La Fourmis le pique au talon.
Le vilain retourne la tête:
La Colombe l'entend, part, et tire de long.
Le soupé du croquant avec elle s'envole:
Point de Pigeon pour une obole.

XIII
L'Astrologue qui se laisse tomber dans un puits

Un Astrologue un jour se laissa choir
Au fond d'un puits. On lui dit: "Pauvre bête,
Tandis qu'à peine à tes pieds tu peux voir,
Penses-tu lire au-dessus de ta tête?"
Cette aventure en soi, sans aller plus avant,
Peut servir de leçon à la plupart des hommes.
Parmi ce que de gens sur la terre nous sommes,
Il en est peu qui fort souvent
Ne se plaisent d'entendre dire
Qu'au livre du Destin les mortels peuvent lire.
Mais ce livre, qu'Homère et les siens ont chanté,
Qu'est-ce, que le Hasard parmi l'antiquité,
Et parmi nous la Providence?
Or du Hasard il n'est point de science:
S'il en était, on aurait tort
De l'appeler hasard, ni fortune, ni sort,
Toutes choses très-incertaines.
Quant aux volontés souveraines
De Celui qui fait tout, et rien qu'avec dessein,
Qui les sait, que lui seul? Comment lire en son sein?

As our countryman prepared his bow, to shoot her dead,
The Ant gave his heel a good bite.
The oaf turned to look instead;
The Dove heard him, took off, and sped out of sight.
And bumpkin's fine supper flew off with her too:
Not a pennyworth for him of pigeon stew.

XIII
The Astrologer Who Let Himself Fall Down a Well

An Astrologer one day let himself fall
Down a well. "Poor fool," to him someone said,
"When you can scarcely see your feet at all,
You think you can read the skies overhead?"
This event, in and of itself, without further ado,
As a lesson to most of humankind can be of worth.
Among the world's inhabitants, everywhere on earth,
There do indeed exist but few
Not pleased to hear someone state
That mortals have the power to explain the Book of Fate.
But this book, that Homer and his school put into rhymes,
What was it but chance to folk of former times,
And now called Providence by us?
Now of Chance there's no science, calculus.
If there were, error we'd propagate
To call it chance, or name it fortune, or fate,
Things, all of them, quite unsure.
As for the wishes, sovereign, pure,
Of Him who creates all, to all some design does impart,
Who knows them but Him alone? How can anyone read His heart?

Aurait-il imprimé sur le front de étoiles
Ce que la nuit des temps enferme dans ses voiles?
A quelle utilité? Pour exercer l'esprit
De ceux qui de la sphère et du globe ont écrit?
Pour nous faire éviter des maux inévitables?
Nous rendre, dans les biens, de plaisir incapables?
Et causant du dégoût pour ces biens prévenus,
Les convertir en maux devant qu'ils soient venus?
C'est erreur, ou plutôt c'est crime de le croire.
Le firmament se meut, les astres font leurs cours,
Le soleil nous luit tous les jours,
Tous les jours sa clarté succède à l'ombre noire,
Sans que nous en puissions autre chose inférer
Que la nécessité de luire et d'éclairer,
D'amener les saisons, de mûrir les semences,
De verser sur les corps certaines influences.
Du reste, en quoi répond au sort toujours divers
Ce train toujours égal dont marche l'Univers?
Charlatans, faiseurs d'horoscope,
Quittez les cours des princes de l'Europe;
Emmenez avec vous les souffleurs tout d'un temps:
Vous ne méritez pas plus de foi que ces gens.
Je m'emporte un peu trop: revenons à l'histoire
De ce spéculateur qui fut contraint de boire.
Outre la vanité de son art mensonger,
C'est l'image de ceux qui bâillent aux chimères
Cependant qu'ils sont en danger,
Soit pour eux, soit pour leurs affaires.

Would He print on the stars' brows without fail
What the night of time conceals from us behind its veil?
To what design? Just to exercise the brain
Of those who've written of globe and sphere for gain?
To make us run away from ills we can't avoid?
To remove all pleasure from blessings we've enjoyed?
And, disgusting us with those boons now nullified,
Convert them into ills before they even reach our side?
To think so is error, or rather it's a crime outright:
The firmament does move, as do the stars, come what may.
    The sun sheds its light on us each day,
Every day its rays replace the darkest shades of night.
From which no inference at all can ever be drawn
But its need to shine and give light at dawn,
To usher in the seasons, ripen the maturing grain,
Act in certain ways on bodies in the living chain.
And then, what does correspond to fate, ever diverse,
In the ever steady, even pace of all the Universe?
    You're charlatans, horoscope makers!
  Leave the courts of Europe with those other fakers:
Take along the bellows-blowers; all of you depart together.
You deserve no whit more faith than does their blether.
I'm a bit too carried away. Back to the tale I tell
Of that stargazer obliged to imbibe down a well.
Besides the sham of his art, so untrue,
He's the very image of those who hold on to illusion
    While threats to everything they do,
    Or to them, lie all about them in profusion.

XIV
Le Lièvre et les Grenouilles

Un Lièvre en son gîte songeait
(Car que faire en un gîte, à moins que l'on ne songe?);
Dans un profond ennui ce Lièvre se plongeait:
Cet animal est triste, et la crainte le ronge.
"Les gens de naturel peureux
Sont, disait-il, bien malheureux.
Ils ne sauraient manger morceau qui leur profite;
Jamais un plaisir pur; toujours assauts divers.
Voilà comme je vis: cette crainte maudite
M'empêche de dormir, sinon les yeux ouverts.
Corrigez-vous, dira quelque sage cervelle.
Et la peur se corrige-t-elle?
Je crois même qu'en bonne foi
Les hommes ont peur comme moi."
Ainsi raisonnait notre Lièvre,
Et cependant faisait le guet.
Il était douteux, inquiet:
Un souffle, une ombre, un rien, tout lui donnait la fièvre.
Le mélancolique animal,
En rêvant à cette matière,
Entend un léger bruit: ce lui fut un signal
Pour s'enfuir devers sa tanière.
Il s'en alla passer sur le bord d'un étang.
Grenouilles aussitôt de sauter dans les ondes;
Grenouilles de rentrer en leurs grottes profondes.
"Oh! dit-il, j'en fais faire autant
Qu'on m'en fait faire! Ma présence
Effraie aussi les gens! je mets l'alarme au camp!
Et d'où me vient cette vaillance?
Comment? des animaux qui tremblent devant moi!
Je suis donc un foudre de guerre!
Il n'est, je le vois bien, si poltron sur la terre
Qui ne puisse trouver un plus poltron que soi."

XIV
The Hare and the Frogs

A Hare was meditating in his retreat.
(For what's there to do in a retreat but meditate, I hear?)
This Hare sank deep into gloom with each heartbeat.
This beast is doleful, always gnawed at by his fear:
"Folks with timid dispositions
Exist in the very worst conditions.
Without worry and care, they can't consume a bite;
Never pure joy; always assaults from every side.
That's the life I live: this cursèd fright
Keeps me from sleep, save with eyes open wide.
'Overcome fear,' opines some great cerebrum.
Can native fear be overcome?
I even think, in all honesty,
That men are fearful like me."
Such were thoughts of our Hare
While he kept on looking about.
He was uneasy, full of doubt:
Everything gave him a fever—a shadow, a trifle, a puff of air.
The animal of such sad design,
Brooding about this matter, then
Heard a sound. To him this was surely the sign
To flee in a trice toward his den.
Away he shot at a run 'round the rim of a lake.
Into the water Frogs took off, in one sudden leap;
Straight down dived Frogs right to their grottoes deep.
"Oh!" he said. "I do make some quake
As much as some do me! My being here
Also frightens folk! In panic I make this camp shake!
And whence does my valiance appear?
What? Animals exist who tremble too, on seeing me!
So I'm a mighty warrior in this lagoon!
There is, I can see it now, nowhere on earth a poltroon
Who can't find someone else more cowardly than he."

XV
Le Coq et le Renard

Sur la branche d'un arbre était en sentinelle
Un vieux Coq adroit et matois.
"Frère, dit un Renard, adoucissant sa voix,
Nous ne sommes plus en querelle:
Paix générale cette fois.
Je viens te l'annoncer; descends, que je t'embrasse.
Ne me retarde point, de grâce;
Je dois faire aujourd'hui vingt postes sans manquer.
Les tiens et toi pouvez vaquer,
Sans nulle crainte, à vos affaires;
Nous vous y servirons en frères.
Faites-en les feux dès ce soir,
Et cependant viens recevoir
Le baiser d'amour fraternelle.
—Ami, reprit le Coq, je ne pouvais jamais
Apprendre une plus douce et meilleure nouvelle
Que celle
De cette paix;
Et ce m'est une double joie
De la tenir de toi. Je vois deux Lévriers,
Qui, je m'assure, sont courriers
Que pour ce sujet on envoie:
Ils vont vite, et seront dans un moment à nous.
Je descends: nous pourrons nous entre-baiser tous.
—Adieu, dit le Renard, ma traite est longue à faire:
Nous nous réjouirons du succès de l'affaire
Une autre fois." Le galand aussitôt
Tire ses grègues, gagne au haut,
Mal content de son stratagème.
Et notre vieux Coq en soi-même
Se mit à rire de sa peur;
C'est double plaisir de tromper le trompeur.

XV
The Cock and the Fox

Up in a tree, a shrewd old sentinel standing tall,
Was the most cunning of Cocks.
Speaking in honeyed tones, "Brother," said a Fox,
"War has come to an end for us all:
Peace for us and your flocks.
I come bringing the news; fly down, so we can embrace.
Please, don't delay; a long race
I have yet to run today—twenty stages without fail.
You and yours, in full detail,
Can see to your affairs without fear:
Fraternal aid we'll give you here.
Light festive fires, starting tonight.
Meanwhile come, to do things right,
Receive this kiss of brotherly love."
Responded the Cock, "Why, I could never, friend,
Learn any better news, or sweeter, from Heaven above
Than that of
This peace we attend;
Joy, what's more, to savor twice:
I hear it from you. I see two Greyhounds about
To join us too; couriers, no doubt,
Dispatched to bring this advice.
They're coming fast and will be with us shortly, brother.
I'll be right down, so we'll all be able to kiss one another."
"Goodbye," said the Fox. "I have lots of others still to notify.
Over this happy event we'll rejoice, just you and I,
Another time." Then the rascal, like a shot,
Took to his heels and departed the spot,
Chagrined at the fate of his scheme.
And our old Cock, to himself, supreme,
Began crowing in glee at his fright.
To deceive the deceiver is always a double delight.

XVI
Le Corbeau voulant imiter l'Aigle

L'oiseau de Jupiter enlevant un mouton,
Un Corbeau, témoin de l'affaire,
Et plus faible de reins, mais non pas moins glouton,
En voulut sur l'heure autant faire.
Il tourne à l'entour du troupeau,
Marque entre cent moutons le plus gras, le plus beau,
Un vrai mouton de sacrifice:
On l'avait réservé pour la bouche des Dieux.
Gaillard Corbeau disait, en le couvant des yeux:
"Je ne sais qui fut ta nourrice;
Mais ton corps me paraît en merveilleux état:
Tu me serviras de pâture."
Sur l'animal bêlant à ces mots il s'abat.
La moutonnière créature
Pesait plus qu'un fromage, outre que sa toison
Etait d'une épaisseur extrême,
Et mêlée à peu près de la même façon
Que la barbe de Polyphème.
Elle empêtra si bien les serres du Corbeau,
Que le pauvre animal ne put faire retraite.
Le berger vient, le prend, l'encage bien et beau,
Le donne à ses enfants pour servir d'amusette.

Il faut se mesurer; la conséquence est nette:
Mal prend aux volereaux de faire les voleurs.
L'example est un dangereux leurre:
Tous les mangeurs de gens ne sont pas grands seigneurs;
Où la Guêpe a passé le Moucheron demeure.

XVI
The Crow Trying to Imitate the Eagle

Jupiter's bird took a sheep for a meal.
    A Crow who witnessed the event,
A far less powerful bird, but a glutton no less real,
    Decided at once on like nourishment.
    'Round and 'round the flock he flew,
Of a hundred sheep picked the fattest, the finest too:
    A sheep for sacrifice most apropos,
Reserved for the menu of the Gods, a real prize.
Said bold Master Crow, coveting it with greedy eyes,
    "Who gave suck to you I do not know,
But in form you're a marvel, at the very least.
    You'll be my dinner's feature."
This said, he pounced on the bleating beast.
    The woolly ovine creature
Weighed more than a cheese; had a fleece, what's more,
    Extremely thick, unsheared,
All tangled and snarled to the core,
    Like Polyphemus's beard.
It so imprisoned the claws of the Crow in a vise,
The poor bird had no chance to pull back and away.
The shepherd came and took him; caged him neat and nice,
So he'd serve for his children's diversion and play.

Measure your own strength, or the end is clear as day.
Petty thieves playing robber baron risk an awful fate.
    The model's a lure with danger fraught:
Predators can't be great lords if they haven't got the weight;
Where a Wasp pushes through a Gnat stays caught.

XVII
Le Paon se plaignant à Junon

Le Paon se plaignait à Junon.
"Déesse, disait-il, ce n'est pas sans raison
Que je me plains, que je murmure:
Le chant dont vous m'avez fait don
Déplaît à toute la nature;
Au lieu qu'un Rossignol, chétive créature,
Forme des sons aussi doux qu'éclatants,
Est lui seul l'honneur du printemps."
Junon répondit en colère:
"Oiseau jaloux, et qui devrais te taire,
Est-ce à toi d'envier la voix du Rossignol,
Toi que l'on voit porter à l'entour de ton col
Un arc-en-ciel nué de cent sortes de soies;
Qui te panades, qui déploies
Une si riche queue, et qui semble à nos yeux
La boutique d'un lapidaire?
Est-il quelque oiseau sous les cieux
Plus que toi capable de plaire?
Tout animal n'a pas toutes propriétés.
Nous vous avons donné diverses qualités:
Les uns ont la grandeur et la force en partage;
Le Faucon est léger, l'Aigle plein de courage;
Le Corbeau sert pour le présage;
La Corneille avertit des malheurs à venir;
Tous sont contents de leur ramage.
Cesse donc de te plaindre, ou bien, pour te punir,
Je t'ôterai ton plumage."

XVII
The Peacock Complaining to Juno

The Peacock whined to Juno in spite.
"Goddess," he kept saying, "I'm fully in the right
To protest to you and complain:
The cry you've given me is a fright,
Repugnant to nature's domain.
While the Nightingale, tiny creature so plain,
Sings so dulcet a song, a brilliant thing,
That he alone does all honor to spring."
Juno replied, her ire stirred,
"You jealous bird, who shouldn't say a word!
Are you the one to envy the Nightingale's note?
You, as everyone sees, who wear 'round your throat
A rainbow of a hundred shades of silken thread,
You who strut about and spread
So magnificent a tail, and who appear to our eye
To be a jeweler's treasure?
Exists there a bird, anywhere in the sky,
More able than you to give pleasure?
No single animal is granted every feature;
We've given diverse traits to every creature.
Some of them have size and strength as their share:
The Falcon is swift, the Eagle bravest in the air,
The Crow serves as omen everywhere,
The Rook sounds warnings of mishaps imminent.
All welcome their songs and approve.
So you stop your complaining or, by way of punishment,
It's your plumage I'll remove."

XVIII
La Chatte métamorphosée en Femme

Un Homme chérissait éperdument sa Chatte;
Il la trouvait mignonne, et belle, et délicate,
Qui miaulait d'un ton fort doux:
Il était plus fou que les fous.
Cet homme donc, par prières, par larmes,
Par sortilèges et par charmes,
Fait tant qu'il obtient du Destin
Que sa Chatte, en un beau matin,
Devient femme; et le matin même,
Maître sot en fait sa moitié.
Le voilà fou d'amour extrême,
De fou qu'il était d'amitié.
Jamais la dame la plus belle
Ne charma tant son favori
Que fait cette épouse nouvelle
Son hypocondre de mari.
Il l'amadoue; elle le flatte:
Il n'y trouve plus rien de chatte;
Et poussant l'erreur jusqu'au bout,
La croit femme en tout et partout:
Lorsque quelques souris qui rongeaient de la natte.
Troublèrent le plaisir des nouveaux mariés.
Aussitôt la femme est sur pieds.
Elle manqua son aventure.
Souris de revenir, femme d'être en posture:
Pour cette fois elle accourut à point;
Car ayant changé de figure,
Les souris ne la craignaient point.
Ce lui fut toujours une amorce,
Tant le naturel a de force.
Il se moque de tout, certain âge accompli.
Le vase est imbibé, l'étoffe a pris son pli.
En vain de son train ordinaire
On le veut désaccoutumer:
Quelque chose qu'on puisse faire,

XVIII
The Cat Metamorphosed into a Woman

A Man loved his Cat with a love quite fanatic;
He thought her darling, lovely, dainty, and dramatic.
Her little meouw, sweet and sad,
Drove him madder than the mad.
This man, then, through tears and prayer,
Magic, spells cast everywhere,
Tried so hard that Fate gave way
And made his Cat, one fine day,
A woman. At once, before noon,
Master fool tied the wedding knot.
Mad love now marked his honeymoon
Where once fond folly was his lot.
Never did fair lady's charms
So bewitch her suitor at all
As completely as this new wife's arms
Held her mad spouse in thrall.
He coddled her, she made him purr.
He saw no further trace of cat in her
And, permitting error to run unchecked,
Was finding her woman in every respect,
When some mice, gnawing away at the mat where they were,
Interrupted the joy of this pair just newly wed.
At once the wife sprang from her bed.
Her leap did not strike true.
Back came mice to wife crouched in their view,
And this time her pounce was just right.
For, since her form was new,
On seeing her the mice felt no fright.
Lured to them she was at any hour,
Such is inner nature's power.
It scoffs at everything, once the years have taken hold.
The vase is saturated, set; the cloth has seized its fold.
In vain from its accustomed course
One tries to make it swerve.
No matter what one does to force

On ne saurait le réformer.
Coups de fourche ni d'étrivières
Ne lui font changer de manières;
Et fussiez-vous embâtonnés,
Jamais vous n'en serez les maîtres.
Qu'on lui ferme la porte au nez,
Il reviendra par les fenêtres.

XIX
Le Lion et l'Âne chassant

Le roi des animaux se mit un jour en tête
De giboyer: il célébrait sa fête.
Le gibier du lion, ce ne sont pas moineaux,
Maix beaux et bons sangliers, daims et cerfs bons et beaux.
Pour réussir dans cette affaire,
Il se servit du ministère
De l'âne à la voix de Stentor.
L'Ane à messer Lion fit office de cor.
Le Lion le posta, le couvrit de ramée,
Lui commanda de braire, assuré qu'à ce son
Les moins intimidés fuiraient de leur maison.
Leur troupe n'était pas encore accountumée
A la tempête de sa voix;
L'air en retentissait d'un bruit épouvantable:
La frayeur saisissait les hôtes de ces bois;
Tous fuyaient,tous tombaient au piège inévitable
Où les attendait le Lion.
"N'ai-je pas bien servi dans cette occasion?
Dit l'Ane, en se donnant tout l'honneur de la chasse.
—Oui, reprit le Lion, c'est bravement crié:

It, no reform will serve.
Blows of pitchfork or of scourge
Cannot transform the basic urge.
Armed with stick, or mace,
You'll never bring it to its knees.
Close the door right in its face,
Through windows it returns with ease.

XIX
The Lion and the Ass Hunting

The king of beasts opted for hunting one day:
He celebrated his birthday that way.
Now sparrows don't fill the bill as lions' game,
But fine big boards, big fine bucks, and stags are their aim.
To succeed in this hunting operation,
Lion used Ass's cooperation,
That is, his voice of stentorian brass:
The hunting horn was blown for Messer Lion by the Ass.
The Lion posted him, covered with branches. Thus set,
He ordered him to bray, quite sure that at the sound
The boldest would flee their dwellings everywhere around.
Not a single one of them had even once heard as yet
His voice's thunderous blast.
The air did then reverberate with the most awful bawl.
The woodland dwellers, seized by terror, aghast,
Fled their homes. All into the fated trap did fall,
Right where Lion did await.
"Was not my service here just absolutely great?"
Said the Ass, taking for himself all the honor of the chase.
"Yes," replied the Lion, "that was most bravely brayed.

Si je ne connaissais ta personne et ta race,
J'en serais moi-même effrayé."
L'Ane, s'il eût osé, se fût mis en colère,
Encor qu'on le raillât avec juste raison;
Car qui pourrait souffrir un âne fanfaron?
Ce n'est pas là leur caractère.

XX
Testament expliqué par Esope

Si ce qu'on dit d'Esope est vrai,
C'était l'oracle de la Grèce:
Lui seul avait plus sa sagesse
Que tout l'Aréopage. En voici pour essai
Une histoire des plus gentilles,
Et qui pourra plaire au lecteur.

Un certain homme avait trois filles,
Toutes trois de contraire humeur:
Une buveuse, une coquette;
La troisième, avare parfaite.
Cet homme, par son testament,
Selon les lois municipales,
Leur laissa tout son bien par portions égales,
En donnant à leur mère tant,
Payable quand chacune d'elles
Ne posséderait plus sa contingente part.
Le père mort, les trois femelles
Courent au testament, sans attendre plus tard.
On le lit, on tâche d'entendre
La volonté du testateur;

If I didn't know what you are, and all about your race,
I myself would be afraid."
The Ass, had he dared, would have answered in wrath,
Even though to laugh at him was no less than just.
For who'd let Asses boast, and not manifest disgust?
Their nature follows a different path.

XX
A Will Explained by Aesop

If what everyone says of Aesop is true,
He was the oracle of the Greek state;
He alone possessed more wisdom innate
Than the whole Areopagus. For proof of this view,
Here is one of the nicest of tales,
As the reader, I trust, will agree.

A certain man's children, all females,
Were just a contrary lot, all three.
One drank, the next was a flirt,
The third a miser, mean as dirt.
This man, upon making his will
In observance of the city code,
Left everything to them, in equal shares bestowed.
To their mother, a sum by codicil,
Payable when each without fail
Would no longer have her contingent share.
When the father died, each female
Hastened to the will, with no more delay or care.
They read it, then tried to estimate
What testator's intent could be.

Mais en vain; car comment comprendre
Qu'aussitôt que chacune soeur
Ne possédera plus sa part héréditaire,
Il lui faudra payer sa mère?
Ce n'est pas un fort bon moyen
Pour payer, que d'être sans bien.
Que voulait donc dire le père?
L'affaire est consultée; et tous les avocats,
Après avoir tourné le cas
En cent et cent mille manières,
Y jettent leur bonnet, se confessent vaincus,
Et conseillent aux héritières
De partager le bien sans songer au surplus.
"Quant à la somme de la veuve,
Voici, leur dirent-ils, ce que le conseil treuve:
Il faut que chaque soeur se charge par traité
Du tiers, payable à volonté,
Si mieux n'aime la mère en créer une rente,
Dès le décès du mort courante."
La chose ainsi réglée, on composa trois lots:
En l'un, les maisons de bouteille,
Les buffets dressés sous la treille,
La vaisselle d'argent, les cuvettes, les brocs,
Les magasins de Malvoisie,
Les esclaves de bouche, et pour dire en deux mots,
L'attirail de la goinfrerie;
Dans un autre, celui de la coquetterie,
La maison de la ville, et les meubles exquis,
Les eunuques et les coiffeuses,
Et les brodeuses,
Les joyaux, les robes de prix;
Dans le troisième lot, les fermes, le ménage,
Les troupeaux et le pâturage,
Valets et bêtes de labeur.
Ces lots faits, on jugea que le sort pourrait faire
Que peut-être pas une soeur

In vain. For how could one calculate
That each sister, as legatee,
Nothing left of her testamentary ration,
Must pay her mother compensation?
There was just not any good way,
Without any wealth, for them to pay.
So what was father's expectation?
They got legal advice. And all the lawyers they found,
After turning the case around
In hundred of thousands of ways,
Threw up their hands and to bafflement confessed;
Advised the heiresses to appraise
And divide the estate and not consider the rest.
"With respect to the widow's sum,
Here's the finding," they said, "to which we've now come:
It must be each sister's duty to give, all as planned,
A third, and payable on demand,
If it's not an annuity the mother would rather create,
In effect now, as of the death date."
The matter settled thus, three lots they then made up:
In one, the houses for vinous pleasure,
Buffets set under the trellis's treasure,
The silver: the pitchers, the bowls, every plate and cup,
The storehouses of Malvoisie,
The mealtime slaves. In a word or two, to sum it up,
All the trappings of gluttony.
In the second, whatever enhances coquetry:
The town house, handsome furniture, the finery;
Eunuchs, hairdressers to prize,
Embroiderers likewise,
The priceless gowns, the jewelry.
In the third lot, the household, farms and yields,
The flocks, pastures, and fields,
Farm workers, animals as a set.
With these lots made, they judged fate might so conceive
It, that no sister would get

N'aurait ce qui lui pourrait plaire.
Ainsi chacune prit son inclination,
Le tout à l'estimation.
Ce fut dans la ville d'Athènes
Que cette rencontre arriva.
Petits et grands, tout approuva
Le partage et le choix: Esope seul trouva
Qu'après bien du temps et des peines
Les gens avaient pris justement
Le contre-pied du testament.
"Si le défunt vivait, disait-il, que l'Attique
Aurait de reproches de lui!
Comment? ce peuple, qui se pique
D'être le plus subtil des peuples d'aujourd'hui,
A si mal entendu la volonté suprême
D'un testateur?" Ayant ainsi parlé,
Il fait le partage lui-même,
Et donne à chaque soeur un lot contre son gré;
Rien qui pût être convenable,
Partant rien aux soeurs d'agréable:
A la coquette, l'attirail
Qui suit les personnes buveuses;
La biberonne eut le bétail;
La ménagèreeut les coiffeuses.
Tel fut l'avis du Phrygien,
Alléguant qu'il n'était moyen
Plus sûr pour obliger ces filles
A se défaire de leur bien;
Qu'elles se marieraient dans les bonnes familles,
Quand on leur verrait de l'argent;
Paieraient leur mère tout comptant;
Ne posséderaient plus les effets de leur père:
Ce que disait le testament.
Le peuple s'étonna comme il se pouvait faire
Qu'un homme seul eût plus de sens
Qu'une multitude de gens.

What she would most have liked to receive.
So each of them followed her inclination,
All as per the evaluation.
It was, indeed, in Athens's fair city
That such an odd case occurred.
By great and small approval was heard
Of portions and choice. Aesop alone demurred:
All their time, their effort were a pity;
Their view, it was clearly evident,
Ran counter to the will's intent.
"If the deceased," he maintained, "had not yet died,
How he'd blame Attica, in dismay!
What? This nation, taking such pride
In being the most knowing of peoples on earth today,
Has so misunderstood the ultimate vision
Of a testator!" Having thus given voice,
He himself reworked the division
And gave each sister a lot opposed to her choice.
No proper item could they see
That would suit any one of the three:
The flirt got the chattel
Most longed for by lovers of wine;
The bibulous one, the cattle;
The miser, the hairdressers' line.
Such was the Phrygian's view.
He declared that nothing would do
More to make these daughters not tarry
To sell and bid their lots adieu.
Into a good, respected family they each would marry
When folks saw the money they'd made.
To the mother cash would then be paid;
They'd no longer possess the estate of their dead sire,
Which is what the will had said.
The people, astonished, could only wonder and admire
How one man by himself had more sense
Than all the city's residents.

BOOK THREE

III

LIVRE TROISIEME

I
Le Meunier, son Fils, et l'Ane
A M. D. M.

L'invention des arts étant un droit d'aînesse,
Nous devons l'apologue à l'ancienne Grèce.
Mais ce champ ne se peut tellement moissonner
Que les derniers venus n'y trouvent à glaner.
La feinte est un pays plein de terres désertes;
Tous les jours nos auteurs y font des découvertes.
Je t'en veux dire un trait assez bien inventé:
Autrefois à Racan Malherbe l'a conté.
Ces deux rivaux d'Horace, héritiers de sa lyre,
Disciples d'Apollon, nos maîtres, pour mieux dire,
Se rencontrant un jour tout seuls et sans témoins
(Comme ils se confiaient leurs pensers et leurs soins),
Racan commence ainsi: "Dites-moi, je vous prie,
Vous qui devez savoir les choses de la vie,
Qui par tous ses degrés avez déjà passé,
Et que rien ne doit fuir en cet âge avancé,
A quoi me résoudrai-je? Il est temps que j'y pense.
Vous connaissez mon bien, mon talent, ma naissance:
Dois-je dans la province établir mon séjour,
Prendre emploi dans l'armée, ou bien charge à la cour?
Tout au monde est mêlé d'amertume et de charmes:
La guerre a ses douceurs, l'hymen a ses alarmes.
Si je suivais mon goût, je saurais où buter;
Mais j'ai les miens, la cour, le peuple à contenter."
Malherbe là-dessus: "Contenter tout le monde!
Ecoutez ce récit avant que je réponde.

"J'ai lu dans quelque endroit qu'un Meunier et son Fils,
L'un vieillard, l'autre enfant, non pas des plus petits,
Mais garçon de quinze ans, si j'ai bonne mémoire,
Allaient vendre leur Ane, un certain jour de foire.
Afin qu'il fût plus frais et de meilleur débit,

I
The Miller, His Son, and the Ass
To M. D. M.

Since artistic creation's come down through the ages,
We're in debt for the fable to ancient Greek sages.
But this field can't be stripped, or plucked so clean,
That those who come late won't find something to glean.
Invention's domain is still full of untilled lands;
Every day discoveries do strike our authors' hands.
This ingenious example just proves what I've stated:
To Racan by Malherbe it once was related.
These two rivals of Horace, each heir to his lyre,
Apollo's disciples; two masters, rather, we admire,
Met one day, removed from all third parties' view
(Each being privy to the other's thoughts, his worries too).
Racan began in this fashion: "Would you please tell
Me, you who know life's matters now so very well,
You who've now gone through its every stage,
And to whom it's all clear at your advanced age,
It's time I think about it: what shall I decide to do?
My means, my talents, my birth are well known to you.
Should I off in the country establish my base,
Choose an army career, at court take a post with grace?
Everything on earth mingles bitterness and charms:
War does have its pleasures, marriage its alarms.
My own taste tells me what to seek, or spurn,
But I've the happiness of family, court, people to earn."
Whereupon Malherbe: "The whole world to satisfy!
Hear this tale, and you'll have my reply.

"I've read somewhere or other that a Miller and his Son,
The sire an old man, the other a lad—not a little one,
But a youth of fifteen, if my memory doesn't fail—
Went off to the fair one day, to put their Ass on sale.
So it would be fresher, more alluring on the whole,

On lui lia les pieds, on vous le suspendit;
Puis cet homme et son Fils le portent comme un lustre.
Pauvres gens, idiots, couple ignorant et rustre!
Le premier qui les vit de rire s'éclata:
'Quelle farce, dit-il, vont jouer ces gens-là?
Le plus âne des trois n'est pas celui qu'on pense.'
Le Meunier, à ces mots, connaît son ignorance;
Il met sur pieds sa bête, et la fait détaler.
L'Ane, qui goûtait fort l'autre façon d'aller,
Se plaint en son patois. Le Meunier n'en a cure;
Il fait monter son Fils, il suit, et d'aventure
Passent trois bons marchands. Cet objet leur déplut.
Le plus vieux au garçon s'écria tant qu'il put:
'Oh là oh! descendez, que l'on ne vous le dise,
Jeune homme, qui menez laquais à barbe grise!
C'était à vous de suivre, au vieillard de monter.
—Messieurs, dit le Meunier, il vous faut contenter.'
L'enfant met pied à terre, et puis le vieillard monte,
Quand trois filles passant, l'une dit: 'C'est grand'honte
Qu'il faille voir ainsi clocher ce jeune fils,
Tandis que ce nigaud, comme un évêque assis,
Fait le veau sur son Ane, et pense être bien sage.
—Il n'est, dit le Meunier, plus de veaux à mon âge:
Passez votre chemin, la fille, et m'en croyez.'
Après maints quolibets coup sur coup renvoyés,
L'homme crut avoir tort, et mit son Fils en croupe.
Au bout de trente pas, une troisième troupe
Trouve encore à gloser. L'un dit: 'Ces gens sont fous!
Le Baudet n'en peut plus; il mourra sous leurs coups.
Hé quoi? charger ainsi cette pauvre bourrique!
N'ont-ils point de pitié de leur vieux domestique?
Sans doute qu'à la foire ils vont vendre sa peau.'
—Parbieu! dit le Meunier, est bien fou du cerveau
Qui prétend contenter tout le monde et son père.

They tied its feet together, hung it from a pole.
Then man and Son both bore it off, just like a chandelier.
Poor dumb fools! A pair of rustic oafs, it's clear!
The first one to see them burst into laughter:
'What kind of farce,' he said, 'are these folks after?
The biggest ass of the three isn't the one we've supposed.'
Hearing this, the Miller saw what his folly disclosed.
He set the beast on its feet, sent it off at a trot.
The Ass preferred the other way of going by a lot
And complained in its tongue. The Miller didn't care.
He had his Son mount, walked behind. By chance, right there,
Three good merchants passed. To them the sight did not look good.
The oldest shouted at the boy, just as loudly as he could,
'Hey there, get down! One ought not to have to say
It, young man, leading a graybeard about that way!
You should walk and follow, the old man mount up high!'
'Sirs,' declared the Miller, 'You're the ones to satisfy.'
The boy got down, the old man climbed on, to play the game.
Three girls went by. One of them said, 'What a dreadful shame!
We must watch this young lad limp and hobble along
While that fool, playing at bishop to the throng,
Sprawls like a calf on the Ass and think he's a sage.'
'I'm past thinking,' the Miller said, 'of calves at my age,
My lass, believe me, so just get going on your way.'
After many a gibe tossed to and fro, with no delay,
The man, conceding he was wrong, placed his Son behind.
Thirty paces farther on, a third group then opined,
Found more to criticize: 'These folks are sick in the head!
Donkey's worn out. Under their blows he'll soon be dead.
What nonsense, to load the poor ass with that weight!
No pity at all for their old slave, in such an awful state?
They're proceeding to the fair to sell his skin, no doubt.'
'Egad!' the Miller said. 'Indeed the brains are inside out
Of those who'd make everybody happy, without exception.

Essayons toutefois si par quelque manière
Nous en viendrons à bout.' Ils descendent tous deux.
L'Ane se prélassant marche seul devant eux.
Un quidam les rencontre, et dit: 'Est-ce la mode
Que Baudet aille à l'aise, et Meunier s'incommode?
Qui de l'âne ou du maître est fait pour se lasser?
Je conseille à ces gens de le faire enchâsser.
Ils usent leurs souliers, et conservent leur Ane.
Nicolas, au rebours; car, quand il va voir Jeanne,
Il monte sur sa bête; et la chanson le dit.
Beau trio de baudets!' Le Meunier repartit:
'Je suis âne, il est vrai, j'en conviens, je l'avoue;
Mais que dorénavant on me blâme, on me loue,
Qu'on dise quelque chose ou qu'on ne dise rien,
J'en veux faire à ma tête.' Il le fit, et fit bien.

Quant à vous, suivez Mars, ou l'Amour, ou le Prince;
Allez, venez, courez; demeurez en province;
Prenez femme, abbaye, emploi, gouvernement:
Les gens en parleront, n'en doutez nullement."

II
Les Membres et l'Estomac

Je devais par la royauté
Avoir commencé mon ouvrage:
A la voir d'un certain côté,
Messer Gaster en est l'image;
S'il a quelque besoin, tout le corps s'en ressent.

But let's see if we can, in some way or conception,
Manage it.' Both then got down to walk behind the quadruped.
The Ass, alone like a prelate, went gravely ahead.
Someone met them passing by and said, 'Is it the mode
For Donkey to walk at his ease and Miller to incommode
Himself? Which, ass or master, as load-bearer is famed?
My advice to these folks is to go and have him framed:
It's the Ass they preserve while they wear out their shoes.
Just the opposite for Nick, when it's Jane he goes and woos:
He gets on his beast. Let the song be their guide.
A fine trio of donkeys indeed!' The Miller replied,
'I'm an Ass, it's quite true. I confess it, I certainly agree.
But henceforth let them heap blame or praise on me,
Say anything or nothing at all; keep still or even yell.
I'll do things just as I please.' So he did, and did well.

"As for you, whether you follow Mars, the Prince, or Love;
Go off, come back, stay in the country or rove;
Take a wife, a government post, a monk's frock:
Don't have the slightest doubt, people will talk."

II
The Limbs and the Stomach

I should have begun this fable
By speaking of the royal state,
But from a certain view we're able
To see Gaster's image as its mate.
If he suffers some need, the whole body is affected.

De travailler pour lui les Membres se lassant,
Chacun d'entre eux résolut de vivre en gentilhomme,
Sans rien faire, alléguant l'exemple de Gaster.
"Il faudrait, disaient-ils, sans nous qu'il vécût d'air.
Nous suons, nous peinons comme bêtes de somme;
Et pour qui? pour lui seul; nous n'en profitons pas;
Notre soin n'aboutit qu'à fournir ses repas.
Chommons, c'est un métier qu'il veut nous faire apprendre."
Ainsi dit, ainsi fait. Les Mains cessent de prendre,
    Les Bras d'agir, les Jambres de marcher:
Tous dirent à Gaster qu'il en allât chercher.
Ce leur fut une erreur dont ils se repentirent:
Bientôt les pauvres gens tombèrent en langueur;
Il ne se forma plus de nouveau sang au coeur;
Chaque membre en souffrit; les forces se perdirent.
    Par ce moyen, les mutins virent
Que celui qu'ils croyaient oisif et paresseux,
A l'intérêt commun contribuait plus qu'eux.

Ceci peut s'appliquer à la grandeur royale.
Elle reçoit et donne, et la chose est égale.
Tout travaille pour elle, et réciproquement
    Tout tire d'elle l'aliment.
Elle fait subsister l'artisan de ses peines,
Enrichit le marchand, gage le magistrat,
Maintient le laboureur, donne paie au soldat,
Distribue en cent lieux ses grâces souveraines,
    Entretient seule tout l'Etat.
    Ménénius le sut bien dire.
La commune s'allait séparer du sénat.
Les mécontents disaient qu'il avait tout l'empire,
Le pouvoir, les trésors, l'honneur, la dignité;
Au lieu que tout le mal était de leur côté,
Les tributs, les impôts, les fatigues de guerre.
Le peuple hors des murs était déjà posté,
La plupart s'en allaient chercher une autre terre,

Weary of doing Stomach's work, Limbs objected.
Each of them resolved to live like a gentleman yet,
Idle, citing as example Gaster's lack of care.
"Without us," they complained, "he'd have to survive on air.
Like beasts of burden we do toil and sweat,
And for whom? For him alone; we get nothing good.
All our care does is provide him with food.
Let's not work, a trade he knows best of all how to teach."
Said and done: Hands, on the spot, did cease to reach
    And take, Arms to move, Legs to proceed.
All said to Gaster, "You go find the food you need."
This was an error they came to regret in due course.
Soon the poor members all became languid and slow:
In the heart new blood did neither form nor flow.
Each limb suffered loss; all of them gave up their force.
    So the rebels found, in their remorse,
That the one they thought lazy, given to idle play,
Contributed more to the common good than they.

This can be applied to the grandeur of the king:
It receives, and it gives back, in an equal swing.
All do work for it; reciprocally, with no dissent,
    All draw from it their nourishment.
It gives subsistence to the craftsman for his pains;
Makes merchants rich; judges' fees does defray;
Sustains the farmer; guarantees the soldier his pay;
Distributes its sovereign favors in a hundred domains;
    Alone maintains the State that way.
    Menenius put it with finesse:
The plebs would leave the senate to its fate.
All their governance, said malcontents, it did possess:
The treasury, the power, all the glory, and the pride.
Whereas all of the ills were found on their side:
The tribute, then the taxes, all the weariness of war.
The people had already come together, outside
The walls, most all set to go and seek some other shore,

Quand Ménénius leur fit voir
Qu'ils étaient aux Membres semblables,
Et par cet apologue, insigne entre les fables,
Les ramena dans leur devoir.

III
Le Loup devenu Berger

Un Loup, qui commençait d'avoir petite part
Aux brebis de son voisinage,
Crut qu'il fallait s'aider de la peau du renard,
Et faire un nouveau personnage.
Il s'habille en berger, endosse un hoqueton,
Fait sa houlette d'un bâton,
Sans oublier la cornemuse.
Pour pousser jusqu'au bout la ruse,
Il aurait volontiers écrit sur son chapeau:
"C'est moi qui suis Guillot, berger de ce troupeau."
Sa personne étant ainsi faite,
Et ses pieds de devant posés sur sa houlette,
Guillot le sycophante approche doucement.
Guillot, le vrai Guillot, étendu sur l'herbette,
Dormait alors profondément;
Son chien dormait aussi, comme aussi sa musette:
La plupart des brebis dormaient pareillement.
L'hypocrite les laissa faire;
Et pour pouvoir mener vers son fort les brebis,
Il voulut ajouter la parole aux habits,

When Menenius showed the pack
Just how like the Limbs they clearly were.
And with this apologue, a famous fable, all concur,
To their duty he brought them back.

III
The Wolf Who Became a Shepherd

A Wolf whose share of late was limited to very few
Of the sheep in his neighborhood
Thought that for help he had to do what foxes so well do,
And play a new role if he could.
He donned a smock, to lend himself a shepherd's air,
From a stick made a crook with care;
A bagpipe he remembered to clutch.
To give his ruse a neat finishing touch,
He would gladly have written, right on his hat,
"I'm Willy; I'm the shepherd of this flock." And with that,
Having thus acquired his new look,
His front paws placed just right, atop his crook,
False Willy quietly nearer began to creep.
Willy, genuine Willy, stretched out in a grassy nook,
Was at the moment fast asleep.
His dog slept along; a nap as well his bagpipes took,
And sound asleep, likewise, were most of the sheep.
The deceiver just let them dream.
Then, in order to lead sheep straightway to his lair,
He tried adding words to his costume right there,

Chose qu'il croyait nécessaire.
Mais cela gâta son affaire;
Il ne put du pasteur contrefaire la voix.
Le ton dont il parla fit retentir les bois,
Et découvrit tout le mystère.
Chacun se réveille à ce son,
Les brebis, le chien, le garçon.
Le pauvre Loup, dans cet esclandre,
Empêché par son hoqueton,
Ne put ni fuir ni se défendre.

Toujours par quelque endroit fourbes se laissent prendre.
Quiconque est loup agisse en loup:
C'est le plus certain de beaucoup.

IV
Les Grenouilles qui demandent un Roi

Les Grenouilles se lassant
De l'état démocratique,
Par leurs clameurs firent tant
Que Jupin les soumit au pouvoir monarchique.
Il leur tomba du ciel un Roi tout pacifique:
Ce Roi fit toutefois un tel bruit en tombant,
Que la gent marécageuse,
Gent fort sotte et fort peureuse,
S'alla cacher sous les eaux,
Dans les joncs, dans les roseaux,
Dans les trous du marécage,
Sans oser de longtemps regarder au visage
Celui qu'elles croyaient être un géant nouveau.

Needed, he believed, for his theme.
But this annulled his scheme,
For a shepherd's voice he couldn't imitate.
His howls made the forest 'round reverberate,
And stripped away his mask supreme.
All awoke there at the sound:
The sheep, the shepherd, the hound.
Poor Wolf, sadly hindered in the fray
By the smock he had found,
Could neither fight nor run away.

Cheats always get caught out on some point, to rue the day.
Whoever's a wolf ought to act like one.
It's much the surest way under the sun.

IV
The Frogs Requesting a King

The Frogs grew bored long ago
With the democratic state.
They then clamored at Jupiter so,
That Jove granted them a monarchy, with no debate.
From the sky a King dropped, all peaceful, sedate.
But this King fell with such a crash, fortissimo,
That the entire marshy race,
A wholly stupid, fearful populace,
Dived in the water to hide
Where reeds and rushes multiplied
In holes of the marshy place;
Afraid for the longest time to see the face
Of the intruder, some great new giant, they thought.

Or c'était un Soliveau,
De qui la gravité fit peur à la première
Qui, de le voir s'aventurant,
Osa bien quitter sa tanière.
Elle approcha, mais en tremblant;
Une autre la suivit, une autre en fit autant:
Il en vint une fourmilière;
Et leur troupe à la fin se rendit familière
Jusqu'à sauter sur l'épaule du Roi.
Le bon sire le souffre, et se tient toujours coi.
Jupin en a bientôt la cervelle rompue:
"Donnez-nous, dit ce peuple, un roi qui se remue."
Le Monarque des Dieux leur envoie une Grue,
Qui les croque, qui les tue,
Qui les gobe à son plaisir;
Et Grenouilles de se plaindre,
Et Jupin de leur dire: "Eh quoi? votre désir
A ses lois croit-il nous astreindre?
Vous avez dû premièrement
Garder votre gouvernement;
Mais ne l'ayant pas fait, il vous devait suffire
Que votre premier roi fût débonnaire et doux:
De celui-ci contentez-vous,
De peur d'en rencontrer un pire."

V
Le Renard et le Bouc

Capitaine Renard allait de compagnie
Avec son ami Bouc des plus haut encornés:
Celui-ci ne voyait pas plus loin que son nez;
L'autre était passé maître en fait de tromperie.

Now a Log was what they'd got,
Whose solemn expression transfixed with fright
The first who dared to look around
And venture from its marshy site.
All trembling, it drew near the mound.
A second followed, and another, not hearing a sound.
A swarm emerged to see the sight,
And finally their whole band took liberties, right
Up to jumping on the shoulder of the King.
The good sire suffered this and, quiet, didn't say a thing.
Soon Jove was made deaf by the din of the fools:
"Give us a king," they said, "who'll move in these pools!"
The King of the Gods sent a Crane, with new rules,
Who killed and ate them in schools,
Who gobbled them up at his leisure.
And did Frogs croak and complain!
And Jove said to them, "What? Does your pleasure
Think I'm constrained to its laws or gain?
You should all have been content
To stay with your own government.
But since you were not, your complaints were just perverse
When your first king was noble and did so gently preside.
With the one you have be satisfied,
Lest the next one you're given is worse."

V
The Fox and the Billy Goat

Captain Fox was ambling along for a while
With friend Billy Goat whose horns rose loftily.
No whit beyond his nose was the latter able to see;
The former was past master in every species of guile.

La soif les obligea de descendre en un puits:
Là chacun se désaltère.
Après qu'abondamment tous deux en eurent pris,
Le Renard dit au Bouc: "Que ferons-nous, compère?
Ce n'est pas tout de boire, il faut sortir d'ici.
Lève tes pieds en haut, et tes cornes aussi;
Mets-les contre le mur: le long de ton échine
Je grimperai premièrement;
Puis sur tes cornes m'élevant,
A l'aide de cette machine,
De ce lieu-ci je sortirai,
Après quoi je t'en tirerai.
—Par ma barbe, dit l'autre, il est bon; et je loue
Les gens bien sensés comme toi.
Je n'aurais jamais, quant à moi,
Trouvé ce secret, je l'avoue."
Le Renard sort du puits, laisse son compagnon,
Et vous lui fait un beau sermon
Pour l'exhorter à patience.
"Si le Ciel t'eût, dit-il, donné par excellence
Autant de jugement que de barbe au menton,
Tu n'aurais pas, à la légère,
Descendu dans ce puits. Or adieu: j'en suis hors;
Tâche de t'en tirer, et fais tous tes efforts;
Car pour moi, j'ai certaine affaire
Qui ne me permet pas d'arrêter en chemin."

En toute chose il faut considérer la fin.

Down inside a well thirst obliged them to descend,
Where each of them did drink.
When they'd drunk until all thirst was at an end,
Fox said to Goat, "What'll we do, comrade? Do think.
Drinking isn't everything; we must leave this place.
Lift your front hoofs, horns too, in this space
Over here, against the wall. Up along your spine
I'll be the first to crawl.
And, climbing your horns, haul
Myself, like this, I opine,
Right out of this spot;
Then pull you up, like a shot."
"By my beard," said the Goat, "that's good, and I do praise
Folk with brains like you.
I'd never, whatever I'd do,
Have solved it, all my days."
The Fox got out of the well, left his pal in the lurch,
Gave him a sermon worthy of any church,
To exhort him in patience to wait.
"If Heaven," he said, "had assigned to you as your fate
As much judgment and sense as your chin has hair,
You'd not, without a single care,
Have gone down in this well. I'm up and out, so goodbye.
Make an effort, jump high; give it your very best try.
As for me, I've certain things to prepare
That won't let me stay longer and linger about."

We must always consider how things will turn out.

VI
L'Aigle, la Laie, et la Chatte

L'Aigle avait ses petits au haut d'un arbre creux,
 La Laie au pied, la Chatte entre les deux,
Et sans s'incommoder, moyennant ce partage,
Mères et nourrissons faisaient leur tripotage.
La Chatte détruisit par sa fourbe l'accord;
Elle grimpa chez l'Aigle, et lui dit: "Notre mort
(Au moins de nos enfants, car c'est tout un aux mères)
 Ne tardera possible guères.
Voyez-vous à nos pieds fouir incessamment
Cette maudite Laie, et creuser une mine?
C'est pour déraciner le chêne assurément,
Et de nos nourrissons attirer la ruine:
 L'arbre tombant, ils seront dévorés;
 Qu'ils s'en tiennent pour assurés.
S'il m'en restait un seul, j'adoucirais ma plainte."
Au partir de ce lieu, qu'elle remplit de crainte,
 La perfide descend tout droit
 A l'endroit
 Où la Laie était en gésine.
 "Ma bonne amie et ma voisine,
Lui dit-elle tout bas, je vous donne un avis:
L'Aigle, si vous sortez, fondra sur vos petits.
 Obligez-moi de n'en rien dire:
 Son courroux tomberait sur moi."
Dans cette autre famille ayant semé l'effroi,
 La Chatte en son trou se retire.
L'Aigle n'ose sortir, ni pourvoir aux besoins
 De ses petits; la Laie encore moins:
Sottes de ne pas voir que le plus grand des soins,
Ce doit être celui d'éviter la famine.
A demeurer chez soi l'une et l'autre s'obstine,
Pour secourir les siens dedans l'occasion:
 L'Oiseau royal, en cas de mine;
 La Laie, en cas d'irruption.
La faim détruisit tout; il ne resta personne

VI
The Eagle, the Wild Sow, and the Cat

Nesting atop a hollow tree, with her young, the Eagle sat.
At its foot the Wild Sow and, in between, the Cat.
With no bother, as this division rid them of cares,
Mothers and young could attend to their daily affairs.
The Cat's deceit soon brought this peace to an end.
She climbed to the aerie and said, "Our death, my friend
(At least our babes' doom—for mothers, it's the same to say),
May well be at hand with no delay.
You see her down there, constantly rooting about?
She's digging a cavein for us, that cursèd Sow!
She'll uproot the oak, beyond shadow of a doubt,
To the damage of our young, at any moment now.
Once the tree is down, devoured they'll be;
They'll all come to this, most assuredly.
If just one survived, my lament would be less bitter here."
On departing from the place, which she filled with fear,
The traitress went down like a shot
To the spot
Where the Sow lay in labor.
"My good friend and neighbor,"
She whispered to her, "this bit of advice do receive:
The Eagle will pounce on your young, if ever you leave.
Oblige me by your silence, lest
On me her wrath should soon fall."
Having sowed terror where she'd made this call,
The Cat then withdrew to her nest.
The Eagle dared not depart, to hunt and provide
Food. Still less the Sow, petrified.
Fools not to see that the greatest need to examine
Must be what to do to forestall famine.
At home they both would now stay, come what may,
To save their young should events justify:
The Eagle if the tree gave way,
The Sow if hit from the sky.
Hunger destroyed them all: left was no trace

De la gent marcassine et de la gent aiglonne
Qui n'allât de vie à trépas:
Grand renfort pour messieurs les Chats.
Que ne sait point ourdir une langue traîtresse
Par sa pernicieuse adresse!
Des malheurs qui sont sortis
De la boîte de Pandore,
Celui qu'à meilleur droit tout l'univers abhorre,
C'est la fourbe, à mon avis.

VII
L'Ivrogne et sa Femme

Chacun a son défaut, où toujours il revient:
Honte ni peur n'y remédie.
Sur ce propos, d'un conte il me souvient:
Je ne dis rien que je n'appuie
De quelque exemple. Un suppôt de Bacchus
Altérait sa santé, son esprit, et sa bourse:
Telles gens n'ont pas fait la moitié de leur course
Qu'ils sont au bout de leurs écus.
Un jour que celui-ci, plein du jus de la treille,
Avait laissé ses sens au fond d'une bouteille,
Sa femme l'enferma dans un certain tombeau.
Là les vapeurs du vin nouveau
Cuvèrent à loisir. A son réveil il treuve
L'attirail de la mort à l'entour de son corps,
Un luminaire, un drap des morts.
"Oh! dit-il, qu'est ceci? Ma femme est-elle veuve?"
Là-dessus, son épouse, en habit d'Alecton,
Masquée, et de sa voix contrefaisant le ton,
Vient au prétendu mort, approche de sa bière,

Of any member of the porcine or aquiline race
Who didn't die of starvation.
Quite a windfall for the feline nation.
What plots can a treacherous tongue not distill
By dint of pernicious skill!
Of all the ills that ever flew
Out of Pandora's box
To all mankind's detestation, worse than the pox
Is the deceiver, in my view.

VII
The Drunkard and His Wife

We all do come back to our basic flaws, without fail,
That no shame or fear can thwart.
It's just apropos of this that I now recall a tale:
I say nothing that I cannot support
With examples. A staunch devotee of Bacchus's cult
Was fast losing his health, mind, and money, perforce.
Such folk haven't gone through even one half of life's course
Without loss of all their crowns the result.
Now this one, when full of the juice of the grape one day,
And down at the bottom of a bottle all his wits lay,
Was shut up by his wife inside a crypt to repine.
There, all the fumes of new wine
Fermented in him at leisure. Waking, the place rife
With the trappings of death all around his body and head,
Funerary lamps, a shroud for the dead,
"What's this?" he said. "Have I now made a widow of my wife?"
Then his spouse, disguised as Alecto for choice,
Wearing a mask and counterfeiting the Fury's voice,
Came to the imitation corpse, approaching his bier

Lui présente un chaudeau propre pour Lucifer.
L'époux alors ne doute en aucune manière
Qu'il ne soit citoyen d'enfer.
"Quelle personne es-tu? dit-il à ce fantôme.
—La cellerière du royaume
De Satan, reprit-elle; et je porte à manger
A ceux qu'enclôt la tombe noire."
Le mari repart, sans songer:
"Tu ne leur portes point à boire?"

VIII
La Goutte et l'Araignée

Quand l'Enfer eut produit la Goutte et l'Araignée,
"Mes filles, leur dit-il, vous pouvez vous vanter
D'être pour l'humaine lignée
Egalement à redouter.
Or avisons aux lieux qu'il vous faut habiter.
Voyez-vous ces cases étrètes,
Et ces palais si grands, si beaux, si bien dorés?
Je me suis proposé d'en faire vos retraites.
Tenez donc, voici deux bûchettes;
Accommodez-vous, ou tirez.
—Il n'est rien, dit l'Aragne, aux cases qui me plaise."
L'autre, tout au rebours, voyant les palais pleins
De ces gens nommés médecins,
Ne crut pas y pouvoir demeurer à son aise,
Elle prend l'autre lot, y plante le piquet,
S'étend à son plaisir sur l'orteil d'un pauvre homme,
Disant: "Je ne crois pas qu'en ce poste je chomme,
Ni que d'en déloger et faire mon paquet

With a pan of gruel hot enough for Lucifer's cheer.
No shadow of a doubt had the husband any more
 That he'd passed through Hell's door.
"What kind of person are you?" he asked this ghost.
 "I'm stewardess of the royal host
Of Satan," she replied. "To bring food is my lot
 To those shut up in tombs dark as ink."
 Said her spouse without a thought,
 "And don't you ever bring them a drink?"

VIII
Gout and the Spider

Once Hell had concocted Gout and the Spider in his place,
"Daughters," he said, "you'll be able to boast full well
 Of being held by the whole human race
 In dread—equally, I can tell.
So now let's see to habitats where you must dwell.
 You see those tiny huts so drear,
And those palaces, so golden, so handsome, and so grand?
I propose homes for you in them, through the year.
 Two straws are what I'm holding here.
 Decide, or draw from my hand."
"There's nothing in huts," said the Spider, "that agrees
With me." Contrariwise the other, seeing conditions
 Fill palaces with so-called physicians,
Thought she couldn't live in one with any ease.
She chose a hut, where she staked out her claim:
On a poor man's toe at once she stretched out, quite content,
Saying, "I don't think my time here will now idly be spent,
Or that hence, bag packed because I'm to blame,

Jamais Hippocrate me somme."
L'Aragne cependant se campe en un lambris,
Comme si de ces lieux elle eût fait bail à vie,
Travaille á demeurer: voilà sa toile ourdie,
Voilà des moucherons de pris.
Une servante vient balayer tout l'ouvrage.
Autre toile tissue, autre coup de balai.
Le pauvre bestion tous les jours déménage.
Enfin, après un vain essai,
Il va trouver la Goutte. Elle était en campagne,
Plus malheureuse mille fois
Que la plus malheureuse aragne.
Son hôte la menait tantôt fendre du bois,
Tantôt fouir, houer: goutte bien tracassée
Est, dit-on, à demi pansée.
"Oh! je ne saurais plus, dit-elle, y résister.
Changeons, ma soeur l'Aragne." Et l'autre d'écouter:
Elle la prend au mot, se glisse en la cabane:
Point de coup de balai qui l'oblige à changer.
La Goutte, d'autre part, va tout droit se loger
Chez un prélat, qu'elle condamne
A jamais du lit ne bouger.
Cataplasmes, Dieu sait! Les gens n'ont point de honte
De faire aller le mal toujours de pis en pis.
L'une et l'autre trouva de la sorte son conte,
Et fit très-sagement de changer de logis.

By Hippocrates I'll ever be sent."
Spider, meanwhile, in a paneled hall located a spot.
As though her lease of the place had her whole life to run,
She worked at a permanent base: there her web was spun;
There, inside it, gnats were caught.
A servant came in and swept the whole structure away.
Other webs she spun were all followed by the broom;
The poor beastie kept moving her home about each day.
After futile attempts in many a room,
She went looking for Gout, who was now an active outsider,
Her lot a thousand times more grim
Than that of the most wretched spider.
Her host took her along: to split wood with him,
Now to dig, again to hoe. Gout that's sorely offended
Is, so they say, half-mended.
"Oh," she cried, "against all this I can't hold out!
Let's exchange, Sister Spider." Spider heeded, not a doubt;
Took her at her word, slid into the hut: no more broom
To oblige her ever to move again to rebuild her redoubt.
On the other hand, a straight line was traveled by Gout
To a prelate's home, one that she did doom
Forever to bed, never to move about.
Poultices, Lord knows! Folks don't feel the slightest shame
At making misfortune even worse when it's already bad.
And so it was that each of them found her proper game,
By making a prudent trade of the dwellings they had.

IX
Le Loup et la Cicogne

Les loups mangent gloutonnement.
Un Loup donc étant de frairie
Se pressa, dit-on, tellement
Qu'il en pensa perdre la vie:
Un os lui demeura bien avant au gosier.
De bonheur pour ce Loup, qui ne pouvait crier,
Près de là passe une Cicogne.
Il lui fait signe; elle accourt.
Voilà l'opératrice aussitôt en besogne.
Elle retira l'os; puis, pour un si bon tour,
Elle demanda son salaire.
"Votre salaire? dit le Loup:
Vous riez, ma bonne commère!
Quoi? ce n'est pas encor beaucoup
D'avoir de mon gosier retiré votre cou?
Allez, vous êtes une ingrate:
Ne tombez jamais sous ma patte."

X
Le Lion abattu par l'Homme

On exposait une peinture
Où l'artisan avait tracé
Un lion d'immense stature
Par un seul homme terrassé.
Les regardants en tiraient gloire.
Un Lion en passant rabattit leur caquet.
"Je vois bien, dit-il, qu'en effet
On vous donne ici la victoire;
Mais l'ouvrier vous a déçus:
Il avait liberté de feindre.
Avec plus de raison nous aurions le dessus,
Si mes confrères savaient peindre."

IX
The Wolf and the Stork

Wolves avidly swallow their prey.
At a feast one packed it all inside,
Wolfing it down so fast, they say,
Indeed, he nearly choked and died:
A bone got stuck, deep down inside his throat.
By luck for this Wolf, who couldn't sound a note,
There happened to pass by a Stork.
He beckoned. She came in a trice,
Straightway as surgeon set herself to work,
Removed the bone. This favor done, beyond price,
She wanted her fee for the labor.
"Your fee?" said the Wolf, "how droll!
You must be jesting, my good neighbor.
What? It's still not enough for your soul
To have drawn your neck from my throat, and whole?
Go on, a bigger ingrate I never saw!
Don't ever fall within reach of my paw."

X
The Lion Thrown Down by a Man

They exposed a painting at a show
In which the artist had portrayed
A lion, tremendous as lions do go,
That one man, alone, had just laid
Low. The viewers were all full of pride.
A Lion, passing, halted their chatter this way:
"I can see," he said, "that in this fray
The victory's now given to your side.
But this artist fools you outright:
He was free to deform nature's law.
With better logic, we'd be winners in this fight
If my fellow lions could paint or draw."

XI
Le Renard et les Raisins

Certain Renard gascon, d'autres disent normand,
Mourant presque de faim, vit au haut d'une treille
Des Raisins mûrs apparemment,
Et couverts d'une peau vermeille.
Le galand en eût fait volontiers un repas;
Mais comme il n'y pouvait atteindre:
"Ils sont trop verts, dit-il, et bons pour des goujats."

Fit-il pas mieux que de se plaindre?

XII
Le Cygne et le Cuisinier

Dans une ménagerie
De volatiles remplie
Vivaient le Cygne et l'Oison:
Celui-là destiné pour les regards du maître;
Celui-ci, pour son goût: l'un qui se piquait d'être
Commensal du jardin; l'autre, de la maison.
Des fossés du château faisant leurs galeries,
Tantôt on les eût vus côte à côte nager,
Tantôt courir sur l'onde, et tantôt se plonger,
Sans pouvoir satisfaire à leurs vaines envies.
Un jour le Cuisinier, ayant trop bu d'un coup,
Prit pour oison le Cygne; et le tenant au cou,
Il allait l'égorger, puis le mettre en potage.
L'oiseau, prêt à mourir, se plaint en son ramage.
Le Cuisinier fut fort surpris,
Et vit bien qu'il s'était mépris.
"Quoi? je mettrais, dit-il, un tel chanteur en soupe!
Non, non, ne plaise aux Dieux que jamais ma main coupe
La gorge à qui s'en sert si bien!"

Ainsi dans les dangers qui nous suivent en croupe
Le doux parler ne nuit de rien.

XI
The Fox and the Grapes

A certain Gascon Fox, a Norman one others say,
Famished, saw on a trellis, up high to his chagrin,
    Grapes, clearly ripe that day,
    And all covered with a purple skin.
The rogue would have had a meal for the gods,
    But, having tried to reach them in vain,
"They're too green," he said, "and just suitable for clods."

    Didn't he do better than to complain?

XII
The Swan and the Cook

    As part of a menagerie
    Full of birds in custody,
    Both Swan and Gosling did reside:
The former meant for the owner's visual pleasure,
The latter for his palate: one took pride in ample measure
As guest in the garden; the other in being inside.
As a promenade, it was the castle's moat they'd got,
Where you'd see them swim: now side by side,
At times in a dive, at others in a surface glide,
Unable to locate what it was they vainly sought.
The Cook, having drunk a glass too much one day,
Took Swan for Gosling. Grasping its neck midway
(He was making soup), he moved to cut its throat.
The bird, about to die, sang its last plaintive note.
    The Cook, in sudden shock and wonder,
    Realized he'd almost committed a blunder:
"What? Should I put the owner of such a voice in the soup?
No, no, may the Gods forbid! Please don't ever let me stoop
    To slaughtering a singer of such charm!"

Thus in dangers that follow behind and down on us swoop,
    Sweet, gentle speech does us no harm.

XIII
Les Loups et les Brebis

Après mille ans et plus de guerre déclarée,
Les Loups firent la paix avecque les Brebis.
C'était apparemment le bien des deux partis;
Car si les Loups manageaient mainte bête égarée,
Les Bergers de leur peau se faisaient maints habits.
Jamais de liberté, ni pour les pâturages,
    Ni d'autre part pour les carnages:
Ils ne pouvaient jouir qu'en tremblant de leurs biens.
La paix se conclut donc: on donne des otages;
Les Loups, leurs Louveteaux; et les Brebis, leurs Chiens.
L'échange en étant fait aux formes ordinaires
    Et réglé par des commissaires,
Au bout de quelque temps que messieurs les Louvats
Se virent loups parfaits et friands de tuerie,
Ils vous prennent le temps que dans la bergerie
    Messieurs les Bergers n'étaient pas,
Etranglent la moitié des Agneaux les plus gras,
Les emportent aux dents, dans les bois se retirent.
Ils avaient averti leurs gens secrètement.
Les Chiens, qui, sur leur foi, reposaient sûrement,
    Furent étranglés en dormant:
Cela fut sitôt fait qu'à peine ils le sentirent.
Tout fut mis en morceaux; un seul n'en échappa.

    Nous pouvons conclure de là
Qu'il faut faire aux méchants guerre continuelle.
    La paix est fort bonne de soi;
    J'en conviens; mais de quoi sert-elle
    Avec des ennemis sans foi?

XIII
The Wolves and the Sheep

After a millennium, at least, of open war,
Wolves and Sheep made a peace that was new.
Benefits were clear, in both parties' view.
For if Wolves ate straying ovines by the score,
Shepherds out of wolfskin made lots of clothing too.
No freedom for those who fed on vegetation,
    Nor those who ate them as a nation.
In fear alone could they enjoy what boons were theirs.
They made a pact, sent hostages in confirmation:
The Wolves their Cubs and the Sheep their Dogs, in pairs.
Exchanges in due form, with signatures, initials,
    And rules set forth by officials.
After a time, when Messers Wolf Cubs realized, at play,
That they were full-grown wolves, strong and bold
Enough to kill, they chose a time when from the fold
    Messers Shepherds were all far away;
Throttled half the very fattest Lambs that day,
Took them in their jaws, then back to the woods did run.
They'd sent word to their fellows, secretly.
The Dogs, who on their faith did repose, in all surety,
    Were strangled in sleep instantly.
They scarcely felt a thing, so swiftly was it done.
All of them were torn to bits; none did get away.

    So in conclusion we can say
That war on the wicked must be constant, must endure.
    I agree, as everyone knows,
    That peace is a good thing; but how secure
    Are pacts with faithless foes?

XIV
Le Lion devenu vieux

Le Lion, terreur des forêts,
Chargé d'ans et pleurant son antique prouesse,
Fut enfin attaqué par ses propres sujets,
Devenus forts par sa faiblesse.
Le Cheval s'approchant lui donne un coup de pied;
Le Loup, un coup de dent; le Boeuf, un coup de corne.
Le malheureux Lion, languissant, triste, et morne,
Peut à peine rugir, par l'âge estropié.
Il attend son destin, sans faire aucunes plaintes;
Quand voyant l'Ane même à son antre accourir:
"Ah! c'est trop, lui dit-il; je voulais bien mourir;
Mais c'est mourir deux fois que souffrir tes atteintes."

XV
Philomèle et Progné

Autrefois Progné l'hirondelle
De sa demeure s'écarta,
Et loin des villes s'emporta
Dans un bois où chantait la pauvre Philomèle.
"Ma soeur, lui dit Progné, comment vous portez-vous?
Voici tantôt mille ans que l'on ne vous a vue:
Je ne me souviens point que vous soyez venue,
Depuis le temps de Thrace, habiter parmi nous.
Dites-moi, que pensez-vous faire?
Ne quitterez-vous point ce séjour solitaire?
—Ah! reprit Philomèle, en est-il de plus doux?"
Progné lui repartit: "Eh quoi? cette musique,
Pour ne chanter qu'aux animaux,
Tout au plus à quelque rustique?
Le désert est-il fait pour des talents si beaux?
Venez faire aux cités éclater leurs merveilles.

XIV
The Lion Grown Old

The Lion, terror of the forest tract,
Laden with years, mourning vanished strength and bite,
By his very own subjects, at last, was attacked,
His weakness the source of their might.
The Horse, drawing near, launched a kick with good aim;
The Wolf took a big bite; the Ox's goring was ever so bad.
The Lion, all wretched, languishing, doleful, and sad,
Could barely roar, crippled by age and lame.
He lay awaiting his fate, in calm and stoic fashion.
Then, when even the Ass to his den trotted by,
"Ah, that's too much!" he said. "I was all set to die,
But death strikes twice when blows from you are my ration."

XV
Philomel and Procne

Procne the Swallow, taking wing,
Once abandoned her nest
And, far from towns, with no rest
Flew off to a wood where poor Philomel did sing.
"Sister," Procne said to her, "and how do you now fare?
It's a thousand years since I've seen your face.
I don't recall your having come near our place
Or, since Thrace, your living at hand, anywhere.
Tell me, what do you intend to do?
To this solitary dwelling will you never say adieu?"
"Ah," said Philomel, "exists there a habitat more fair?"
Procne replied, "Well, what of your ravishing song?
Will beasts alone hear your voice?
At most, some peasant coming along?
Is a wilderness the place for art and skill so choice?
In the cities come let its marvels trill and cascade.

Aussi bien, en voyant les bois,
Sans cesse il vous souvient que Térée autrefois,
Parmi des demeures pareilles,
Exerça sa fureur sur vos divins appas.
—Et c'est le souvenir d'un si cruel outrage
Qui fait, reprit sa soeur, que je ne vous suis pas:
En voyant les hommes, hélas!
Il m'en souvient bien davantage."

XVI
La Femme Noyée

Je ne suis pas de ceux qui disent: "Ce n'est rien,
C'est une femme qui se noie."
Je dis que c'est beaucoup; et ce sexe vaut bien
Que nous le regrettions, puisqu'il fait notre joie.
Ce que j'avance ici n'est point hors de propos,
Puisqu'il s'agit en cette fable,
D'une femme qui dans les flots
Avait fini ses jours par un sort déplorable.
Son époux en cherchait le corps,
Pour lui rendre, en cette aventure,
Les honneurs de la sépulture.
Il arriva que sur les bords
Du fleuve auteur de sa disgrâce,
Des gens se promenaient ignorant l'accident.
Ce mari donc leur demandant
S'ils n'avaient de sa femme aperçu nulle trace:
"Nulle, reprit l'un d'eux; mais cherchez-la plus bas;
Suivez le fil de la rivière."
Un autre repartit: "Non, ne le suivez pas;
Rebroussez plutôt en arrière:

And as you look at the woods, also,
They recall to you, unceasingly, how Tereus, long ago,
In such a deep and lonesome glade,
Imposed his mad lust on your charms divine."
"And because I recall the cruel outrage I still abhor,"
Said her sister, "I won't return with you; I have to decline.
When of men, alas, I see a sign,
I can only remember it all the more."

XVI
The Drowned Woman

I'm not one of those who say, "It's a bagatelle,
Just a woman who's drowned."
I say it's quite a loss, and this sex is well
Worth mourning, since in it all our joy is found.
What I offer here is most proper to this theme,
Since what's involved in this tale
Is a woman who, in a swift stream,
Ended her life through a fate one has to bewail.
Her spouse sought her body, therefore,
To award her, in this grievous situation,
The honors of a proper inhumation.
It happened that along the shore
Of the stream that saddened his life
Some men were walking by, of the mishap unaware.
When the husband inquired there
Whether they'd seen any sign or trace of his wife,
"None," replied one, "but look for her downstream a bit;
Follow along the river's flow."
"Not downstream," was another's attempt at wit:
"It's back the other way you go.

Quelle que soit la pente en l'inclination
Dont l'eau par sa course l'emporte,
L'esprit de contradiction
L'aura fait flotter d'autre sorte."

Cet homme se raillait assez hors de saison.
Quant à l'humeur contredisante,
Je ne sais s'il avait raison;
Mais que cette humeur soit ou non
Le défaut du sexe et sa pente,
Quiconque avec elle naîtra
Sans faute avec elle mourra,
Et jusqu'au bout contredira,
Et, s'il peut, encor par delà.

XVII
La Belette entrée dans un grenier

Damoiselle Belette, au corps long et flouet,
Entra dans un grenier par un trou fort étroit:
Elle sortait de maladie.
Là, vivant à discrétion,
La galande fit chère lie,
Mangea, rongea: Dieu sait la vie,
Et le lard qui périt en cette occasion!
La voilà, pour conclusion,
Grasse, maflue et rebondie.
Au bout de la semaine, ayant dîné son soû,
Elle entend quelque bruit, veut sortir par le trou,
Ne peut plus repasser, et croit s'être méprise.
Après avoir fait quelques tours,
C'est, dit-elle, l'endroit: me voilà bien surprise;

Whatever slope in the river's jurisdiction
Might carry her down, it would seem
The spirit of contradiction
Will have made her float upstream."

This man's pleasantry, of course, did not belong.
As for her contrariety, to be precise,
I don't know if he was right or wrong.
But whether this is or is not, all along,
Solely women's inclination and vice,
Whoever's born with it as his lot
Will surely die with what he's got,
In dissent right to his burial plot
And even, if he can, beyond that spot.

XVII
The Weasel Who Got into a Storehouse

Long-bodied Mistress Weasel, as thin as an arrow,
Got into a storehouse through a hole that was narrow:
She's just risen from sickbed.
Free to choose on her intrusion,
Sly Miss enjoyed the rich spread:
Ate, nibbled away; Lord, how she fed!
The bacon that did perish there in profusion!
A sight she was, in conclusion:
Fat, jowly, round from toe to head.
After a week, having eaten all she could contain,
On hearing a noise she tried to leave by the hole again,
Couldn't pass, and thought she's mistaken the place.
Some turns later, looking high and low,
"This is the spot," she said. "But what an amazing case!

J'ai passé par ici depuis cinq ou six jours."
Un Rat, qui la voyait en peine,
Lui dit: Vous aviez lors la panse un peu moins pleine.
Vous êtes maigre entrée, il faut maigre sortir.
Ce que je vous dis là, l'on le dit à bien d'autres;
Mais ne confondons point, par trop approfondir,
Leurs affaires avec les vôtres."

XVIII
Le Chat et un vieux Rat

J'ai lu chez un conteur de fables,
Qu'un second Rodilard, l'Alexandre des chats,
L'Attila, le fléau des rats,
Rendait ces derniers misérables:
J'ai lu, dis-je, en certain auteur,
Que ce chat exterminateur,
Vrai Cerbère, était craint une lieue à la ronde:
Il voulait de Souris dépeupler tout le monde.
Les planches qu'on suspend sur un léger appui,
La mort-aux-rats, les souricières,
N'étaient que jeux au prix de lui.
Comme il voit que dans leurs tanières
Les Souris étaient prisonnières,
Qu'elles n'osaient sortir, qu'il avait beau chercher,
Le galand fait le mort, et du haut d'un plancher
Se pend la tête en bas: la bête scélérate
A de certains cordons se tenait par la patte.
Le peuple des Souris croit que c'est châtiment,
Qu'il a fait un larcin de rôt ou de fromage,
Égratigné quelqu'un, causé quelque dommage;
Enfin qu'on a pendu le mauvais garnement.

I got in this way, at most, five or six days ago."
A Rat, seeing her push and pull,
Said to her, "Back then, your belly was somewhat less full.
Lean you got in, only lean back out you'll now creep.
What I tell you here to many others is now being taught.
But let's not confuse their lot, by probing too deep,
With the trap in which you're caught."

XVIII
The Cat and an Old Rat

In someone's book of fables I've read
That a second Nibblebacon, the Alexander of cats,
The Attila, the scourge of rats,
Filled them with misery, with dread.
I've read, I say, in a certain book, that
This cruel exterminator of a Cat,
A real Cerberus, held all for a league around in fear.
His wish to rid the earth of all rodents was clear:
Planks suspended lightly so they'd crush their prey,
Ratsbane, every conceivable kind of snare,
Compared to him, were merely child's play.
So, once he'd become aware that, everywhere,
Mice were prisoners inside their lair,
Not daring to emerge, that in vain he then sought their doom,
The rascal played dead, and from the ceiling in the room
He let himself hang, head down. The wicked beast
Held on to ropes with a paw; the mouse folk at least
Thought it was his punishment, imposed for provocation;
That he'd stolen some roast or cheese from the farm,
Scratched someone, caused a lot of damage, or harm;
That they'd now hanged the rogue at this location.

Toutes, dis-je, unanimement
Se promettent de rire à son enterrement,
Mettent le nez à l'air, montrent un peu la tête,
Puis rentrent dans leurs nids à rats,
Puis ressortant font quatre pas,
Puis enfin se mettent en quête.
Mais voici bien une autre fête:
Le pendu ressuscite; et sur ses pieds tombant,
Attrape les plus paresseuses.
"Nous en savons plus d'un, dit-il en les gobant:
C'est tour de vieille guerre; et vos cavernes creuses
Ne vous sauveront pas, je vous en avertis:
Vous viendrez toutes au logis."
Il prophétisait vrai: notre maître Mitis
Pour la seconde fois les trompe et les affine,
Blanchit sa robe et s'enfarine;
Et de la sorte déguisé,
Se niche et se blottit dans une huche ouverte.
Ce fut à lui bien avisé:
La gent trotte-menu s'en vient chercher sa perte.
Un Rat, sans plus, s'abstient d'aller flairer autour:
C'était un vieux routier, il savait plus d'un tour;
Même il avait perdu sa queue à la bataille.
"Ce bloc enfariné ne me dit rien qui vaille,
S'écria-t-il de loin au général des Chats:
Je soupçonne dessous encor quelque machine:
Rien ne te sert d'être farine;
Car, quand tu serais sac, je n'approcherais pas."
C'était bien dit à lui; j'approuve sa prudence:
Il était expérimenté,
Et savait que la méfiance
Est mère de la sûreté.

All of them, I say, in high elation
Looked forward to great frolic at his inhumation.
They stuck their noses out, showed a little bit of head.
Then each one went back inside his rat's nest,
Then took four steps outside, as a test.
Then, all went out to seek dinner, at last.
But they were guests at another repast:
The hanged villain revived and, dropping to his feet,
Caught those who lagged behind.
"An old combat trick," he observed, gobbling his treat.
"We know more than one. And all the deep holes you'll find
Won't save you. I now inform you of the law:
You'll all descend into my maw."
Prophetic, our Master Cat, with cunning paw,
Once more tricked and lured them into his power.
He whitened his fur with some flour.
Thus disguised to Rat folk,
Crouched down, he tucked himself into an open bin.
This was a real master stroke:
The quick-trotting nation came out, to lose their skin.
One Rat, and no more, refrained from going to sniff around.
He'd been to war and his knowledge of tricks was profound.
In one battle, he'd even had to part with his tail.
"That block of flour sits down there to no avail!"
He shouted from far away so General Cat could hear.
"Underneath I suspect I'll find some new device.
Changing into flour won't suffice,
For even if you were an empty sack I'd not come near."
That was well said by him; I approve his prudence too.
Experience gave him maturity,
And wariness, as clearly he knew,
Is the mother of maturity.

BOOK FOUR

IV

LIVRE QUATRIEME

I
Le Lion amoureux
A Mademoiselle de Sévigné

Sévigné, de qui les attraits
Servent aux Grâces de modèle,
Et qui naquîtes toute belle,
A votre indifférence près,
Pourriez-vous être favorable
Aux jeux innocents d'une fable,
Et voir, sans vous épouvanter,
Un Lion qu'Amour sut dompter?
Amour est un étrange maître.
Heureux qui peut ne le connaître
Que par récit, lui ni ses coups!
Quand on en parle devant vous,
Si la vérité vous offense,
La fable au moins se peut souffrir:
Celle-ci prend bien l'assurance
De venir à vos pieds s'offrir,
Par zèle et par reconnaissance.

Du temps que les bêtes parlaient,
Les lions entre autres voulaient
Etre admis dans notre alliance.
Pourquoi non? puisque leur engeance
Valait la nôtre en ce temps-là,
Ayant courage, intelligence,
Et belle hure outre cela.
Voici comment il en alla:
Un Lion de haut parentage,
En passant par un certain pré,
Rencontra bergère à son gré:
Il la demande en mariage.
Le père aurait fort souhaité
Quelque gendre un peu moins terrible.
La donner lui semblait bien dur;

I
The Lion in Love
To Mademoiselle de Sévigné

Your virtues, Sévigné, do please
The Graces, models for their own.
With native beauty matched alone
By recoil from suitors' pleas,
Can your kind favor now support
A fable's blameless play and sport?
Can you, unafraid, see what became
Of a Lion Love was able to tame?
How strange is Love's domain!
Happy those who learn its pain
Just in tales that aren't true!
When suitors do propose to you,
If their truth seems rude,
The fable, at least, can be borne.
This one now comes, in certitude,
As an offering you won't scorn
Of my devotion and my gratitude.

Back in times when animals spoke,
Lions did seek, like other folk,
In marriage with us an alliance.
Why not, since their race in science
Matched ours then and, no doubt,
In courage and in self-reliance?
Fine manes likewise stood out.
Here's how things came about:
A Lion, of lineage most grand,
Meeting a shepherdess in a dell,
Succumbed at once to her spell.
He went to ask for her hand.
Her sire's wish, truth to tell,
Was some much less fearsome son-in-law,
So consenting did not seem correct.

La refuser n'était pas sûr;
Même un refus eût fait, possible,
Qu'on eût vu quelque beau matin
Un mariage clandestin;
Car outre qu'en toute manière
La belle était pour les gens fiers,
Fille se coiffe volontiers
D'amoureux à longue crinière.
Le père donc ouvertement
N'osant renvoyer notre amant,
Lui dit: "Ma fille est délicate;
Vos griffes la pourront blesser
Quand vous voudrez la caresser.
Permettez donc qu'à chaque patte
On vous les rogne; et pour les dents,
Qu'on vous les lime en même temps:
Vos baisers en seront moins rudes
Et pour vous plus délicieux;
Car ma fille y répondra mieux,
Etant sans ces inquiétudes."
Le Lion consent à cela,
Tant son âme était aveuglée!
Sans dents ni griffes le voilà,
Comme place démantelée.
On lâcha sur lui quelques chiens:
Il fit fort peu de résistance.

Amour, Amour, quand tu nous tiens
On peut bien dire: "Adieu prudence."

But it wasn't safe to object.
A worse outcome yet he foresaw:
One fine day he might well discover
A secret union with this lover,
For those the lass did most prefer
Were suitors who were fierce and proud.
Curly locks, too, she'd avowed:
Long-haired swains delighted her.
So father said—he didn't dare
Send our suitor back to his lair—
"My daughter's delicate, as you saw.
Your claws may well make a mess
When your aim is but to caress,
So let us clip them on each paw.
And those very sharp teeth you grew,
Do allow us to file them down, too.
Kisses will be softer and more fair,
Provide you more delight and joy:
My daughter's response won't be coy
If she has no such worry or care."
The Lion agreed without pause,
So blind were his heart and sense!
He lost both his fangs and his claws,
Like a fort with no defense.
They loosed some dogs at him there;
He didn't last long in the fight.

Love, Love, once caught in your snare,
We can bid farewell to wisdom outright.

II
Le Berger et la Mer

Du rapport d'un troupeau, dont il vivait sans soins,
Se contenta longtemps un voisin d'Amphitrite:
    Si sa fortune était petite,
    Elle était sûre tout au moins.
A la fin, les trésors déchargés sur la plage
Le tentèrent si bien qu'il vendit son troupeau,
Trafiqua de l'argent, le mit entier sur l'eau.
    Cet argent périt par naufrage.
Son maître fut réduit à garder les brebis,
Non plus berger en chef comme il était jadis,
Quand ses propres moutons paissaient sur le rivage:
Celui qui s'était vu Coridon ou Tircis
    Fut Pierrot, et rien davantage.
Au bout de quelque temps il fit quelques profits,
    Racheta des bêtes à laine;
Et comme un jour les vents, retenant leur haleine,
Laissaient paisiblement aborder les vaisseaux:
"Vous voulez de l'argent, ô Mesdames les Eaux,
Dit-il: adressez-vous, je vous prie, à quelque autre:
    Ma foi! vous n'aurez pas le nôtre."

Ceci n'est pas un conte à plaisir inventé.
    Je me sers de la vérité
    Pour montrer, par expérience,
    Qu'un sou, quand il est assuré,
    Vaut mieux que cinq en espérance;
Qu'il se faut contenter de sa condition;
Qu'aux conseils de la mer et de l'ambition
    Nous devons fermer les oreilles.
Pour un qui s'en louera, dix mille s'en plaindront.
    La mer promet monts et merveilles:
Fiez-vous-y; les vents et les voleurs viendront.

II
The Shepherd and the Sea

Content with the income from a flock on which, all secure,
He'd long lived, was one of Amphitrite's neighbors.
    If his fortune from these labors
    Was small, in any event it was sure.
Wealth unloaded on the beach, from a vessel's deck,
At last tempted him so, he sold off all of his sheep,
Put the money in goods he then launched on the deep.
    This money perished in a wreck.
Its owner had to tend sheep again, to his chagrin;
No longer as the shepherd-in-chief he'd formerly been
When his own flocks used to graze right by the ocean shore:
He who as Corydon or Thyrsis had seen himself,
    Was Pete the herder, and nothing more.
After time went by, once more he earned sufficient pelf
    To purchase woolly beasts anew.
When the winds, holding their breath one day, as they do,
Let vessels return in peace to drop anchor in port,
"You want money, Miladies the Seas, for your sport,"
He said. "Go and lure other folks, I pray, to your design.
    I do swear you'll not have mine!"

This is not just a tale made up for pleasure.
    I use truth in full measure
    To show by test that, collected,
    A single cent becomes a treasure
    Worth more than any five expected.
We should be satisfied with our condition;
To advice of the sea and counsels of ambition
    Turn deaf ears, both late and soon.
For every lucky one, ten thousand others will go wrong.
    The oceans promise the sun and the moon.
Go trust them: winds and pirates will soon be along.

III
La Mouche et la Fourmi

La Mouche et la Fourmi contestaient de leur prix.
"O Jupiter! dit la première,
Faut-il que l'amour-propre aveugle les esprits
D'une si terrible manière,
Qu'un vil et rampant animal
A la fille de l'air ose se dire égal!
Je hante les palais, je m'assieds à ta table:
Si l'on t'immole un boeuf, j'en goûte devant toi;
Pendant que celle-ci, chétive et misérable,
Vit trois jours d'un fétu qu'elle a traîné chez soi.
Mais, ma mignonne, dites-moi,
Vous campez-vous jamais sur la tête d'un roi,
D'un empereur, ou d'une belle?
Je le fais; et je baise un beau sein quand je veux;
Je me joue entre des cheveux;
Je rehausse d'un teint la blancheur naturelle;
Et la dernière main que met à sa beauté
Une femme allant en conquête,
C'est un ajustement des mouches emprunté.
Puis allez-moi rompre la tête
De vos greniers! -Avez-vous dit?
Lui répliqua la ménagère.
Vous hantez les palais; mais on vous y maudit.
Et quant à goûter la première
De ce qu'on sert devant les Dieux,
Croyez-vous qu'il en vaille mieux?
Si vous entrez partout, aussi font les profanes.
Sur la tête des rois et sur celle des ânes
Vous allez vous planter, je n'en disconviens pas;
Et je sais que d'un prompt trépas
Cette importunité bien souvent est punie.
Certain ajustement, dites-vous, rend jolie;
J'en conviens: il est noir ainsi que vous et moi.
Je veux qu'il ait nom mouche: est-ce un sujet pourquoi
Vous fassiez sonner vos mérites?

III
The Fly and the Ant

The Fly and the Ant were contesting each other's worth.
  "O Jupiter!" exclaimed the first,
"Has self-love ever so blinded anyone's mind on earth?
  This insect is surely the worst!
  For a vile crawling creature to dare
Say she's the peer of the daughter of the air!
Palaces are my haunts, at your table I have my place.
I sample your sacrificial ox first, like a gastronome,
While this bug down here, so miserable and base,
Lives for three days on a bit of straw she's dragged home.
  Why, my dear, tell me something:
Do you ever set yourself down on the head of a king,
  Of an emperor, or of a beauty?
I do and, whenever I so wish, I kiss a breast that is fair,
  I play around in someone's hair.
To set off a complexion's natural whiteness is my duty,
And the last touch to her looks, you can't deny,
  By a woman who wants to captivate,
Is an adornment that's borrowed right from a fly.
  So don't you boast to me and prate
  About your granaries." "Have you done?"
  The thrifty one said without haste.
"You haunt palaces, get curses there, and not in fun.
  As for your being first to taste
  What's served to the Gods as a treat,
  You think that makes it better to eat?
If you intrude everywhere, so do the vulgar masses.
Onto the heads of kings and onto those of asses
You go plant yourself. That you do is no surprise,
  And I know that your prompt demise
For the pest you are is often the price you pay.
A certain adornment makes women pretty, you say.
That it does: it's black in color, even as you and I.
I'm willing to have it called 'fly.' Is that any reason why
  You should sound your praises to the heights?

Nomme-t-on pas aussi mouches les parasites?
Cessez donc de tenir un langage si vain:
N'ayez plus ces hautes pensées.
Les mouches de cour sont chassées;
Les mouchards sont pendus; et vous mourrez de faim,
De froid, de langueur, de misère,
Quand Phébus régnera sur un autre hémisphère.
Alors je jouirai du fruit de mes travaux:
Je n'irai, par monts ni par vaux,
M'exposer au vent, à la pluie;
Je vivrai sans mélancolie:
Le soin que j'aurai pris de soin m'exemptera.
Je vous enseignerai par là
Ce que c'est qu'une fausse ou véritable gloire.
Adieu: je perds le temps; laissez-moi travailler;
Ni mon grenier, ni mon armoire
Ne se remplit à babiller."

IV
Le Jardinier et son Seigneur

Un amateur du jardinage,
Demi-bourgeois, demi-manant,
Possédait en certain village
Un jardin assez propre, et le clos attenant.
Il avait de plant vif fermé cette étendue.
Là croissait à plaisir l'oseille et la laitue,
De quoi faire à Margot pour sa fête un bouquet,
Peu de jasmin d'Espagne, et force serpolet.
Cette félicité par un lièvre troublée
Fit qu'au Seigneur du bourg notre homme se plaignit.

Isn't 'fly' also the name that people give to parasites?
So cease in this vain fashion to orate and speechify;
Don't get such high-and-mighty notions.
Court flies are chased for their devotions;
Informing flies are hanged. And very soon it's you who'll die
Of cold, of torpor, of starvation,
When in the other hemisphere Phoebus takes his station.
Then I'll enjoy the fruits of my labor without fail,
Not having to fly o'er hill and dale,
Or expose myself to wind and storm.
I'll live content, in good form.
The care I'll have taken from care will set me free.
From this the lesson for you will be
To distinguish glory that's true from glory that's vain.
Farewell, I'm wasting time; work is the important matter.
Neither my cupboard nor my store of grain
Is filled up by idle chatter."

IV
The Gardener and His Lord

A lover of gardens and tillage,
In town and country sharing his year,
Was proud owner, in a certain village,
Of a garden and adjoining vineyard, quite without peer.
With live, flourishing hedge he's enclosed this plot.
There grew sorrel aplenty, and likewise lettuce, a lot;
Flowers in profusion, to make Margot a birthday bouquet;
A bit of Spanish jasmine, much thyme in fine array.
But a hare, disturbing this blissful state,
Made our man gripe to the Lord of the place and ask for his aid.

"Ce maudit animal vient prendre sa goulée
Soir et matin, dit-il, et des pièges se rit;
Les pierres, les bâtons y perdent leur crédit:
Il est sorcier, je crois. —Sorcier? je l'en défie,
Repartit le Seigneur: fût-il diable, Miraut,
En dépit de ses tours, l'attrapera bientôt.
Je vous en déferai, bon homme, sur ma vie.
—Et quand? —Et dès demain, sans tarder plus longtemps."
La partie ainsi faite, il vient avec ses gens.
"Çà, déjeunons, dit-il: vos poulets sont-ils tendres?
La fille du logis, qu'on vous voie, approchez;
Quand la marierons-nous? quand aurons-nous des gendres?
Bon homme, c'est ce coup qu'il faut, vous m'entendez,
    Qu'il faut fouiller à l'escarcelle."
Disant ces mots, il fait connaissance avec elle,
    Auprès de lui la fait asseoir,
Prend une main, un bras, lève un coin du mouchoir,
    Toutes sottises dont la belle
    Se défend avec grand respect:
Tant qu'au père à la fin cela devient suspect.
Cependant on fricasse, on se rue en cuisine.
"De quand sont vos jambons? ils ont fort bonne mine.
—Monsieur, ils sont à vous. —Vraiment, dit le Seigneur,
    Je les reçois, et de bon coeur."
Il déjeune très-bien; aussi fait sa famille,
Chiens, chevaux, et valets, tous gens bien endentés:
Il commande chez l'hôte, y prend des libertés,
    Boit son vin, caresse sa fille.
L'embarras des chasseurs succède au déjeuné.
    Chacun s'anime et se prépare:
Les trompes et les cors font un tel tintamarre
    Que le bon homme est étonné.
Le pis fut que l'on mit en piteux équipage
Le pauvre potager: adieu planches, carreaux;
    Adieu chicorée et porreaux;
    Adieu de quoi mettre au potage.

"The damned beast comes and guzzles, soon and late:
At dusk and at dawn," he said. "Of traps he's unafraid;
Sticks and stones are all powerless, a useless charade.
He's a sorcerer, I believe." "A sorcerer? One that I defy,"
Answered the Lord. "Even were he a devil, Miraut,
Despite all his tricks, will soon bring him low.
I'll rid you of him, good fellow, hope to die."
"And when?" "Why, tomorrow, for certain, with no sort of delay."
Agreement thus reached, he came with his party next day:
"Well, now, let's all have lunch! Those chickens tender I saw?
The daughter of the house! Here, let's have a look.
How soon do we marry her off? When do we get us a son-in-law?
It's time, good fellow, you realize, to open the pocketbook
    And dig down for her dowry, that's clear."
So saying, to make her acquaintance he drew her near,
    By his side had her come and sit,
Took her hand, her arm, lifted her kerchief just a bit.
    All nonsense that the little dear
    Resisted with the utmost respect;
Till at last to the father all this became suspect.
Meanwhile in the kitchen, nibbling, poking about:
"How old are your hams? They do look tasty, not a doubt."
"Sir, they're yours." "Really," said the Lord, "for my part
    I accept them, and with all my heart."
He lunched very well, as did all his retinue then:
Dogs, horses, grooms, folks with lots of teeth set to chew.
He ordered the host about, took liberties as his due,
    Drank his wine, fondled the girl again.
Huntsmen's mess and clutter then succeeded the repast.
    All made preparations, ran around.
Horns and trumpets made their racket, such a raucous sound,
    The good fellow was left all aghast.
The very worst misfortune was the one that then befell
The poor garden. Flowerbeds and planted squares, adieu;
    Chicory and leeks, farewell too;
    To greens for soup goodbye as well.

Le lièvre était gîté dessous un maître chou.
On le quête; on le lance: il s'enfuit par un trou,
Non pas trou, mais trouée, horrible et large plaie
Que l'on fit à la pauvre haie
Par ordre du Seigneur; car il eût été mal
Qu'on n'eût pu du jardin sortir tout à cheval.
Le bon homme disait: "Ce sont là jeux de prince."
Mais on le laissait dire; et les chiens et les gens
Firent plus de dégât en une heure de temps
Que n'en auraient fait en cent ans
Tous les lièvres de la province.

Petits princes, videz vos débats entre vous:
De recourir aux rois vous seriez de grands fous.
Il ne les faut jamais engager dans vos guerres,
Ni les faire entrer sur vos terres.

V
L'Ane et le Petit Chien

Ne forçons point notre talent,
Nous ne ferions rien avec grâce:
Jamais un lourdaud, quoi qu'il fasse,
Ne saurait passer pour galant.
Peu de gens, que le ciel chérit et gratifie,
Ont le don d'agréer infus avec la vie.
C'est un point qu'il leur faut laisser,
Et ne pas ressembler à l'Âne de la fable,
Qui pour se rendre plus aimable

Under a giant cabbage the hare had made its bed.
Quest on, they flushed it out; by way of a gap it fled.
No gap, a breach: a huge, awful wound, its edges frayed,
That in the poor hedge they'd made
By order of the Lord. For what could be worse
Than failure to leave through the garden on horse?
The poor fellow muttered, "So that's how princes play!"
But they just let him babble on, and the dogs and the men
Did more damage in an hour's time, there and then,
Than could be contrived in a century again
By all the hares the realm could purvey.

Princelings, end your own disputes and be glad.
To call on kings for help you would truly be mad.
In your wars you must never let them take a hand,
Nor ever invite them onto your land.

V
The Ass and the Little Dog

Let's not force our talent;
We would do nothing with grace.
Never can a clod, however he grimace,
Pass himself off as a gallant.
Rare are those whom Heaven cherishes and gratifies
With the gift at birth of pleasing all eyes,
A point we must honor in the case of these few,
And not like the Ass in the fable look pathetic.
The one who, to make himself sympathetic

Et plus cher à son maître, alla le caresser.
"Comment? disait-il en son âme,
Ce Chien, parce qu'il est mignon,
Vivra de pair à compagnon
Avec Monsieur, avec Madame;
Et j'aurai des coups de bâton?
Que fait-il? il donne la patte;
Puis aussitôt il est baisé:
S'il en faut faire autant afin que l'on me flatte,
Cela n'est pas bien malaisé."
Dans cette admirable pensée,
Voyant son maître en joie, il s'en vient lourdement,
Lève une corne toute usée,
La lui porte au menton fort amoureusement,
Non sans accompagner, pour plus grand ornement,
De son chant gracieux cette action hardie.
"Oh! oh! quelle caresse! et quelle mélodie!
Dit le maître aussitôt. Holà, Martin-bâton!"
Martin-bâton accourt: l'Âne change de ton.
Ainsi finit la comédie.

VI
Le Combat des Rats et des Belettes

La nation des Belettes,
Non plus que celle des Chats,
Ne veut aucun bien aux Rats;
Et sans les portes étrètes
De leurs habitations,
L'animal à longue échine
En ferait, je m'imagine,

And dear, went caressing his owner out of the blue.
"What?" reflected this animal,
"Just because he's such a dear,
This Dog can live as the peer
Of Monsieur and Madame, a pal,
While I've got beatings to fear?
What does he do? Sit up and beg.
At once kisses come his way.
If to receive caresses all I need do is raise my leg,
That's not a hard game to play."
Once this great idea was born,
Seeing his master joyous and gay, he barged his way in,
Lifted a hoof all ragged and worn,
And most lovingly slapped down on his chin;
All of this embellished by his own mellifluous din,
The beguiling song attached to this daring act.
"Oh, oh, what a caress, what a melody, what tact!"
Cried the master at once. "Hey, in here, Martin Stick!"
Martin Stick raced in, Donkey changed tune and trick.
And so the comedy ended, in fact.

VI
The Battle of the Rats and the Weasels

The Weasel race abhors,
As much as that of the Cats,
The entire nation of Rats;
And without the narrow doors
Of Rats' nests, well placed,
I think the long-backed beast
Would at the very least

De grandes destructions.
Or une certaine année
Qu'il en était à foison,
Leur roi, nommé Ratapon,
Mit en campagne une armée.
Les Belettes, de leur part,
Déployèrent l'étendard.
Si l'on croit la renommée,
La victoire balança:
Plus d'un guéret s'engraissa
Du sang de plus d'une bande.
Mais la perte la plus grande
Tomba presque en tous endroits
Sur le peuple souriquois.
Sa déroute fut entière,
Quoi que pût faire Artarpax,
Psicarpax, Méridarpax,
Qui, tout couverts de poussière,
Soutinrent assez longtemps
Les efforts des combatants.
Leur résistance fut vaine;
Il fallut céder au sort:
Chacun s'enfuit au plus fort,
Tant soldat que capitaine.
Les princes périrent tous.
La racaille, dans des trous
Trouvant sa retraite prête,
Se sauva sans grand travail;
Mais les seigneurs sur leur tête
Ayant chacun un plumail,
Des cornes ou des aigrettes,
Soit comme marques d'honneur,
Soit afin que les Belettes
En conçussent plus de peur,
Cela causa leur malheur.
Trou, ni fente, ni crevasse

Among them lay great waste.
Now a certain year revealed
Rats aplenty, flourishing,
And so Ratapon, their king,
Deployed an army in the field.
Nor did Weasels wait at all
To unfurl their flag on call.
From dispatches in the weald,
Victory swung this way, that.
More than one furrow grew fat
With blood of many a cavalier.
But the losses most severe
Were felt all along the line
By the forces musculine:
An utter rout, to their disgust,
Despite the deeds of Breadsnatcher,
Crumbdispatcher, Piecescatcher,
Who, covered all over with dust,
Bolstered, again and again,
Efforts of their fighting men.
Their resistance was in vain,
They bowed to fate in dread:
Fast and faster, they all fled.
No man or captain did remain.
The princes perished, every one.
The rabble into holes did run,
Finding there a safe retreat,
With no strain avoiding doom.
But the lords' defection met defeat:
Each helmet bore an ostrich plume,
Horns, or tufts of egret feather,
As honored emblems in the fight,
Or so that Weasels, all together,
Might be paralyzed by fright.
This just guaranteed their plight:
Not a hole, or slit, or crack

Ne fut large assez pour eux;
Au lieu que la populace
Entrait dans les moindres creux.
La principale jonchée
Fut donc des principaux Rats.

Une tête empanachée
N'est pas petit embarras.
Le trop superbe équipage
Peut souvent en un passage
Causer du retardement.
Les petits, en toute affaire,
Esquivent fort aisément:
Les grands ne le peuvent faire.

VII
Le Singe et le Dauphin

C'était chez les Grecs un usage
Que sur la mer tous voyageurs
Menaient avec eux en voyage
Singes et chiens de bateleurs.
Un navire en cet équipage
Non loin d'Athènes fit naufrage.
Sans les dauphins tout eût péri.
Cet animal est fort ami
De notre espèce: en son histoire
Pline le dit; il le faut croire.
Il sauva donc tout ce qu'il put.

For them was adequately wide,
Whereas all the common pack
In crevices and nooks could hide.
Those who filled the tombs,
Therefore, were Rats in high place.

A hat with fancy plumes
Does impede the swiftest pace.
A coach too grandiose in class
May, going through a narrow pass,
Quite often cause delay.
In a net it's the small fry who
So quickly slither away;
Bigger fish just can't push through.

VII
The Ape and the Dolphin

A custom Greeks maintained
When on their ships at sea,
Was taking dogs they'd trained,
And Circus dogs, for company.
A boat with such a load on deck
Off Athens's shore became a wreck.
Dolphins kept all from their end.
This species is a friend
To our kind, a fact we've retrieved
From Pliny; it should be believed:
Saving men is their obligation.

Même un Singe en cette occurrence,
Profitant de la ressemblance,
Lui pensa devoir son salut:
Un Dauphin le prit pour un homme,
Et sur son dos le fit asseoir
Si gravement qu'on eût cru voir
Ce chanteur que tant on renomme.
Le Dauphin l'allait mettre à bord,
Quand, par hasard, il lui demande:
"Etes-vous d'Athènes la grande?
—Oui, dit l'autre; on m'y connaît fort:
S'il vous y survient quelque affaire,
Employez-moi; car mes parents
Y tiennent tous les premiers rangs:
Un mien cousin est juge maire."
Le Dauphin dit: "Bien grand merci;
Et le Pirée a part aussi
A l'honneur de votre présence?
Vous le voyez souvent, je pense?
—Tous les jours: il est mon ami;
C'est une vieille connaissance."
Notre magot prit, pour ce coup,
Le nom d'un port pour un nom d'homme.

De telles gens il est beaucoup
Qui prendraient Vaugirard pour Rome,
Et qui, caquetants au plus dru,
Parlent de tout, et n'ont rien vu.

Le Dauphin rit, tourne la tête,
Et le magot considéré,
Il s'apercoit qu'il n'a tiré
Du fond des eaux rien qu'une bête.
Il l'y replonge, et va trouver
Quelque homme afin de le sauver.

One Ape was granted their charity:
Profiting from human similarity,
It almost owed one its salvation.
A Dolphin saw it as a man who'd drown,
And on his back found it a place
Where, grave expression on its face,
It aped that singer of great renown.
The Dolphin, on putting it ashore,
Asked by chance when close to land,
"Are you from Athens the grand?"
"Oh, yes, I'm known from door to door.
If you've a lawsuit, don't repine:
Make use of me, for my relations
All occupy the very highest stations.
The Judge-Mayor's a cousin of mine."
"Many thanks," the Dolphin replied.
"Piraeus has also relied
On the honor your visits achieve,
Seeing you frequently, I believe?"
"Every day. We're closely allied:
He's an old friend I always receive."
Our ape had taken, getting it wrong,
The name of a seaport for that of a man.

Such folks are copious, a throng,
Who'd christen Vaugirard the Vatican.
Like apes they tell it, chattering,
Although they've never seen a thing.

The Dolphin laughed, turned his head,
Eyed the ape hanging on.
Perceiving that he'd only drawn
A mere beast up from the ocean bed,
He tossed it off, to look again
For someone to save among men.

VIII
L'Homme et l'Idole de bois

Certain Païen chez lui gardait un Dieu de bois,
De ces dieux qui sont sourds, bien qu'ayant des oreilles:
Le Païen cependant s'en promettait merveilles.
    Il lui coûtait autant que trois:
    Ce n'étaient que voeux et qu'offrandes,
Sacrifices de boeufs couronnés de guirlandes.
    Jamais idole, quel qu'il fût,
    N'avait eu cuisine si grasse,
Sans que pour tout ce culte à son hôte il échût
Succession, trésor, gain au jeu, nulle grâce.
Bien plus, si pour un sou d'orage en quelque endroit
    S'amassait d'une ou d'autre sorte,
L'Homme en avait sa part; et sa bourse en souffrait:
La pitance du Dieu n'en était pas moins forte.
A la fin, se fâchant de n'en obtenir rien,
Il vous prend un levier, met en pièces l'Idole,
Le trouve rempli d'or. "Quand je t'ai fait du bien,
M'as-tu valu, dit-il, seulement une obole?
Va, sors de mon logis, cherche d'autres autels.
    Tu ressembles aux naturels
    Malheureux, grossiers et stupides:
On n'en peut rien tirer qu'avecque le bâton.
Plus je te remplissais, plus mes mains étaient vides:
    J'ai bien fait de changer de ton."

VIII
The Man and the Wooden Idol

In his home a certain Pagan had a God of wood,
One of those gods who are deaf, though ears they've got.
Yet the Pagan hoped for wonders, quite a lot.
  It cost him what three gods would:
  Nothing but vows and offerings it found:
Bullocks sacrificed, all with garlands crowned.
  Never idol, whoever he might be,
  Relished banquets more to savor.
In spite of all these votive gifts, its host did see
No inheritance, treasure, gains at dice, no favor.
Still worse, if the slightest bit of storm, in any place,
  Gathered in one or another fashion,
The man had his share; and his wallet suffered, in any case:
The God's share was reduced to no smaller ration.
At last, incensed at this total lack of gain,
He seized a bar, shattered the Idol as punishment,
Found it full of gold. "When good things on you I'd rain,
Did you," he said, "reward me with a single cent?
Go, out of my house. At other altars seek your fetes.
  Like those of woeful native traits,
  You're gross, much too dumb to understand.
They respond much faster to sticks than to guile.
The more I filled you up, the emptier I did find my hand.
  It's a good thing I changed my style."

IX
Le Geai paré des plumes du Paon

Un Paon muait: un Geai prit son plumage;
Puis après se l'accommoda;
Puis parmi d'autres Paons tout fier se panada,
Croyant être un beau personnage.
Quelqu'un le reconnut: il se vit bafoué,
Berné, sifflé, moqué, joué,
Et par Messieurs les Paons plumé d'étrange sorte;
Même vers ses pareils s'étant réfugié,
Il fut par eux mis à la porte.

Il est assez de geais à deux pieds comme lui,
Qui se parent souvent des dépouilles d'autrui,
Et que l'on nomme plagiaires.
Je m'en tais, et ne veux leur causer nul ennui:
Ce ne sont pas là mes affaires.

X
Le Chameau et les bâtons flottants

Le premier qui vit un Chameau
S'enfuit à cet objet nouveau;
Le second approcha; le troisième osa faire
Un licou pour le Dromadaire.
L'accoutumance ainsi nous rend tout familier:
Ce qui nous paraissait terrible et singulier
S'apprivoise avec notre vue
Quand ce vient à la continue.
Et puisque nous voici tombés sur ce sujet,
On avait mis des gens au guet,
Qui voyant sur les eaux de loin certain objet,
Ne purent s'empêcher de dire
Que c'était un puissant navire.

IX
The Jay Adorned with Peacock Feathers

A molting Peacock had his plumage picked up by a Jay
Who put it on. In this fashion endowed,
He strutted with the other Peacocks, puffed up and proud,
Thinking he was handsome in such array.
Recognized, he found himself the butt of jeers,
Chaffed, hissed, mocked by sneers
And, by Messers Peacocks deplumed, left in a curious state.
Then, when he sought asylum with his peers,
Even by them he was shown the gate.

Lots of human jays look indeed just like this bird.
They preen themselves in others' leavings, in a word,
And "plagiarist" is their true name.
I say no more; for me to trouble them would be absurd:
I've nothing to do with their game.

X
The Camel and the Floating Sticks

The first observer of a Camel fled
At such a sight so new and dread.
The second drew near. The third, no longer wary,
Made a halter for the Dromedary.
Habituation thus makes all things familiar and clear:
What to us as terrible and strange did first appear,
On repeated viewing turns tame
When it keeps looking the same.
And since we're on this topic of conversation,
On watch at a port installation,
Sentries, spying out to sea an unusual configuration,
Couldn't help saying therefore,
It had to be a mighty man of war.

Quelques moments après, l'objet devint brûlot,
Et puis nacelle, et puis ballot,
Enfin bâtons flottants sur l'onde.

J'en sais beaucoup de par le monde
A qui ceci conviendrait bien:
De loin, c'est quelque chose; et de près, ce n'est rien.

XI
La Grenouille et le Rat

Tel, comme dit Merlin, cuide engeigner autrui,
Qui souvent s'engeigne soi-même.
J'ai regret que ce mot soit trop vieux aujourd'hui:
Il m'a toujours semblé d'une énergie extrême.
Mais afin d'en venir au dessin que j'ai pris,
Un Rat plein d'embonpoint, gras, et des mieux nourris,
Et qui ne connaissait l'avent ni le carême,
Sur le bord d'un marais égayait ses esprits.
Une Grenouille approche, et lui dit en sa langue:
"Venez me voir chez moi; je vous ferai festin."
Messire Rat promit soudain:
Il n'était pas besoin de plus longue harangue.
Elle allégua pourtant les délices du bain,
La curiosité, le plaisir du voyage,
Cent raretés à voir le long du marécage:
Un jour il conterait à ses petits-enfants
Les beautés de ces lieux, les moeurs des habitants,
Et le gouvernement de la chose publique
Aquatique.
Un point, sans plus, tenait le galand empêché:
Il nageait quelque peu, mais il fallait de l'aide.

Some moments after that, the object was a fire ship;
A skiff; a bale had made the trip.
Sticks, at last, afloat on the wave.

I know lots on earth who so behave,
To whom this would surely pertain.
From afar it's quite a thing; up close it's nothing again.

XI
The Frog and the Rat

Such there are, as Merlin says, going the cozener's way,
Who cozen themselves with their ruse.
It's too bad the saying is deemed old and out of style today;
None stronger, it's always seemed to me, could one use.
But to come to the point it's my purpose to illustrate,
A Rat, rotund and stout, his embonpoint showing how well he ate,
And who of Advent or Lent had never had any news,
Lolled beside a swamp, most content with his fate.
A Frog approached and said, in several of her croaks,
"Come visit me at home; I'll make you a fine meal."
Messer Rat accepted with zeal;
No need at all for her to speechify at any length or coax.
Yet she went on, proclaimed his delights would be real:
The swim, the sights, the joys of the excursion;
A hundred rare things to see in the marsh as diversion.
All the tales he would tell to his grandchildren one day:
Of the region's beauty, of the inhabitants, at work and at play,
And of the government of this republic, fluviatic
And aquatic.
Just one problem, no more, our fine gentleman saw:
His swimming was so-so, but needed help in execution.

La Grenouille à cela trouve un très-bon remède:
Le Rat fut à son pied par la patte attaché;
    Un brin de jonc en fit l'affaire.
Dans le marais entrés, notre bonne commère
S'efforce de tirer son hôte au fond de l'eau,
Contre le droit des gens, contre la foi jurée;
Prétend qu'elle en fera gorge-chaude et curée;
C'était, à son avis, un excellent morceau.
Déjà dans son esprit la galande le croque.
Il atteste les Dieux; la perfide s'en moque:
Il résiste; elle tire. En ce combat nouveau,
Un Milan, qui dans l'air planait, faisait la ronde,
Voit d'en haut le pauvret se débattant sur l'onde.
Il fond dessus, l'enlève, et, par le même moyen
    La Grenouille et le lien.
    Tout en fut: tant et si bien,
    Que de cette double proie
    L'oiseau se donne au coeur joie,
    Ayant de cette façon
    A souper chair et poisson.

    La ruse la mieux ourdie
    Peut nuire à son inventeur;
    Et souvent la perfidie
    Retourne sur son auteur.

For that the Frog then found a very good solution:
The Rat was hitched up to her leg by his paw;
    A length of reed took care of this.
Once they'd moved into the swamp, our marshy miss
Strove to drag her guest down, without further ado.
Against all human rights, against her own sworn word,
She sought tidbits and spoils like any hunting bird:
This was a savory morsel, in her considered view.
In her mind the sly dame was now eating this fare.
He called the Gods to witness; the minx didn't care.
He balked, she tugged. In the new fray that did ensue,
A Kite, who was then soaring high above, and making his round,
Saw the poor creature struggling below, already half drowned.
Down he swooped, pulled him up and, by the very same design,
    The Frog as well, with her line.
    All came along: a catch so very fine
    That from this dual bag of prey
    The bird had himself a feast that day,
    Eating all he could wish:
    A supper of both meat and fish.

    By his most slily woven plot
    The schemer can well be done in;
    And treachery, often as not,
    Ends in the traitor's chagrin.

XII
Tribut envoyé par les animaux à Alexandre

Une fable avait cours parmi l'antiquité,
Et la raison ne m'en est pas connue.
Que le lecteur en tire une moralité;
Voici la fable toute nue:
La Renommée ayant dit en cent lieux
Qu'un fils de Jupiter, un certain Alexandre,
Ne voulant rien laisser de libre sous les cieux,
Commandait que, sans plus attendre,
Tout peuple à ses pieds s'allât rendre,
Quadrupèdes, humains, éléphants, vermisseaux,
Les républiques des oiseaux;
La Déesse aux cent bouches, dis-je,
Ayant mis partout la terreur
En publiant l'édit du nouvel empereur,
Les Animaux, et toute espèce lige
De son seul appétit, crurent que cette fois
Il fallait subir d'autres lois.
On s'assemble au désert: tous quittent leur tanière.
Après divers avis, on résout, on conclut
D'envoyer hommage et tribut.
Pour l'hommage et pour la manière,
Le Singe en fut chargé: l'on lui mit par écrit
Ce que l'on voulait qui fût dit.
Le seul tribut les tint en peine:
Car que donner? il fallait de l'argent.
On en prit d'un prince obligeant,
Qui possédant dans son domaine
Des mines d'or, fournit ce qu'on voulut.
Comme il fut question de porter ce tribut,
Le Mulet et l'Ane s'offrirent,
Assistés du Cheval ainsi que du Chameau.
Tous quatre en chemin ils se mirent,
Avec le Singe, ambassadeur nouveau.
La caravane enfin rencontre en un passage
Monseigneur le Lion: cela ne leur plut point.
"Nous nous rencontrons tout à point,

XII
Tribute Sent by the Animals to Alexander

Current among those in times of yore was a fable,
  And to me the reason why is not at all plain.
Let its moral be drawn by a reader who's able;
    For here's the bare fable again.
  Rumor having spread in a hundred places
That a certain Alexander, who was Jupiter's son,
Wishing to leave beneath the heavens no free spaces,
    Ordered all peoples at once, every one,
    To come straight to his throne, on the run:
Quadrupeds, humans, earthworms, elephants in herds,
    The republics of the birds.
    The hundred-mouthed Goddess, I say,
    Having sown terror and awe
Everywhere, announcing this new ruler's law,
  To Beasts and species whose loyalty lay
Hitherto only to their appetites, this now gave pause:
    They had to submit to other laws.
They held a meeting in the wild; each of them did leave his den.
After various views, they concluded at council's end
    That homage and tribute they'd send.
    Both the homage and its style were then
Entrusted to the Monkey. Just so he'd not be misled,
    They wrote what they wanted said.
    The tribute alone caused a strain,
  For what could they give? It took a big sum.
    An obliging prince gave them some:
    He possessed inside his domain
  Gold mines, and so he was able to provide
What was asked. As the tribute had to ride
  On something, the Mule and the Ass
Offered, and the Horse; Camel made one more.
    All four of them then took off en masse
  With the Monkey, their new ambassador.
On the way, the caravan, after going quite far,
Met Milord Lion, to them a most undesirable sight.
    "Our meeting together now is just right,"

Dit-il; et nous voici compagnons de voyage.
    J'allais offrir mon fait à part;
Mais bien qu'il soit léger, tout fardeau m'embarrasse.
    Obligez-moi de me faire la grâce
    Que d'en porter chacun un quart:
Ce ne vous sera pas une charge trop grande,
Et j'en serai plus libre et bien plus en état,
En cas que les voleurs attaquent notre bande,
    Et que l'on en vienne au combat."
Econduire un Lion rarement se pratique.
Le voilà donc admis, soulagé, bien reçu,
Et malgré le héros de Jupiter issu,
Faisant chère et vivant sur la bourse publique.
    Ils arrivèrent dans un pré
Tout bordé de ruisseaux, de fleurs tout diapré,
    Où maint mouton cherchait sa vie:
  Séjour du frais, véritable patrie
Des Zéphirs. Le Lion n'y fut pas, qu'à ces gens
    Il se plaignit d'être malade.
    "Continuez votre ambassade,
Dit-il; je sens un feu qui me brûle au dedans,
Et veux chercher ici quelque herbe salutaire.
    Pour vous, ne perdez point de temps:
Rendez-moi mon argent; j'en puis avoir affaire."
On déballe; et d'abord le Lion s'écria,
    D'un ton qui témoignait sa joie:
"Que de filles, ô Dieux, mes pièces de monnaie
Ont produites! Voyez: la plupart sont déjà
      Aussi grandes que leurs mères.
Le croît m'en appartient." Il prit tout là-dessus;
Ou bien s'il ne prit tout, il n'en demeura guères.
    Le Singe et les Sommiers confus,
Sans oser répliquer, en chemin se remirent.
Au fils de Jupiter on dit qu'ils se plaignirent,
    Et n'en eurent point de raison.
Qu'eût-il fait? C'eût été lion contre lion;
Et le proverbe dit: "Corsaires à corsaires,
L'un l'autre s'attaquant, ne font pas leurs affaires."

He said, "and so as fellow voyagers here we are!
        I was going alone to offer my share
But, although it's light, any burden at all does encumber me.
    You'll each oblige me graciously
        By hauling a fourth of it there.
That won't be too big a load on any single back.
And I'll be freer then, and in so much better state,
Should robbers fall on our band and make an attack,
        And fierce combat has to be our fate."
Refusing a Lion is rare: hardly anything's worse.
So admitted he was, welcomed, freed of his load;
And, in spite of the hero from Jove's abode,
Living life to the fullest, and all on the public purse.
        They arrived at a meadow, agleam
And all dotted with flowers, bordered 'round by a stream,
        Where many a sheep for food did roam:
    A fresh and cool retreat, a real home
Of the Zephyrs. No sooner there than the Lion sighed,
        Complained that he was feeling ill.
        "On with your embassy of goodwill,"
He said. "I feel a fire that's burning me up inside,
And want to seek some healing herb here in this mead.
        As for you, don't lose time or bide.
Give me back my money, which I presently may need."
The load undone, at once the Lion cried out
        In a voice that showed his pleasure,
"Ye Gods, how many daughters my pieces of treasure
Have brought forth! Look: most already as stout
        And as grown-up as their mothers.
The increase is mine." All the coins he then collected.
Or if not all of them, there remained hardly any others.
        Monkey and Beasts of Burden, dejected
But not daring to reply, set out on their way again.
To Jupiter's son, it's said, they did afterward complain,
        But got no redress from Jove's scion.
What would he have done? Only set lion on lion.
The proverb says it: "Corsairs against corsairs,
If they attack one another, don't accomplish their affairs."

XIII
Le Cheval s'étant voulu venger du Cerf

De tout temps les chevaux ne sont nés pour les hommes.
Lorsque le genre humain de gland se contentait,
Ane, cheval, et mule, aux forêts habitait;
Et l'on ne voyait point, comme au siècle où nous sommes,
Tant de selles et tant de bâts,
Tant de harnais pour les combats,
Tant de chaises, tant de carrosses;
Comme aussi ne voyait-on pas
Tant de festins et tant de noces.
Or un Cheval eut alors différend
Avec un Cerf plein de vitesse;
Et ne pouvant l'attraper en courant,
Il eut recours à l'Homme, implora son adresse.
L'Homme lui mit un frein, lui sauta sur le dos,
Ne lui donna point de repos
Que le Cerf ne fût pris, et n'y laissât la vie;
Et cela fait, le Cheval remercie
L'Homme son bienfaiteur, disant: "Je suis à vous;
Adieu: je m'en retourne en mon séjour sauvage.
—Non pas cela, dit l'Homme; il fait meilleur chez nous,
Je vois trop quel est votre usage.
Demeurez donc; vous serez bien traité,
Et jusqu'au ventre en la litière."
Hélas! que sert la bonne chère,
Quand on n'a pas la liberté?
Le Cheval s'aperçut qu'il avait fait folie;
Mais il n'était plus temps; déjà son écurie
Etait prête et toute bâtie.
Il y mourut en traînant son lien:
Sage, s'il eût remis une légère offense.

Quel que soit le plaisir que cause la vengeance,
C'est l'acheter trop cher que l'acheter d'un bien
Sans qui les autres ne sont rien.

XIII
The Horse Who Would Get Even with the Stag

Horses were not always born to labor in servitude to man.
When to live on acorns humans were most satisfied,
Ass, Horse, and Mule in the woods did reside.
And one did not observe, as in this century of ours we can,
So many saddles, riding and pack,
So many harnesses made for attack,
So many carriages, light and grand.
Nor did one see, looking back,
So many weddings and feasts at hand.
A Horse chased a Stag for some slight,
But the Stag ran more swiftly still.
Unable by running to catch it and fight,
He had recourse to Man, whom he begged for his skill.
Man jumped on him, having fitted him a bridle and bit.
No rest at all did he permit
Till the Stag was captured and killed, the battle won.
The Horse gave thanks, once this was done,
To Man his benefactor: "Call me if you need assistance.
Farewell. I'm off to my woodland home, in the dell."
"No, you're not," said Man. "With us it's a better existence.
What use you'll be I now see very well,
So stay: we'll give the best of care to you,
With straw to your belly in your stall."
Alas, what good is easy living at all
When freedom isn't part of it, too?
The Horse now saw he'd committed folly to the hilt,
But by then it was too late, the milk had been spilt:
His stable was all ready, fully built.
Rope trailing, he died there in displeasure.
To put that slight aside, he would have been wise.

Whatever the joy to which vengeance no doubt gives rise,
Its cost is too high if it removes that precious treasure
The absence of which spoils other pleasure.

XIV
Le Renard et le Buste

Les grands, pour la plupart, sont masques de théâtre;
Leur apparence impose au vulgaire idolâtre.
L'Ane n'en sait juger que par ce qu'il en voit:
Le Renard, au contraire, à fond les examine,
Les tourne de tout sens; et quand il s'aperçoit
    Que leur fait n'est que bonne mine,
Il leur applique un mot qu'un buste de héros
    Lui fit dire fort à propos.
C'était un buste creux, et plus grand que nature.
Le Renard, en louant l'effort de la sculpture:
"Belle tête, dit-il; mais de cervelle point."

Combien de grands seigneurs sont bustes en ce point!

XV et XVI
Le Loup, la Chèvre, et le Chevreau
Le Loup, La Mère, et l'Enfant

La Bique, allant remplir sa traînante mamelle,
    Et paître l'herbe nouvelle,
    Ferma sa porte au loquet,
    Non sans dire à son Biquet:
    "Gardez-vous, sur votre vie,
    D'ouvrir que l'on ne vous die,
    Pour enseigne et mot du guet:
    'Foin du Loup et de sa race!' "
    Comme elle disait ces mots,
    Le Loup de fortune passe;
    Il les recueille à propos,
    Et les garde en sa mémoire.
    La Bique, comme on peut croire,
    N'avait pas vu le glouton.

XIV
The Fox and the Bust

Most of those in high places are no more than theater masks
Who win public idolatry, in which their image basks.
The Ass is fit to judge them only by what he does see.
Conversely, the Fox does examine them wholly and slow,
Turns them every which way. When he sees on the contrary
    That in fact they're merely good show,
He applies to them what the bust of a hero one day,
    Quite apropos, caused him to say.
It was a hollow bust, larger than its human counterpart.
The Fox, lauding the work in the carving and the art,
Said, "A fine head, but no brain that I can find."

How many high-placed lords are really busts of this kind!

XV and XVI
The Wolf, the Goat, and the Kid
The Wolf, the Mother, and the Child

The Goat, going off to replenish her dragging teat,
    To feed on grasses new and sweet,
    Put her door on bolt and chain.
    Her warning to her Kid was plain:
    "Make sure, on your life so dear,
    Not to open up, unless you hear,
    As password and sign that are right,
    'Down with the Wolf and his race!' "
    While she was saying these words,
    The Wolf passed by the place:
    Words for him, not for the birds.
    He tucked them away in his memory.
    The Goat—we believe this, certainly—
    Hadn't see the scoundrel at all.

Dès qu'il la voit partie, il contrefait son ton,
Et d'une voix papelarde
Il demande qu'on ouvre, en disant: "Foin du Loup!"
Et croyant entrer tout d'un coup.
Le Biquet soupçonneux par la fente regarde:
"Montrez-moi patte blanche, ou je n'ouvrirai point,"
S'écria-t-il d'abord. Patte blanche est un point
Chez les loups, comme on sait, rarement en usage.
Celui-ci, fort surpris d'entendre ce langage,
Comme il était venu s'en retourna chez soi.
Où serait le Biquet, s'il eût ajouté foi
Au mot du guet que de fortune
Notre Loup avait entendu?

Deux sûretés valent mieux qu'une,
Et le trop en cela ne fut jamais perdu.

Ce Loup me remet en mémoire
Un de ses compagnons qui fut encor mieux pris:
Il y périt. Voici l'histoire:
Un villageois avait à l'écart son logis.
Messer Loup attendait chape-chute à la porte;
Il avait vu sortir gibier de toute sorte,
Veaux de lait, agneaux et brebis,
Régiments de dindons, enfin bonne provende.
Le larron commençait pourtant à s'ennuyer.
Il entend un Enfant crier:
La Mère aussitôt le gourmande,
Le menace, s'il ne se tait,
De le donner au Loup. L'animal se tient prêt,
Remerciant les Dieux d'une telle aventure,
Quand la Mère, apaisant sa chère géniture,
Lui dit: "Ne criez point; s'il vient, nous le tuerons.
—Qu'est ceci? s'écria le mangeur de moutons:
Dire d'un, puis d'un autre! Est-ce ainsi que l'on traite
Les gens faits comme moi? me prend-on pour un sot?
Que quelque jour ce beau marmot
Vienne au bois cueillir la noisette!"

As soon as he saw she was gone he mimicked her call:
    In wheedling voice the hypocrite
Said, "Open up!" and "Down with the Wolf and his kin!"
    This would, be believed, get him in.
The Kid, suspicious, peered out through the slit.
"Show white paws as carte blanche or door stays tight!"
He shouted right away. Paws that are entirely white
Among wolves, as we well know, are rarely in stock.
Now to hear that kind of talk, this one, in shock,
Went home, empty-pawed as he'd come, in disgust.
Where would the Kid be now, if he'd put trust
    In the password, by chance undone,
    That our Wolf had overheard?

    Two precautions are better than one,
And by having one too many none has ever erred.

    This Wolf brings to mind the gory
Tale of a pal of his who suffered a far more dismal fate:
    He lost his life. Here's the story.
Some distance from town stood a villager's estate.
Awaiting a windfall, at his door Master Wolf hung about.
He'd seen all sorts of game there, going in and out:
    Milk calves, ewes, lots of lambs at play,
Regiments of turkeys; in short, fine provender any day.
Time went by and the thief in boredom was now sighing.
    He heard a Child start crying.
    The mother scolded him right away,
    Threatened, if he wasn't quiet,
To give him to the Wolf. Ready for this new diet,
The beast was thanking the Gods for such prey
When Mother, allaying her dear child's dismay,
Said to him, "If he comes, we'll kill him, so don't you cry."
"What's this?" the sheep eater howled to the sky,
"First say one thing, then another? Is that how one should
Treat those of my sort? Do they take me for a dunce?
    Just let that fine brat once
    Come gathering nuts in the wood!"

Comme il disait ces mots, on sort de la maison:
Un chien de cour l'arrête; épieux et fourches-fières
L'ajustent de toutes manières.
"Que veniez-vous chercher en ce lieu?" lui dit-on.
Aussitôt il conta l'affaire.
"Merci de moi! lui dit la Mère;
Tu mangeras mon Fils! L'ai-je fait à dessein
Qu'il assouvisse un jour ta faim?"
On assomma la pauvre bête.
Un manant lui coupa le pied droit et la tête:
Le seigneur du village à sa porte les mit;
Et ce dicton picard à l'entour fut écrit:

"Biaux chires Leups, n'écoutez mie
Mère tenchent chen fieux qui crie."

XVII
Parole de Socrate

Socrate un jour faisant bâtir,
Chacun censurait son ouvrage:
L'un trouvait les dedans, pour ne lui point mentir,
Indignes d'un tel personnage;
L'autre blâmait la face, et tous étaient d'avis
Que les appartements en étaient trop petits.
Quelle maison pour lui! l'on y tournait à peine.
"Plût au ciel que de vrais amis,
Telle qu'elle est, dit-il, elle pût être pleine!"

As he spoke, folks ran from the house like a shot:
A guard dog blocked his path. Pikes, and forks for hay,
    Rearranged his looks in every way.
They said, "What were you hoping to find in this spot?"
    Right off he told the tale.
    "Mercy me!" was Mother's wail:
"You, eat my Son? Have I brought him to life, pray,
    Merely to assuage your hunger someday?"
    They clubbed the poor beast dead.
A peasant hacked off his right foot and his head.
The village lord nailed them fast to his gate,
The local saying written 'round them, to state:

    "Brether Wulves, don't lend yer ears
    To a maw hasslin' her kid in tears."

XVII
Socrates' Remark

    Socrates had a house built one day.
    To find fault all felt quite free:
One judged the interior, not to lie to him in any way,
    Unworthy of such a person as he.
Another disapproved of the facade; and the dictum of all
Was that every room in the house was much too small.
What a dwelling for him! One could scarcely turn 'round.
    "Would to heaven that in true friends,
Just as it now is," he said, "it might completely abound."

Le bon Socrate avait raison
De trouver pour ceux-là trop grande sa maison.
Chacun se dit ami; mais fol qui s'y repose:
Rien n'est plus commun que ce nom,
Rien n'est plus rare que la chose.

XVIII
Le Vieillard et ses Enfants

Toute puissance est faible, à moins que d'être unie:
Ecoutez là-dessus l'esclave de Phrygie.
Si j'ajoute du mien à son invention,
C'est pour peindre nos moeurs, et non point par envie:
Je suis trop au-dessous de cette ambition.
Phèdre enchérit souvent par un motif de gloire;
Pour moi, de tels pensers me seraient malséants.
Mais venons à la fable, ou plutôt à l'histoire
De celui qui tâcha d'unir tous ses enfants.

Un Vieillard prêt d'aller où la mort l'appelait:
"Mes chers Enfants, dit-il (à ses fils il parlait),
Voyez si vous romprez ces dards liés ensemble;
Je vous expliquerai le noeud qui les assemble."
L'aîné les ayant pris, et fait tous ses efforts,
Les rendit, en disant: "Je le donne aux plus forts."
Un second lui succède, et se met en posture,
Mais en vain. Un cadet tente aussi l'aventure.
Tous perdirent leur temps; le faisceau résista:
De ces dards joints ensemble un seul ne s'éclata.
"Faibles gens! dit le Père, il faut que je vous montre
Ce que ma force peut en semblable rencontre."
On crut qu'il se moquait; on sourit, mais à tort:

Good Socrates was most sagacious
To judge his house for these in fact all too capacious.
All say they're friends; fools trust such posturing:
There's nothing more trite and fallacious
Than this label, more rare than the thing.

XVIII
The Old Man and His Sons

All strength is weakness, unless it can stay unified.
On this the Phrygian slave is our guide.
If I add points of mine to his find,
It's to portray our ways, and not out of envy or pride:
I'm too far below him for aims of that kind.
Phaedrus often did more to augment his own glory;
Thoughts of that kind would be most improper of me.
But let us come to the fable, or rather the story,
Of one who tried to unite his sons, all three.

An Old Man, ready to listen to death's requiem,
Said, "My dear Sons (he was speaking only to them),
See if you can snap this pack of darts I've got;
Then I'll explain the knot that makes them taut."
The eldest, having seized them, made a futile try,
Returned them, saying, "I yield to stronger men than I."
The second son, next, got himself into position,
In vain. The youngest's effort was just repetition,
Time all wasted: the bundle held like a stout stake.
Of the darts thus tied up, not a one did break.
"Feeble men!" said the Father, "I must now show you three
What my strength can do in this case so easily."
They smiled, in error, at what looked like a joke.

Il sépare les dards, et les rompt sans effort.
"Vous voyez, reprit-il, l'effet de la concorde:
Soyez joints, mes Enfants, que l'amour vous accorde."
Tant que dura son mal, il n'eut autre discours.
Enfin se sentant prêt de terminer ses jours:
"Mes chers Enfants, dit-il, je vais où sont nos pères;
Adieu: promettez-moi de vivre comme frères;
Que j'obtienne de vous cette grâce en mourant."
Chacun de ses trois fils l'en assure en pleurant.
Il prend à tous les mains; il meurt; et les trois frères
Trouvent un bien fort grand, mais fort mêlé d'affaires.
Un créancier saisit, un voisin fait procès:
D'abord notre trio s'en tire avec succès.
Leur amitié fut courte autant qu'elle était rare.
Le sang les avait joints; l'intérêt les sépare:
L'ambition, l'envie, avec les consultants,
Dans la succession entrent en même temps.
On en vient au partage, on conteste, on chicane:
Le juge sur cent points tour à tour les condamne.
Créanciers et voisins reviennent aussitôt,
Ceux-là sur une erreur, ceux-ci sur un défaut.
Les frères désunis sont tous d'avis contraire:
L'un veut s'accommoder, l'autre n'en veut rien faire.
Tous perdirent leur bien, et voulurent trop tard
Profiter de ces dards unis et pris à part.

He parted the darts; without effort they broke.
"The power of harmony," he went on, "you see.
Stay united, my Sons; let love ever join you in amity."
While his illness lasted, no further did he raise
The matter. At last, about to finish his days,
He said, "My dear Sons, I'm off to where our sires dwell.
Promise me you'll live like brothers. Farewell.
As I die, just let me obtain this one favor from you."
Weeping, each of his three sons assures him that he'll do
What's asked. He clasps their hands, dies; the brothers share
A rich legacy, but one all entangled in red tape, everywhere:
A creditor seeks to repossess, a neighbor sues.
At first in these cases our trio doesn't lose.
But friendship is ephemeral, as the art of it is rare.
Blood had joined them; interest parted them for fair.
At the same time, lawyers, envy, and ambition
Now confront the estate, demanding admission.
Splitting everything up, they litigate, they wrangle.
The judge rules against each in turn on many an angle.
Creditors, neighbors sue once again without halt,
Some on points of error, the remainder for default.
The disunited brothers all cling to contrary views:
One wants to settle out of court, but a second does refuse.
They lost everything they had, too late taking to heart
The lesson of the darts: joined, then pulled apart.

XIX
L'Oracle et l'Impie

Vouloir tromper le ciel, c'est folie à la terre.
Le dédale des coeurs en ses détours n'enserre
Rien qui ne soit d'abord éclairé par les Dieux:
Tout ce que l'homme fait, il le fait à leurs yeux,
Même les actions que dans l'ombre il croit faire.

Un Païen, qui sentait quelque peu le fagot,
Et qui croyait en Dieu, pour user de ce mot,
    Par bénéfice d'inventaire,
    Alla consulter Apollon.
    Dès qu'il fut en son sanctuaire:
"Ce que je tiens, dit-il, est-il en vie ou non?"
    Il tenait un moineau, dit-on,
    Prêt d'étouffer la pauvre bête,
    Ou de la lâcher aussitôt,
    Pour mettre Apollon en défaut.
Apollon reconnut ce qu'il avait en tête:
"Mort ou vif, lui dit-il, montre-nous ton moineau,
    Et ne me tends plus de panneau:
Tu te trouverais mal d'un pareil stratagème.
    Je vois de loin, j'atteins de même."

XX
L'Avare qui a perdu son trésor

L'usage seulement fait la possession.
Je demande à ces gens de qui la passion
Est d'entasser toujours, mettre somme sur somme,
Quel avantage ils ont que n'ait pas un autre homme.
Diogène là-bas est aussi riche qu'eux,
Et l'avare ici-haut comme lui vit en gueux.
L'homme au trésor caché qu'Ésope nous propose,
    Servira d'exemple à la chose.

XIX
The Oracle and the Impious Man

Attempts to swindle Heaven are just folly here below.
The heart's maze in its turns cannot hide from show
A thing not brought to light most quickly by the Gods.
They observe what each man does, no matter what the odds:
Those very acts, indeed, we all believe are clandestine.

A Pagan stank of heresy when emitting all his views:
He professed belief in God, if that's the word to use,
    Provided gains did not decline.
    He consulted Apollo one day.
    On setting foot inside the God's shrine,
"Is what I have in my hand," he asked, "alive or dead?"
    He held a sparrow, they say,
    Ready to choke the poor thing
    Or free it like a streak,
    Just to make Apollo misspeak.
Apollo knew just what he was imagining.
"Dead or alive," he replied, "show us your sparrow there,
    And don't proffer me any such snare.
With schemes like this you'll fall in the breach:
    My vision goes far, and so does my reach."

XX
The Miser Who Lost His Treasure

Use alone makes real whatever we own.
I ask those whose itch has always grown
To keep on piling money up, stack on top of stack,
What advantage they possess that other persons lack.
Diogenes below is as rich in goods, apparel,
As misers here who live like beggars in a barrel.
That man with the hidden treasure, in Aesop's tale,
    Will serve as model, without fail.

Ce malheureux attendait,
Pour jouir de son bien, une seconde vie;
Ne possédait pas l'or, mais l'or le possédait.
Il avait dans la terre une somme enfouie,
Son coeur avec, n'ayant autre déduit
Que d'y ruminer jour et nuit,
Et rendre sa chevance à lui-même sacrée.
Qu'il allât ou qu'il vînt, qu'il bût ou qu'il mangeât,
On l'eût pris de bien court, à moins qu'il ne songeât
A l'endroit où gisait cette somme enterrée.
Il y fit tant de tours qu'un fossoyeur le vit,
Se douta du dépôt, l'enleva sans rien dire.
Notre avare, un beau jour, ne trouva que le nid.
Voilà mon homme aux pleurs: il gémit, il soupire,
Il se tourmente, il se déchire.
Un passant lui demande à quel sujet ses cris.
"C'est mon trésor que l'on m'a pris.
—Votre trésor? où pris? —Tout joignant cette pierre.
—Eh! sommes-nous en temps de guerre,
Pour l'apporter si loin? N'eussiez-vous pas mieux fait
De le laisser chez vous en votre cabinet,
Que de le changer de demeure?
Vous auriez pu sans peine y puiser à toute heure.
—A toute heure, bons Dieux! ne tient-il qu'à cela?
L'argent vient-il comme il s'en va?
Je n'y touchais jamais. —Dites-moi donc, de grâce,
Reprit l'autre, pourquoi vous vous affligez tant,
Puisque vous ne touchiez jamais à cet argent:
Mettez une pierre à la place,
Elle vous vaudra tout autant."

This wretch who waited, all grim,
To enjoy his wealth, for another life to come 'round,
Didn't own his gold, but his gold indeed owned all of him.
He'd buried a large sum down deep in the ground;
His heart too, since he had no other delight
Than thinking of it, day and night,
And making it taboo to himself, come what may.
Whether he came or he went, whether he drank or he ate,
He thought he'd fallen short if he did fail to ruminate
About the hiding place where the sum of money lay.
He went there so often that a plowman then guessed
What was buried there, took it off without a word.
Our miser, one fine day, came and found the empty nest.
Behold our man in tears: his moans and sighs were heard;
He suffered, torn like any wounded bird.
A passerby asked the reason for his groans and cries.
"It's my treasure they've stolen, my prize!"
"Your treasure? From where?" "Right by this stone, over here!"
"Huh! Is it wartime we now have to fear
That made you bring it so far? Wouldn't it have served you best
To leave it at home, inside your money chest,
Instead of in this lonely clime?
That way you could have gone to draw from it at any time."
"At any time? Ye Gods! Is that what you'd have me believe?
Does money ever come in as fast as it does leave?
I never touched it!" "Then tell me, please, if I'm not misled,"
Replied the other. "Why all this affliction, this dismay?
Since you never laid a finger on this money anyway,
Place a stone in the hole instead.
It's worth as much to you any day."

XXI
L'Oeil du Maître

Un Cerf s'étant sauvé dans une étable à Boeufs,
Fut d'abord averti par eux
Qu'il cherchât un meilleur asile.
"Mes frères, leur dit-il, ne me décelez pas:
Je vous enseignerai les pâtis les plus gras;
Ce service vous peut quelque jour être utile,
Et vous n'en aurez point regret."
Les Boeufs, à toutes fins, promirent le secret.
Il se cache en un coin, respire, et prend courage.
Sur le soir on apporte herbe fraîche et fourrage,
Comme l'on faisait tous les jours:
L'on va, l'on vient, les valets font cent tours.
L'intendant même; et pas un, d'aventure,
N'aperçut ni corps, ni ramure,
Ni Cerf enfin. L'habitant des forêts
Rend déjà grâce aux Boeufs, attend dans cette étable
Que chacun retournant au travail de Cérès,
Il trouve pour sortir un moment favorable.
L'un des Boeufs ruminant lui dit: "Cela va bien;
Mais quoi? l'homme aux cent yeux n'a pas fait sa revue.
Je crains fort pour toi sa venue;
Jusque-là, pauvre Cerf, ne te vante de rien."
Là-dessus le Maître entre, et vient faire sa ronde.
"Qu'est-ce-ci? dit-il à son monde.
Je trouve bien peu d'herbe en tous ces râteliers;
Cette litière est vieille: allez vite aux greniers;
Je veux voir désormais vos bêtes mieux soignées.
Que coûte-t-il d'ôter toutes ces araignées?
Ne saurait-on ranger ces jougs et ces colliers?"
En regardant à tout, il voit une autre tête
Que celles qu'il voyait d'ordinaire en ce lieu.
Le Cerf est reconnu: chacun prend un épieu;
Chacun donne un coup à la bête.
Ses larmes ne sauraient la sauver du trépas.

XXI
The Master's Eye

When a Stag found refuge inside a stable of Oxen one morning,
By them at once he was given warning
To seek some better asylum, without delay.
"Brothers, do not uncover or give me away," to them he said.
"I'll show you the fattest pasture on which you've ever fed.
This service may well turn out to be of use to you someday;
You'll not regret the help you've lent."
The Oxen did promise not to tell on him, in any event.
He hid in a corner, caught his breath again, took heart.
Toward eve they brought fresh grass, forage, in a cart,
Just exactly as they normally did.
In and out, a hundred times, right past where he hid,
Workers moved; steward too. None, by chance,
At body or antlers casting a glance
Saw the Stag there. The woodland denizen
Was already thanking the Oxen: in the stable he'd stay
Until back to Ceres' labor went all the men
And he found the time to get out, and away.
An Ox chewing it over said, "That's all very well,
But . . . The Argus who's the master has still to appear.
I much fear for you when he gets here.
Till then, poor Stag, on being safe don't boast or dwell."
Whereupon the Master entered and went about making his round.
"What's this?" he said to workers he found.
"In all these mangers I see very little grass from the mow.
This straw is old; go get some more from the loft right now.
I want to see your animals, henceforth, have better care;
What's it cost to sweep out all those spiders there?
Can't collars and yokes be stowed without my making a row?"
Examining all, not missing a thing, he saw one new head
Entirely different from all those he usually saw in this spot.
With the Stag discovered, all grabbed pikes, like a shot,
And stabbed the beast till he fell dead.
To save himself he'd shed his tears in vain appeal.

On l'emporte, on la sale, on en fait maint repas,
Dont maint voisin s'éjouit d'être.

Phèdre sur ce sujet dit fort élégamment:
Il n'est, pour voir, que l'oeil du maître.
Quant à moi, j'y mettrais encor l'oeil de l'amant.

XXII
L'Alouette et ses Petits, avec le Maître d'un Champ

Ne t'attends qu'à toi seul: c'est un commun proverbe.
Voici comme Ésope le mit
En crédit:

Les alouettes font leur nid
Dans les blés, quand ils sont en herbe,
C'est-dire environ le temps
Que tout aime et que tout pullule dans le monde,
Monstres marins au fond de l'onde,
Tigres dans les forêts, alouettes aux champs.
Une pourtant de ces dernières
Avait laissé passer la moitié d'un printemps
Sans goûter le plaisir des amours printanières.
A toute force enfin elle se résolut
D'imiter la nature, et d'être mère encore.
Elle bâtit un nid, pond, couve, et fait éclore,
A la hâte: le tout alla du mieux qu'il put.
Les blés d'alentour mûrs avant que la nitée
Se trouvât assez forte encor
Pour voler et prendre l'essor,

He was carried out, salted down, served up at many a meal
That many a neighbor enjoyed by and by.

On this subject Phaedrus speaks with elegance:
For seeing it all, nothing equals the master's eye.
To which I would add, likewise, the lover's jealous glance.

XXII
The Lark and Her Young with the Owner of a Field

A common proverb tells us this: "Count on yourself alone."
Here's how, when Aesop said it,
He gave it credit.

Larks nest (they don't dread it)
In fields of grain that's barely half-grown;
That is, when the time is good
For all on this earth to make love and to propagate,
In the deep, ocean monsters do mate;
So do larks in the field, and tigers in the wood.
But one Lark had taken no measures,
Had let pass half of the springtime and withstood,
Without tasting them, love's early season pleasures.
Obliged at last, she decided, quite late,
To emulate all in nature and be a mother again.
She made a nest, laid eggs, brooded, and hatched them then
In haste. All went as well as it might at this date.
With the grain 'round about ripened before her brood
Had grown strong enough to rise
In flight and take to the skies,

De mille soins divers l'Alouette agitée
S'en va chercher pâture, avertit ses enfants
D'être toujours au guet et faire sentinelle.
    "Si le possesseur de ces champs
Vient avecque son fils, comme il viendra, dit-elle,
  Ecoutez bien: selon ce qu'il dira,
    Chacun de nous décampera."
Sitôt que l'Alouette eut quitté sa famille,
Le possesseur du champ vient avecque son fils.
"Ces blés sont mûrs, dit-il: allez chez nos amis
Les prier que chacun, apportant sa faucille,
Nous vienne aider demain dès la pointe du jour."
    Notre Alouette de retour
    Trouve en alarme sa couvée.
L'un commence: "Il a dit que, l'aurore levée,
L'on fît venir demain ses amis pour l'aider.
—S'il n'a dit que cela, repartit l'Alouette,
Rien ne nous presse encor de changer de retraite;
Mais c'est demain qu'il faut tout de bon écouter.
Cependant soyez gais; voilà de quoi manger."
Eux repus, tout s'endort, les petits et la mère.
L'aube du jour arrive, et d'amis point du tout.
L'Alouette à l'essor, le Maître s'en vient faire
    Sa ronde ainsi qu'à l'ordinaire.
"Ces blés ne devraient pas, dit-il, être debout.
Nos amis ont grand tort, et tort qui se repose
Sur de tels paresseux, à servir ainsi lents.
    Mon fils, allez chez nos parents
    Les prier de la même chose."
L'épouvante est au nid plus forte que jamais.
"Il a dit ses parents, mère, c'est à cette heure . . .
    —Non, mes enfants; dormez en paix:
    Ne bougeons de notre demeure."
L'Alouette eut raison; car personne ne vint.
Pour la troisième fois, le Maître se souvint

Moved by all her varied cares, the Lark would
Go off to seek food; she gave her children warning
Always to be on the watch and to keep an open eye:
"If these fields' owner one morning
Comes with his son," she said, "as he will do, by and by,
Listen carefully. Based on what he'll say,
We'll each take off and fly away."
As soon as the Lark had left her young in the field,
Its owner came to look it over, together with his son.
"This grain's ripe," he said. "Go to our friends, each one;
Ask them each to bring a sickle in view of this yield,
And help us harvest it tomorrow, no later than break of day."
Our Lark, back with no delay,
Found all her nestlings in alarm.
One began, "He said that, once dawn has touched the farm
Tomorrow, to help him, bringing friends is his intention."
"If that's all he said," replied the Lark, "we've no fear:
Nothing obliges us yet to move to another nest away from here.
But tomorrow's the day when we really have to pay attention.
Meanwhile cheer up; here's food for your daily pension."
When they all had fed, all fell asleep, young and mother too.
Dawn arrived, and of friends not a one had come 'round.
With the Lark on the wing, the Master then turned up anew
To check things on his usual round.
"This grain should not," he said, "be left on the ground.
Our friends do us wrong, and wrong as well it is to rest
Hopes on such lazy folk, whose help is slow and thin.
Now, my son, you run off to our kin:
Of them make the same request."
Terror was stronger than ever down in the nest:
"He said his kin, mother; now's the time for us to get . . ."
"No, my babes, go to sleep and rest.
Let's not budge from home yet."
The Lark was right, for no kin arrived at his door.
The third day the Owner recalled his task once more:

De visiter ses blés. "Notre erreur est extrême,
Dit-il, de nous attendre à d'autres gens que nous.
Il n'est meilleur ami ni parent que soi-même.
Retenez bien cela, mon fils. Et savez-vous
Ce qu'il faut faire? Il faut qu'avec notre famille
Nous prenions dès demain chacun une faucille:
C'est là notre plus court; et nous achèverons
    Notre moisson quand nous pourrons."
Dès lors que ce dessein fut su de l'Alouette:
"C'est ce coup qu'il est bon de partir, mes enfants."
    Et les petits, en même temps,
    Voletants, se culebutants,
    Délogèrent tous sans trompette.

To go see to his grain. "We've pushed error to the end,"
He said, "in expecting any aid or assistance from anyone.
Than oneself there exists no better kin or friend.
Remember that, always. And do you know, my son,
What we must do? As soon as our own household does arise
Tomorrow, we must all take sickles to our enterprise.
That's our quickest way; thus with no delays or stops
    We'll swiftly harvest all of our crops."
The moment the Lark learned this plan for the morn:
"It's time to depart, my babes, and this is the weather."
    And her fluttering young, together,
    Jostling, ruffling every feather,
    All flew away, with no blast of horn.

BOOK FIVE

V

LIVRE CINQUIEME

I
Le Bûcheron et Mercure
À M. L. C. D. B.

Votre goût a servi de règle à mon ouvrage:
J'ai tenté les moyens d'acquérir son suffrage.
Vous voulez qu'on évite un soin trop curieux,
Et des vains ornements l'effort ambitieux;
Je le veux comme vous: cet effort ne peut plaire.
Un auteur gâte tout quand il veut trop bien faire.
Non qu'il faille bannir certains traits délicats:
Vous les aimez, ces traits; et je ne les hais pas.
Quant au principal but qu'Ésope se propose,
    J'y tombe au moins mal que je puis.
Enfin, si dans ces vers je ne plais et n'instruis,
Il ne tient pas à moi; c'est toujours quelque chose.
    Comme la force est un point
    Dont je ne me pique point,
Je tâche d'y tourner le vice en ridicule,
Ne pouvant l'attaquer avec des bras d'Hercule.
C'est là tout mon talent; je ne sais s'il suffit.
    Tantôt je peins en un récit
La sotte vanité jointe avecque l'envie,
Deux pivots sur qui roule aujourd'hui notre vie:
    Tel est ce chétif animal
Qui voulut en grosseur au Boeuf se rendre égal.
J'oppose quelquefois, par une double image,
Le vice à la vertu, la sottise au bon sens,
    Les Agneaux aux Loups ravissants,
La Mouche à la Fourmi; faisant de cet ouvrage
Une ample comédie à cent actes divers,
    Et dont la scène est l'Univers.
Hommes, dieux, animaux, tout y fait quelque rôle,
Jupiter comme un autre. Introduisons celui
Qui porte de sa part aux Belles la parole:
Ce n'est pas de cela qu'il s'agit aujourd'hui.

I
The Woodman and Mercury
To M. L. C. D. B.

Your taste has been the rule for my work's creation.
I've tried those means I could, to gain its approbation.
You don't approve of art that's too finicky, factitious,
Nor of empty ornamentation that's all too ambitious.
That's my opinion too; straining cannot produce pleasure.
An author spoils it all who tries to excel beyond measure.
Not that certain subtle effects hence ought to be banned:
They all please you, and I don't dismiss them out of hand.
As for the goal that was Aesop's principal aim,
    As best I can, to approach it I do try.
In short, if in these verses I fail to please and edify,
It's not for want of effort; that's something I can claim.
    Since strength does not provide
    Me any reason to feel pride,
And I lack Hercules' arms with which to attack,
It's through ridicule I try to put vice on its back.
Therein all my talent lies; I don't know to what avail.
    At times I depict in a tale
Foolish vanity and envy (never far away),
Two pivots on which our lives keep turning today—
    See the tiny beast who dies
In vain attempts to match an Ox's bulk and size.
Sometimes I oppose, in a dual impersonation,
Vice to virtue, common sense to ludicrous sham,
    The ravaging Wolf to the Lamb,
The Fly to the Ant; making of this compilation
A full drama in a hundred acts diverse,
    And whose stage is the Universe.
Men, gods, beasts; everyone in it does play some part,
Jupiter like any other. Let's bring to our play
One who bears Ladies tidings from Jove's heart.
But it's not such a matter we're concerned with today.

Un Bûcheron perdit son gagne-pain,
C'est sa cognée; et la cherchant en vain,
Ce fut pitié là-dessus de l'entendre.
Il n'avait pas des outils à revendre:
Sur celui-ci roulait tout son avoir.
Ne sachant donc où mettre son espoir,
Sa face était de pleurs toute baignée:
"O ma cognée! ô ma pauvre cognée!
S'écriait-il: Jupiter, rends-la-moi;
Je tiendrai l'être encore un coup de toi."
Sa plainte fut de l'Olympe entendue.
Mercure vient. "Elle n'est pas perdue,
Lui dit ce dieu; la connaîtras-tu bien?
Je crois l'avoir près d'ici rencontrée."
Lors une d'or à l'homme étant montrée,
Il répondit: "Je n'y demande rien."
Une d'argent succède à la première,
Il la refuse; enfin une de bois:
"Voilà, dit-il, la mienne cette fois;
Je suis content si j'ai cette dernière.
—Tu les auras, dit le Dieu, toutes trois:
Ta bonne foi sera récompensée.
—En ce cas-là je les prendrai," dit-il.
L'histoire en est aussitôt dispersée;
Et boquillons de perdre leur outil,
Et de crier pour se le faire rendre.
Le roi des Dieux ne sait auquel entendre.
Son fils Mercure aux criards vient encor;
A chacun d'eux il en montre une d'or.
Chacun eût cru passer pour une bête
De ne pas dire aussitôt: "La voilà!"
Mercure, au lieu de donner celle-là,
Leur en décharge un grand coup sur la tête.
Ne point mentir, être content du sien,
C'est le plus sûr: cependant on s'occupe
A dire faux pour attraper du bien.
Que sert cela? Jupiter n'est pas dupe.

A woodman lost the tool of his livelihood,
His axe, seeking it in vain throughout the wood.
A pity it was; his cries did rend the air.
He had no other tools to sell for a spare;
Left, with no axe, at the end of his rope.
Not knowing what to do, where turn for hope,
He soon bathed his face in a torrent of tears:
"My axe! My poor axe I've had for years!"
He cried out. "Jupiter, give it back to me!
My hold on this life depends solely on thee."
Olympus did hear his plaint that day:
Mercury told him, "It's just gone astray.
Will you recognize the one you've lost?
I think I've seen it, off to one side."
Shown an axe of gold, the man replied,
"I don't want it, whatever it may cost."
A second, this one of silver, did appear.
Refused. At last, one made of wood.
"It's mine," he said. "Indeed I would
Be most content with this one right here."
"Accept all three," said the God, "for good.
Your honesty will be repaid this way."
"I'll take them," he said, "if that's the case."
The tale was spread about with no delay.
Did woodmen lose axes all over the place!
To recover them, shed many a tear!
King Jupiter didn't know which one to hear.
Coming to all these whiners in the wold,
His son Mercury showed each an axe of gold.
Each would have thought himself a dunce
Not to say right off, "That one's mine!"
Mercury, rather than bestow one so fine,
Brought it crashing down on their heads at once.
Not to lie, with what one has to be content,
That's the surest way. Yet men go to school
To speak falsely, their gains to augment.
What's the good of it? Jupiter's not a fool.

II
Le Pot de Terre et le Pot de Fer

Le Pot de fer proposa
Au Pot de terre un voyage.
Celui-ci s'en excusa,
Disant qu'il ferait que sage
De garder le coin du feu;
Car il lui fallait si peu,
Si peu, que la moindre chose
De son débris serait cause:
Il n'en reviendrait morceau.
"Pour vous, dit-il, dont la peau
Est plus dure que la mienne,
Je ne vois rien qui vous tienne.
—Nous vous mettrons a couvert,
Repartit le Pot de fer:
Si quelque matière dure
Vous menace d'aventure,
Entre deux je passerai,
Et du coup vous sauverai."
Cette offre le persuade.
Pot de fer son camarade
Se met droit à ses côtés.
Mes gens s'en vont à trois pieds,
Clopin-clopant comme ils peuvent,
L'un contre l'autre jetés
Au moindre hoquet qu'ils treuvent.
Le Pot de terre en souffre; il n'eut pas fait cent pas
Que par son compagnon il fut mis en éclats.
Sans qu'il eût lieu de se plaindre.

Ne nous associons qu'avecque nos égaux,
Ou bien il nous faudra craindre
Le destin d'un de ces Pots.

II
The Clay Pot and the Iron Pot

Pot of Iron once proposed
A voyage to Pot of Clay.
The latter was indisposed:
Said he'd wiser be to stay
Hearthside for safety's sake.
For so little would it take
So little, the merest thing
Would cause his fracturing:
No bit of him would come back.
"Your skin can take a whack;
It's much harder than mine.
So I see nothing to confine
You." "We'll cover your hide,"
The Iron Pot replied.
"If something hard in view
By chance endangers you,
Between you two I'll go
And save you from the blow."
This offer made the case.
Comrade Iron Pot, in place,
Moved over as his guide.
Then off our tripod folk did stride,
Clumping along on each tripod stump,
Flung against each other's side
Each time they met the slightest bump.
The harm was to Pot of Clay: he hadn't gone even a hundred yards
When he found himself smashed by his pal into shards,
Without any reason at all to complain.

With our equals alone let's cast our lots,
Or else we must fear, it's plain,
The fate of one of these Pots.

III
Le Petit Poisson et le Pêcheur

Petit poisson deviendra grand,
Pourvu que Dieu lui prête vie;
Mais le lâcher en attendant,
Je tiens pour moi que c'est folie:
Car de le rattraper il n'est pas trop certain.

Un Carpeau, qui n'était encore que fretin,
Fut pris par un pêcheur au bord d'une rivière.
"Tout fait nombre, dit l'homme en voyant son butin;
Voilà commencement de chère et de festin:
Mettons-le en notre gibecière."
Le pauvre Carpillon lui dit en sa manière:
"Que ferez-vous de moi? je ne saurais fournir
Au plus qu'une demi-bouchée.
Laissez-moi carpe devenir:
Je serai par vous repêchée;
Quelque gros partisan m'achètera bien cher:
Au lieu qu'il vous en faut chercher
Peut-être encor cent de ma taille
Pour faire un plat: quel plat? croyez-moi, rien qui vaille.
—Rien qui vaille? Eh bien! soit, repartit le Pêcheur:
Poisson, mon bel ami, qui faites le prêcheur,
Vous irez dans la poêle; et vous avez beau dire,
Dès ce soir on vous fera frire."

Un Tiens vaut, ce dit-on, mieux que deux Tu l'auras:
L'un est sûr, l'autre ne l'est pas.

III
The Little Fish and the Fisherman

Little fish into big ones will grow,
Provided God their lives does spare.
But to let one in the meantime go
Is sheer folly, I maintain, a snare;
For of catching it again one can hardly be sure.

A little Carp, still far from being mature,
Was taken by a Fisherman, right at a riverside.
"Everything counts," said the man, eyeing his catch.
"Here starts a meal that'll be hard to match:
In our creel let's put it aside."
In its fashion the poor little Carp then cried,
"What will you do with me? I provide, in any wise,
At most one very diminutive bite.
Let me grow to carp full size,
To be caught by you when right
For some rich tax collector, at your price.
Whereas it will take, to be precise,
Of my wee size yet a hundred fish
To fill a plate. Some plate! Trust me, that's a skimpy dish."
"A skimpy dish! Well," the Fisherman said, "so let it be.
Fish, my fine friend, preaching away so fluently,
Into the pan you go. Beg as you will and speechify,
It's this very evening you'll fry."

Better than Two-Later-On, they say, is One-on-the-Spot:
One is certain, the other is not.

IV
Les Oreilles du Lièvre

Un animal cornu blessa de quelques coups
    Le Lion, qui plein de courroux,
    Pour ne plus tomber en la peine,
    Bannit des lieux de son domaine
Toute bête portant des cornes à son front.
Chevres, Béliers, Taureaux aussitôt délogèrent;
    Daims et Cerfs de climat changèrent:
    Chacun à s'en aller fut prompt.
Un Lièvre, apercevant l'ombre de ses oreilles,
    Craignit que quelque inquisiteur
N'allât interpréter à cornes leur longueur,
Ne les soutînt en tout à des cornes pareilles.
"Adieu, voisin Grillon, dit-il, je pars d'ici:
Mes oreilles enfin seraient cornes aussi;
Et quand je les aurais plus courtes qu'une autruche,
Je craindrais même encore." Le Grillon repartit:
  "Cornes cela? Vous me prenez pour cruche;
  Ce sont oreilles que Dieu fit.
  —On les fera passer pour cornes,
Dit l'animal craintif, et cornes de licornes.
J'aurai beau protester; mon dire et mes raisons
    Iront aux Petites-Maisons."

IV
The Hare's Ears

Several thrusts of a horned animal did gore
The Lion who, all angry and sore,
To run no more risk of such pain,
From every place in his domain
Banished each beast that had horns on its head.
Goats, Rams, Bulls at once left home and moved away,
Bucks and Stags changed climes that day:
Off to other lands each of them sped.
Then, made aware of the shadow of his ears, a Hare
Feared that some inquisitor in zeal
Would, from their length, judge them horns for real;
Would maintain that everything defining horns was there.
"Adieu, neighbor Cricket," he said, "I'm leaving here:
That my ears are going to wind up as horns is clear.
And even if those I do possess were no more than minuscule,
Shorter than an ostrich's, I'd fear." Cricket replied,
"Horns, those? You must take me for a fool!
Those are ears that God did provide!"
"The ruling will be that they're horns,"
The timid creature said, "and even horns of unicorns.
However I protest, no matter what I've said and proved,
Off to the Booby Hatch I'll be moved."

V

Le Renard ayant la queue coupée

Un vieux Renard, mais des plus fins,
Grand croqueur de poulets, grand preneur de lapins,
Sentant son renard d'une lieue
Fut enfin au piège attrapé,
Par grand hasard en étant échappé,
Non pas franc, car pour gage il y laissa sa queue;
S'étant, dis-je, sauvé sans queue, et tout honteux,
Pour avoir des pareils (comme il était habile),
Un jour que les Renards tenaient conseil entre eux:
"Que faisons-nous, dit-il, de ce poids inutile,
Et qui va balayant tous les sentiers fangeux?
Que nous sert cette queue? il faut qu'on se la coupe:
Si l'on me croit, chacun s'y résoudra.
—Votre avis est fort bon, dit quelqu'un de la troupe;
Mais tournez-vous, de grâce, et l'on vous répondra."
A ces mots il se fit une telle huée,
Que le pauvre écourté ne put être entendu.
Prétendre ôter la queue eût été temps perdu:
La mode en fut continuée.

V
The Fox with His Tail Cut Off

An aging Fox, but a very clever one,
As chicken gobbler, rabbit hunter second to none,
Renowned for foxiness and flair,
In a trap at last got stuck.
Having worked loose by great luck—
Not scot-free: the price was to leave his tail there—
Saved, I say, and all ashamed that his rear was so bare,
To have company (I said he was a cunning mate),
One day, when Foxes held a council meeting in the vale,
"Why do we retain," he asked, "this useless weight
That sweeps up muck on each muddy path and trail?
What good are our tails? We really ought to cut them back.
Believe me, that's what all of us must do."
"What a very good idea, indeed," said someone from the pack.
"But turn around first, please, and we'll respond to you."
At this such hoots broke out straightway,
The poor croptailed beast could not be heard.
To maintain he'd cut his off was totally absurd;
Tails are in style to this day.

VI
La Vieille et les deux Servantes

Il était une Vieille ayant deux chambrières:
Elles filaient si bien que les soeurs filandières
Ne faisaient que brouiller au prix de celles-ci.
La Vieille n'avait point de plus pressant souci
Que de distribuer aux Servantes leur tâche.
Dès que Téthys chassait Phébus aux crins dorés,
Tourets entraient en jeu, fuseaux étaient tirés;
    Deçà, delà, vous en aurez:
    Point de cesse, point de relâche.
Dès que l'Aurore, dis-je, en son char remontait.
Un misérable Coq à point nommé chantait;
Aussitôt notre Vieille, encor plus misérable,
S'affublait d'un jupon crasseux et détestable,
Allumait une lampe, et courait droit au lit
Où, de tout leur pouvoir, de tout leur appétit,
    Dormaient les deux pauvres Servantes.
L'une entr'ouvrait un oeil, l'autre étendait un bras;
    Et toutes deux, très-malcontentes,
Disaient entre leurs dents: "Maudit Coq, tu mourras!"
Comme elles l'avaient dit, la bête fut grippée:
Le réveille-matin eut la gorge coupée.
Ce meurtre n'amenda nullement leur marché:
Notre couple, au contraire, à peine était couché,
Que la Vieille, craignant de laisser passer l'heure,
Courait comme un lutin par toute sa demeure.
    C'est ainsi que le plus souvent,
Quand on pense sortir d'une mauvaise affaire,
    On s'enfonce encor plus avant:
    Témoin ce couple et son salaire.
La Vieille, au lieu du Coq, les fit tomber par là
    De Charybde en Scylla.

VI
The Old Woman and the Two Servants

There was an Old Woman with two chambermaids.
They spun so well, the Spinning Sisters were jades,
Ruining work next to theirs, were one to compare.
The Old Dame hadn't any other more pressing care
Than assigning her Servants their daily task.
No sooner did Tethys chase blond Phoebus from his bed
Than spinning wheels went 'round, spindles drew thread.
    Back and forth the fingers sped
    With nary a stop; for respite don't ask.
The moment Aurora, I say, launched her chariot's team,
A miserable Cock, to the second, would scream.
At once our Old Woman, even more wretched and mean,
Wrapped up in a loathsome petticoat, far from clean,
Would light a lamp and race to their beds, right
To where, with all their will, with all their might,
    The two poor Servants clung to sleep.
One would stretch out an arm, the other half-open an eye.
    And both of them, vexed enough to weep,
Would mutter between their teeth, "Damned Cock, you'll die!"
As they'd said, the creature was seized in mid-strut.
The alarm clock went off, had its throat cut.
This murder in no way at all did better their lot.
Our couple, on the contrary, barely to sleep had got
When the Old Woman, fearing to let the hour go to waste,
Like a demon would rush through the house in haste.
    Thus it most frequently comes about,
When we think we've pulled free of a foul situation,
    We sink deeper, and don't get out:
    See this pair and their compensation.
The Old Woman cast them, replacing the Cock in the villa,
    From Charybdis onto Scylla.

VII
Le Satyre et le Passant

Au fond d'un antre sauvage
Un Satyre et ses enfants
Allaient manger leur potage,
Et prendre l'écuelle aux dents.

Of les eût vus sur la mousse,
Lui, sa femme, et maint petit:
Ils n'avaient tapis ni housse,
Mais tous fort bon appétit.

Pour se sauver de la pluie,
Entre un Passant morfondu.
Au brouet on le convie:
Il n'était pas attendu.

Son hôte n'eut pas la peine
De le semondre deux fois.
D'abord avec son haleine
Il se réchauffe les doigts.

Puis sur le mets qu'on lui donne,
Délicat, il souffle aussi,
Le Satyre s'en étonne:
"Notre hôte, à quoi bon ceci?

—L'un refroidit mon potage;
L'autre réchauffe ma main.
—Vous pouvez, dit le Sauvage,
Reprendre votre chemin.

Ne plaise aux Dieux que je couche
Avec vous sous même toit!
Arrière ceux dont la bouche
Souffle le chaud et le froid!"

VII
The Satyr and the Passerby

In the depths of a cave in the wood
A Satyr and, likewise, his young,
All set to drink soup that was good,
Were all ready to lift bowls to tongue.

Could one but see them on the moss,
Satyr, wife, many children in sight!
No rugs or drapes; they felt no loss,
But were happy with fine appetite.

A Passerby, soaked right to the skin,
Entered, quite chilled and dejected.
Offering broth, they asked him in.
He hadn't at all been expected.

His host was spared the need,
Of course, to beckon twice.
At once he blew with speed
To warm fingers cold as ice.

Then, when on the broth he'd gazed,
Quite daintily he blew as well.
At this the Satyr was amazed:
"Why all this blowing, pray tell?"

"Now, heat from my soup I've drawn;
At first, I made my hands warm."
"Then you may proceed," said the Faun,
"Back on your way in the storm.

Please God, from sleep may I abstain
With you in this household!
Fie on mouths that don't refrain
From blowing now hot and now cold!"

VIII
Le Cheval et le Loup

Un certain Loup, dans la saison
Que les tièdes zéphyrs ont l'herbe rajeunie,
Et que les animaux quittent tous la maison
Pour s'en aller chercher leur vie:
Un Loup, dis-je, au sortir des rigueurs de l'hiver,
Aperçut un Cheval qu'on avait mis au vert.
Je laisse à penser quelle joie.
"Bonne chasse, dit-il, qui l'aurait à son croc!
Eh! que n'es-tu mouton! car tu me serais hoc,
Au lieu qu'il faut ruser pour avoir cette proie.
Rusons donc." Ainsi dit, il vient à pas comptés;
Se dit écolier d'Hippocrate:
Qu'il connaît les vertus et les propriétés
De tous les simples de ces prés;
Qu'il sait guérir, sans qu'il se flatte,
Toutes sortes de maux. Si dom Coursier voulait
Ne point celer sa maladie,
Lui Loup gratis le guérirait;
Car le voir en cette prairie
Paître ainsi, sans être lié,
Témoignait quelque mal, selon la médecine.
"J'ai, dit la bête chevaline,
Un apostume sous le pied.
—Mon fils, dit le docteur, il n'est point de partie
Susceptible de tant de maux.
J'ai l'honneur de servir Nosseigneurs les Chevaux,
Et fais aussi la chirurgie."
Mon galand ne songeait qu'à bien prendre son temps,
Afin de happer son malade,
L'autre, qui s'en doutait, lui lâche une ruade,
Qui vous lui met en marmelade
Les mandibules et les dents.
"C'est bien fait, dit le Loup en soi-même fort triste;
Chacun à son métier doit toujours s'attacher.
Tu veux faire ici l'arboriste,
Et ne fus jamais que boucher."

VIII
The Horse and the Wolf

A certain Wolf, in that season
When warm zephyrs have renewed the grass,
And animals quit their homes with reason,
To seek the food they can amass,
A Wolf, I say, emerging from winter's harsh days,
Perceived a Horse they'd put out to graze.
I'll let you picture his delight.
"Good bag," he said, "if on my larder hook he'd now hang!
Oh, why aren't you a sheep? You'd soon feel my fang!
Instead of which, I must scheme to nab this prey right.
So let's scheme." This said, he drew near, unhurriedly.
Proclaimed Hippocrates his master:
He knew all the virtues, likewise every property
Of all the simples in this very lea.
Not to boast, no one cured ills any faster:
All ailments. If Dom Courser would just make sure
Not to keep his problem concealed,
The Wolf, gratis, guaranteed a cure.
For, observing him out in the field
Grazing so, and without being tied,
Showed some illness, according to Medicine's teacher.
"I do have," replied the hippic creature,
"An abscess under my hoof on the side."
"My son," said the physician, "the body has no other part
As prone to such infection.
It's my honor to furnish Milords the Horses protection;
I also practice the surgeon's art."
Our deceiver thought he had only to choose time and place
To grab his patient with this trick.
The latter, suspecting as much, lashed out with a kick
That made mincemeat, nice and thick,
Of jaws and teeth and half his face.
"Serves me right," said the Wolf, in anguish at this twist.
"To one's own trade one should always stick fast.
You wanted to play at being herbalist;
As other than butcher you're miscast."

IX
Le Laboureur et ses Enfants

Travaillez, prenez de la peine:
C'est le fonds qui manque le moins.

Un riche Laboureur, sentant sa mort prochaine,
Fit venir ses Enfants, leur parla sans témoins.
"Gardez-vous, leur dit-il, de vendre l'héritage
Que nous ont laissé nos parents:
Un trésor est caché dedans.
Je ne sais pas l'endroit; mais un peu de courage
Vous le fera trouver: vous en viendrez à bout.
Remuez votre champ dès qu'on aura fait l'oût:
Creusez, fouillez, hêchez; ne laissez nulle place
Où la main ne passe et repasse."
Le Père mort, les Fils vous retournent le champ,
Deçà, delà, partout: si bien qu'au bout de l'an
Il en rapporta davantage.
D'argent point de caché. Mais le père fut sage
De leur montrer, avant sa mort,
Que le travail est un trésor.

X
La Montagne qui accouche

Une Montagne en mal d'enfant
Jetait une clameur si haute,
Que chacun, au bruit accourant,
Crut qu'elle accoucherait sans faute
D'une cité plus grosse que Paris:
Elle accoucha d'une Souris.

Quand je songe à cette fable,
Dont le récit est menteur

IX
The Farmer and His Sons

Take pains; perform your labor:
It's the capital least apt to fail.

A rich Farmer, sure that death was now his neighbor,
Summoned his Sons, spoke to them privately in detail.
"Be sure to retain the estate," he said. "Don't sell.
In it, buried by our sires with care,
A treasure is hidden somewhere.
I don't know the spot, but a little devotion will tell
You its location. Search it out; you all will win.
Plow up your field as soon as the harvest is in;
Dig, spade, hoe. Leave no place at all, in this domain,
Unsearched by hand, again and again."
Father dead, Sons turned the field over, far and near;
Here, there, everywhere. So well that at end of year
A richer yield was their prize.
No money was hidden but, before dying, father was wise
To show them, in ample measure,
That working is the treasure.

X
The Mountain Giving Birth

A Mountain straining in labor
Uttered such a piercing cry
That, rushing up, each neighbor
Thought she'd deliver, up to the sky,
A city greater than Paris therefore.
A Mouse is what she bore.

When I think of this fable anew
(The tale is false, although

Et le sens véritable,
Je me figure un auteur
Qui dit: "je chanterai la guerre
Que firent les Titans au maître du tonnerre."
C'est promettre beaucoup: mais qu'en sort-il souvent?
Du vent.

XI
La Fortune et le jeune Enfant

Sur le bord d'un puits très-profond
Dormait, étendu de son long,
Un Enfant alors dans ses classes.
Tout est aux écoliers couchette et matelas.
Un honnête homme, en pareil cas,
Aurait fait un saut de vingt brasses.
Près de là tout heureusement
La Fortune passa, l'éveilla doucement,
Lui disant; "Mon mignon, je vous sauve la vie;
Soyez une autre fois plus sage, je vous prie.
Si vous fussiez tombé, l'on s'en fût pris à moi;
Cependant c'était votre faute.
Je vous demande, en bonne foi,
Si cette imprudence si haute
Provient de mon caprice." Elle part à ces mots.

Pour moi, j'approuve son propos.
Il n'arrive rien dans le monde
Qu'il ne faille qu'elle en réponde.
Nous la faisons de tous écots;
Elle est prise à garant de toutes aventures.
Est-on sot, étourdi, prend-on mal ses mesures;
On pense en être quitte en accusant son sort:
Bref, la Fortune a toujours tort.

The sense of it is true),
I picture an author I know
Who said, "I'll now sing of that war
The Titans waged, to the master of thunder's door."
That's promising a lot, but what often comes out of there?
Hot air.

XI
Fortune and the Boy

Just on the rim of a well that was deep,
Stretched out and fast asleep
In a dream, a teen-age Student lay.
To a Schoolboy anything's a mattress, or a bed.
A wise man in like case, instead,
Would have jumped some twenty feet away.
This Scholar's good luck was such
That Fortune, passing, woke him with a touch.
To him she said, "I'm saving your life now, my dear.
Please be wiser next time than you are right here.
Had you fallen in, they'd have placed the blame on me.
The mistake was yours, however.
Now I ask you in all sincerity
If such great imprudence ever
Was caused by my caprice." Whereupon she went away.

I fully approve of what she did say:
There's nothing on earth, we claim,
For which she doesn't suffer the blame.
We all send her the bills every day;
She's the one responsible for all our displeasures.
If we act the fool, heedlessly, take faulty measures,
We think we're quits by accusing our fate all along.
Fortune, in short, is ever in the wrong.

XII
Les Médecins

Le médecin Tant-pis allait voir un malade
Que visitait aussi son confrère Tant-mieux.
Ce dernier espérait, quoique son camarade
Soutînt que le gisant irait voir ses aïeux.
Tous deux s'étant trouvés différents pour la cure,
Leur malade paya le tribut à la nature,
Après qu'en ses conseils Tant-pis eut été cru.
Ils triomphaient encor sur cette maladie.
L'un disait: "Il est mort; je l'avais bien prévu.
—S'il m'eût cru, disait l'autre, il serait plein de vie."

XIII
La Poule aux oeufs d'or

L'avarice perd tout en voulant tout gagner.
    Je ne veux, pour le témoigner,
Que celui dont la Poule, à ce que dit la fable,
    Pondait tous les jours un oeuf d'or.
Il crut que dans son corps elle avait un trésor:
Il la tua, l'ouvrit, et la trouva semblable
A celles dont les oeufs ne lui rapportaient rien,
S'étant lui-même ôté le plus beau de son bien.

    Belle leçon pour les gens chiches!
Pendant ces derniers temps, combien en a-t-on vus
Qui du soir au matin sont pauvres devenus,
    Pour vouloir trop tôt être riches!

XII
The Doctors

Dr. It's-Bad was ministering to an ailing man,
Who received treatment from Dr. It's-Better also.
He had good hopes, though his fellow charlatan
Held that to his forebears the invalid would go.
So, with two different treatments thus set for his cure,
The patient's last tribute to nature was sure,
When he heeded advice of It's-Bad as his only guide.
Both of them came out ahead, in such a malady:
One said, "He's dead; that's just what I'd prophesied."
The other, "He'd be alive and kicking, had he listened to me."

XIII
The Hen with the Golden Eggs

Greed, making us want it all, loses us everything.
  The sole witness that I have to bring,
As the fable has it, is the one stupid man whose Hen,
  Each day, laid for him an egg of gold.
Quite sure that in her body she held treasures untold,
He killed and opened her up, and found her then
Just like the Hens whose eggs awarded him no riches.
He'd destroyed his own wealth through his itches.

  For the greedy the lesson's a boon:
Lately, how many have we seen, to their utter dismay,
Who've made themselves paupers just in a day
  By straining to get rich too soon!

XIV
L'Ane portant des reliques

Un Baudet chargé de reliques
S'imagina qu'on l'adorait:
Dans ce penser il se carrait,
Recevant comme siens l'encens et les cantiques.
Quelqu'un vit l'erreur, et lui dit:
"Maître Baudet, ôtez-vous de l'esprit
Une vanité si folle.
Ce n'est pas vous, c'est l'idole,
A qui cet honneur se rend,
Et que la gloire en est due."

D'un magistrat ignorant
C'est la robe qu'on salue.

XV
Le Cerf et la vigne

Un Cerf, à la faveur d'une vigne fort haute,
Et telle qu'on en voit en de certain climats,
S'étant mis à couvert et sauvé du trépas,
Les veneurs, pour coup, croyaient leurs chiens en faute;
Ils les rappellent donc. Le Cerf, hors de danger,
Broute sa bienfaitrice: ingratitude extrême!
On l'entend, on retourne, on le fait déloger:
Il vient mourir en ce lieu même.
"J'ai mérité, dit-il, ce juste châtiment:
Profitez-en, ingrats." Il tombe en ce moment.
La meute en fait curée: il lui fut inutile
De pleurer aux veneurs à sa mort arrivés.

Vraie image de ceux qui profanent l'asile
Qui les a conservés.

XIV
The Ass Carrying Relics

With a fine load of relics, an Ass
Felt himself loved by the crowd.
Thus deluded he strutted, so proud:
His the incense, the praise, and the hymns en masse.
Seeing this, somebody said to the fool,
"Just you cast from your mind, Master Mule,
The vanity blurring your view.
It's the statue, you see, and not you,
Whom all do honor on this date,
And whose name is glorified here."

Worn by a witless magistrate,
His robe is what people revere.

XV
The Stag and the Vine

A Stag, obliged by a vine grown high as a vault,
And the kind one observes in some types of clime,
Was saved, sheltered from death for a time,
When the hunters then thought all their hounds were at fault:
They called them back. The Stag, with danger now over,
Browsed on his savior, ingratitude beyond compare!
They heard him, came back, made him run from cover,
And then return to die right there.
"I deserve it," he said. "My penalty is just.
Ingrates, profit from this." He fell in the dust.
The pack seized its spoils. Nor was it any use
Weeping to hunters at the kill in supplication.

True picture of those who do profane and abuse
A refuge giving salvation.

XVI
Le Serpent et la Lime

On conte qu'un Serpent, voisin d'un Horloger
(C'était pour l'Horloger un mauvais voisinage),
Entra dans sa boutique, et cherchant à manger,
N'y rencontra pour tout potage
Qu'une Lime d'acier, qu'il se mit à ronger.
Cette Lime lui dit, sans se mettre en colère:
"Pauvre ignorant! et que prétends-tu faire?
Tu te prends à plus dur que toi.
Petit Serpent à tête folle,
Plutôt que d'emporter de moi
Seulement le quart d'une obole,
Tu te romprais toutes les dents.
Je ne crains que celles du temps."

Ceci s'adresse à vous, esprits du dernier ordre
Qui, n'étant bons à rien, cherchez sur tout à mordre.
Vous vous tourmentez vainement.
Croyez-vous que vos dents impriment leurs outrages
Sur tant de beaux ouvrages?
Ils sont pour vous d'airain, d'acier, de diamant.

XVII
Le Lièvre et la Perdrix

Il ne se faut jamais moquer des misérables:
Car qui peut s'assurer d'être toujours heureux?
Le sage Esope dans ses fables
Nous en donne un exemple ou deux.
Celui qu'en ces vers je propose,
Et les siens, ce sont même chose.

XVI
The Snake and the File

A Watchmaker's neighbor, they say, a Snake without awe
(For the Watchmaker this neighborhood was not very good)
Got into his shop, while out seeking to fill up its maw,
    But found nothing there for food
Except a steel File, on which it began to gnaw.
This File said to it, without at all getting sore,
  "Poor ignoramus! What are you trying that for?
    You've taken on what's tougher than you.
    Wee Snake with head on folly bent,
    Before out of me you could ever chew
    Any little bit worth even half a cent,
    You'd snap both your fangs, it's clear.
    Only those of time do I in any way fear."

Talentless minds, it's you I address outright.
Good for nothing at all, you seek exclusively to bite.
    You strain yourselves in fruitless zeal:
Do you think your outrageous teeth can mark any part
      Of so many fine works of art?
Confronting you, they're bronze, diamond, and steel.

XVII
The Hare and the Partridge

One ought never to poke fun at the unfortunate,
For who on having an ever fortunate fate can count?
    In his fables wise Aesop does relate
    An example or two, which I could recount.
    The one that to these lines I now bring
    And his, are just one and the same thing.

Le Lièvre et la Perdrix, concitoyens d'un champ,
Vivaient dans un état, ce semble, assez tranquille,
Quand une meute s'approchant
Oblige le premier à chercher un asile:
Il s'enfuit dans son fort, met les chiens en défaut,
Sans même en excepter Brifaut.
Enfin il se trahit lui-même
Par les esprits sortants de son corps échauffé.
Miraut, sur leur odeur ayant philosophé,
Conclut que c'est son Lièvre, et d'une ardeur extrême
Il le pousse; et Rustaut, qui n'a jamais menti,
Dit que le Lièvre est reparti.
Le pauvre malheureux vient mourir à son gîte.
La Perdrix le raille, et lui dit:
"Tu te vantais d'être si vite!
Qu'as-tu fait de tes pieds?" Au moment qu'elle rit,
Son tour vient; on la trouve. Elle croit que ses ailes
La sauront garantir à toute extrémité;
Mais la pauvrette avait compté
Sans l'autour aux serres cruelles.

XVIII
L'Aigle et le Hibou

L'Aigle et le Chat-huant leurs querelles cessèrent,
Et firent tant qu'ils s'embrassèrent.
L'un jura foi de roi, l'autre foi de hibou,
Qu'ils ne se goberaient leurs petits peu ni prou.
"Connaissez-vous les miens? dit l'oiseau de Minerve.
—Non, dit l'Aigle. —Tant pis, reprit le triste Oiseau:
Je crains en ce cas pour leur peau;
C'est hasard si je les conserve.

Co-tenants of a field, the Partridge and the Hare
Were living, so it seems, in a rather tranquil state
When a hunting pack, arriving there,
Made the latter, in search of asylum, vacate
His spot. He fled to his thicket, put the dogs at fault,
Not even excepting Brifaut;
Finally gave himself away
With the vapors that his overheated body did secrete.
Once Miraut's ideas on their odor were complete,
He deduced they were his Hare's, and with great ardor for the fray
He flushed him out; and Rustaut, who's never told it wrong,
Said the Hare was off again, headlong.
The poor unhappy beast rushed back to his form to die.
The Partridge mockingly shouted after,
"Your boasts of speed rose on high!
What have you done with your feet?" Right with her laughter
Her turn came; she was discovered. She thought she had no cause
For alarm: her wings would protect against danger.
Poor bird, she'd not counted on a stranger,
The goshawk up above, with his merciless claws.

XVIII
The Eagle and the Owl

The Eagle and the Screech Owl stopped warring for space;
Went so far, in fact, as to embrace.
One vowed as a king, the other as an owl too:
Not to eat each other's young, neither many nor few.
Said Minerva's bird, "Are you at all familiar with mine?"
"No," the Eagle replied. "Alas," said their sad next of kin,
"In that case I do fear for their skin;
I'll be lucky to keep them, I opine.

Comme vous êtes roi, vous ne considérez
Qui ni quoi: rois et dieux mettent, quoi qu'on leur die,
Tout en même catégorie.
Adieu mes nourrissons, si vous les rencontrez.
—Peignez-les-moi, dit l'Aigle, ou bien me les montrez;
Je n'y toucherai de ma vie."
Le Hibou repartit: "Mes petits sont mignons,
Beaux, bien faits, et jolis sur tous leurs compagnons:
Vous les reconnaîtrez sans peine à cette marque.
N'allez pas l'oublier; retenez-la si bien
Que chez moi la maudite Parque
N'entre point par votre moyen."
Il avint qu'au Hibou Dieu donna géniture:
De façon qu'un beau soir qu'il était en pâture,
Notre Aigle aperçut d'aventure,
Dans les coins d'une roche dure,
Ou dans les trous d'une masure
(Je ne sais pas lequel des deux),
De petits monstres fort hideux,
Rechignés, un air triste, une voix de Mégère.
"Ces enfants ne sont pas, dit l'Aigle, à notre ami.
Croquons-les." Le galand n'en fit pas à demi:
Ses repas ne sont pas repas à la légère.
Le Hibou, de retour, ne trouve que les pieds
De ses chers nourrissons, hélas! pour toute chose.
Il se plaint; et les Dieux sont par lui suppliés
De punir le brigand qui de son deuil est cause.
Quelqu'un lui dit alors: "N'en accuse que toi,
Ou plutôt la commune loi
Qui veut qu'on trouve son semblable
Beau, bien fait, et sur tous aimable.
Tu fis de tes enfants à l'Aigle ce portrait:
En avaient-ils le moindre trait?"

Being a king, you don't distinguish between
Tom, Dick, and Harry: kings and gods, whatever they're told,
Lump all together, in one mold.
Farewell my nestlings, if by you they're ever seen."
"Depict them," the Eagle said, "or show me them in your demesne.
While I'm alive they'll grow old."
The Owl replied, "Sweet darlings my young ones are:
Fair, well formed, than all their fellows more lovable by far.
You'll have no trouble knowing them by this very trait.
Don't forget it. Remember, making sure you do,
So at my dwelling the cursèd Fate
Does not show up by means of you."
It came about that God gave young to the Owl.
So that one fine eve, when he was out on the prowl,
Our Eagle happened to see by chance,
In the crannies of a cliff's expanse,
Or some holes in a ruined old manse
(I don't really know which of the two),
Little monsters, indeed an ugly view:
Sad looking, sullen; small Furies, with voices as shrill.
"These young," said the Eagle, "aren't our friend's, I must say.
Let's munch on them." The scoundrel did not stop halfway:
Eagle's don't nibble; they always gobble their fill.
Once back at her nest, all the Owl could find was the feet
Of her dear nestlings, alas, for her in great sorrow to mourn.
She screeched out her grief, flew off to the Gods, to entreat
Them to punish the brigand who'd made her sad and forlorn.
Someone then said to her, "You've only yourself to blame,
Or the law, for all the same,
That we judge only sisters and brothers
Fair, well made, lovable over all others.
To Eagle you painted your young as fair creatures.
Had they, at all, any such features?"

XIX
Le Lion s'en allant en guerre

Le Lion dans sa tête avait une entreprise.
Il tint conseil de guerre, envoya ses prévôts,
    Fit avertir les animaux.
Tous furent du dessein, chacun selon sa guise:
    L'Eléphant devait sur son dos
    Porter l'attirail nécessaire,
    Et combattre à son ordinaire;
    L'Ours, s'apprêter pour les assauts;
Le Renard, ménager de secrètes pratiques;
Et le Singe, amuser l'ennemi par ses tours.
"Renvoyez, dit quelqu'un, les Anes, qui sont lourds,
Et les Lièvres, sujets à des terreurs paniques.
—Point du tout, dit le Roi, je les veux employer:
Notre troupe sans eux ne serait pas complète.
L'Ane effraiera les gens, nous servant de trompette;
Et le Lièvre pourra nous servir de courrier."

    Le monarque prudent et sage
De ses moindres sujets sait tirer quelque usage,
    Et connaît les divers talents.
Il n'est rien d'inutile aux personnes de sens.

XX
L'Ours et les deux Compagnons

    Deux Compagnons, pressés d'argent,
    A leur voisin fourreur vendirent
    La peau d'un Ours encor vivant,
Mais qu'ils tueraient bientôt, du moins à ce qu'ils dirent.
C'était le roi des ours au compte de ces gens.
Le marchand à sa peau devait faire fortune;

XIX
The Lion Going Off to War

The Lion, who had a certain enterprise in mind,
Held a war council, sent his provosts far and wide,
Had the animals notified.
All were in the plan, each to proper role assigned:
The Elephant would carry on his back
All the equipment, heavy and light,
And would fight his habitual fight;
The Bear prepare himself for each attack.
The Fox would handle each crafty, secret plot,
And the Monkey divert the foe with many a trick.
Someone said, "Send back the Asses, who simply aren't quick,
And the Hares, subject to panic and terror on the spot."
"Not at all," said the King. "I intend to use them there.
Our troop without them would certainly not be whole.
The Ass will frighten folk by playing the trumpeter's role,
And our courier service can be seen to by the Hare."

The king who is prudent and wise,
Of his most humble subjects knows just how to utilize
What their various talents produce.
To persons of sense there's nothing without any use.

XX
The Bear and the Two Pals

Two Pals, with a need of money hard to match,
To their neighbor, the furrier, made a sale
Of the skin of a bear they'd yet to catch,
But which they'd very soon kill, at least according to their tale.
He was the king of bears, that was this pair's claim.
The merchant who got his skin had his fortune won:

Elle garantirait des froids les plus cuisants:
On en pourrait fourrer plutôt deux robes qu'une.
Dindenaut prisait moins ses moutons qu'eux leur Ours:
Leur, à leur compte, et non à celui de la bête.
S'offrant de la livrer au plus tard dans deux jours,
Ils conviennent de prix, et se mettent en quête,
Trouvent l'Ours qui s'avance et vient vers eux au trot.
Voilà mes gens frappés comme d'un coup de foudre.
Le marché ne tint pas; il fallut le résoudre:
D'intérêts contre l'Ours, on n'en dit pas un mot.
L'un des deux Compagnons grimpe au faîte d'un arbre;
        L'autre, plus froid que n'est un marbre,
Se couche sur le nez, fait le mort, tient son vent,
        Ayant quelque part ouï dire
        Que l'ours s'acharne peu souvent
Sur un corps qui ne vit, ne meut, ni ne respire.
Seigneur Ours, comme un sot, donna dans ce panneau:
Il voit ce corps gisant, le croit privé de vie;
        Et de peur de supercherie,
Le tourne, le retourne, approche son museau,
        Flaire aux passages de l'haleine.
"C'est, dit-il, un cadavre; ôtons-nous, car il sent."
A ces mots, l'Ours s'en va dans la forêt prochaine.
L'un de nos deux marchands de son arbre descend,
Court à son compagnon, lui dit que c'est merveille
Qu'il n'ait eu seulement que la peur pour tout mal.
"Eh bien! ajouta-t-il, la peau de l'animal?
        Mais que t'a-t-il dit à l'oreille?
        Car il s'approchait de bien près,
        Te retournant avec sa serre.
        —Il m'a dit qu'il ne faut jamais
Vendre la peau de l'ours qu'on ne l'ait mis par terre."

It would protect against the sharpest cold that came,
Yield enough fur for two garments rather than just one.
Dindenaut's sheep were less prized than their bear by the two.
Theirs in their view; in the creature's not in the least.
Their offer: within two days, at most, delivery would ensue.
They agreed on a price, set out in search of the beast;
Found the Bear, who trotted toward them with a speedy tread.
There our two men stood as though struck by lightning.
The deal failed, done so fast it was frightening;
Of any claims against the Bear not a single word was said.
One of the two Pals straight to the top of a tree did climb.
    The other, colder than some marble bust, meantime
Fell right on his face, held his breath, a dead man's play.
    He'd heard tell somewhere or other
    That bears, when attacking their prey,
With bodies that don't live, move, or breathe, rarely bother.
Lord Bear, just like any dunce, blundered right into this snare:
Saw this body lying there, thought it just a lifeless clod.
    But, lest this be a case of fraud,
He turned it over and over, poked his muzzle everywhere,
    Sniffed at all its orifices, front and rear.
"It's a corpse," he said, "let's leave: its stench is all around."
With these words, into the nearby forest the Bear did disappear.
The merchant up the tree then climbed down to the ground,
Ran to his companion, told him a miracle had saved the day,
That by way of harm all he'd had was a fright from the foe.
"Well, now," he added, "where did that bearskin go?
    And, when he whispered, what did he say?
    For he bent down so close to your head,
    And his paw turned you over there."
    "He informed me that, unless it was dead
And down on the ground, one should never sell the skin of a bear."

XXI
L'Ane vêtu de la peau du Lion

De la peau du Lion l'Ane s'étant vêtu,
Etait craint partout à la ronde;
Et bien qu'animal sans vertu,
Il faisait trembler tout le monde.
Un petit bout d'oreille échappé par malheur
Découvrit la fourbe et l'erreur:
Martin fit alors son office.
Ceux qui ne savaient pas la ruse et la malice
S'étonnaient de voir que Martin
Chassât les lions au moulin.

Force gens font du bruit en France,
Par qui cet apologue est rendu familier.
Un équipage cavalier
Fait les trois quarts de leur vaillance.

XXI
The Ass Wearing the Lion's Skin

In a Lion's skin that fitted like a glove,
    The Ass scared everybody in sight:
    A beast no fiercer than a dove
    Made all quake and tremble in fright.
Bad luck: a bit of ear sticking out of this fake
    Revealed both deceit and mistake,
    So to work went Martin Stick.
Those unaware of the mischief and of the sly trick
    Were surprised to see Martin's skill
    At chasing lions off to the mill.

    Noise is made in France by many folk
Through whom this apologue is widely known.
    The lordly outfits they own
    Don't quite make up for their being a joke.

BOOK SIX

VI

LIVRE SIXIEME

I et II
Le Pâtre et le Lion
Le Lion et le Chasseur

Les fables ne sont pas ce qu'elles semblent être;
Le plus simple animal nous y tient lieu de maître.
Une morale nue apporte de l'ennui:
Le conte fait passer le précepte avec lui.
En ces sortes de feinte il faut instruire et plaire,
Et conter pour conter me semble peu d'affaire.
C'est par cette raison qu'égayant leur esprit,
Nombre de gens fameux en ce genre ont écrit.
Tous ont fui l'ornement et le trop d'étendue:
On ne voit point chez eux de parole perdue.
Phèdre était si succinct qu'aucuns l'en ont blâmé;
Esope en moins de mots s'est encore exprimé.
Mais sur tous certain Grec renchérit, et se pique
    D'une élégance laconique;
Il renferme toujours son conte en quatre vers:
Bien ou mal, je le laisse à juger aux experts.
Voyons-le avec Ésope en un sujet semblable:
L'un amène un chasseur, l'autre un pâtre, en sa fable.
J'ai suivi leur projet quant à l'événement,
Y cousant en chemin quelque trait seulement.
Voici comme à peu près Ésope le raconte:

Un Pâtre, à ses brebis trouvant quelque méconte,
Voulut à toute force attraper le larron.
Il s'en va près d'un antre, et tend à l'environ
Des lacs à prendre loups, soupconnant cette engeance.
    "Avant que partir de ces lieux,
Si tu fais, disait-il, ô monarque des Dieux,
Que le drôle à ces lacs se prenne en ma présence,
    Et que je goûte ce plaisir,
    Parmi vingt veaux je veux choisir
    Le plus gras, et t'en faire offrande."

I and II
The Shepherd and the Lion
The Lion and the Hunter

Fables have more than what they seem to feature.
In them the simplest beast will serve as a teacher.
A bare moral lesson does little but bore;
It's in stories we'll swallow precepts galore.
But fictions like this must edify, not merely beguile.
Tales for the telling don't seem to me worthwhile.
So, to their ideas adding brightness and pleasure,
Many authors of note saw the form as a treasure.
All have shunned ornamentation, refused to expound:
Words in their works are never thrown around.
Some have criticized Phaedrus, for being so concise;
Briefer expression still was Aesop's device.
But one Greek outdid them all, giving pride of place
    Uniquely to laconic grace:
His tales in four compact lines he always versified,
Whether well or badly I let those who know decide.
Let's look at him and Aesop in a comparable case:
One brings in a shepherd, one presents a lover of the chase.
From neither's anecdote have I gone astray,
Just tacked on a twist or two along the way.
Here more or less is the tale Aesop told.

A Shepherd, finding short count of sheep in his fold,
Decided, willy-nilly, to catch the robber out.
He went off to a nearby cave where, all 'round about,
Suspecting the race of wolves, he set snares in disguise.
    "If before I depart from this spot,
O King of the Gods," he said, "you favor my lot
By having the scoundrel ensnared before my very eyes,
    And I can savor that delight,
    I'll pick the plumpest one in sight
    Of twenty calves to go as your bequest."

A ces mots, sort de l'antre un Lion grand et fort;
Le Pâtre se tapit, et dit, à demi mort:
"Que l'homme ne sait guère, hélas! ce qu'il demande!
Pour trouver le larron qui détruit mon troupeau
Et le voir en ces lacs pris avant que je parte,
O monarque des Dieux, je t'ai promis un veau:
Je te promets un boeuf si tu fais qu'il s'écarte."

C'est ainsi que l'a dit le principal auteur:
    Passons à son imitateur.

    Un fanfaron, amateur de la chasse,
    Venant de perdre un chien de bonne race,
    Qu'il soupçonnait dans le corps d'un Lion,
    Vit un berger: "Enseigne-moi, de grâce,
    De mon voleur, lui dit-il, la maison,
    Que de ce pas je me fasse raison."
    Le Berger dit: "C'est vers cette montagne.
    En lui payant de tribut un mouton
    Par chaque mois, j'erre dans la campagne
    Comme il me plaît, et je suis en repos."
    Dans le moment qu'ils tenaient ces propos,
    Le Lion sort, et vient d'un pas agile.
    Le fanfaron aussitôt d'esquiver:
    "O Jupiter, montre-moi quelque asile,
    S'écria-t-il, qui me puisse sauver!"

      La vraie épreuve de courage
N'est que dans le danger que l'on touche du doigt:
Tel le cherchait, dit-il, qui, changeant de langage,
        S'enfuit aussitôt qu'il le voit.

At these words a large, powerful Lion, with stately tread
Left the den; the Shepherd hid and said, half-dead
With fright, "Little man knows, alas, what he does request!
To discover the thief who's destroyed my flock by half,
And see him taken in this net before I left from here,
O King of the Gods, I did indeed promise you a calf.
I now swear you'll have an ox if you make him disappear!"

That's how it was put by the author of the text.
Let's go to his imitator next.

A braggart, devotee of the chase,
Had just lost a dog of purebred race,
Now become, he surmised, a Lion's fare.
"Pray," he said at a shepherd's place,
"Show me the site of my thief's repair
So I'll now right this wrong for fair."
"Near that mountain," the Shepherd said.
"Bringing a sheep a month to his lair,
I move about the country without dread
As I please, in peace and prosperous."
While they were still conversing thus,
The Lion came out, right to them ran.
Boaster then took off and fled.
"O Jupiter, find me asylum if you can,"
He cried, "so I can salvage my head!"

Proof of valor, found soon,
Lies only in danger one touches with one's finger.
Some search for it, he said, who change their tune
On seeing it, and do not linger.

III
Phébus et Borée

Borée et le Soleil virent un voyageur
    Qui s'était muni par bonheur
Contre le mauvais temps. On entrait dans l'automne,
Quand la précaution aux voyageurs est bonne:
Il pleut, le soleil luit, et l'écharpe d'Iris
    Rend ceux qui sortent avertis
Qu'en ces mois le manteau leur est fort nécessaire;
Les Latins les nommaient douteux, pour cette affaire.
Notre homme s'était donc à la pluie attendu:
Bon manteau bien doublé, bonne étoffe bien forte.
"Celui-ci, dit le Vent, prétend avoir pourvu
A tous les accidents; mais il n'a pas prévu
    Que je saurai souffler de sorte
Qu'il n'est bouton qui tienne; il faudra, si je veux,
    Que le manteau s'en aille au diable.
L'ébattement pourrait nous en être agréable:
Vous plaît-il de l'avoir?—Eh bien, gageons nous deux,
    Dit Phébus, sans tant de paroles,
A qui plus tôt aura dégarni les épaules
    Du Cavalier que nous voyons.
Commencez: je vous laisse obscurcir mes rayons."
Il n'en fallut pas plus. Notre souffleur à gage
Se gorge de vapeurs, s'enfle comme un ballon,
    Fait un vacarme de démon,
Siffle, souffle, tempête, et brise, en son passage,
Maint toit qui n'en peut mais, fait périr maint bateau,
    Le tout au sujet d'un manteau.
Le Cavalier eut soin d'empêcher que l'orage
    Ne se pût engouffrer dedans;
Cela le préserva. Le Vent perdit son temps:
Plus il se tourmentait, plus l'autre tenait ferme;
Il eut beau faire agir le collet et les plis.
    Sitôt qu'il fut au bout du terme
    Qu'à laggageure on avait mis,
    Le Soleil dissipe la nue,

III
Phoebus and Boreas

Boreas and the Sun saw a traveler on a trip,
Who'd had the foresight to equip
Himself for inclement weather. Autumn was there at hand,
When precautions are wise for riders in the land:
It rains, the sun shines, and the mantle now worn
By Iris is a positive sign, to warn
Those going out and about they need coats in this season.
The Romans called all these months unsure, for that reason.
So against expected rain our man was fortified
With a good coat: well lined, heavy cloth that was good.
"This fellow," said the Wind, "thinks he did provide
Against all accidents, but in illusion he does ride.
He's not foreseen that easily I could
Blow so no button of his will hold: his coat, if I want it to,
Must go on down to clothe the evil one.
Such a diversion for us might well be rather fun.
Do you agree?" "All right," said Phoebus. "Let's bet, we two,
Without all these words in the air,
On who can sooner strip the shoulders bare
Of the Rider beneath our gaze.
You begin. I'll allow you to cover up my rays."
No more was needed. Our Blower, to win the stake,
Filled with clouds, swelled just like a balloon,
Produced a hellish din and tune,
Hissed, blew, stormed; and broke, left sadly in his wake,
Many a roof that couldn't hold; wrecked and sank many a boat.
All of this on account of a coat.
The Rider took pains not to let the storm break
Into the cloak and thus prevail.
This saved him; time was wasted by Boreas's gale:
The more he chafed and stormed, the more the man held firm.
He tugged and pulled at collar and folds, all in vain.
As soon as he'd blown past the term
Set for the wager by the twain,
Sky was cleared by the Sun,

Récrée, et puis pénètre enfin le Cavalier,
Sous son balandras fait qu'il sue,
Le contraint de s'en dépouiller:
Encor n'usa-t-il pas de toute sa puissance.
Plus fait douceur que violence.

IV
Jupiter et le Metayer

Jupiter eut jadis une ferme à donner.
Mercure en fit l'annonce, et gens se présentèrent,
Firent des offres, écoutèrent:
Ce ne fut pas sans bien tourner;
L'un alléguait que l'héritage
Etait frayant et rude, et l'autre un autre si.
Pendant qu'ils marchandaient ainsi,
Un d'eux, le plus hardi, mais non pas le plus sage,
Promit d'en rendre tant, pourvu que Jupiter
Le laissât disposer de l'air,
Lui donnât saison à sa guise,
Qu'il eût du chaud, du froid, du beau temps, de la bise,
Enfin du sec et du mouillé,
Aussitôt qu'il aurait bâillé.
Jupiter y consent. Contrat passé; notre homme
Tranche du roi des airs, pleut, vente, et fait en somme
Un climat pour lui seul: ses plus proches voisins
Ne s'en sentaient non plus que les Américains.
Ce fut leur avantage: ils eurent bonne année,
Pleine moisson, pleine vinée.
Monsieur le Receveur fut très-mal partagé.
L'an suivant, voilà tout changé:
Il ajuste d'une autre sorte

Who dried the Rider and warmed him all through;
    Under his greatcoat made the sweat run,
    Obliged him to strip it off too.
With it all, of his full strength he made no use.
    Mildness works better than abuse.

IV
Jupiter and the Tenant Farmer

Jupiter had a farm he wished to rent out.
Mercury announced it and folks went there, to present
    Offers, learn what this deal meant.
    Not without hemming and hawing about:
    One claimed costs for such a prize
Were high; stony land; and ifs, and buts, and fuss.
    In the midst of their haggling thus,
One, boldest of them all, though far from the most wise,
Guaranteed yields of so much, on this one condition:
    That Jupiter give him the disposition
    Of the weather: seasons as he saw fit;
Just as he wished—hot, cold, fair, foul—he might have it.
    In short, either damp or dry
    With a yawn or blink of an eye.
Jove nods, pact's approved: our weatherman-in-chief
Now plays atmosphere's king, makes wind and rain. In brief,
A climate just for himself. His neighbors were affected
By it no more than America, which stayed protected.
It was in fact their gain; their harvest was fine:
    Bumper crop and yield of the vine.
Not so our Gentleman Farmer: he had empty granges.
    Next year he made all kinds of changes,
    Went to other pains and trouble

La température des cieux.
Son champ ne s'en trouve pas mieux;
Celui de ses voisins fructifie et rapporte.
Que fait-il? Il recourt au monarque des Dieux,
Il confesse son imprudence.
Jupiter en usa comme un maître fort doux.

Concluons que la Providence
Sait ce qu'il nous faut mieux que nous.

V
Le Cochet, le Chat, et le Souriceau

Un Souriceau tout jeune, et qui n'avait rien vu,
Fut presque pris au dépourvu.
Voici comme il conta l'aventure à sa mère:
"J'avais franchi les monts qui bornent cet État,
Et trottais comme un jeune rat
Qui cherche à se donner carrière,
Lorsque deux animaux m'ont arrêté les yeux:
L'un doux, bénin, et grâcieux,
Et l'autre turbulent et plein d'inquiétude;
Il a la voix perçante et rude,
Sur la tête un morceau de chair,
Une sorte de bras dont il s'élève en l'air
Comme pour prendre sa volée,
La queue en panache étalée."
Or c'était un Cochet dont notre Souriceau
Fit à sa mère le tableau,
Comme d'un animal venu de l'Amérique.

To be the weather's autocrat.
His field did no better for all that.
His neighbors' fructified: crops were double.
What did he do? Looked up to where Jupiter sat,
Avowed his utter lack of sense.
Jove was kind, as a gentle master should be.

Let's conclude that Providence
Is indeed more aware of what we need than we.

V
The Cockerel, the Cat, and the Young Mouse

A very young Mouse, entirely naive in all affairs,
Was nearly taken all unawares.
This is the way he told Mother the story:
"I'd crossed the mountains that border this State,
Trotting along at a rapid rate
Like any young rat seeking glory,
When I observed two animals who arrested my eyes:
One soft, gentle, graceful in guise,
The other one turbulent, restless, wholly crude,
With a voice both shrill and rude;
On his head a bit of flesh, all bare.
Also a kind of arm, with which he rose in the air
As though he'd run and take flight,
Tail flashing in everyone's sight."
It was a Cockerel which, though he didn't realize,
Young Mouse drew for Mother's eyes,
Like an animal from the Atlantic's other side.

"Il se battait, dit-il, les flancs avec ses bras,
Faisant tel bruit et tel fracas,
Que moi, qui, grâce aux Dieux, de courage me pique,
En ai pris la fuite de peur,
Le maudissant de très-bon coeur.
Sans lui j'aurais fait connaissance
Avec cet animal qui m'a semblé si doux:
Il est velouté comme nous,
Marqueté, longue queue, une humble contenance,
Un modeste regard, et pourtant l'oeil luisant.
Je le crois fort sympathisant
Avec Messieurs les Rats; car il a des oreilles
En figure aux nôtres pareilles.
Je l'allais aborder, quand d'un son plein d'éclat
L'autre m'a fait prendre la fuite.
—Mon fils, dit la Souris, ce doucet est un Chat,
Qui, sous son minois hypocrite,
Contre toute ta parenté
D'un malin vouloir est porté.
L'autre animal, tout au contraire,
Bien éloigné de nous mal faire,
Servira quelque jour peut-être à nos repas.
Quant au Chat, c'est sur nous qu'il fonde sa cuisine.
Garde-toi, tant que tu vivras,
De juger des gens sur la mine."

"He'd flap his arms against his flanks, both out and in,"
He said, "making such noise and din
That I who, thank the Gods, in my valor take great pride,
In terror did then depart,
Damning him with all my heart.
But for him, I'd now be acquainted
With the one who seemed so mild to me:
Like us, he's all velvety;
Mottled, a tail that's long, an expression sainted
And humble: a modest look, and yet eyes that shine.
Most kindred he is, I do opine,
To the race of Messers Rats; for, indeed, his ears
To all of ours are perfect peers.
Approaching him I was when, screeching as if in combat,
The other beast obliged me to flee."
"My son," said Mother Mouse, "that mild gent is a Cat.
Hidden beneath his feigned bonhomie,
Against all of mouse descent,
Lies only evil, malignant intent.
Quite different is the other creature:
For us he has no dangerous feature.
He may turn up someday as our own dinner fare.
As for the Cat, we're the major recipe in his cookbooks.
As long as you live, do take care
Not to judge folks on their looks."

VI
Le Renard, le Singe, et les Animaux

Les Animaux, au décès d'un Lion,
En son vivant prince de la contrée,
Pour faire un roi s'assemblèrent, dit-on.
De son étui la couronne est tirée:
Dans une chartre un dragon la gardait.
Il se trouva que, sur tous essayée,
A pas un d'eux elle ne convenait:
Plusieurs avaient la tête trop menue,
Aucuns trop grosse, aucuns même cornue.
Le Singe aussi fit l'épreuve en riant;
Et par plaisir la tiare essayant,
Il fit autour force grimaceries,
Tours de souplesse, et mille singeries,
Passa dedans ainsi qu'en un cerceau.
Aux Animaux cela sembla si beau,
Qu'il fut élu: chacun lui fit hommage.
Le Renard seul regretta son suffrage,
Sans toutefois montrer son sentiment.
Quand il eut fait son petit compliment,
Il dit au Roi: "Je sais, Sire, une cache,
Et ne crois pas qu'autre que moi la sache.
Or tout trésor, par droit de royauté,
Appartient, Sire, à Votre Majesté."
Le nouveau roi bâille après la finance;
Lui-même y court pour n'être pas trompé.
C'était un piège: il y fut attrapé.
Le Renard dit, au nom de l'assistance:
"Prétendrais-tu nous gouverner encor,
Ne sachant pas te conduire toi-même?"
Il fut démis; et l'on tomba d'accord
Qu'à peu de gens convient le diadème.

VI
The Fox, the Monkey, and the Animals

The Animals, after a Lion passed away
Who had governed their region with grace,
All gathered to choose a new king, so they say.
The crown was then taken out of its ease;
In a locked vault a dragon was guarding it.
But of all who tried it on in the place,
Not a creature there at all did it fit.
Many of them had much too small a head,
Others too big; some, horns outspread.
Laughing, Monkey tried like everyone
And, testing the tiara just for fun,
Made lots of faces, comic designs;
Flexible tricks, a thousand monkeyshines;
Slid right through it, as through a hoop.
The Beasts enjoyed this so, the group
Chose him; all paid homage without demur.
The Fox alone with regret did concur,
But slily concealed his true feeling.
He said, as he rose from his kneeling,
"Sire, I know where a treasure is stored,
And think no one else knows of this hoard.
Now every treasure, Sire, by royal right
Belongs to Your Majesty outright."
The new king, greedy for such affluence,
Not to be cheated, raced off like a hare.
It was a trap; he fell into the snare.
The Fox said, for the assembled audience,
"Our monarch can you really claim to be
When your own behavior is only a joke?"
He was deposed, and everyone did agree
That the diadem fits extremely few folk.

VII
Le Mulet se vantant de sa généalogie

Le Mulet d'un prélat se piquait de noblesse,
Et ne parlait incessamment
Que de sa mère la Jument,
Dont il contait mainte prouesse:
Elle avait fait ceci, puis avait été là.
Son fils prétendait pour cela
Qu'on le dût mettre dans l'histoire.
Il eût cru s'abaisser servant un médecin.
Etant devenu vieux, on le mit au moulin:
Son père l'Âne alors lui revint en mémoire.
Quand le malheur ne serait bon
Qu'à mettre un sot à la raison,
Toujours serait-ce à juste cause
Qu'on le dit bon à quelque chose.

VIII
Le Vieillard et l'Ane

Un Vieillard sur son Ane aperçut, en passant,
Un pré plein d'herbe et fleurissant:
Il y lâche sa bête, et le Grison se rue
Au travers de l'herbe menue,
Se vautrant, grattant, et frottant,
Gambadant, chantant, et broutant,
Et faisant mainte place nette.
L'ennemi vient sur l'entrefaite.
"Fuyons, dit alors le Vieillard.
—Pourquoi? répondit le paillard:
Me fera-t-on porter double bât, double charge?
—Non pas, dit le Vieillard, qui prit d'abord le large.

VII
The Mule Boasting of His Genealogy

A prelate's Mule, who was proud of his noble birth,
With braying once filled the air:
All about his mother, the Mare,
Telling her deeds of exceptional worth.
She'd done this, then she'd been in that place.
Her son claimed that this made a case
For him to have history's full approbation.
Serving a physician he'd have deemed an outrage.
They sent him to a mill when he yielded to age,
And he remembered his father the Ass's occupation.
Even if misfortune's only defense is
That it brings fools to their senses,
This is reason aplenty for us to admit
That something good can be said for it.

VIII
The Old Man and the Ass

An Old Man, while passing some fields on his Ass,
Saw a meadow in bloom and rich in grass.
He released his beast, and Donkey did rush
To the grass sweet and lush:
Just scratching, rubbing, carousing,
Frisking and braying and browsing,
Stripping many a section clean.
Hostile folks arrived on the scene.
"Let's run!" said Gaffer in fright.
"What for?" responded the sybarite.
"Will they make me bear a double burden, double load?"
"No," said the Oldster, who scurried straight back to the road.

—Et que m'importe donc, dit l'Ane, à qui je sois?
Sauvez-vous, et me laissez paître.
Notre ennemi, c'est notre maître:
Je vous le dis en bon françois."

IX
Le Cerf se voyant dans l'eau

Dans le cristal d'une fontaine
Un Cerf se mirant autrefois
Louait la beauté de son bois,
Et ne pouvait qu'avecque peine
Souffrir ses jambes de fuseaux,
Dont il voyait l'objet se perdre dans les eaux.
"Quelle proportion de mes pieds à ma tête?
Disait-il en voyant leur ombre avec douleur:
Des taillis les plus hauts mon front atteint le faîte;
Mes pieds ne me font point d'honneur."
Tout en parlant de la sorte,
Un limier le fait partir.
Il tâche à se garantir;
Dans les forêts il s'emporte.
Son bois, dommageable ornement,
L'arrêtant à chaque moment,
Nuit à l'office que lui rendent
Ses pieds, de qui ses jours dépendent.
Il se dédit alors, et maudit les présents
Que le Ciel lui fait tous les ans.
Nous faisons cas du beau, nous méprisons l'utile;
Et le beau souvent nous détruit.
Ce Cerf blâme ses pieds, qui le rendent agile;
Il estime un bois qui lui nuit.

"Then what care I at all," said the Ass, "who owns me?
Save your own skin, and let me graze.
Our foe is our master, all our days.
I use language as clear as can be."

IX
The Stag Seeing Himself in a Spring

In the crystalline waters of a spring
A Stag, when his head drew his gaze,
Found much in his antlers to praise.
But what he viewed brought suffering
When he saw his spindly legs, so thin
That their image was blurred by the waters within.
"What disproportion from hooves to my head!"
He said on seeing their reflection, dolefully.
"To the tallest thicket tops my antlered brow can spread;
No honor at all do my feet bring to me."
As he spoke thus where he stood,
He was started up by a hound.
Seeking refuge, safe ground,
Away he dashes toward the wood.
Antlers, just a harmful ornament,
At each moment an impediment,
Undo service done him by his friends
The legs, on all of whom his life depends.
He takes it all back, and damns gifts so dear
That Heaven brings to him each year.
We make much of beauty, it's the useful we do mistreat.
Yet beauty often leads us to our loss.
This Stag blamed legs that made him swift and fleet,
Prized antlers that became his cross.

X
Le Lièvre et la Tortue

Rien ne sert de courir; il faut partir à point:
Le Lièvre et la Tortue en sont un témoignage.
"Gageons, dit celle-ci, que vous n'atteindrez point
Sitôt que moi ce but. —Sitôt? Êtes-vous sage?
Repartit l'animal léger:
Ma commère, il vous faut purger
Avec quatre grains d'ellébore.
—Sage ou non, je parie encore."
Ainsi fut fait; et de tous deux
On mit près du but les enjeux:
Savoir quoi, ce n'est pas l'affaire,
Ni de quel juge l'on convint.
Notre Lièvre n'avait que quatre pas à faire,
J'entends de ceux qu'il fait lorsque, prêt d'être atteint,
Il s'éloigne des chiens, les renvoie aux calendes,
Et leur fait arpenter les landes.
Ayant, dis-je, du temps de reste pour brouter,
Pour dormir, et pour écouter
D'où vient le vent, il laisse la Tortue
Aller son train de sénateur.

Elle part, elle s'évertue,
Elle se hâte avec lenteur.
Lui cependant méprise une telle victoire,
Tient la gageure à peu de gloire,
Croit qu'il y va de son honneur
De partir tard. Il broute, il se repose,
Il s'amuse à toute autre chose
Qu'à la gageure. À la fin, quand il vit
Que l'autre touchait presqu'au bout de la carrière,
Il partit comme un trait; mais les élans qu'il fit
Furent vains: la Tortue arriva la première.
"Eh bien! lui cria-t-elle, avais-je pas raison?
De quoi vous sert votre vitesse?
Moi l'emporter! et que serait-ce
Si vous portiez une maison?"

X
The Hare and the Tortoise

Rushing is useless; one has to leave on time. To such
Truth witness is given by the Tortoise and the Hare.
"Let's make a bet," the former once said, "that you won't touch
That line as soon as I." "As soon? Are you all there,
Neighbor?" said the rapid beast.
"You need a purge: four grains at least
Of hellebore, you're now so far gone."
"All there or not, the bet's still on."
So it was done; the wagers of the two
Were placed at the finish, in view.
It doesn't matter what was down at stake,
Nor who was the judge that they got.
Our Hare had, at most, four steps or so to take.
I mean the kind he takes when, on the verge of being caught,
He outruns dogs sent to the calends for their pains,
Making them run all over the plains.
Having, I say, time to spare, sleep, browse around,
Listen to where the wind was bound,
He let the Tortoise leave the starting place
In stately steps, wide-spaced.

Straining, she commenced the race:
Going slow was how she made haste.
He, meanwhile, thought such a win derogatory,
Judged the bet to be devoid of glory,
Believed his honor was all based
On leaving late. He browsed, lolled like a king,
Amused himself with everything
But the bet. When at last he took a look,
Saw that she'd almost arrived at the end of the course,
He shot off like a bolt. But all of the leaps he took
Were in vain; the Tortoise was first perforce.
"Well, now!" she cried out to him. "Was I wrong?
What good is all your speed to you?
The winner is me! And how would you do
If you also carried a house along?"

XI
L'Ane et ses Maîtres

L'Ane d'un Jardinier se plaignait au Destin
De ce qu'on le faisait lever devant l'aurore.
"Les coqs, lui disait-il, ont beau chanter matin,
Je suis plus matineux encore.
Et pourquoi? pour porter des herbes au marché:
Belle nécessité d'interrompre mon sommeil!"
Le Sort, de sa plainte touché,
Lui donne un autre maître, et l'animal de somme
Passe du Jardinier aux mains d'un Corroyeur.
La pesanteur des peaux et leur mauvaise odeur
Eurent bientôt choqué l'impertinente bête.
"J'ai regret, disait-il, à mon premier seigneur:
Encor, quand il tournait la tête,
J'attrapais, s'il m'en souvient bien,
Quelque morceau de chou qui ne me coûtait rien;
Mais ici point d'aubaine; ou, si j'en ai quelqu'une,
C'est de coups." Il obtint changement de fortune,
Et sur l'état d'un Charbonnier
Il fut couché tout le dernier.
Autre plainte. "Quoi donc? dit le Sort en colère,
Ce baudet-ci m'occupe autant
Que cent monarques pourraient faire.
Croit-il être le seul qui ne soit pas content?
N'ai-je en l'esprit que son affaire?"

Le Sort avait raison. Tous gens sont ainsi faits:
Notre condition jamais ne nous contente;
La pire est toujours la présente;
Nous fatiguons le Ciel à force de placets.
Qu'à chacun Jupiter accorde sa requête,
Nous lui remprons encor la tête.

XI
The Ass and His Masters

The Ass of a Gardener was griping to Fate
Because he was forced to arise before dawn.
"Though cocks crow early," he said, "they're late.
    I'm up earlier still and gone.
And what for? To carry greens to a market stall.
Some fine need that is to cut short my sleep!"
    Fate, moved by his plaintive call,
Passed the beast of burden to another master's keep:
From the Gardener into a Tanner's hands he fell.
The weight of the skins and their unpleasant smell
Soon vexed and annoyed this impertinent beast.
"I do miss my first master," he said, "and full well.
    When he turned his head, at least,
    If my recollection hasn't gone astray,
I'd nab a bit of cabbage, for which I didn't pay.
But no such windfalls here; or, if there's one I've got,
It's blows." He obtained a transformation of his lot:
    To a Coal Merchant's staff dismissed,
    He was put last in line on the list.
Complaint again. "Now what's this?" said angry Fate.
    "This donkey has me as occupied
    As scores of heads of state could do.
Does he think that he alone remains unsatisfied?
    Is his business all I've got in view?"

Fate had it right. All people on earth are so made.
Never are we satisfied with our condition;
    Ever worst is our present position.
We all do weary Heaven with our requests for aid.
Were Jove to grant pleas of each and every one,
    Clamors to him would still not be done.

XII
Le Soleil et les Grenouilles

Aux noces d'un tyran tout le peuple en liesse
    Noyait son souci dans les pots.
Esope seul trouvait que les gens étaient sots
    De témoigner tant d'allégresse.
Le Soleil, disait-il, eut dessein autrefois
    De songer à l'hyménée.
Aussitôt on ouït, d'une commune voix,
    Se plaindre de leur destinée
    Les citoyennes des étangs.
    "Que ferons-nous, s'il lui vient des enfants?
Dirent-elles au Sort: Un seul Soleil à peine
    Se peut souffrir; une demi-douzaine
Mettra la mer à sec et tous ses habitants.
Adieu joncs et marais: notre race est détruite;
        Bientôt on la verra réduite
    A l'eau du Styx." Pour un pauvre animal,
Grenouilles, à mon sens, ne raisonnaient pas mal.

XII
The Sun and the Frogs

At a tyrant's wedding, rejoicing day and night,
In drink the people drowned care.
Only Aesop judged they all were fools for fair
To manifest such joy and delight.
The Sun, he said, once made clear his intent
To tie the marriage knot.
At once were heard, without any dissent,
Plaints about their awful lot
From dwellers of the pond.
"What will we do about the children from this bond?"
They said to Fate. "Of one Sun now the torrid glow
Can scarcely be borne. Six of them or so
Will dry up the sea and all life it has spawned.
Farewell to reeds and marsh: doomed are all our folk.
Soon we'll all of us only croak
In the waters of the Styx." This poor beast
The Frog, in my view, didn't think badly in the least.

XIII
Le Villageois et le Serpent

Esope conte qu'un Manant,
Charitable autant que peu sage,
Un jour d'hiver se promenant
A l'entour de son héritage,
Aperçut un Serpent sur la neige étendu,
Transi, gelé, perclus, immobile rendu,
N'ayant pas à vivre un quart d'heure.
Le villageois le prend, l'emporte en sa demeure;
Et, sans considérer quel sera le loyer
D'une action de ce mérite,
Il l'étend le long du foyer,
Le réchauffe, le ressuscite.
L'animal engourdi sent à peine le chaud,
Que l'âme lui revient avecque la colère;
Il lève un peu la tête, et puis siffle aussitôt;
Puis fait un long repli, puis tâche à faire un saut
Contre son bienfaiteur, son sauveur, et son père.
"Ingrat, dit le Manant, voilà donc mon salaire!
Tu mourras!" A ces mots, plein d'un juste courroux,
Il vous prend sa cognée, il vous tranche la bête;
Il fait trois serpents de deux coups,
Un tronçon, la queue, et la tête.
L'insecte sautillant cherche à se réunir,
Mais il ne put y parvenir.

Il est bon d'être charitable:
Mais envers qui? c'est là le point.
Quant aux ingrats, il n'en est point
Qui ne meure enfin misérable.

XIII
The Countryman and the Snake

Of a Farmer Aesop's tale is told,
His kindness matched by lack of sense.
Walking one winter day in the cold
Around his land, next to a fence,
Stretched out in the snow he perceived a Snake:
Chilled, frozen, stiff; no move could it make,
With only minutes more to survive till it died.
The Countryman picked it up and took it home. When inside,
And without any thought of what soon would grace
The virtuous deed he'd now perform,
He then laid it out by the fireplace,
Brought it to life and made it warm.
Once the torpid beast felt the heat at the site,
Its spirit returned, with spite and irritation.
It raised its head, hissed instantly, all set to fight;
Coiled full length, then made its strike and tried to bite
Its benefactor, savior, and father. At this abomination,
"Ingrate!" the Farmer cried."That's my compensation!
Die you shall!" This said, in righteous ire at its perfidy,
He went and grabbed his axe, chopped the beast up dead:
With two slashes he made serpents three,
A trunk, the tail, and the head.
The reptile sought to join each jumping bit,
But it failed to manage it.

It's good to be kind and a friend,
But to whom? The point lies right here.
As for ingrates, there are, it's so clear,
None who don't come to a nasty end.

XIV
Le Lion malade et le Renard

De par le roi des animaux,
Qui dans son antre était malade,
Fut fait savoir à ses vassaux
Que chaque espèce en ambassade
Envoyât gens le visiter,
Sous promesse de bien traiter
Les députés, eux et leur suite,
Foi de Lion, très-bien écrite,
Bon passe-port contre la dent,
Contre la griffe tout autant.
L'édit du Prince s'exécute:
De chaque espèce on lui députe.
Les Renards gardant la maison,
Un d'eux en dit cette raison:
"Les pas empreints sur la poussière
Par ceux qui s'en vont faire au malade leur cour,
Tous, sans exception, regardent sa tanière;
Pas un ne remarque de retour:
Cela nous met en méfiance.
Que Sa Majesté nous dispense:
Grand merci de son passe-port;
Je le crois bon; mais dans cet antre
Je vois fort bien comme l'on entre,
Et ne vois pas comme on en sort."

XIV
The Ailing Lion and the Fox

From the king of beasts' castle
(Out of sorts, in his den he reclined),
Order was sent to every vassal
That, as ambassadors, each kind
Was to send folks to meet
With him, under promise to treat
The envoys well, and their retinue.
Lion's word, and written down too:
Against his fangs, full guarantee;
Claws as well, in equal degree.
The royal edict brooked no debate:
Each species sent its delegate.
Foxes, staying at home, abstained.
Here's how one of them explained:
"Plainly, in the dust, the footprints
Of those who go off and pay the patient their court
All, without fail, face the den of the Prince;
Pointing back, not one of any sort.
That, to us, looks most suspect.
His Majesty's pardon, with respect.
Thanks for his guarantee, no doubt.
It's surely good, but that cave is queer:
How one enters the place is very clear.
I don't quite see how one gets out."

XV
L'Oiseleur, l'Autour, et l'Alouette

Les injustices des pervers
Servent souvent d'excuses aux nôtres.
Telle est la loi de l'univers:
Si tu veux qu'on t'épargne, épargne aussi les autres.

Un Manant au miroir prenait des oisillons.
Le fantôme brillant attire une Alouette:
Aussitôt un Autour, planant sur les sillons,
Descend des airs, fond, et se jette
Sur celle qui chantait, quoique près du tombeau.
Elle avait évité la perfide machine,
Lorsque, se rencontrant sous la main de l'oiseau,
Elle sent son ongle maline.
Pendant qu'à la plumer l'Autour est occupé,
Lui-même sous les rets demeure enveloppé:
"Oiseleur, laisse-moi, dit-il en son langage;
Je ne t'ai jamais fait de mal."
L'Oiseleur repartit: "Ce petit animal
T'en avait-il fait davantage?"

XV
The Fowler, the Goshawk, and the Lark

We use evil other sinners do
Most often to justify our own, I find.
This precept is universally true:
If you want to be spared, to other folks also be kind.

A Farmer's mirror, taking small birds in good supply,
Drew a Lark to the glittering artifice of the lure.
At once a Goshawk, up above the furrows soaring high,
Plummeted, swooped, and then with talon sure
Struck her while she sang at the very side of her tomb.
She'd bypassed the trap's treacherous jaws
When, hapless prey to the predator's grasp and her doom,
She felt his merciless claws.
While the Goshawk was busily plucking her clean,
He himself was enmeshed in the net unforeseen.
"Fowler, let me go," he implored him in his tongue.
"You've never felt my claw or beak."
Said the Fowler, "Did this small bird seek
To do you any more harm or wrong?"

XVI
Le Cheval et l'Ane

En ce monde il se faut l'un l'autre secourir:
Si ton voisin vient à mourir,
C'est sur toi que le fardeau tombe.

Un Ane accompagnait un Cheval peu courtois,
Celui-ci ne portant que son simple harnois,
Et le pauvre Baudet si chargé, qu'il succombe.
Il pria le Cheval de l'aider quelque peu:
Autrement il mourrait devant qu'être à la ville.
"La prière, dit-il, n'en est pas incivile:
Moitié de ce fardeau ne vous sera que jeu."
Le Cheval refusa, fit une pétarade:
Tant qu'il vit sous le faix mourir son camarade,
Et reconnut qu'il avait tort.
Du Baudet, en cette aventure,
On lui fit porter la voiture,
Et la peau par-dessus encor.

XVII
Le Chien qui lâche sa proie pour l'ombre

Chacun se trompe ici-bas:
On voit courir après l'ombre
Tant de fous, qu'on n'en sait pas
La plupart du temps le nombre.
Au Chien dont parle Ésope il faut les renvoyer.
Ce Chien, voyant sa proie en l'eau représentée,
La quitta pour l'image, et pensa se noyer.
La rivière devint tout d'un coup agitée;
A toute peine il regagna les bords,
Et n'eut ni l'ombre ni le corps.

XVI
The Horse and the Ass

In this world we must help each other with our labor.
 If death comes to get your neighbor,
 It's on you that the load will surely fall.

An ungracious Horse was with an Ass who didn't lack
A heavy load. Only harness graced the other's back.
The poor Donkey, succumbing under the weight of it all,
Asked the Horse to help him out a bit on the way.
Otherwise he'd die before he'd get as far as town to rest.
"The boon I ask," he said, "is not a gross request:
Even half the pack, for you, would be child's play."
The Horse refused, broke wind without a care.
When he saw his overburdened comrade perish, in despair,
 He understood what his mistake had been:
 They then forced him, in this situation,
 To carry Donkey's load for the duration
 Of the voyage and, to top it, his skin.

XVII
The Dog Giving Up His Prey for the Shadow

 We dupe ourselves here below.
 Chasing after shadows near and far
 Are so many fools, one doesn't even know,
 Most of the time, how many there are.
We should send them off to look again at Aesop's hound.
This Dog, seeing in a river the reflection of his prey,
Released it for the image, and very nearly drowned.
The stream in sudden fury almost carried him away.
 With effort and strain he reached the shore,
 Shadow and substance alike lost evermore.

XVIII
Le Chartier Embourbé

Le Phaéton d'une voiture à foin
Vit son char embourbé. Le pauvre homme était loin
De tout humain secours: c'était à la campagne,
Près d'un certain canton de la basse Bretagne,
Appelé Quimper-Corentin.
On sait assez que le Destin
Adresse là les gens quand il veut qu'on enrage:
Dieu nous préserve du voyage!
Pour venir au Chartier embourbé dans ces lieux,
Le voilà qui déteste et jure de son mieux,
Pestant, en sa fureur extrême,
Tantôt contre les trous, puis contre ses chevaux,
Contre son char, contre lui-même.
Il invoque à la fin le dieu dont les travaux
Sont si célèbres dans le monde:
"Hercule, lui dit-il, aide-moi. Si ton dos
A porté la machine ronde,
Ton bras peut me tirer d'ici."
Sa prière étant faite, il entend dans la nue
Une voix qui parle ainsi:
"Hercule veut qu'on se remue;
Puis il aide les gens. Regarde d'où provient
L'achoppement qui te retient;
Ote d'autour de chaque roue
Ce malheureux mortier, cette maudite boue
Qui jusqu'à l'essieu les enduit;
Prends ton pic et me romps ce caillou qui te nuit;
Comble-moi cette ornière. As-tu fait? —Oui, dit l'homme.
—Or bien je vas t'aider, dit la voix. Prends ton fouet.
—Je l'ai pris. Qu'est ceci? mon char marche à souhait:
Hercule en soit loué!" Lors la voix: "Tu vois comme
Tes chevaux aisément se sont tirés de là.
Aide-toi, le Ciel t'aidera."

XVIII
The Carter Stuck in the Mud

The Phaeton of a hay cart one day
Got his wagon stuck in mud. Poor man, he was far away
From all human aid: in the country this took place,
Near a certain locale that harbors the Breton race,
Called Quimper-Corentin to date.
It's well known everywhere that Fate
Sends folks out there when it wants to drive them mad.
God preserve us from a move so bad!
To come back now to the Carter, mired down in that spot,
There he was, raving, swearing every oath he'd got,
Cursing in fury with all his heart:
At the holes, at his horses, who heard his whip crack,
At himself too, not forgetting his cart.
He appealed at last to the god who had the knack,
Whose labors world over are known.
"Hercules," he begged, "help me! If your back
Has borne the earth, alone,
Your arm can pull me out of here!"
When his plea was done, from a cloud in the sky
A voice then reached his ear:
"Hercules wants folks to stir, apply
Themselves; then he helps. Go look at the source
Of what blocks you from your course:
From each wheel remove the residue
Of wretched lime and cursèd mud that, like glue,
Clogs them up to the axles, and above.
Take your pick; shatter the rock obstructing your move;
Fill up that rut. Done?" "Yes," the man then said, "I am, now."
"Well, now I'll help you," said the voice. "Pick up your whip."
"I've got it. What's this? My wagon's gliding, like a ship!
Hercules be praised!" Then the voice again: "You see how
Easily your horses have pulled themselves through.
Help yourself and Heaven helps you."

XIX
Le Charlatan

Le monde n'a jamais manqué de charlatans:
Cette science, de tout temps,
Fut en professeurs très-fertile.
Tantôt l'un en un théâtre affronte l'Achéron,
Et l'autre affiche par la ville
Qu'il est un passe-Cicéron.
Un des derniers se vantait d'être
En éloquence si grand maître,
Qu'il rendrait disert un badaud,
Un manant, un rustre, un lourdaud;
"Oui, Messieurs, un lourdaud, un animal, un âne:
Que l'on m'amène un âne, un âne renforcé,
Je le rendrai maître passé,
Et veux qu'il porte la soutane."
Le Prince sut la chose; il manda le Rhéteur.
"J'ai, dit-il, en mon écurie
Un fort beau roussin d'Arcadie;
J'en voudrais faire un orateur.
—Sire, vous pouvez tout," reprit d'abord notre homme.
On lui donna certaine somme:
Il devait au bout de dix ans
Mettre son âne sur les bancs;
Sinon, il consentait d'être, en place publique,
Guindé la hart au col, étranglé court et net,
Ayant au dos sa rhétorique,
Et les oreilles d'un baudet.
Quelqu'un des courtisans lui dit qu'à la potence
Il voulait l'aller voir, et que, pour un pendu,
Il aurait bonne grâce et beaucoup de prestance;
Surtout qu'il se souvînt de faire à l'assistance
Un discours où son art fût au long étendu,
Un discours pathétique, et dont le formulaire
Servît à certains Cicérons
Vulgairement nommés larrons.
L'autre reprit: "Avant l'affaire,

XIX
The Charlatan

In this world Charlatans have never been rare.
Their science always, everywhere,
In practitioners does amply abound.
Up on a stage, one thumbs his nose at Hell below;
Another puts up posters all around
Calling himself a Super-Cicero.
One of these bragged of his eminence
As such a master of eloquence,
He'd give fluency to any idler about,
To a peasant, a bumpkin, a clumsy lout.
"Yes, Gentlemen, to a lout, an animal, and even to an ass!
Someone just bring me an ass, an ass from head to tail;
He'll get a master's degree without fail,
And I'll have him wearing his gown to class."
The Prince, told the thing, summoned the Rhetorician.
"In my stable," he said, "I've got
One fine Arcadian Steed, who can trot.
To make him an orator is your mission."
"Sire, your wish is my command," our man replied right away.
They gave him a sum of money that day:
He'd assure his ass, ten years thence,
Would give a brilliant thesis defense.
If not, he agreed that right there in the public square
He'd be hoisted, neck in rope, to hang quick and neat,
His rhetoric on his back for fair,
And donkey's ears, too, as a treat.
A courtier told him that as to the gallows he was ascending,
He'd go see him and that, for a man who was going to hang,
He would cut a most impressive figure, in grace unending;
That he should above all remember to make to those attending
A speech in which he developed his art, a long harangue;
A speech full of pathos, and of which the entire formulary
Might be used by certain Ciceros
Called thieves, as everyone knows.
The other said, "Ere that's necessary,

Le Roi, l'Ane, ou moi, nous mourrons."

Il avait raison. C'est folie
De compter sur dix ans de vie.

Soyons bien buvants, bien mangeants:
Nous devons à la mort de trois l'un en dix ans.

XX
La Discorde

La déesse Discorde ayant brouillé les Dieux,
Et fait un grand procès là-haut pour une pomme,
On la fit déloger des Cieux.
Chez l'animal qu'on appelle homme
On la reçut à bras ouverts,
Elle et Que-si-Que-non, son frère,
Avecque Tien-et-Mien, son père.
Elle nous fit l'honneur en ce bas univers
De préférer notre hémisphère
A celui des mortels qui nous sont opposés,
Gens grossiers, peu civilisés,
Et qui, se mariant sans prêtre et sans notaire,
De la Discorde n'ont que faire.
Pour la faire trouver aux lieux où le besoin
Demandait qu'elle fût présente,
La Renommée avait le soin
De l'avertir; et l'autre, diligente,
Courait vite aux débats et prévenait la Paix,
Faisait d'une étincelle un feu long à s'éteindre.
La Renommée enfin commença de se plaindre
Que l'on ne lui trouvait jamais

King, Ass, or I will be in our last repose."

He was right. It's folly to insist
That in ten years we'll still exist.

Let's eat, let's drink, let's all be merry.
Within ten years, one out of every three we'll bury.

XX
Discord

The goddess Discord embroiled the Gods in friction
And, over an apple, in dissension got them all entwined.
They served her a notice of eviction.
Straight to the creature known as mankind,
Welcomed with open arms, she did go;
She, along with her brother Oh-No, Oh-Yes,
And father Yours-Is-Mine, I-Have-Less.
She did us the honor, here in this universe below,
Of choosing our hemisphere as address
Over that of mortals who live in the opposite one:
Crude folk, of culture having none,
And who, marrying without any priest or notary's seal,
With Discord have no cause to deal.
To make sure she was found in such places where need
Required her presence and entanglement;
Rumor's duty, as everyone agreed,
Was to keep her informed; and she, diligent,
Would rush off to disputes and keep Peace from the door.
From one spark she'd start a fire hard to extinguish again.
But Rumor at long last began to grumble and complain
That she could never be sure anymore

De demeure fixe et certaine;
Bien souvent l'on perdait, à la chercher, sa peine:
Il fallait donc qu'elle eût un séjour affecté,
Un séjour d'où l'on pût en toutes les familles
L'envoyer à jour arrêté.
Comme il n'était alors aucun convent de filles,
On y trouva difficulté.
L'auberge enfin de l'Hyménée
Lui fut pour maison assinée.

XXI
La Jeune Veuve

La perte d'un époux ne va point sans soupirs;
On fait beaucoup de bruit; et puis on se console:
Sur les ailes du Temps la tristesse s'envole,
Le Temps remène les plaisirs.
Entre la veuve d'une année
Et la veuve d'une journée
La différence est grande; on ne croirait jamais
Que ce fût la même personne:
L'une fait fuir les gens, et l'autre a mille attraits.
Aux soupirs vrais ou faux celle-là s'abandonne;
C'est toujours même note et pareil entretien;
On dit qu'on est inconsolable;
On le dit, mais il n'en est rien,
Comme on verra par cette fable,
Ou plutôt par la vérité.

L'époux d'une jeune beauté
Partait pour l'autre monde. A ses côtés, sa femme
Lui criait: "Attends-moi, je te suis; et mon âme,

Of where to locate this wanderer:
It was often a total waste of time to go out looking for her.
So she had to have a regular place where she could stay,
A spot whence, to all families, she could always be sent
On a certain or specified day.
Since in those times there was no young maidens' convent,
This caused problems and delay.
At last The Inn of Husband and Spouse
Was assigned as her permanent house.

XXI
The Young Widow

The loss of a spouse does not occur without sighs;
The din of mourning is loud. But comfort comes one day:
On wings of Time grief and sorrow fly off and away.
Time brings back joys likewise.
Between the widow of a year ago
And the widow of today, I know,
The difference is great. You'd never say, though it's fact,
That they are one and the same.
One sends folks away, the other uses charms in order to attract.
To utter sighs, real or false, is the former's sole aim.
The tune's always the same, the words unchanging too:
Grief, she says, will ever be keen.
So she says, but it's not at all true,
As from this fable may now be seen,
Or from the truth instead.

The spouse a young beauty had wed
Was leaving for the future world. At his side, his wife
Cried, "Wait for me! I'm following you from this life,

Aussi bien que la tienne, est prête à s'envoler."
Le mari fait seul le voyage.
La belle avait un père, homme prudent et sage;
Il laissa le torrent couler.
A la fin, pour la consoler:
"Ma fille, lui dit-il, c'est trop verser de larmes:
Qu'a besoin le défunt que vous noyiez vos charmes?
Puisqu'il est des vivants, ne songez plus aux morts.
Je ne dis pas que tout à l'heure
Une condition meilleure
Change en des noces ces transports;
Mais, après certain temps, souffrez qu'on vous propose
Un époux beau, bien fait, jeune, et tout autre chose
Que le défunt. —Ah! dit-elle aussitôt,
Un cloître est l'époux qu'il me faut."
Le père lui laissa digérer sa disgrâce.
Un mois de la sorte se passe;
L'autre mois, on l'emploie à changer tous les jours
Quelque chose à l'habit, au linge, à la coiffure:
Le deuil enfin sert de parure,
En attendant d'autres atours;
Toute la bande des Amours
Revient au colombier; les jeux, les ris, la danse,
Ont aussi leur tour à la fin:
On se plonge soir et matin
Dans la fontaine de Jouvence.
Le père ne craint plus ce défunt tant chéri;
Mais comme il ne parlait de rien à notre belle:
"Où donc est le jeune mari
Que vous m'avez promis?" dit-elle.

And my soul, as well as yours, is now all ready to go!"
    Alone the husband took the ride.
The beauty had a father, a man both wise and tried.
    He let the flood of tears flow.
    Then, to cheer her in her woe,
"Daughter," he said, "so many tears are cause for alarm.
What need has the deceased for you to drown your charm?
Since there are still men alive, think no more of the dead.
    I don't say that at once the creation
    Of a better fate and situation
    Should replace this grief so you can wed;
But after some time has gone by, allow me then to offer you
A spouse: handsome, well built, young, better all through
  Than the deceased." "Ah, no," she disagreed
    At once, "a cloister is the spouse I need!"
The father let her digest her pain in peace.
    A month went by without surcease.
The next month they kept her busy changing things every day:
Something in her dress, her linen, the style of her hair.
    Widow's weeds, in short, were fair
    While she waited for finer array.
    Turtledoves all, without delay,
To the dovecote returned; games, and laughter, and dance
    Likewise received their turn at last.
    Mornings and evenings went by fast
    At the Fountain of Youth and Romance.
Father no more feared the dear deceased gone from the house.
But, as he still proposed no new prospect our beauty could see,
    "Well, where is the young spouse,"
    She asked, "the one you've promised me?"

Epilogue

Bornons ici cette carrière:
Les longs ouvrages me font peur.
Loin d'épuiser une matière,
On n'en doit prendre que la fleur.
Il s'en va temps que je reprenne
Un peu de forces et d'haleine
Pour fournir à d'autres projets.
Amour, ce tyran de ma vie,
Veut que je change de sujets:
Il faut contenter son envie.
Retournons à Psyché. Damon, vous m'exhortez
A peindre ses malheurs et ses félicités:
J'y consens; peut-être ma veine
En sa faveur s'échauffera.
Heureux si ce travail est la dernière peine
Que son époux me causera!

Epilogue

To this enterprise let's call a halt;
I'm frightened of works that last so long.
Exhausting one's material's a fault;
To pluck more than just its flower is wrong.
For long it's been time that the very best
I could do is catch my breath and rest,
To turn all of my efforts to other dreams.
Love, that tyrant who does inspire
My life, wants me to change my themes,
So I'm obliged to satisfy his desire.
Back to Psyche, then. Damon, you've been pressing me
To portray her sorrows, and likewise her felicity.
And that suits me; perhaps my inspiration,
In her favor, now will burn and glow.
Happy I'll be if this labor's the last tribulation
That from her spouse I'll ever know!

BOOK SEVEN

VII

LIVRE SEPTIEME

Avertissement

Voici un second recueil de Fables que je présente au public. J'ai jugé à propos de donner à la plupart de celles-ci un air et un tour un peu différent de celui que j'ai donné aux premières, tant à cause de la différence des sujets, que pour remplir de plus de variété mon ouvrage. Les traits familiers que j'ai semés avec assez d'abondance dans les deux autres Parties convenaient bien mieux aux inventions d'Esope qu'à ces dernières, où j'en use plus sobrement pour ne pas tomber en des répétitions; car le nombre de ces traits n'est pas infini. Il a donc fallu que j'aie cherché d'autres enrichissements, et étendu davantage les circonstances de ces récits, qui d'ailleurs me semblaient le demander de la sorte: pour peu que le lecteur y prenne garde, il le reconnaîtra lui-même; ainsi je ne tiens pas qu'il soit nécessaire d'en étaler ici les raisons, non plus que de dire où j'ai puisé ces derniers sujets. Seulement je dirai, par reconnaissance, que j'en dois la plus grande partie à Pilpay, sage Indien. Son livre a été traduit en toutes les langues. Les gens du pays le croient fort ancient, et original à l'égard d'Ésope, si ce n'est Esope lui-même sous le nom du sage Locman. Quelques autres m'ont fourni des sujets assez heureux. Enfin j'ai tâché de mettre en ces deux dernières Parties toute la diversité dont j'étais capable.

Il s'est glissé quelques fautes dans l'impression; j'en ai fait faire un *Errata*; mais ce sont de légers remèdes pour un défaut considérable. Si on veut avoir quelque plaisir de la lecture de cet ouvrage, il faut que chacun fasse corriger ces fautes à la main dans son exemplaire, ainsi qu'elles sont marquées par chaque *Errata*, aussi bien pour les deux premières Parties que pour les dernières.

A Madame de Montespan

L'apologue est un don qui vient des Immortels;
    Ou si c'est un présent des hommes,
Quiconque nous l'a fait mérite des autels:
    Nous devons, tous tant que nous sommes,
    Eriger en divinité
Le Sage par qui fut ce bel art inventé.

Notice

Here is a second collection of fables that I offer the public. I've judged it appropriate to give most of them an appearance and cast slightly different from those I gave the first ones, as much because of the difference in subject matter as to give my work greater variety. The familiar features I've sown rather abundantly in the first two parts were much more suitable to Aesop's inventions than to this latter group, in which I make use of them with more restraint in order to avoid repetitiveness, for the number of such features is not infinite. I've therefore had to look for other ways of enriching them, and have extended the settings of these tales, which seemed to call for this sort of treatment. To the extent that readers will watch for it, they will see it for themselves, so I don't judge it necessary to present my reasons here, nor to indicate the sources of these latest subjects. I will say only, in gratitude, that I owe most of them to Pilpay, the Indian sage. His book has been translated into all languages. His compatriots believe it to be very old, and original by comparison with Aesop, if indeed he wasn't Aesop himself under the name of the sage Locman. Others have provided me with quite fruitful subjects. In short, I've tried to make these last two parts as varied as possible.

Some errors have slipped into print. I've had a list of *errata* made, but it's insufficient to remedy a considerable shortcoming. Anyone wishing to read this work without annoyance should correct these errors by hand in his own copy, as marked by the *errata*, in both the first two parts and these last two.

To Madame de Montespan

The apologue is a present of divine fabrication.
Or else, if it is a gift from man,
Whoever gave it to us deserves veneration.
We should all, when and wherever we can,
Deify within our hearts
The Sage who did invent this fair art.

C'est proprement un charme: il rend l'âme attentive,
Ou plutôt il la tient captive,
Nous attachant à des récits
Qui mènent à son gré les coeurs et les esprits.
O vous qui l'imitez, Olympe, si ma Muse
A quelquefois pris place à la table des Dieux,
Sur ses dons aujourd'hui daignez porter les yeux;
Favorisez les jeux où mon esprit s'amuse.
Le temps, qui détruit tout, respectant votre appui,
Me laissera franchir les ans dans cet ouvrage:
Tout auteur qui voudra vivre encore après lui
Doit s'acquérir votre suffrage.
C'est de vous que mes vers attendent tout leur prix:
Il n'est beauté dans nos écrits
Dont vous ne connaissiez jusques aux moindres traces.
Eh! qui connaît que vous les beautés et les grâces?
Paroles et regards, tout est charme dans vous.
Ma Muse, en un sujet si doux,
Voudrait s'étendre davantage;
Mais il faut réserver à d'autres cet emploi;
Et d'un plus grand maître que moi
Votre louange est le partage.
Olympe, c'est assez qu'à mon dernier ouvrage
Votre nom serve un jour de rempart et d'abri;
Protégez désormais le livre favori
Par qui j'ose espérer une seconde vie;
Sous vos seuls auspices, ces vers
Seront jugés, malgré l'envie,
Dignes des yeux de l'univers.
Je ne mérite pas une faveur si grande;
La fable en son nom la demande:
Vous savez quel crédit ce mensonge a sur nous.
S'il procure à mes vers le bonheur de vous plaire,
Je croirai lui devoir un temple pour salaire:
Mais je ne veux bâtir des temples que pour vous.

Truly a charm and a spell, it gains the notice of the soul;
Or rather, over it has control,
Joining us to tales it finds
That, at its pleasure, move all hearts and minds.
O you who do as much, Olympia, if my Muse
Has at the table of the Gods been at times a guest,
On her presents today do deign to let your gaze rest.
Be kind to the games in which my mind does amuse
Itself. Respecting your support, time, destroyer of all,
In this work of mine will let me transcend the years.
Every author who'd live on after death and forestall
Oblivion must earn himself your cheers.
It's from you that my verses do await all their praise.
There's no beauty in any single phrase
We write that you don't know, in its slightest trace.
Oh, who better than you knows all beauty, and grace?
Your speech, your looks, everything is charm in you.
My Muse, on a subject so gentle to view,
Would of course further extend her song.
But this is an accomplishment others must amplify,
And to a much greater master than I
Such praise of you does belong.
It will be enough, Olympia, if the rampart strong
Of your name offers my last work a sheltered nook.
Henceforth protect and favor this book:
Through it, I dare hope for a second life.
Under your auspices alone, this verse
Will be judged, despite envy rife,
Worthy of reading by the universe.
By such great favor I'm unworthy to be blessed;
For itself the fable makes this request.
You know what value such fiction holds, in our view.
If in my verses the good luck of pleasing you is stored,
I'm certain I'll owe it a temple by way of reward.
But I wish to build temples for no one other than you.

I
Les Animaux malades de la Peste

Un mal qui répand la terreur,
Mal que le Ciel en sa fureur
Inventa pour punir les crimes de la terre,
La peste (puisqu'il faut l'appeler par son nom),
Capable d'enrichir en un jour l'Achéron,
Faisait aux animaux la guerre.
Ils ne mouraient pas tous, mais tous étaient frappés:
On n'en voyait point d'occupés
A chercher le soutien d'une mourante vie;
Nul mets n'excitait leur envie;
Ni loups ni renards n'épiaient
La douce et l'innocente proie;
Les tourterelles se fuyaient:
Plus d'amour, partant plus de joie.

Le Lion tint conseil, et dit: "Mes chers amis,
Je crois que le Ciel a permis
Pour nos péchés cette infortune.
Que le plus coupable de nous
Se sacrifie aux traits du céleste courroux;
Peut-être il obtiendra la guérison commune.
L'histoire nous apprend qu'en de tels accidents
On fait de pareils dévouements.
Ne nous flattons donc point; voyons sans indulgence
L'état de notre conscience.
Pour moi, satisfaisant mes appétits gloutons,
J'ai dévoré force moutons.
Que m'avaient-ils fait? Nulle offense;
Même il m'est arrivé quelquefois de manger
Le berger.
Je me dévouerai donc, s'il le faut: mais je pense
Qu'il est bon que chacun s'accuse ainsi que moi:
Car on doit souhaiter, selon toute justice,
Que le plus coupable périsse.

I
The Animals Stricken by the Plague

Spreading terror in its path,
An evil that Heaven in wrath
Devised, to punish crimes beneath its vault,
The plague (since I have to call it by its name),
Able in a day to fill Hell's larder with game,
On animals made its assault.
They didn't all die, but each one of them was stricken.
None whose blood did quicken
Did seek to maintain life's dying fire:
No food stirred their desire;
No wolf, no fox would bother
To hunt gentle, innocent prey.
Turtledoves shunned each other;
No more love, so no more joy and play.

The Lion held a council and said, "My dear friends,
I think it's Heaven that sends
Us this misfortune, for our sins.
Let the one who's most to blame
Offer himself up to Heaven's ire in utter shame;
That way he may preserve the rest of our skins.
History does tell us that in this kind of dire event
To sacrifice oneself is pertinent.
So no deluding ourselves at all; let's take a hard look
At our records in conscience's book.
In my own case, by my gluttonous appetite empowered,
Many a sheep have I devoured.
What had they done to me? No offense.
It even happened, sometimes, that I'd eat
A shepherd I'd meet.
I'll offer myself up, then, if I must; but to my sense
Each should accuse himself like me, of whatever thing.
For we must all wish, by the justice we cherish,
That the guiltiest one now perish."

—Sire, dit le Renard, vous êtes trop bon roi;
Vos scrupules font voir trop de délicatesse.
Eh bien! manger moutons, canaille, sotte espèce,
Est-ce un péché? Non, non. Vous leur fîtes, Seigneur,
En les croquant, beaucoup d'honneur;
Et quant au berger, l'on peut dire
Qu'il était digne de tous maux,
Etant de ces gens-là qui sur les animaux
Se font un chimérique empire."
Ainsi dit le Renard; et flatteurs d'applaudir.
On n'osa trop approfondir
Du Tigre, ni de l'Ours, ni des autres puissances,
Les moins pardonnables offenses.
Tous les gens querelleurs, jusqu'aux simples mâtins,
Au dire de chacun, étaient de petits saints.
L'Ane vint à son tour, et dit: "J'ai souvenance
Qu'en un pré de moines passant,
La faim, l'occasion, l'herbe tendre, et, je pense,
Quelque diable aussi me poussant,
Je tondis de ce pré la largeur de ma langue.
Je n'en avais nul droit, puisqu'il faut parler net."
A ces mots on cria haro sur le Baudet.
Un Loup, quelque peu clerc, prouva par sa harangue
Qu'il fallait dévouer ce maudit animal,
Ce pelé, ce galeux, d'où venait tout leur mal.
Sa pécadille fut jugée un cas pendable.
Manger l'herbe d'autrui! quel crime abominable!
Rien que la mort n'était capable
D'expier son forfait: on le lui fit bien voir.

Selon que vous serez puissant ou misérable,
Les jugements de cour vous rendront blanc ou noir.

"Sire," said the Fox, "You're much too good a king;
These delicate scruples just show too much grace.
Well, now! Eating sheep, that vile and foolish race,
Is that a sin? No, no, you conferred by eating them, Lord,
    The greatest of honors on that horde.
    And as for the shepherd, it's plain
    He deserved the worst fate of all,
As one of those who think they hold all beasts in thrall
    And serfdom, in a make-believe domain."
So spoke the Fox. And did toadies cheer, without fail!
    None dared discuss in detail,
In the Tiger, the Bear, or other carnivores of influence,
    Even their least forgivable offense.
All of the truculent folk, right down to the slightest cur,
To hear them tell, were little saints, without demur.
Came the Ass's turn. He said, "If memory doesn't lapse,
    Crossing some monks' meadowland,
Goaded by hunger, opportunity, tender grass, and, perhaps,
    Some devil I couldn't withstand,
I cropped a tongue's width in the mead as my ration.
I had no right to do so, speaking frankly; that I can't deny."
At this against Donkey they raised hue and cry.
A Wolf who'd once read a book proved by means of his oration
That they had to sacrifice this creature accursed,
Mangy, scabby beast, source of their woes from the first!
His slip had earned him the hangman's knot.
Eat someone else's grass! An abominable, criminal plot!
    Nothing but death could, on the spot,
Expiate his crime, he found, when served as their dinner.

Your power or weakness will always decided your lot:
Whether judgments at court will make you saint or sinner.

II
Le Mal Marié

Que le bon soit toujours camarade du beau,
Dès demain je chercherai femme;
Mais comme le divorce entre eux n'est pas nouveau,
Et que peu de beaux corps, hôtes d'une belle âme,
Assemblent l'un et l'autre point,
Ne trouvez pas mauvais que je ne cherche point.
J'ai vu beaucoup d'hymens; aucuns d'eux ne me tentent:
Cependant des humains presque les quatre parts
S'exposent hardiment au plus grand des hasards;
Les quatre parts aussi des humains se repentent.
J'en vais alléguer un qui, s'étant repenti,
Ne put trouver d'autre parti
Que de renvoyer son épouse,
Querelleuse, avare et jalouse.
Rien ne la contentait, rien n'était comme il faut:
On se levait trop tard, on se couchait trop tôt;
Puis du blanc, puis du noir, puis encore autre chose.
Les valets enrageaient; l'époux était à bout:
"Monsieur ne songe à rien, Monsieur dépense tout,
Monsieur court, Monsieur se repose."
Elle en dit tant, que Monsieur, à la fin,
Lassé d'entendre un tel lutin,
Vous la renvoie à la campagne
Chez ses parents. La voilà donc compagne
De certaines Philis qui gardent les dindons
Avec les gardeurs de cochons.
Au bout de quelque temps, qu'on la crut adoucie,
Le mari la reprend. "Eh bien! qu'avez-vous fait?
Comment passiez-vous votre vie?
L'innocence des champs est-elle votre fait?
—Assez, dit-elle; mais ma peine
Etait de voir les gens plus paresseux qu'ici,
Ils n'ont des troupeaux nul souci.
Je leur savais bien dire, et m'attirais la haine
De tous ces gens si peu soigneux.

II
The Man Who Married Badly

If only goodness were beauty's eternal mate,
Tomorrow a wife would be my goal.
But since disunion for them is not a novel state,
And rare is the fair body, host to a fair soul,
In which these two traits unite,
Don't judge ill my not searching day and night.
Many marriages have I seen; not a one tempts my assent.
Nevertheless nearly four fourths of all humankind
Undergo, boldly, the greatest risk ever designed.
Four fourths of all human beings do likewise repent.
I'm going to cite one, overwhelmed by remorse,
Who could find no other recourse
Than to send away his wife,
Stingy, jealous, full of strife.
Nothing ever pleased her, nothing was ever finished right;
Everyone arose too late, went to bed too soon at night;
Things were too white, or too black, or else too otherwise.
Servants were driven mad, husband at wits' end:
"Monsieur is heedless; all Monsieur can do is spend;
Monsieur's gone; Monsieur sits and sighs."
She griped so much, at last Monsieur did balk.
Weary of hearing this harpy squawk,
Straight off to the country he sent
Her, to her parents. There her time was spent
With some Phyllises who kept the turkeys in line,
Along with keepers of the swine.
After time went by, when he thought she was less sour,
The husband took her back. "Well, now, what did you do?
What recompensed each shining hour?
Is the innocence of the fields what's right for you?"
"Right enough," she said, "but the measure
Of my discontent was to see folks even lazier there.
The flocks don't get the slightest care.
I really let them know it, and so drew the displeasure
Of all those folks so negligent."

—Eh! Madame, reprit son époux tout à l'heure,
Si votre esprit est si hargneux,
Que le monde qui ne demeure
Qu'un moment avec vous et ne revient qu'au soir
Est déjà lassé de vous voir,
Que feront des valets qui toute la journée
Vous verront contre eux déchaînée?
Et que pourra faire un époux
Que vous voulez qui soit jour et nuit avec vous?
Retournez au village: adieu. Si de ma vie
Je vous rappelle et qu'il m'en prenne envie,
Puissé-je chez les morts avoir pour mes péchés
Deux femmes comme vous sans cesse à mes côtés!"

III
Le Rat qui s'est retiré du monde

Les Levantins en leur légende
Disent qu'un certain Rat, las des soins d'ici bas,
Dans un fromage de Hollande
Se retira loin du tracas.
La solitude était profonde,
S'étendant partout à la ronde.
Notre ermite nouveau subsistait là-dedans.
Il fit tant, de pieds et de dents,
Qu'en peu de jours il eut au fond de l'ermitage
Le vivre et le couvert: que faut-il davantage?
Il devint gros et gras: Dieu prodigue ses biens
A ceux qui font vœu d'être siens.
Un jour, au dévot personnage
Des députés du peuple rat

"Ah, Madame," responded her spouse with no delay,
    "If your peevish spirit is so bent
    That the workers who just stay
A moment with you, returning home only at night,
    Already find you a wearisome sight,
What will servants do who suffer all day long
    From the acid of your nagging tongue?
    And what can a husband do, too,
To whom you want to stick all day and night like glue?
Go back to your village, goodbye. If ever again
  I recall you, or ever have a desire to, then
For my sins may I, when among the dead I reside,
Have two wives just like you forever by my side!"

III
The Rat Who Withdrew from the World

    In their legend the Lebanese
Say that a certain Rat, weary of earthly care and toil,
    Into a wheel of Dutch cheese
    Withdrew, far from turmoil.
    Solitude there was profound,
    Pervading the place all around.
Inside, our new hermit had his new existence.
    Paws and teeth provided subsistence.
Within days, deep in his hermitage, he'd guaranteed
Lodging and meals; what more can anyone ever need?
He grew big and fat: God grants blessings, an ocean,
    To those who pledge him their devotion.
    One day to this gent, pious indeed,
    Agents from the league of rats

S'en vinrent demander quelque aumône légère:
Ils allaient en terre étrangère
Chercher quelque secours contre le peuple chat;
Ratopolis était bloquée:
On les avait contraints de partir sans argent,
Attendu l'état indigent
De la république attaquée.
Ils demandaient fort peu, certains que le secours
Serait prêt dans quatre ou cinq jours.
"Mes amis, dit le Solitaire,
Les choses d'ici-bas ne me regardent plus:
En quoi peut un pauvre reclus
Vous assister? que peut-il faire
Que de prier le Ciel qu'il vous aide en ceci?
J'espère qu'il aura de vous quelque souci."
Ayant parlé de cette sorte,
Le nouveau saint ferma sa porte.

Qui désignai-je, à votre avis,
Par ce Rat si peu secourable?
Un moine? Non, mais un dervis:
Je suppose qu'un moine est toujours charitable.

IV et V
Le Héron
La Fille

Un jour, sur ses longs pieds, allait, je ne sais où,
Le Héron au long bec emmanché d'un long cou.
Il côtoyait une rivière.
L'onde était transparente ainsi qu'aux plus beaux jours;

Came, to request some slight alms he could spare.
They were off to other lands, where
They'd look for help against the republic of cats.
All blocked off was Ratopolis.
They'd had to depart without funds, at any rate,
Given the indigent state
Of the besieged metropolis.
They asked for very little, certain the help they'd raise
Would be ready, at most, in four or five days.
"Friends," came the Solitary's view,
"Worldly things to me are of no more worth or use.
How on earth can a poor recluse
Ever help you out? What can he do
But pray that Heaven grant you aid, in this affair?
I hope God will award you some support and care."
Having spoken thus with such grace,
The new saint shut his door in their face.

In your opinion, who is it I designate
In this Rat of such little generosity?
A monk? Oh, no; that's a dervish's trait.
I assume charity always defines a monk's religiosity.

IV and V
The Heron
The Maiden

Borne along on those long legs one day, where to I know not,
The Heron, long beak stuck on that long neck he's got,
Was walking beside a river bank.
As on the very fairest of days, the water was all crystal clear.

Ma commère la Carpe y faisait mille tours
Avec le Brochet son compère.
Le Héron en eût fait aisément son profit:
Tous approchaient du bord; l'oiseau n'avait qu'à prendre.
Mais il crut mieux faire d'attendre
Qu'il eût un peu plus d'appétit:
Il vivait de régime, et mangeait à ses heures.
Après quelques moments, l'appétit vint: l'Oiseau,
S'approchant du bord, vit sur l'eau
Des tanches qui sortaient du fond de ces demeures.
Le mets ne lui plut pas; il s'attendait à mieux,
Et montrait un goût dédaigneux
Comme le Rat du bon Horace.
"Moi, des tanches! dit-il, moi, Héron, que je fasse
Une si pauvre chère? Et pour qui me prend-on?"
La tanche rebutée, il trouva du goujon.
"Du goujon! c'est bien là le dîner d'un Héron!
J'ouvrirais pour si peu le bec! aux Dieux ne plaise!"
Il l'ouvrit pour bien moins: tout alla de façon
Qu'il ne vit plus aucun poisson.
La faim le prit: il fut tout heureux et tout aise
De rencontrer un limaçon.

Ne soyons pas si difficiles:
Les plus accommodants, ce sont les plus habiles;
On hasarde de perdre en voulant trop gagner.
Gardez-vous de rien dédaigner,
Surtout quand vous avez à peu près votre compte.
Bien des gens y sont pris. Ce n'est pas aux hérons
Que je parle; écoutez, humains, un autre conte:
Vous verrez que chez vous j'ai puisé ces leçons.

Certaine Fille, un peu trop fière,
Prétendait trouver un mari

Jeune, bien fait et beau, d'agréable manière,
Point froid et point jaloux: notez ces deux points-ci.

Mistress Carp swam to and fro, both far and near,
With crony Mister Pike at her flank,
Easy marks for a Heron while they were in sight.
Both approached the bank. The bird had only to seize his prey,
But he thought waiting was a better way.
Finger fare would whet his appetite:
He'd set times for meals, and ate at certain hours.
After time went by, the Bird's appetite began to gnaw.
Nearing the bank, in the water he saw
Some tench, who were rising from their bottom bowers.
This dish did not appeal; he was expecting better,
Showing taste disdainful, to the letter,
As the Rat's in good Horace's precept.
"Tench! For me?" he said. "Should I, a Heron, accept
Such meager fare? Just whom do they take me for?"
Tench refused, next came gudgeon to the fore.
"Gudgeon! Dinner for a Heron? What a frightful bore!
Open my beak for such a trifle? May God forbid such a thing."
He opened it for less. Now nothing at all was in store,
For of fish from then on he saw no more.
Hunger seized him. All afire and content he was, to cling
To a snail he found on the shore.

Let's not be so hard to satisfy.
That those most easy to please are wisest, no one can deny.
We risk incurring loss when we desire too much gain.
Take care not to practice disdain,
Above all when what you have is about what's right for you.
Many folks fall into this snare. Herons are not the creatures
I'm speaking to. Humans, give ear to this next tale too.
You'll see it's from you I've drawn its lesson's features.

A certain Maiden, a bit too proud,
Said a husband was her aim:

Young, shapely, handsome, with fine manners endowed,
Not cold and not jealous. (These two "nots" deserve acclaim.)

Cette Fille voulait aussi
Qu'il eût du bien, de la naissance,
De l'esprit, enfin tout. Mais qui peut tout avoir?
Le Destin se montra soigneux de la pourvoir:
Il vint des partis d'importance.
La belle les trouva trop chétifs de moitié:
"Quoi? moi? quoi? ces gens-là! l'on radote, je pense.
A moi les proposer! hélas! ils font pitié:
Voyez un peu la belle espèce!"
L'un n'avait en l'esprit nulle délicatesse;
L'autre avait le nez fait de cette façon-là:
C'était ceci, c'était cela;
C'était tout, car les précieuses
Font dessus tout les dédaigneuses.
Après les bons partis, les médiocres gens
Vinrent se mettre sur les rangs.
Elle de se moquer. "Ah! vraiment je suis bonne
De leur ouvrir la porte! Ils pensent que je suis
Fort en peine de ma personne:
Grâce à Dieu, je passe les nuits
Sans chagrin, quoique en solitude."
La belle se sut gré de tous ces sentiments;
L'âge la fit déchoir: adieu tous les amants.
Un an se passe, et deux, avec inquiétude;
Le chagrin vient ensuite; elle sent chaque jour
Déloger quelques Ris, quelques Jeux, puis l'Amour;
Puis ses traits choquer et déplaire;
Puis cent sortes de fards. Ses soins ne purent faire
Qu'elle échappât au temps, cet insigne larron.
Les ruines d'une maison
Se peuvent réparer: que n'est cet avantage
Pour les ruines du visage?
Sa préciosité changea lors de langage.
Son miroir lui disait: "Prenez vite un mari."
Je ne sais quel désir le lui disait aussi:
Le désir peut loger chez une précieuse.
Celle-ci fit un choix qu'on n'aurait jamais cru,
Se trouvant à la fin tout aise et tout heureuse
De rencontrer un malotru.

This Maiden also did proclaim
He had to be wealthy and of noble birth,
Witty; everything, in short. But who can have everything?
Fate considered her needs in the swains it did bring,
For Suitors came along, of great worth.
To the beauty they fell short, by half, of her ideal:
"What, those men? No more senile folk exist, I think, on earth
Than those who offer me this lot; pity's what I feel,
Alas. Fine specimens, take a look!"
The mind of one was coarse; had he ever read a book?
The next one had a nose that stuck way out like this!
This, that, it was all amiss,
For finicky maidens don't refrain
From observing it all with disdain.
Good matches now gone, ordinary would-be mates
Showed up as willing candidates.
She scoffed in derision: "Ah, what a foolish exercise
To open my door to them! They think it's my sad plight
To be without a marriage prize.
Thanks to God, I pass each night
Without discontent, although alone."
All these feelings the beauty did appreciate.
Age lessened her charm: no suitors at the gate.
In a year, then two, worry was full-blown,
And discontent: she watched each day give a shove
And dislodge a few Pleasures, Diversions, then Love;
Saw her looks shock and displease.
Makeup came next, of every kind, but care could not appease
Or prevent the ravages of time, that infamous thief.
A house that comes to grief
Can be repaired. Why can no one grant this boon
To a face lined like a prune?
Her pickiness then swiftly changed its tune.
"Go get yourself a husband quick," her mirror said.
Some yearning or other also urged her to wed:
Finicky maidens can in fact harbor desire.
You'd never have believed the choice she singled out,
Finding herself in the end most content and all afire
To meet and settle for a lout.

VI
Les Souhaits

Il est au Mogol des follets
Qui font office de valets,
Tiennent la maison propre, ont soin de l'équipage,
Et quelquefois du jardinage.
Si vous touchez à leur ouvrage,
Vous gâtez tout. Un d'eux près du Gange autrefois
Cultivait le jardin d'un assez bon bourgeois.
Il travaillait sans bruit, avait beaucoup d'adresse,
Aimait le maître et la maîtresse,
Et le jardin surtout. Dieu sait si les Zéphirs,
Peuple ami du Démon, l'assistaient dans sa tâche!
Le Follet, de sa part, travaillant sans relâche,
Comblait ses hôtes de plaisirs.
Pour plus de marques de son zèle,
Chez ces gens pour toujours il se fût arrêté,
Nonobstant la légèreté
A ses pareils si naturelle;
Mais ses confrères les Esprits
Firent tant que le chef de cette république,
Par caprice ou par politique,
Le changea bientôt de logis.
Ordre lui vient d'aller au fond de la Norvège
Prendre le soin d'une maison
En tout temps couverte de neige;
Et d'Indou qu'il était on vous le fait Lapon.
Avant que de partir, l'Esprit dit à ses hôtes:
"On m'oblige de vous quitter:
Je ne sais pas pour quelles fautes;
Mais enfin il le faut. Je ne puis arrêter
Qu'un temps fort court, un mois, peut-être une semaine:
Employez-la; formez trois souhaits, car je puis
Rendre trois souhaits accomplis,
Trois sans plus." Souhaiter, ce n'est pas une peine
Etrange et nouvelle aux humains.

VI
The Wishes

In Mogul land, sprites abound
Who serve folks year 'round:
Keep the house clean, give all appurtenances due care.
Gardens at times do get their share.
If to touch their work you ever dare,
You spoil it all. Near the Ganges one, in days of yore,
Tilled a well-to-do burgher's garden as his chore.
He worked noiselessly, none with greater skill or faster,
Loved his mistress and his master,
And the garden above all. Lord knows that those treasures
The Zephyrs, friendly to Elves, helped him out in his cause!
The Sprite, for his part, attending his work without pause,
Showered his hosts with pleasures.
To prove the zeal of this creature,
With them forever he would gladly have remained,
Despite the whimsy ingrained
As his species' natural feature.
But fellow Sprites judged otherwise:
Opposing this, they had the chief of their league,
Out of whim or love of intrigue,
Remove him from the enterprise.
To Norway's distant shores order came for him to go,
To run a house at the top of the map,
All covered through the year with snow:
Converted from the Hindu he was, he'd be made a Lapp.
To his hosts the Sprite said, before he had to be gone,
"I'm forced to leave your domain.
I don't know why, what wrong I've done,
But anyway I have to go; with you I can remain
Just a bit longer: a month, perhaps a week, is all I can ask.
Use the time: make three wishes, for I'm in a position
To bring three wishes to fruition;
Three, but no more." Wishing's not at all a painful task
That's new to humans, or strange.

Ceux-ci, pour premier vœu, demandent l'abondance;
    Et l'abondance, à pleines mains,
    Verse en leurs coffres la finance,
En leurs greniers le blé, dans leurs caves les vins:
Tout en crève. Comment ranger cette chevance?
Quels registres, quels soins, quel temps il leur fallut!
Tous deux sont empêchés si jamais on le fut.
    Les voleurs contre eux complotèrent:
    Les grands seigneurs leur empruntèrent;
Le Prince les taxa. Voilà les pauvres gens
    Malheureux par trop de fortune.
"Otez-nous de ces biens l'affluence importune,
Dirent-ils l'un et l'autre: heureux les indigents!
La pauvreté vaut mieux qu'une telle richesse.
Retirez-vous, trésors, fuyez; et toi, Déesse,
Mère du bon esprit, compagne du repos,
O Médiocrité, reviens vite." À ces mots
La Médiocrité revient; on lui fait place;
    Avec elle ils rentrent en grâce,
Au bout de deux souhaits étant aussi chanceux
    Qu'ils étaient, et que sont tous ceux
Qui souhaitent toujours et perdent en chimères
Le temps qu'ils feraient mieux de mettre à leurs affaires:
    Le Follet en rit avec eux.
    Pour profiter de sa largesse,
Quand il voulut partir et qu'il fut sur le point,
    Ils demandèrent la sagesse:
  C'est un trésor qui n'embarrasse point.

The two wished for abundance as their very first award,
And abundance fully made a change:
Into their coffers money now poured,
Wines filled their cellars, grain filled up their grange
To bursting. How could all these riches be stored?
What registers, what time and care it took, what dedication!
If anyone ever had, they'd found frustration.
Thieves did conspire to their sorrow;
Great lords all stood in line to borrow;
The King took taxes. Poor folks, distressed,
By too much fortune led to dismay!
"This affluence is just a nuisance; take it away!"
They said in unison. "It's the poor who are blessed!
Better a life of indigence than such great wealth.
Begone, treasures, away! And you, for our health,
Goddess, mother of serenity, consort of repose,
O Golden Mean, come quickly back." *Mediocritas* arose
At these words and returned; they made her a place.
With her they were restored to grace,
Having had, after two wishes, such luck outright
As they'd had, and as all those can cite
Who spend time on wishes, on illusions waste cares
That would much better be applied to concern for their affairs.
Their joy was shared by the Sprite.
Then, to profit from his kind bequest,
When the moment for him to leave their home did come,
Wisdom was their last request,
A priceless boon that's never burdensome.

VII
La Cour du Lion

Sa Majesté Lionne un jour voulut connaître
De quelles nations le Ciel l'avait fait maître.
Il manda donc par députés
Ses vassaux de toute nature,
Envoyant de tous les côtés
Une circulaire écriture
Avec son sceau. L'écrit portait
Qu'un mois durant le Roi tiendrait
Cour plénière, dont l'ouverture
Devait être un fort grand festin,
Suivi des tours de Fagotin.
Par ce trait de magnificence
Le Prince à ses sujets étalait sa puissance.
En son Louvre il les invita.
Quel Louvre! un vrai charnier, dont l'odeur se porta
D'abord au nez des gens. L'Ours boucha sa narine:
Il se fût bien passé de faire cette mine;
Sa grimace déplut: le monarque irrité
L'envoya chez Pluton faire le dégoûté.
Le Singe approuva fort cette sévérité,
Et flatteur excessif, il loua la colère
Et la griffe du Prince, et l'antre, et cette odeur:
Il n'était ambre, il n'était fleur
Qui ne fût ail au prix. Sa sotte flatterie
Eut un mauvais succès, et fut encore punie:
Ce Monseigneur du Lion-là
Fut parent de Caligula.
Le Renard étant proche: "Or çà, lui dit le Sire,
Que sens-tu? dis-le moi: parle sans déguiser."
L'autre aussitôt de s'excuser,
Alléguant un grand rhume: il ne pouvait que dire
Sans odorat. Bref, il s'en tire.

VII
The Lion's Court

His Leonine Majesty decided to find out one day
Which species he ruled, God willing, in every way.
    So to vassals of each kind
    A circular was sent, to bring
    Them in all lands so defined;
    Duly sealed, with his royal ring.
    The King, this notice did explain,
    Would, throughout the month, maintain
    A plenary court: its grand opening
    Would be marked by a sumptuous meal,
    Then Fagotin's show and spiel.
    With this magnificent regal act
To subjects the Prince showed his grandeur as fact;
    To his Louvre led them in pride.
What a Louvre, a real charnel house! The awful stench inside
Rose at once to the nostrils of all; the bear held his nose,
A gesture, had he known, better never to disclose:
It caused anger. The King, irate at this face,
Sent him down to Pluto, along with his grimace.
Extolling rigor shown the Bear's lack of grace,
The Monkey, fulsome toady, lauded the discontent,
The claws of the Prince, and his den. And that heady scent!
    No perfume, no bloom beneath the firmament
But was garlic next to it. The flattery of the fool
Turned out badly; once more punishment was the rule:
    This Great Lord in Lion's skin
    To Caligula was next of kin.
To the Fox, close at hand, "Now, then," said the King,
"What do you smell? Tell it straight with no delay."
    The Fox apologized straightway,
Pleading a bad cold: he couldn't smell or tell a thing.
    In short, he evaded death's sting.

Ceci vous sert d'enseignement:
Ne soyez à la cour, si vous voulez y plaire,
Ni fade adulateur, ni parleur trop sincère,
Et tâchez quelquefois de répondre en Normand.

VIII
Les Vautours et les Pigeons

Mars autrefois mit tout l'air en émute.
Certain sujet fit naître la dispute
Chez les oiseaux, non ceux que le Printemps
Mène à sa cour, et qui, sous la feuillée,
Par leur exemple et leurs sons éclatants,
Font que Vénus est en nous réveillée;
Ni ceux encor que la mère d'Amour
Met à son char; mais le peuple vautour,
Au bec retors, à la tranchante serre,
Pour un chien mort se fit, dit-on, la guerre.
Il plut du sang; je n'exagère point.
Si je voulais conter de point en point
Tout le détail, je manquerais d'haleine.
Maint chef périt, maint héros expira;
Et sur son Roc Prométhée espéra
De voir bientôt une fin à sa peine.
C'était plaisir d'observer leurs efforts;
C'était pitié de voir tomber les morts.

This lesson you can surely apply:
If your wish is to please when you're at court,
Eschew alike inane adulation and frank retort.
And, some of the time, try out a Norman's reply.

VIII
The Vultures and the Pigeons

Mars once filled the air with riot and motion:
He'd caused violent conflict and commotion
Among birds. Not those that Spring brings along
To her court and who, underneath leafy bowers,
Through their examples, their brilliant song,
In us animate Venus's burgeoning powers,
Nor even those Love's mother each day
Has pull her chariot; but the birds of prey,
With beaks and claws that rip to the core.
For a dead dog, it was said, they once went to war.
It rained blood and gore, no exaggeration.
Were I to detail their ruin and devastation,
I'd run short of breath, over and over again.
Many a hero expired, many a chief did perish.
On his rock Prometheus, bound, did cherish
The hope of soon seeing an end to his pain.
Observing their prowess brought great pleasure;
Sorrow, when the dead fell, beyond measure.

Valeur, adresse, et ruses, et surprises,
Tout s'employa. Les deux troupes éprises
D'ardent courroux n'épargnaient nuls moyens
De peupler l'air que respirent les Ombres:
Tout élément remplit de citoyens
Le vaste enclos qu'ont les royaumes sombres.
Cette fureur mit la compassion
Dans les esprits d'une autre nation
Au col changeant, au coeur tendre et fidèle.
Elle employa sa médiation
Pour accorder une telle querelle:
Ambassadeurs par le peuple pigeon
Furent choisis, et si bien travaillèrent,
Que les Vautours plus ne se chamaillèrent.
Ils firent trêve; et la paix s'ensuivit.
Hélas! ce fut au dépens de la race
A qui la leur aurait dû rendre grâce.
La gent maudite aussitôt poursuivit
Tous les Pigeons, en fit ample carnage,
En dépeupla les bourgades, les champs.
Peu de prudence eurent les pauvres gens
D'accommoder un peuple si sauvage.
Tenez toujours divisés les méchants:
La sûreté du reste de la terre
Dépend de là. Semez entre eux la guerre,
Ou vous n'aurez avec eux nulle paix.
Ceci soit dit en passant: je me tais.

Valor, skill, tricks, surprises by each bird,
All were employed. The hosts, equally stirred
By ardent wrath, spared neither means nor will
To people the air breathed by Shades who mourn:
Each element sent new dwellers to fill
The vast sorrowful enclosure of their somber bourn.
Pity grew, during this mad purgation,
In the tender, true hearts of another nation:
Rainbow-necked Doves, saddened by the loss of life,
They used all tact in mediation,
As best they could, to end this strife:
Pigeon envoys, skilled in arbitration,
Labored long days, and with all their might,
So that Vultures would no longer fight.
A truce was made, and then a peace ensued,
At the cost, alas, of the very race
To whom the other one owed thanks and grace.
That cursed folk, without waiting, pursued
Pigeons everywhere, to depopulate and ravage
Hamlets and fields, in sheer malevolence.
The poor Pigeons indeed showed little sense
In uniting a people so cruel and savage.
Divide the wicked, always, for defense.
Safety on earth for all the rest
Demands it. Among evildoers strife is best,
Or peace will everywhere bow down to war.
Just a passing thought; I'll say no more.

IX
Le Coche et la Mouche

Dans un chemin montant, sablonneux, malaisé,
Et de tous les côtés au soleil exposé,
Six forts chevaux tiraient un coche.
Femmes, moine, vieillards, tout était descendu;
L'attelage suait, soufflait, était rendu.
Une Mouche survient, et des chevaux s'approche,
Prétend les animer par son bourdonnement,
Pique l'un, pique l'autre, et pense à tout moment
Qu'elle fait aller la machine,
S'assied sur le timon, sur le nez du cocher.
Aussitôt que le char chemine,
Et qu'elle voit les gens marcher,
Elle s'en attribue uniquement la gloire,
Va, vient, fait l'empressée: il semble que ce soit
Un sergent de bataille allant en chaque endroit
Faire avancer ses gens et hâter la victoire.
La Mouche, en ce commun besoin,
Se plaint qu'elle agit seule, et qu'elle a tout le soin;
Qu'aucun n'aide aux chevaux à se tirer d'affaire.
Le moine disait son bréviaire:
Il prenait bien son temps! une femme chantait:
C'était bien de chansons qu'alors il s'agissait!
Dame Mouche s'en va chanter à leurs oreilles,
Et fait cent sottises pareilles.
Après bien du travail, le Coche arrive au haut:
"Respirons maintenant! dit la Mouche aussitôt:
J'ai tant fait que nos gens sont enfin dans la plaine.
Çà, Messieurs les Chevaux, payez-moi de ma peine."

Ainsi certaines gens, faisant les empressés,
S'introduisent dans les affaires:
Ils font partout les nécessaires,
Et, partout importuns, devraient être chassés.

IX
The Coach and the Fly

Up a steep and sandy road, a most tortuous one,
And everywhere wholly exposed to the sun,
    Six robust horses were pulling a coach.
Women, a monk, old men, out they had gotten, all;
The team sweated, panted, was ready to fall.
A Fly, drawn by the horses, then made an approach;
Decided she'd stir them up by buzzing about:
Bit one, bit another; there was in her mind no doubt
    That she was making the carriage go:
Sat on the coachman's nose, sat on the wagon pole.
    Once the coach began to move, slow,
    And beside it she saw the folks stroll,
She took all the credit, for all of the labor;
Bustled to and fro, a busybody. She seemed indeed to be
A leader in battle, rushing everywhere one could see,
Pushing the men to swifter triumph with a saber.
    The Fly, in this collective endeavor,
Complained she was acting alone, had all the worry, whatever.
To help the horses out, the others were quite contrary:
    The monk was saying his breviary,
And taking his good time! A woman was singing a song,
As though songs in this instance would help things along!
Dame Fly flew right over and sang right in their ears,
    Nonsense enough for a hundred years.
After plenty of strain, the Coach did gain the plateau.
The Fly said at once, "Now let's catch a breath or so!
I've done so much that our folks are at last on the plains.
Hey, there, Sir Horses, now reimburse me for my pains."

Thus certain busybodies, rushing and running about,
    Push everywhere into others' affairs,
    As if needed, and then put on airs.
And, everywhere nuisances, they should be kicked out.

X
La Laitière et le Pot au Lait

Perrette, sur sa tête ayant un pot au lait
    Bien posé sur un coussinet,
Prétendait arriver sans encombre à la ville.
Légère et court vêtue, elle allait à grands pas,
Ayant mis ce jour-là, pour être plus agile,
    Cotillon simple et souliers plats.
    Notre laitière ainsi troussée
    Comptait déjà dans sa pensée
Tout le prix de son lait, en employait l'argent;
Achetait un cent d'oeufs, faisait triple couvée:
La chose allait à bien par son soin diligent.
    "Il m'est, disait-elle, facile
D'élever des poulets autour de ma maison;
    Le renard sera bien habile
S'il ne m'en laisse assez pour avoir un cochon.
Le porc à s'engraisser coûtera peu de son;
Il était, quant je l'eus, de grosseur raisonnable:
J'aurai, le revendant, de l'argent bel et bon.
Et qui m'empêchera de mettre en notre étable,
Vu le prix dont il est, une vache et son veau,
Que je verrai sauter au milieu du troupeau?"
Perrette là-dessus saute aussi, transportée:
Le lait tombe; adieu veau, vache, cochon, couvée.
La dame de ces biens, quittant d'un oeil marri
    Sa fortune ainsi répandue,
    Va s'excuser à son mari,
    En grand danger d'être battue.
    Le récit en farce fut fait;
    On l'appela *le Pot au lait*.

    Quel esprit ne bat la campagne?
    Qui ne fait châteaux en Espagne?
Picrochole, Pyrrhus, la Laitière, enfin tous,
    Autant les sages que les fous.
Chacun songe en veillant; il n'est rien de plus doux:

X
The Dairy Woman and the Crock of Milk

On her head Perrette carried milk in a crock,
Set on a pad so it wouldn't rock.
Her wish was to get off to town with no delay.
Her garb was light and short, her pace was quick;
To move fast, she wore a brief skirt that day,
And flat-heeled shoes were her pick.
Our dairywoman, thus turned out,
Was already thinking hard about
The profit from her milk and how she'd use the money:
Buy a hundred eggs, triple the laying, just no doubt.
With her diligent care, prospects were most sunny.
"It's easy for me," said she,
"To raise chickens 'round my house, I find.
Clever indeed the fox will be
If I'm not left enough to buy the best pig of its kind.
To fatten the hog won't take much bran to my mind:
It'll already be, when I get it, of more than decent size.
When I sell it again, with cash my purse will be lined.
And what's to stop my putting in our stable, a prize
In view of the current cost, a cow, along with her calf?
I can see it frisking in the herd; it makes me laugh!"
With that, Perrette, carried away, kicked up her legs.
The milk spilled; farewell calf, cow, pig, chickens, and eggs.
The mistress of this wealth, with mournful eye taking leave
Of her fortune thus tossed away,
Begged her husband to forgive,
Instead of beating her that very day.
A farce is what this story became;
The Crock of Milk is now its name.

Who doesn't roam off to Cockaigne?
Who doesn't build castles in Spain?
Picrochole, Dairy Woman, Pyrrhus, all dream lies.
The foolish no more than the wise
Have their fantasies; daydreams hold the sweetest prize.

Une flatteuse erreur emporte alors nos âmes;
Tout le bien du monde est à nous,
Tous les honneurs, toutes les femmes.
Quand je suis seul, je fais au plus brave un défi;
Je m'écarte, je vais détrôner le Sophi;
On m'élit roi, mon peuple m'aime;
Les diadèmes vont sur ma tête pleuvant:
Quelque accident fait-il que je rentre en moi-même,
Je suis gros Jean comme devant.

XI
Le Curé et le Mort

Un mort s'en allait tristement
S'emparer de son dernier gîte;
Un Curé s'en allait gaiement
Enterrer ce mort au plus vite.
Notre défunt était en carrosse porté,
Bien et dûment empaqueté,
Et vêtu d'une robe, hélas! qu'on nomme bière,
Robe d'hiver, robe d'été,
Que les morts ne dépouillent guère.
Le Pasteur était à côté,
Et récitait, à l'ordinaire,
Maintes dévotes oraisons,
Et des psaumes et des leçons,
Et des versets et des répons:
"Monsieur le Mort, laissez-nous faire,
On vous en donnera de toutes les façons;
Il ne s'agit que du salaire."
Messire Jean Chouart couvait des yeux son mort,
Comme si l'on eût dû lui ravir ce trésor,

Seductive illusions sweep reason from our mind:
All wealth belongs to us in our eyes,
Every honor and every beauty we can find.
When I'm alone, I defy the bravest knight ever known;
I travel afar, drag the Sophy from his throne.
They make me king, my people cherish me;
Crowns of all the realms rain down on my head.
Should something then happen to restore me to reality,
I'm as before, John Clod instead.

XI
The Curate and the Deceased

A dead man was on his way sadly
Toward his final berth, encased;
A Curate was on his way gladly,
To bury the dead in due haste.
Our deceased was being transported by coach,
Properly wrapped beyond reproach,
Clad in a robe called coffin, alas, from foot to head.
Winter or summer, time or tide,
A robe that's never removed by the dead.
The Pastor stayed at his side,
Reciting, as usual, piously:
Prayers as if to ask for alms,
Lessons from scripture, psalms,
Verses, responses; no qualms:
"Sir Deceased, now you leave it all to me;
Devotions, every kind, will take you there.
It's just a question of the fee."
Vicar John Slicker eyed his corpse with greed and pleasure,
As though he might somehow be robbed of this treasure.

Et des regards semblait lui dire:
"Monsieur le Mort, j'aurai de vous
Tant en argent, et tant en cire,
Et tant en autres menus coûts."
Il fondait là-dessus l'achat d'une feuillette
Du meilleur vin des environs;
Certaine nièce assez propette
Et sa chambrière Pâquette
Devaient avoir des cotillons.
Sur cette agréable pensée
Un heurt survient: adieu le char.
Voilà Messire Jean Chouart
Qui du choc de son mort a la tête cassée:
Le paroissien en plomb entraîne son pasteur;
Notre Curé suit son seigneur;
Tous deux s'en vont de compagnie.

Proprement toute notre vie
Est le curé Chouart, qui sur son mort comptait,
Et la fable du *Pot au lait*.

XII
L'Homme qui court après la Fortune, et l'Homme qui l'attend dans son lit

Qui ne court après la Fortune?
Je voudrais être en lieu d'où je pusse aisément
Contempler la foule importune
De ceux qui cherchent vainement
Cette fille du Sort de royaume en royaume,
Fidèles courtisans d'un volage fantôme.

And to it his gaze seemed to say,
"Sir Deceased, I'll have from you
Cash; for candlewax you'll pay;
And other minor expenses too."
Now he could buy a small cask he'd wanted to get
Of the very best regional wine.
A pretty niece, who was his pet,
And also his maid, Paquette,
In brand-new skirts would shine.
Pleasant thoughts, made null
By a collision: goodbye to the hearse.
Vicar John Slicker fared worse:
Hit by his dead man's casket, he earned a broken skull.
The lead-encased parishioner now ordered his pastor aboard,
Our Curate meekly followed his lord:
Both went off on the journey together.

All of our lives, birds of a feather,
Are like Vicar Slicker's who counted on a deceased to bilk,
And the fable of *The Crock of Milk*.

XII
The Man Chasing after Fortune and The Man Awaiting Her in Bed

Who isn't lured by Fortune's song?
I would like to be where, at my ease, I could remain
To observe the insistent throng
Of those who, absolutely in vain,
Pursue this daughter of Fate from land to land,
Faithful suitors for a fickle, phantom hand.

Quand ils sont près du bon moment,
L'inconstante aussitôt à leurs désirs échappe:
Pauvres gens! Je les plains; car on a pour les fous
Plus de pitié que de courroux.
"Cet homme, disent-ils, était planteur de choux,
Et le voilà devenu pape:
Ne le valons-nous pas?—Vous valez cent fois mieux;
Mais que vous sert votre mérite?
La Fortune a-t-elle des yeux?
Et puis la papauté vaut-elle ce qu'on quitte,
Le repos, le repos, trésor si précieux
Qu'on en faisait jadis le partage des Dieux?
Rarement la Fortune à ses hôtes le laisse.
Ne cherchez point cette déesse,
Elle vous cherchera: son sexe en use ainsi."
Certain couple d'amis, en un bourg établi,
Possédait quelque bien. L'un soupirait sans cesse
Pour la Fortune; il dit à l'autre un jour:
"Si nous quittions notre séjour?
Vous savez que nul n'est prophète
En son pays: cherchons notre aventure ailleurs.
—Cherchez, dit l'autre ami: pour moi je ne souhaite
Ni climats ni destins meilleurs.
Contentez-vous; suivez votre humeur inquiète:
Vous reviendrez bientôt. Je fais vœu cependant
De dormir en vous attendant."
L'ambitieux, ou, si l'on veut, l'avare,
S'en va par voie et par chemin.
Il arriva le lendemain
En un lieu que devait la déesse bizarre
Fréquenter sur tout autre; et ce lieu, c'est la cour.
Là donc pour quelque temps il fixe son séjour,
Se trouvant au coucher, au lever, à ces heures
Que l'on sait être les meilleures,
Bref, se trouvant à tout, et n'arrivant à rien.
"Qu'est ceci, ce dit-il, cherchons ailleurs du bien.
La Fortune pourtant habite ces demeures;

When they've drawn close to her domain,
With no delay, the faithless jade dashes their hope.
Poor folk, I pity them! Those for whom folly's a vocation
Elicit pity more than indignation.
"That man," they say, "once had a cabbage plantation,
And look at him now: he's a pope!
Aren't we as good?" A hundred times better, I do realize,
But what does your merit show?
Does Fortune ever have eyes?
And then, is the papacy worth what one would throw
Away, repose? Repose, so priceless a treasure,
The Gods once passed it around for their pleasure.
Fortune rarely leaves it to those she does call.
Don't search for this goddess at all,
She'll come looking for you; her sex behaves that way.
A couple of friends, each living in a village chalet,
Were well enough off. One of them, held in Fortune's thrall,
Kept yearning for her. To the other he said one day,
"What if we left this place? Why stay?
You're aware that no one is ever thought
A prophet at home. Let's seek our fortune in another state."
"Go and seek," replied his friend. "As for me, I've never sought
Or wished for either better climate or fate.
Satisfy yourself; heed the nature that has you distraught.
You'll return soon. Meanwhile, this is the promise I'll keep:
While waiting for you I'll merely sleep."
The ambitious fellow, or rather the one spellbound
By greed, set forth at once upon his way.
He arrived, on the very next day,
At a spot that the fickle goddess should be found
To frequent more than any other. This was the court, where
For some time he established himself and his repair:
Attending the royal rising, going to bed, propitious
Hours, as we all know, for the ambitious;
Attending every single event, with no results, it was clear.
"What?" he said. "Let's go seek gains at places other than here.
Yet it's in this spot that Fortune's most officious:

Je la vois tous les jours entrer chez celui-ci,
Chez celui-là: d'où vient qu'aussi
Je ne puis héberger cette capricieuse?
On me l'avait bien dit, que des gens de ce lieu
L'on n'aime pas toujours l'humeur ambitieuse.
Adieu, Messieurs de cour; Messieurs de cour, adieu:
Suivez jusques au bout une ombre qui vous flatte.
La Fortune a, dit-on, des temples à Surate:
Allons là." Ce fut un de dire et s'embarquer.
Ames de bronze, humains, celui-là fut sans doute
Armé de diamant, qui tenta cette route,
Et le premier osa l'abîme défier.
Celui-ci, pendant son voyage,
Tourna les yeux vers son village
Plus d'une fois, essuyant les dangers
Des pirates, des vents, du calme et des rochers,
Ministres de la Mort: avec beaucoup de peines
On s'en va la chercher en des rives lointaines,
La trouvant assez tôt sans quitter la maison.
L'homme arrive au Mogol: on lui dit qu'au Japon
La Fortune pour lors distribuait ses grâces.
Il y court. Les mers étaient lasses
De le porter; et tout le fruit
Qu'il tira de ses longs voyages,
Ce fut cette leçon que donnent les sauvages:
"Demeure en ton pays, par la nature instruit."
Le Japon ne fut pas plus heureux à cet homme
Que le Mogol l'avait été:
Ce qui lui fit conclure en somme
Qu'il avait à grand tort son village quitté.
Il renonce aux courses ingrates,
Revient en son pays, voit de loin ses pénates,
Pleure de joie, et dit: "Heureux qui vit chez soi,
De régler ses désirs faisant tout son emploi!
Il ne sait que par ouïr dire
Ce que c'est que la cour, la mer, et ton empire,
Fortune, qui nous fais passer devant les yeux
Des dignités, des biens, que jusqu'au bout du monde

Every day, I see her arrive, go inside, and pay her visit
    To this one and the other. So how is it
I can't be host to this capricious lady too?
So I'd been told: observing others with jaundiced eye
Occupies those here; no others' ambitions will do.
So goodbye now, Sir Courtiers; Sir Courtiers, now goodbye.
Do chase to its bitter end the shadow of your illusion.
They say Surat has Fortune's temples in profusion:
Let's go there." This said, he seized a ship's helm.
O brave hearts of diamond and of bronze, that man no doubt
Was so armored who first attempted that route
And was first to defy its abyssal realm.
    All during this quest for his prize,
    This one toward home did turn his eyes
  More than once, as he suffered all the griefs
And the dangers, from pirates, winds, doldrums, and reefs,
Those ministers of Death. Men do take enormous pains
To go off searching for Death, in the farthest domains
When, right at home, it's soon enough there to behold.
Upon reaching India's shores, in Japan, our man was told,
Fortune was delivering her favors, and by the score.
    There he raced, the seas weary once more
    Of bearing his ship. The only gain
    That from these long trips he caught
Was this lesson, one savages have always taught:
"Stay at home, and learn what nature makes plain."
Japan awarded this man no better lot of any sort
    Than had the land the Moguls rule.
    All of which made him conclude, in short,
That to leave his own village he'd been just a fool.
    He then abandoned the fruitless chase,
Came back to his land, from afar espied his native place.
He wept with joy and said, "Happy is he who with no ambition
Lives at home, the moderation of desire his only mission!
    He thus comes to know only by hearsay
The court, the sea, all the empires where you hold sway,
O Fortune. You who constantly flaunt before our gaze
Honors and wealth that we chase to the very ends of the earth

On suit, sans que l'effet aux promesses réponde.
Désormais je ne bouge, et ferai cent fois mieux."
    En raisonnant de cette sorte,
Et contre la Fortune ayant pris ce conseil,
    Il la trouve assise à la porte
De son ami plongé dans un profond sommeil.

XIII
Les Deux Coqs

Deux Coqs vivaient en paix; une Poule survint,
    Et voilà la guerre allumée.
Amour, tu perdis Troie; et c'est de toi que vint
    Cette querelle envenimée
Où du sang des Dieux même on vit le Xanthe teint!
Longtemps entre nos Coqs le combat se maintint.
Le bruit s'en répandit par tout le voisinage:
La gent qui porte crête au spectacle accourut;
    Plus d'une Hélène au beau plumage
Fut le prix du vainqueur. Le vaincu disparut:
Il alla se cacher au fond de sa retraite,
    Pleura sa gloire et ses amours,
Ses amours qu'un rival, tout fier de sa défaite,
Possédait à ses yeux. Il voyait tous les jours
Cet objet rallumer sa haine et son courage;
Il aiguisait son bec, battait l'air et ses flancs,
    Et, s'exerçant contre les vents,
    S'armait d'une jalouse rage.

Without gaining, of what's promised, a thing of any worth.
Henceforth I don't budge; I'll do better in a hundred ways."
    Having thus considered his estate,
Resolved to run after Fortune no more like a sheep,
    He found her, sitting at the gate
Of his friend, the latter still inside fast asleep.

XIII
The Two Cocks

Two Cocks were living in peace. Along came a Hen,
    And lust for war inflamed each bird.
Love, you ruined Troy; and you were the reason, when
    That venomous conflict occurred
Where with blood of the Gods the Xanthus was stained.
Long between our Cocks the encounter was sustained.
The noise of it spread through the neighborhood:
All the crested folks ran over to watch the show.
    More than one fair-plumed Helen stood
As the victor's prize. The loser ran away in woe
To hide: exiled to the depths of his retreat;
    Mourned glory and loves vanished,
The loves his rival, strutting proudly over his defeat,
Possessed while he watched. Daily the loser, banished,
Rekindled his hate, his courage at the sight;
Sharpened his beak, beat air and flanks full length,
    And, on wind essaying his strength,
    In jealous rage planned a fight.

Il n'en eut pas besoin. Son vainqueur sur les toits
S'alla percher, et chanter sa victoire.
Un Vautour entendit sa voix:
Adieu les amours et la gloire;
Tout cet orgueil périt sous l'ongle du Vautour.
Enfin, par un fatal retour,
Son rival autour de la Poule
S'en revint faire le coquet:
Je laisse à penser quel caquet,
Car il eut des femmes en foule.

La Fortune se plaît à faire de ces coups:
Tout vainqueur insolent à sa perte travaille.
Défions-nous du Sort, et prenons garde à nous
Après le gain d'une bataille.

XIV
L'Ingratitude et l'Injustice des Hommes envers la Fortune

Un trafiquant sur mer par bonheur s'enrichit.
Il triompha des vents pendant plus d'un voyage:
Gouffre, banc, ni rocher, n'exigea de péage
D'aucun de ses ballots; le Sort l'en affranchit.
Sur tous ses compagnons Atropos et Neptune
Recueillirent leur droit, tandis que la Fortune
Prenait soin d'amener son marchand à bon port.
Facteurs, associés, chacun lui fut fidèle.
Il vendit son tabac, son sucre, sa canèle,

There was no need to. His conqueror flew on up to perch high
On a roof, to crow his song of victory and preen.
But a Vulture then heard his cry,
And love and glory left the scene:
All this pride expired 'neath the Vulture's taloned weight.
In short, through a turn of fate,
The vanquished rival 'round the Hen
Danced, showing cock-dandy hackles.
I'll let you imagine all the cackles:
A whole bevy of wives was his again.

Fortune takes pleasure in dealing this sort of blow:
Every arrogant victor toward his own ruination does run;
So let's mistrust Fate and remain on the watch for a foe
After the battle is fought and won.

XIV
Man's Ingratitude and Unfairness to Fortune

A maritime trader, through luck, got rich on his freight.
For many a voyage no winds could keep him from his goal.
Maelstroms, shoals, rocks did not exact a single toll
From any of his cargo bales: he was exempted by Fate.
Atropos and Neptune from his colleagues, every one,
Collected their taxes, whereas from him Fortune asked none,
Taking care to bring her merchant to port with his prize.
All of his agents, partners, were loyal and true.
He sold his tobacco and sugar, sold his cinnamon too,

Ce qu'il voulut, sa porcelaine encor:
Le luxe et la folie enflèrent son trésor;
Bref, il plut dans son escarcelle.
On ne parlait chez lui que par doubles ducats;
Et mon homme d'avoir chiens, chevaux et carrosses;
Ses jours de jeûne étaient des noces.
Un sien ami, voyant ces somptueux repas,
Lui dit: "Et d'où vient donc un si bon ordinaire?
—Et d'où me viendrait-il que de mon savoir-faire?
Je n'en dois rien qu'à moi, qu'à mes soins, qu'au talent
De risquer à propos, et bien placer l'argent."
Le profit lui semblant une fort douce chose,
Il risqua de nouveau le gain qu'il avait fait;
Mais rien, pour cette fois, ne lui vint à souhait.
Son imprudence en fut la cause:
Un vaisseau mal frété périt au premier vent;
Un autre, mal pourvu des armes nécessaires,
Fut enlevé par les corsaires;
Un troisième au port arrivant,
Rien n'eut cours ni débit: le luxe et la folie
N'étaient plus tels qu'auparavant.
Enfin ses facteurs le trompant,
Et lui-même ayant fait grand fracas, chère lie,
Mis beaucoup en plaisirs, en bâtiments beaucoup,
Il devint pauvre tout d'un coup.
Son ami, le voyant en mauvais équipage,
Lui dit: "D'où vient cela?—De la Fortune, hélas!
—Consolez-vous, dit l'autre; et s'il ne lui plaît pas
Que vous soyez heureux, tout au moins soyez sage."

Je ne sais s'il crut ce conseil;
Mais je sais que chacun impute, en cas pareil,
Son bonheur à son industrie;
Et si de quelque échec notre faute est suivie,
Nous disons injures au Sort.
Chose n'est ici plus commune:
Le bien, nous le faisons; le mal, c'est la Fortune;
On a toujours raison, le Destin toujours tort.

At the price he had set; his porcelain likewise.
Luxury and folly swelled his gains before his eyes;
In his purse gold poured in showers, on cue.
At his home they talked only of double ducats and deals.
And did our man possess hounds, and horses, and carriages!
His fast days were feasts for marriages.
A friend, seeing these splendiferous meals,
Inquired, "What's the source of such elegant daily fare?"
"And what should its source be but my astute savoir-faire?
I owe my success only to me, to my efforts, my constant ability
To take risks when right, invest with infallibility."
Since profit seemed to him a thing so very sweet,
Once again he risked all those gains he had acquired.
But this time, not a single thing came out as he desired.
His imprudence caused his defeat:
A badly loaded ship sank in the very first gale.
Another, short of armament needed for defense,
Fell to corsairs through negligence.
A third, arriving in port under sail,
Found no trade or market: the luxury and folly rife
In those earlier days were no longer so.
Finally, agents cheating high and low,
And he himself having lived so rich and grandiose a life,
Spent a lot on pleasures, on ships and vessels spent a lot,
He became a pauper on the spot.
His friend, observing him in indigence,
Said, "What's the source of this?" "Fortune, I regret to say."
"Console yourself," the other said, "and if it ill suits her today
For you to be lucky, at least henceforth use common sense."

Whether he took the advice I don't know.
But I do know that everyone, when the case is apropos,
Imputes his good fortune to his skill.
And if, on the heels of our mistakes, things go ill,
We curse at Fate, loud and long.
Nothing's more common here below:
Good is what we do; evil comes only from Fortune's blow.
We're always in the right, Fate ever in the wrong.

XV
Les Devineresses

C'est souvent du hasard que naît l'opinion,
Et c'est l'opinion qui fait toujours la vogue.
    Je pourrais fonder ce prologue
Sur gens de tous états: tout est prévention,
Cabale, entêtement; point ou peu de justice.
C'est un torrent: qu'y faire? Il faut qu'il ait son cours.
    Cela fut et sera toujours.

Une femme, à Paris, faisait la Pythonisse:
On l'allait consulter sur chaque événement:
Perdait-on un chiffon, avait-on un amant,
Un mari vivant trop, au gré de son épouse,
Une mère fâcheuse, une femme jalouse,
    Chez la Devineuse on courait
Pour se faire annoncer ce que l'on désirait.
    Son fait consistait en adresse:
Quelques termes de l'art, beaucoup de hardiesse,
Du hasard quelquefois, tout cela concourait,
Tout cela bien souvent faisait crier miracle.
Enfin, quoique ignorante à vingt et trois carats,
    Elle passait pour un oracle.
L'oracle était logé dedans un galetas;
    Là cette femme emplit sa bourse,
    Et, sans avoir d'autre ressource,
Gagne de quoi donner un rang à son mari;
Elle achète un office, une maison aussi.
    Voilà le galetas rempli
D'une nouvelle hôtesse, à qui toute la ville,
Femmes, filles, valets, gros Messieurs, tout enfin,
Allait, comme autrefois, demander son destin:
Le galetas devint l'antre de la Sibylle.
L'autre femelle avait achalandé ce lieu.
Cette dernière femme eut beau faire, eut beau dire,
"Moi devine! on se moque: eh, Messieurs, sais-je lire?

XV
The Fortune Tellers

It's often out of chance that public opinion is born,
And it's always by public opinion that vogue is graced.
    This prologue of mine could be based
On folk of each estate: everywhere there's bias, scorn,
Intrigue, obsession; of justice there couldn't be less.
It's a torrent, but what is one to do? Its course just has to be run.
    Thus it's always been and will be done.

A woman in Paris did practice the trade of sorceress.
Folks asked her for advice on every problem, each event:
The loss of a wrinkled, old garment; a lover's lament;
To wife's dismay, a husband too long-lived and zealous;
A bothersome mother; a wife incessantly jealous.
    To the Fortune Teller they'd all rush
To have themselves fed all the long-desired mush.
    A clever act was what she'd got:
A few words and phrases of the art, of audacity a lot.
By chance, at times, all of this together did gush;
Cries of "Miracle!" were often produced by all this.
In short, though her ignorance was spread with a shovel,
    Her fame as oracle couldn't miss.
The oracle's place of residence was a hovel.
    There she filled her purse, of course,
    And, though without any other resource,
Earned enough to get her husband noble status;
Bought herself a house, a function, apparatus.
    The hovel bridged this hiatus
With another hostess, to whom the whole city gave
Custom: wives, daughters, valets, wealthy Gents, straight
To the spot all came, as before, to learn their fate.
The hovel then became, in fact, the Sibyl's cave.
The first one had filled the place with clients;
In vain the second now protested, in vain she did plead:
"Me, tell fortunes? What a joke! Sirs, I can't even read!

Je n'ai jamais appris que ma croix de par Dieu;"
Point de raison: fallut deviner et prédire,
    Mettre à part force bons ducats,
Et gagner malgré soi plus que deux avocats.
Le meuble et l'équipage aidaient fort à la chose:
Quatre sièges boiteux, un manche de balai,
Tout sentait son sabbat et sa métamorphose.
    Quand cette femme aurait dit vrai
    Dans une chambre tapissée,
On s'en serait moqué: la vogue était passée
    Au galetas; il avait le crédit.
    L'autre femme se morfondit.
    L'enseigne fait la chalandise.
J'ai vu dans le Palais une robe mal mise
    Gagner gros: les gens l'avaient prise
  Pour maître tel, qui traînait après soi
  Force écoutants. Demandez-moi pourquoi.

Making my mark by God is all I've learned of science."
No arguments. She had to predict, and succeed
In putting aside lots of good ducats,
More than any two men of law: money earned in buckets.
Furnishings and setting helped just as much as the location:
A broomstick, and four rickety stools on the floor.
It all did reek of witches' sabbath, transformation.
Had she made valid forecasts, by the score,
In a room carpeted in the latest manner,
Folks would have turned up their noses: vogue's banner
Now flew from the hovel; it was all the mode.
The other woman moldered in her new abode.
Clients are always drawn by appearance.
In the Hall of Justice rumpled robes win adherents
And big fees. On one such, the people did rely.
They thought it was worn by some master, trailed by
A horde of lawyers with no practice. Do ask me why.

XVI
Le Chat, la Belette, et le petit Lapin

Du palais d'un jeune Lapin
Dame Belette, un beau matin,
S'empara: c'est une rusée.
Le maître étant absent, ce lui fut chose aisée.
Elle porta chez lui ses pénates, un jour
Qu'il était allé faire à l'Aurore sa cour
Parmi le thym et la rosée.
Après qu'il eut brouté, trotté, fait tous ses tours,
Janot Lapin retourne aux souterrains séjours.
La Belette avait mis le nez à la fenêtre.
"O Dieux hospitaliers! que vois-je ici paraître?
Dit l'animal chassé du paternel logis.
O là, Madame la Belette,
Que l'on déloge sans trompette,
Ou je vais avertir tous les Rats du pays."
La dame au nez pointu répondit que la terre
Était au premier occupant.
C'était un beau sujet de guerre,
Qu'un logis où lui-même il n'entrait qu'en rampant.
Et quand ce serait un royaume,
Je voudrais bien savoir, dit-elle, quelle loi
En a pour toujours fait l'octroi
A Jean, fils ou neveu de Pierre ou de Guillaume,
Plutôt qu'à Paul, plutôt qu'à moi."
Jean Lapin allégua la coutume et l'usage:
"Ce sont, dit-il, leurs lois qui m'ont de ce logis
Rendu maître et seigneur, et qui, de père en fils
L'ont de Pierre à Simon, puis à moi, Jean, transmis.
'Le premier occupant,' est-ce une loi plus sage?
—Or bien, sans crier davantage,
Rapportons-nous, dit-elle, à Raminagrobis."
C'était un Chat vivant comme un dévot ermite,
Un Chat faisant la chattemite,
Un saint homme de Chat, bien fourré, gros et gras,
Arbitre expert sur tous les cas.

XVI
The Cat, the Weasel, and the Young Rabbit

The house where Jack Rabbit was born
Was taken over early, one lovely morn,
By Dame Weasel, sly as you please.
The owner being out, she accomplished the deed with ease:
Just carried in all of her household gods, in short,
One day when he'd hopped off to pay Aurora his court
In the midst of the thyme and the dew.
After he'd browsed, trotted, completed his tours all around,
Young Jack Rabbit returned to his home underground.
Out of the window Weasel was sticking her nose.
"Ye Gods of the hearth! What do I see here since I arose?"
Said the animal robbed of his paternal residence.
"Madame Weasel, hey there!
Move out now, and without fanfare,
Or I'll tell all the Rats of your impudence."
The sharp-nosed dame claimed that land, by right,
Fell to the first tenant calling.
And what a dignified cause for a fight,
A house that he himself could get into only by crawling!
"And even were it a kingdom, still
I would like to know of any statute or legal act
Awarding it in perpetuity, by pact,
To John, the son or nephew of Peter, or of Will,
Rather than to Paul, or me, in fact."
Jack Rabbit cited custom and usage as caveat:
"The laws," he said, "in this dwelling, by their decrees,
Have made me lord and master: from father to son at ease,
Handed down from Peter to Simon, then me, John, in peace.
'The first tenant!' What species of wise law is that?"
"Well, stop your crying like a brat,"
She said. "Let's go put it up to Raminagrobis."
This was a Cat living alone like a pious anchorite;
A Cat more unctuous than any cenobite;
A saint of a Cat, a thick-furred Law-Cat, big and obese,
A skilled referee in all cases like these.

Jean Lapin pour juge l'agrée.
Les voilà tous deux arrivés
Devant sa majesté fourrée.
Grippeminaud leur dit: "Mes enfants, approchez,
Approchez, je suis sourd, les ans en sont la cause."
L'un et l'autre approcha, ne craignant nulle chose.
Aussitôt qu'à portée il vit les contestants,
Grippeminaud, le bon apôtre,
Jetant des deux côtés la griffe en même temps,
Mit les plaideurs d'accord en croquant l'un et l'autre.

Ceci ressemble fort aux débats qu'ont parfois
Les petits souverains se rapportants aux rois.

XVII
La Tête et la Queue du Serpent

Le serpent a deux parties
Du genre humain ennemies,
Tête et Queue; et toutes deux
Ont acquis un nom fameux
Auprès des Parques cruelles:
Si bien qu'autrefois entre elles
Il survint de grands débats
Pour le pas.
La Tête avait toujours marché devant la Queue.
La Queue au Ciel se plaignit,
Et lui dit:
"Je fais mainte et mainte lieue
Comme il plaît à celle-ci:
Croit-elle que toujours j'en veuille user ainsi?
Je suis son humble servante.

To him as judge Jack Rabbit did agree,
So there the two now went to plead
The case before his furry majesty.
Grimalkin said to them, "My children, come close indeed,
Come close. With the weight of the years, I no longer hear
As well." Both drew near, thinking they had nought to fear.
Once contestants, as he saw, were well within reach,
Grimalkin, good apostle and brother,
Dispensing a swipe of his claws at the same time to each,
Put litigants in accord by consuming first one, then the other.

This does greatly resemble the sometime debates
That little lords bring along to heads of states.

XVII
The Head and Tail of the Snake

Two parts of a snake as it goes
Are both all humankind's foes.
And both, the Tail and the Head,
Have such fame as creatures to dread,
That to harsh Fate it was moot
When once a long and bitter dispute
Between them grew into a fight
About prior right.
The Head had always slid along before the Tail.
So Tail to Heaven then protested,
And contested:
"I do many a league in her trail
As she fancies, every day.
Does she think I always wish to go around that way?
Her humble servant, the jade!

On m'a faite, Dieu merci,
Sa sœur et non sa suivante.
Toutes deux de même sang,
Traitez-nous de même sorte:
Aussi bien qu'elle je porte
Un poison prompt et puissant.
Enfin voilà ma requête:
C'est à vous de commander,
Qu'on me laisse précéder
A mon tour ma sœur la Tête.
Je la conduirai si bien
Qu'on ne se plaindra de rien."
Le Ciel eut pour ces vœux une bonté cruelle.
Souvent sa complaisance a de méchants effets.
Il devrait être sourd aux aveugles souhaits.
Il ne le fut pas lors; et la guide nouvelle,
Qui ne voyait, au grand jour,
Pas plus clair que dans un four,
Donnait tantôt contre un marbre,
Contre un passant, contre un arbre:
Droit aux ondes du Styx elle mena sa sœur.

Malheureux les États tombés dans son erreur!

I was born, thank God, I say,
As her sister, not as her maid!
Just one blood in us does run;
Do treat us as the same sort.
Just like her, I too resort
To deadly venom, quick to stun.
So for this boon I yearn:
By you let it now be decreed
That I be allowed to precede
My sister the Head, in my turn.
I'll lead her about so well,
She'll never have reason to yell."
Heaven's kindness was cruel, when to this it agreed.
The effects of its indulgence are quite often drear.
To wishes that are blind it should turn a deaf ear.
It didn't this time; the new guide, so keen to lead,
In broad daylight playing her role,
Seeing no better than any bat or mole,
Bumped first against a marble effigy,
Next into a passerby, and then into a tree.
Leading her sister, into the Styx plunged the Snake.

Unhappy are the States that have made her mistake!

XVIII
Un Animal dans la Lune

Pendant qu'un philosophe assure
Que toujours par leur sens les hommes sont dupés,
Un autre philosophe jure
Qu'ils ne nous ont jamais trompés.
Tous les deux ont raison; et la philosophie
Dit vrai quand elle dit que les sens tromperont
Tant que sur leur rapport les hommes jugeront;
Mais aussi, si l'on rectifie
L'image de l'objet sur son éloignement,
Sur le milieu qui l'environne,
Sur l'organe et sur l'instrument,
Les sens ne tromperont personne.
La Nature ordonna ces choses sagement:
J'en dirai quelque jour les raisons amplement.
J'aperçois le soleil: quelle en est la figure?
Ici-bas ce grand corps n'a que trois pieds de tour;
Mais si je le voyais là-haut dans son séjour,
Que serait-ce à mes yeux que l'œil de la Nature?
Sa distance me fait juger de sa grandeur;
Sur l'angle et les côtés ma main la détermine.
L'ignorant le croit plat: j'épaissis sa rondeur;
Je le rends immobile, et la terre chemine.
Bref, je démens mes yeux en toute sa machine:
Ce sens ne me nuit point par son illusion.
Mon âme, en toute occasion,
Développe le vrai caché sous l'apparence;
Je ne suis point d'intelligence
Avecque mes regards, peut-être un peu trop prompts,
Ni mon oreille, lente à m'apporter les sons.
Quand l'eau courbe un bâton, ma raison le redresse:
La raison décide en maîtresse.
Mes yeux, moyennant ce secours,
Ne me trompent jamais, en me mentant toujours.
Si je crois leur rapport, erreur assez commune,
Une tête de femme est au corps de la lune.

XVIII
An Animal on the Moon

While one philosopher declares
That by their senses men are always into error led,
Another philosopher swears
That by our senses we're never misled.
Both of them are correct in this; so philosophy
Speaks truly when it says the senses will deceive
As long as what they report is what men believe.
But also, if one carefully
Adjusts the image by how far it's been sent,
By the compass of its background,
By the organ and the instrument,
The senses will never confound.
That Nature's wise in this affair is evident;
Someday its reasons I will amply document.
I perceive the sun; what sort of shape do I descry?
Down here, that great body is at most three feet round.
But were I to see it up there, on its own ground,
What would it be to my eyes other than Nature's eye?
Its distance lets me gauge its size from here:
Using angles and sides, my hands can measure it, judge.
The ignorant believe it flat; I give it body as a sphere.
I immobilize it and then it's earth that does budge.
Everywhere, in short, I bely what vision does misjudge.
In the illusion, this sense does no harm of any kind:
On every single occasion, my mind
Uncovers truth hidden beneath the appearance.
I'm not bound by personal adherence
To my eyes, a bit too quick to accept what they've found.
Nor to my ears, so slow to provide me with sound.
When water bends a stick, to unbend it reason countermands,
And it's reason that commands.
By means of this help, my eyes
Never deceive me, though they're always telling me lies.
If I made the common error of believing what they report,
On the moon's face I'd see a woman's head, in short.

Y peut-elle être? Non. D'où vient cet objet?
Quelques lieux inégaux font de loin cet effet.
La lune nulle part n'a sa surface unie:
Montueuse en des lieux, en d'autres aplanie,
L'ombre avec la lumière y peut tracer souvent
    Un homme, un bœuf, un éléphant.
Naguère l'Angleterre y vit chose pareille.
La lunette placée, un animal nouveau
    Parut dans cet astre si beau;
    Et chacun de crier merveille.
Il était arrivé là-haut un changement
Qui présageait sans doute un grand événement.
Savait-on si la guerre entre tant de puissances
N'en était point l'effet? Le Monarque accourut:
Il favorise en roi ces hautes connaissances.
Le monstre dans la lune à son tour lui parut.
C'était une souris cachée entre les verres:
Dans la lunette était la source de ces guerres.
On en rit. Peuple heureux! quand pourront les François
Se donner, comme vous, entiers à ces emplois?
Mars nous fait recueillir d'amples moissons de gloire:
C'est à nos ennemis de craindre les combats,
A nous de les chercher, certains que la Victoire,
Amante de Louis, suivra partout ses pas.
Ses lauriers nous rendront célèbres dans l'histoire.
    Même les filles de Mémoire
Ne nous ont point quittés; nous goûtons des plaisirs:
La paix fait nos souhaits et non point nos soupirs.
Charles en sait jouir: il saurait dans la guerre
Signaler sa valeur, et mener l'Angleterre
A ses jeux qu'en repos elle voit aujourd'hui.
Cependant, s'il pouvait apaiser la querelle,
Que d'encens! est-il rien de plus digne de lui?
La carrière d'Auguste a-t-elle été moins belle
Que les fameux exploits du premier des Césars?
O peuple trop heureux! quand la paix viendra-t-elle
Nous rendre, comme vous, tout entiers aux beaux-arts?

Can there be one? No. Then what's this image's source?
Uneven terrain from far away has this effect, of course.
The moon has no even areas at all, anywhere about:
Hilly in certain locations, in other ones it levels out.
Light and shadow on it with the greatest frequency can
    Trace for us an ox, an elephant, a man.
Recently in England they observed a quite similar thing.
The telescope showed a new beast there
    On that heavenly body so fair,
    To all a miraculous happening:
Some transformation up in the firmament
Which no doubt foreshadowed some marvelous event.
Who knew whether, among so many great powers, the war
Wasn't brought about by it? The Monarch came in soon.
As king he supports such lofty science all the more.
In turn he took a look at the monster up in the moon.
Between the lenses what he saw cowering was a mouse:
In the glass lay all the source of war in Europe's house.
They all had a laugh. When will the French, O fortunate nation,
Engage fully, like you, in this sort of occupation?:
Mars has us gather in great sheaves of glory, and acclaim.
It's our foes that war with us fills with fear.
We seek it eagerly, sure that Victory, in Louis's name,
His mistress, follows him in every sphere.
His laurels throughout history will surely bring us fame.
    And yet the Muses, without blame,
Have stayed with us; pleasures in them we do realize.
Peace brings us what we wish, and spares us sighs.
Charles knows the joy of this; in war he'd excel,
Valor manifest, but conduct England as well
To these diversions she enjoys in tranquility today.
Yet if from this strife he could provide us release,
What praise for him! Is anything worthier of him, pray?
Was Augustus's memorable career any less a masterpiece
Than deeds of the earlier Caesar that moved all hearts?
O too happy people! When shall we, at long last, see peace
Turn our minds, as it does yours, wholly toward the fine arts?

BOOK EIGHT

VIII

LIVRE HUITIEME

I
La Mort et le Mourant

La Mort ne surprend point le sage;
Il est toujours prêt à partir,
S'étant su lui-même avertir
Du temps où l'on se doit résoudre à ce passage.
Ce temps, hélas! embrasse tous les temps:
Qu'on le partage en jours, en heures, en moments,
Il n'en est point qu'il ne comprenne
Dans le fatal tribut; tous sont de son domaine;
Et le premier instant où les enfants des rois
Ouvrent les yeux à la lumière
Est celui qui vient quelquefois
Fermer pour toujours leur paupière.
Défendez-vous par la grandeur,
Alléguez la beauté, la vertu, la jeunesse:
La Mort ravit tout sans pudeur;
Un jour le monde entier accroîtra sa richesse.
Il n'est rien de moins ignoré,
Et puisqu'il faut que je le die,
Rien où l'on soit moins préparé.

Un Mourant, qui comptait plus de cent ans de vie,
Se plaignait à la Mort que précipitamment
Elle le contraignait de partir tout à l'heure,
Sans qu'il eût fait son testament,
Sans l'avertir au moins. "Est-il juste qu'on meure
Au pied levé? dit-il; attendez quelque peu;
Ma femme ne veut pas que je parte sans elle;
Il me reste à pourvoir un arrière-neveu;
Souffrez qu'à mon logis j'ajoute encore une aile.
Que vous êtes pressante, ô Déesse cruelle!
—Vieillard, lui dit la Mort, je ne t'ai point surpris;
Tu te plains sans raison de mon impatience:
Eh! n'as-tu pas cent ans? Trouve-moi dans Paris

I
Death and the Dying Man

Death doesn't come as unexpected guide
To the wise: these, ever set to go,
Have long learned what they owe
To the time when, steadfast, one must cross the divide.
And that time contains within it all times, alas!
Whether one allot it in days, hours, or moments that pass,
There are none that it fails to include
In the tribute to Fate, whose tyranny none can elude.
The very first instant that newborn scions of kings
Open their eyes to life's endeavor,
Is often when Fate pulls the strings
To close the same princes' eyes forever.
Protect yourself with honors, fame;
Plead beauty, cite virtue, to youth give due weight.
Death still seizes all without shame:
One day everyone on earth will add wealth to its estate.
There's no knowledge better shared
And, since I must say it, unhappily
Naught for which we're less prepared.

On his deathbed a Man, who'd lived more than a century,
Complained about Death's all too indecent haste:
It was forcing him to go in just the blink of an eye,
His will not yet made and placed.
He'd need some notice at least. "Is it fair that I should die
Unprepared?" he said. "Just a bit longer, do wait.
My going without my wife to her is a dreadful thing;
I have yet to arrange a great-grandson's estate;
Only let me put on my house this one last additional wing.
Cruel Deity, how insistent you are, ready to sting!"
"Old Man," Death said to him, "my presence here is no surprise.
About my impatience you've no reason to complain.
Aren't you a hundred? Anywhere at all in Paris apprise

Deux mortels aussi vieux; trouve-m'en dix en France.
Je devais, ce dis-tu, te donner quelque avis
    Qui te disposât à la chose:
  J'aurais trouvé ton testament tout fait,
Ton petit-fils pourvu, ton bâtiment parfait.
Ne te donna-t-on pas des avis, quand la cause
    Du marcher et du mouvement,
    Quand les esprits, le sentiment,
Quand tout faillit en toi? Plus de goût, plus d'ouïe;
Toute chose pour toi semble être évanouie:
Pour toi l'astre du jour prend des soins superflus;
Tu regrettes des biens qui ne te touchent plus.
    Je t'ai fait voir tes camarades
    Ou morts, ou mourants, ou malades:
Qu'est-ce que tout cela, qu'un avertissement?
    Allons, vieillard, et sans réplique.
    Il n'importe à la République
    Que tu fasses ton testament."

La Mort avait raison. Je voudrais qu'à cet âge
On sortît de la vie ainsi que d'un banquet,
Remerciant son hôte, et qu'on fît son paquet;
Car de combien peut-on retarder le voyage?
Tu murmures, vieillard! Vois ces jeunes mourir,
    Vois-les marcher, vois-les courir
A des morts, il est vrai, glorieuses et belles.
Mais sûres cependant, et quelquefois cruelles.
J'ai beau te le crier; mon zèle est indiscret:
Le plus semblable aux morts meurt le plus à regret.

Me of two mortals as old; go find me ten in France's domain.
I should, you say, by some sign have opened your eyes
So you'd be ready for the course.
I'd have found your will and testament all made,
Your grandchild seen to, your house perfectly arrayed.
Aren't you given notice when the wellspring, the source
Of your walking and your motions,
When your mind, too, and your emotions,
When all is failing in you? You've no trace of taste or hearing;
All to you seems faint, on the verge of disappearing.
For you the sun's attention shows only needless zeal;
You regret loss of blessings you no longer feel.
I've shown you friends at will,
Each of them dead or dying or ill.
What were all these signs but notices you've got?
Let's go, old man, with no more chatter.
To the Republic it doesn't matter
Whether you've made a will or not."

Death was right. At that age, much to be preferred
Is leaving life as from a banquet: satisfied,
Thanking one's host, bag all packed for the ride.
For how much longer can the trip be deferred?
Old Man, you grumble! Just see those young men die!
Watch them march, watch them fly
To deaths; glorious ones, it's true, and sublime,
But sure nonetheless, and cruel some of the time.
I shout to deaf ears, my preaching I can forget:
Those most resembling the dead die with most regret.

II
Le Savetier et le Financier

Un Savetier chantait du matin jusqu'au soir;
C'était merveilles de le voir,
Merveilles de l'ouïr; il faisait des passages,
Plus content qu'aucun des sept sages.
Son voisin, au contraire, étant tout cousu d'or,
Chantait peu, dormait moins encor;
C'était un homme de finance.
Si, sur le point du jour, parfois il sommeillait,
Le Savetier alors en chantant l'éveillait;
Et le Financier se plaignait
Que les soins de la Providence
N'eussent pas au marché fait vendre le dormir,
Comme le manger et le boire.
En son hôtel il fait venir
Le chanteur, et lui dit: "Or çà, sire Grégoire,
Que gagnez-vous par an? —Par an? Ma foi, Monsieur,
Dit, avec un ton de rieur
Le gaillard Savetier, ce n'est point ma manière
De compter de la sorte; et je n'entasse guère
Un jour sur l'autre: il suffit qu'à la fin
J'attrape le bout de l'année;
Chaque jour amène son pain.
—Eh bien, que gagnez-vous, dites-moi, par journée?
—Tantôt plus, tantôt moins: le mal est que toujours
(Et sans cela nos gains seraient assez honnêtes),
Le mal est que dans l'an s'entremêlent des jours
Qu'il faut chommer; on nous ruine en fêtes;
L'une fait tort à l'autre; et Monsieur le Curé
De quelque nouveau Saint charge toujours son prône."
Le Financier, riant de sa naïveté,
Lui dit: "Je vous veux mettre aujourd'hui sur le trône.
Prenez ces cent écus; gardez-les avec soin,
Pour vous en servir au besoin."

II
The Cobbler and the Financier

A Cobbler kept singing from morning till night;
To see him was a marvelous sight.
To hear him a marvel too: glissandos and solfeges;
More blissful than all of the Seven Sages.
Not so his neighbor, whom gold in abundance did bless.
He sang little and slept still less:
He was a man of high finance.
If, now and then, he dozed off when it was almost dawn,
The Cobbler's early song saw to it sleep was gone.
From the Banker plaints were drawn:
Why on earth could Heaven not enhance
His lot by offering sleep for sale in market stalls,
Like food one buys, and drink?
To his mansion he then calls
The singer and says, "Well, now, Master Gregory, think:
What are your earnings per year?" "My word, Sir, per year?"
With a laugh that all could hear,
The jolly Cobbler replied, "It has never been my fashion
To count that way. I barely make it beyond the ration
I need one day to the next; enough if ends do meet
When year's all done and gone away;
Each day provides its bread to eat."
"Well, then, tell me: what are your earnings per day?"
"Sometimes more, sometimes less. The trouble always here
(Without which our profits would be decent enough),
The trouble is that lots of days are stuck in the year
When we must be idle: these holidays make it rough.
One does harm to the other, and the curate, I must say,
Is always loading sermons with some new saint that's holy."
The Financier, quite diverted by his naiveté,
Said to him, "Today I'm going to raise you up from the lowly.
Take these hundred crowns. Guard them, taking heed,
So they'll serve you in your need."

Le Savetier crut voir tout l'argent que la terre
Avait, depuis plus de cent ans,
Produit pour l'usage des gens.
Il retourne chez lui; dans sa cave il enserre
L'argent, et sa joie à la fois.
Plus de chant: il perdit la voix,
Du moment qu'il gagna ce qui cause nos peines.
Le sommeil quitta son logis;
Il eut pour hôtes les soucis,
Les soupçons, les alarmes vaines;
Tout le jour, il avait l'œil au guet; et la nuit,
Si quelque chat faisait du bruit,
Le chat prenait l'argent. À la fin le pauvre homme
S'en courut chez celui qu'il ne réveillait plus:
"Rendez-moi, lui dit-il, mes chansons et mon somme,
Et reprenez vos cent écus."

III
Le Lion, le Loup, et le Renard

Un Lion, décrépit, goutteux, n'en pouvant plus,
Voulait que l'on trouvât remède à la vieillesse.
Alléguer l'impossible aux rois, c'est un abus.
Celui-ci parmi chaque espèce
Manda des médecins; il en est de tous arts.
Médecins au Lion viennent de toutes parts;
De tous côtés lui vient des donneurs de recettes.
Dans les visites qui sont faites,
Le Renard se dispense et se tient clos et coi.

The Cobbler thought he was seeing all the money that earth
Had in more than a hundred years
Produced for use by financiers.
Back home he went. Deep in his cellar he dug a berth
For both money and cause to rejoice.
No more singing: he lost his voice
From the moment he acquired what creates all our harm.
Sleep left his home in a hurry.
As residents, he now had worry,
Suspicion, and groundless alarm.
All day long he was on the alert. When night came 'round,
If some cat was making a sound,
The cat was taking the money. At last the poor man in his plight
Ran straight to the house of the one he no longer kept awake.
"Give me back," he said to him, "my songs and my sleep at night.
Your hundred crowns you can take."

III
The Lion, the Wolf, and the Fox

A Lion, decrepit, crippled by gout, his vigor lost,
For old age one day decided a cure could be found.
One pleads impossibility to kings at one's cost.
This one from all species around
Sent for doctors who offer all kinds of care.
Healers to see the Lion came from everywhere;
Physicians arrived on all sides, prescribers of aid.
Out of all the visits they all paid
There was none by the Fox, who kept still, out of sight.

Le Loup en fait sa cour, daube au coucher du Roi
Son camarade absent. Le Prince tout à l'heure
Veut qu'on aille enfumer Renard dans sa demeure,
Qu'on le fasse venir. Il vient, est présenté;
Et, sachant que le Loup lui faisait cette affaire:
"Je crains, Sire, dit-il, qu'un rapport peu sincère
Ne m'ait à mépris imputé
D'avoir différé cet hommage;
Mais j'étais en pèlerinage,
Et m'acquittais d'un vœu fait pour votre santé.
Même j'ai vu dans mon voyage
Gens experts et savants, leur ai dit la langueur
Dont Votre Majesté craint, à bon droit, la suite.
Vous ne manquez que de chaleur:
Le long âge en vous l'a détruite.
D'un loup écorché vif appliquez-vous la peau
Toute chaude et toute fumante;
Le secret sans doute en est beau
Pour la nature défaillante.
Messire Loup vous servira,
S'il vous plaît, de robe de chambre."
Le Roi goûte cet avis-là:
On écorche, on taille, on démembre
Messire Loup. Le Monarque en soupa,
Et de sa peau s'enveloppa.

Messieurs les courtisans, cessez de vous détruire;
Faites, si vous pouvez, votre cour sans vous nuire.
Le mal se rend chez vous au quadruple du bien.
Les daubeurs ont leur tour d'une ou d'autre manière;
Vous êtes dans une carrière
Où l'on ne se pardonne rien.

So the Wolf curried favor, at the royal bedtime that night,
By pointing to his comrade's absence. The Prince then
Gave the order at once, to have Fox smoked from his den
And brought straight to court. He came, was presented
And, learning that the Wolf had served him up this ration,
Said, "As I had feared, Sire, a malicious, lying accusation
    Is the charge now invented
    That my homage is tardy today.
    I was a pilgrim with no delay,
In fulfillment of my vow, to have your health augmented.
    I even saw, on my pilgrim's way,
Expert folk and scholars; told all your languor and pain,
The consequences of which Your Majesty so properly fears.
    All you lack is warmth again,
    Drained away by all your years.
Have a wolf skinned alive; cover up with his hide,
    Hot and steaming all its length.
    No better cure can ever be applied
    For nature's failing strength.
    Messer Wolf will serve, graced
    If you please, as your new dressing gown."
    A recipe to the King's taste:
    They skinned, dismembered, then sliced down
  Messer Wolf. The King supped on him in haste
    And wrapped his skin around his waist.

  Gentlemen courtiers, stop your destroying one another.
  Pay your court if you can without harming your brother.
  Evil comes back to you, instead of good, fourfold.
  Backbiters always do get theirs, somehow or other, no fear;
    You have chosen yourselves a career
    In which vengeance never grows cold.

IV
Le Pouvoir Des Fables
A M. de Barillon

La qualité d'Ambassadeur
Peut-elle s'abaisser à des contes vulgaires?
Vous puis-je offrir mes vers et leurs grâces légères?
S'ils osent quelquefois prendre un air de grandeur,
Seront-ils point traités par vous de téméraires?
Vous avez bien d'autres affaires
A démêler que les débats
Du Lapin et de la Belette.
Lisez-les, ne les lisez pas;
Mais empêchez qu'on ne nous mette
Toute l'Europe sur les bras.
Que de mille endroits de la terre
Il nous vienne des ennemis,
J'y consens; mais que l'Angleterre
Veuille que nos deux rois se lassent d'être amis,
J'ai peine à digérer la chose.
N'est-il point encor temps que Louis se repose?
Quel autre Hercule enfin ne se trouverait las
De combattre cette hydre? et faut-il qu'elle oppose
Une nouvelle tête aux efforts de son bras?
Si votre esprit plein de souplesse,
Par éloquence et par adresse,
Peut adoucir les cœurs et détourner ce coup,
Je vous sacrifierai cent moutons: c'est beaucoup
Pour un habitant du Parnasse;
Cependent faites-moi la grâce
De prendre en don ce peu d'encens;
Prenez en gré mes vœux ardents
Et le récit en vers qu'ici je vous dédie.
Son sujet vous convient, je n'en dirai pas plus:
Sur les éloges que l'envie
Doit avouer qui vous sont dus
Vous ne voulez pas qu'on appuie.

IV
The Power of Fables
To M. de Barillon

Can an ambassador's vocation
And rank descend to tales that are common, ordinary?
May I offer you some verses whose grace is light and airy?
If at times they dare to take on an air of dissertation,
Will they be judged by you as being rash and contrary?
You've many other knots as dignitary
To untie as the quarrelsome lot
Of Rabbit and Weasel, I know.
But read them, read them not,
Do restrain all of Europe as a foe
From our backs. The thought
That from any of a thousand places
War may come, from earth's ends,
I accept; but that their British graces
Should want our two kings to weary of remaining friends,
I can't swallow and digest.
Hasn't the time yet come for Louis to take his rest?
What other Hercules would not at last become dead
Tired of combatting this hydra? And must it now contest
The efforts of his arm with still another head?
If your supple mind, your will,
Your eloquence and skill,
Can soften their hearts and ward off this blow,
I'll offer you a hundred sheep, a fine quid pro quo
From a dweller on Parnassus's peak.
Meanwhile this favor I would seek:
Accept as a gift this bit of praise;
Along with my best wishes, always,
And the tale in verse that here to you I dedicate.
Its subject is fitting for you. I'll make no further ado
About encomia that envy in spate
Is obliged to admit are due to you:
It's not your desire that I expatiate.

Dans Athène autrefois, peuple vain et léger,
Un Orateur, voyant sa patrie en danger,
Courut à la tribune; et d'un art tyrannique,
Voulant forcer les cœurs dans une république,
Il parla fortement sur le commun salut.
On ne l'écoutait pas. L'Orateur recourut
    A ces figures violentes
Qui savent exciter les âmes les plus lentes:
Il fit parler les morts, tonna, dit ce qu'il put.
Le vent emporta tout, personne ne s'émut;
    L'animal aux têtes frivoles,
Etant fait à ces traits, ne daignait l'écouter;
Tous regardaient ailleurs; il en vit s'arrêter
A des combats d'enfants, et point à ses paroles.
Que fit le harangueur? Il prit un autre tour.
"Cérès, commença-t-il, faisait voyage un jour
    Avec l'Anguille et l'Hirondelle;
Un fleuve les arrête; et l'Anguille en nageant,
    Comme l'Hirondelle en volant,
Le traversa bientôt." L'assemblée à l'instant
Cria tout d'une voix: Et Cérès, que fit-elle?
    —Ce qu'elle fit? un prompt courroux
    L'anima d'abord contre vous.
Quoi? de contes d'enfants son peuple s'embarrasse!
    Et du péril qui le menace
Lui seul entre les Grecs il néglige l'effet!
Que ne demandez-vous ce que Philippe fait?"
    A ce reproche l'assemblée,
    Par l'apologue réveillée,
    Se donne entière à l'Orateur:
    Un trait de fable en eut l'honneur.
Nous sommes tous d'Athène en ce point; et moi-même,
Au moment que je fais cette moralité,
    Si *Peau d'âne* m'était conté,
    J'y prendrais un plaisir extrême.
Le monde est vieux, dit-on: je le crois; cependant
Il le faut amuser encor comme un enfant.

Once in Athens, home of a people flighty and vain,
An Orator, seeing danger menace their domain,
Rushed to the tribune and, with most powerful art
Wishing in this republic to sway every single heart,
Spoke forcefully about their common salvation.
None listened. The Orator, in utter frustration,
Resorted to those violent strokes
That are able to arouse the more torpid of folks:
He gave words to the dead, thundered, said what he could.
All gone with the wind: none was moved, understood.
This mass of folk with brains of birds,
By now so used to such effects, still disdained to heed.
All looked elsewhere; he saw them turn to watch, indeed,
Some children's fight, far more diverting than his words.
What did the orator do? He then attempted another way.
"Ceres," he began, "had embarked on some trip, one day
With the Eel, and the Swallow too.
A stream blocked their path. The Eel dived in headlong
And, with the Swallow flying along,
Soon reached the other side." Immediately, the throng
Cried out as one, "How about Ceres? What did she do?"
"What she did? Prompt anger, all through,
Stirred her at once against you!
What? Her people clutter their minds with children's chatter,
And to such a menacing matter
They alone among the Greeks insist on being blind!
Why is it you don't ask what Philip has in mind?"
At this reproof the cohort there,
By the apologue thus made aware,
Turned as one to the Orator's story.
The twist of a fable earned all the Glory.
We're all Athenians on this point, and I readily confess,
Even as I make this moral plain and clear,
If *Ass's Skin* now came to my ear,
My joy would be extreme, nothing less.
The world is old, they say; I believe it. Just the same,
It must like any child be diverted by a game.

V
L'Homme et la Puce

Par des vœux importuns nous fatiguons les Dieux,
Souvent pour des sujets même indignes des hommes:
Il semble que le Ciel sur tous tant que nous sommes
Soit obligé d'avoir incessamment les yeux,
Et que le plus petit de la race mortelle,
A chaque pas qu'il fait, à chaque bagatelle,
Doive intriguer l'Olympe et tous ses citoyens,
Comme s'il s'agissait des Grecs et des Troyens.

Un Sot par une Puce eut l'épaule mordue;
Dans les plis de ses draps elle alla se loger.
"Hercule, se dit-il, tu devais bien purger
La terre de cette hydre au printemps revenue.
Que fais-tu, Jupiter, que du haut de la nue
Tu n'en perdes la race afin de me venger?"
Pour tuer une puce, il voulait obliger
Ces Dieux à lui prêter leur foudre et leur massue.

V
The Man and the Flea

With nagging pleas we weary the Gods on high,
Often for reasons completely unworthy of men.
Heaven, it would seem, on every human specimen
Must incessantly keep a watchful eye.
And the silliest member of our race,
With every step and every trivial case,
Must exhort Olympus and its immortal band,
As if the Greeks and Trojans were at hand.

A Flea once gave a Fool's shoulder a bite;
In the folds of his sheets it then went and hid.
"Hercules!" he said. "You ought to have rid
Earth of this hydra that in spring shows spite.
What's keeping you, Jove, up atop your height,
From destroying this race, and avenging me?"
He'd have the Gods send, to kill a flea,
Their bludgeon and lightning bolt down to his site.

VI
Les Femmes et le Secret

Rien ne pèse tant qu'un secret:
Le porter loin est difficile aux dames;
Et je sais même sur ce fait
Bon nombre d'hommes qui sont femmes.

Pour éprouver la sienne un Mari s'écria
La nuit étant près d'elle: "O Dieux! qu'est-ce cela?
Je n'en puis plus! on me déchire!
Quoi? j'accouche d'un œuf! —D'un œuf? —Oui, le voilà,
Frais et nouveau pondu. Gardez bien de le dire:
On m'appellerait poule; enfin n'en parlez pas."
La Femme, neuve sur ce cas,
Ainsi que sur mainte autre affaire,
Crut la chose, et promit ses grands dieux de se taire;
Mais ce serment s'évanouit
Avec les ombres de la nuit.
L'Epouse, indiscrète et peu fine,
Sort du lit quand le jour fut à peine levé;
Et de courir chez sa voisine.
"Ma commère, dit-elle, un cas est arrivé;
N'en dites rien surtout, car vous me feriez battre:
Mon Mari vient de pondre un œuf gros comme quatre.
Au nom de Dieu, gardez-vous bien
D'aller publier ce mystère.
—Vous moquez-vous? dit l'autre: ah! vous ne savez guère
Quelle je suis. Allez, ne craignez rien."
La Femme du pondeur s'en retourne chez elle.
L'autre grille déjà de conter la nouvelle;
Elle va la répandre en plus de dix endroits;
Au lieu d'un œuf, elle en dit trois.
Ce n'est pas encor tout; car une autre commère
En dit quatre, et raconte à l'oreille le fait:
Précaution peu nécessaire,
Car ce n'était plus un secret.

VI
The Wives and the Secret

Nothing's as heavy as a secret intact.
For ladies to carry one far is the hardest part;
And I even know, in point of fact,
A good many men who are old wives at heart.

To give his Wife a test, a Husband let out a shout
One night, alongside her: "Ye Gods! What's this all about?
It's tearing me apart! I'm suffering!
What? I've delivered an egg!" "An egg?" "Look. It's all out,
New laid and fresh. Be careful not to say a thing:
They'd call me chicken; to mention this is taboo."
The Wife, to whom the case was new,
As well, indeed, as many another matter,
Believed the thing, and swore by God she wouldn't chatter.
But this vow faded from sight
With the shadows of the night.
The indiscreet and gullible Spouse
Left bed when day had barely showed its face,
Rushed to her neighbor's house.
"My dear," she said, "just hear this case.
Be sure not to say a thing or you'll get me beaten sore:
My Husband has just now laid an egg, as big as any four.
In the name of God you must be very sure
Not to spread news of this mystery."
"Are you joking?" said the other. "You don't know my history.
Have no fear: with me your secret's most secure."
The egglayer's Wife went back to her house to muse.
Her neighbor was already burning to tell the news.
To a dozen places she ran, with the story now remade:
Instead of one egg, three of them were laid.
That still wasn't all, for another gossip proceeded
To say it was four, whispering in everyone's ear.
A precaution no longer needed,
For no more was there a secret here.

Comme le nombre d'œufs, grâce à la renommée,
De bouche en bouche allait croissant,
Avant la fin de la journée
Ils se montaient à plus d'un cent.

VII
Le Chien qui Porte à son cou le dîné de son Maître

Nous n'avons pas les yeux à l'épreuve des belles,
Ni les main à celle de l'or:
Peu de gens gardent un trésor
Avec des soins assez fidèles.

Certain Chien, qui portait la pitance au logis,
S'était fait un collier du dîné de son maître.
Il était tempérant, plus qu'il n'eût voulu l'être
Quand il voyait un mets exquis;
Mais enfin il l'était; et tous tant que nous sommes
Nous nous laissons tenter à l'approche des biens.
Chose étrange: on apprend la tempérance aux chiens,
Et l'on ne peut l'apprendre aux hommes!
Ce Chien-ci donc étant de la sorte atourné,
Un Mâtin passe, et veut lui prendre le dîné.
Il n'en eut pas toute la joie
Qu'il espérait d'abord: le Chien mit bas la proie
Pour la défendre mieux n'étant plus chargé;
Grand combat; d'autres chiens arrivent;
Ils étaient de ceux-là qui vivent
Sur le public, et craignent peu les coups.

As the number of eggs, thanks to rumor's communiqué,
From mouth to mouth increased by the score,
Before night came to end the day
It had climbed up to a hundred and more.

VII
The Dog Carrying His Master's Dinner around His Neck

Men's eyes are not proof against feminine beauty,
Nor their hands against gold.
Few who've a treasure to hold
In trust remain true to duty.

A Dog, fetching dinner to his master's house with zeal,
Wore the basket like a pendant, hanging from his neck.
More than he'd have desired, he did hold himself in check
When he eyed this luscious meal.
But self-restrained he was, whereas we, wherever we're found,
Let ourselves yield to temptation whenever wealth is near.
Strange: we can teach restraint to dogs, it's so very clear,
But men by this lesson just won't be bound!
With this Dog, then, decked out in such fashion,
A Cur, passing, tried to make off with the ration.
He didn't have joy of it all his way,
As he was hoping, right off. The Dog laid down the prey,
The better, unhindered, to defend it with passion.
The struggle, ferocious, then drew other dogs,
The species that live and feed like hogs
On the public trough and don't shrink from blows.

Notre Chien se voyant trop faible contre eux tous,
Et que la chair courait un danger manifeste,
Voulut avoir sa part; et, lui sage, il leur dit:
"Point de courroux, Messieurs, mon lopin me suffit;
Faites votre profit du reste."
A ces mots le premier il vous happe un morceau;
Et chacun de tirer, le Mâtin, la canaille,
A qui mieux mieux. Ils firent tous ripaille,
Chacun d'eux eut part au gâteau.

Je crois voir en ceci l'image d'une ville
Où l'on met les deniers à la merci des gens.
Echevins, prévôt des marchands,
Tout fait sa main; le plus habile
Donne aux autres l'exemple, et c'est un passe-temps
De leur voir nettoyer un monceau de pistoles.
Si quelque scrupuleux, par des raisons frivoles,
Veut défendre l'argent, et dit le moindre mot,
On lui fait voir qu'il est un sot.
Il n'a pas de peine à se rendre:
C'est bientôt le premier à prendre.

VIII
Le Rieur et les Poissons

On cherche les rieurs, et moi je les évite.
Cet art veut, sur tout autre, un suprême mérite:
Dieu ne créa que pour les sots
Les méchants diseurs de bons mots.
J'en vais peut-être en une fable
Introduire un; peut-être aussi
Que quelqu'un trouvera que j'aurai réussi.

Our Dog, seeing he lacked strength to fight all these foes,
And that the risk the meat ran was all too manifest,
Then decided on his share. To them he very wisely said,
"No need for anger, Gents; I'm quite content with my shred.
You take your gains from the rest."
So saying, he was first to snatch a morsel catching his eye,
And they all began tugging away, both Cur and rabble,
To see which could gobble the most. With no more babble
Each of them got a piece of the pie.

The image of a town is what I think I make out here,
Where public funds are liable to fraud and conversion.
Judges, merchants practice subversion,
Everyone has a free hand. A quite clear
Example is set by the cleverest one, and it's a genuine diversion
To see a whole heap of pistoles cleaned out in any season.
If someone who's got scruples, for some very frivolous reason,
Wants to protect the money and invokes the slightest rule,
The rest all oblige him to see he's a fool.
With no qualms he concedes his mistake,
And he soon becomes the first one to take.

VIII
The Joker and the Fish

Jokers, much in demand, are individuals I avoid.
This art above all others calls for talent unalloyed.
God made just for foolish folks
Those who hand out wretched jokes.
Into a fable I'm going, if able,
To introduce one; perhaps indeed
Someone will consider that I managed to succeed.

Un Rieur était à la table
D'un Financier, et n'avait en son coin
Que de petits poissons: tous les gros étaient loin.
Il prend donc les menus, puis leur parle à l'oreille,
Et puis il feint, à la pareille,
D'écouter leur réponse. On demeura surpris;
Cela suspendit les esprits.
Le Rieur alors, d'un ton sage,
Dit qu'il craignait qu'un sien ami,
Pour les grandes Indes parti,
N'eût depuis un an fait naufrage;
Il s'en informait donc à ce menu fretin;
Mais tous lui répondaient qu'ils n'étaient pas d'un âge
A savoir au vrai son destin;
Les gros en sauraient davantage.
"N'en puis-je donc, Messieurs, un gros interroger?"
De dire si la compagnie
Prit goût à sa plaisanterie,
J'en doute; mais enfin il les sut engager
A lui servir d'un monstre assez vieux pour lui dire
Tous les noms des chercheurs de mondes inconnus
Qui n'en étaient pas revenus,
Et que, depuis cent ans, sous l'abîme avaient vus
Les anciens du vaste empire.

A Joker, dining at the table
Of a Financier, had at his end only slim
Little Fish; all the big ones were far away from him.
So he took the small ones, whispered soft in their ear,
Then feigned likewise, it was clear,
To listen to their answers. This sudden jape
Made everyone stop and gape.
The Joker then, in solemn tone,
Said he feared that a dear friend,
Who off to the Indies had gone
A year back, in a wreck had met his end.
He was questioning the small fry on his plate,
But they were all replying that they weren't of an age
To know the truth about his fate;
The big ones could much better gauge.
"May I not then, Sirs, have a big one to interview?"
That the assembled folk
Were all diverted by his joke,
I doubt, but at last he prevailed on a few
To serve him up a monster quite old enough to relate
All the names of seekers of worlds unknown to men
Who had never come back again;
Who for a century in the abyss had come to the ken
Of ancients in the vast ocean state.

IX
Le Rat et l'Huître

Un Rat, hôte d'un champ, rat de peu de cervelle,
Des lares paternels un jour se trouva sou.
Il laissa là le champ, le grain, et la javelle,
Va courir le pays, abandonne son trou.
    Sitôt qu'il fut hors de la case:
"Que le monde, dit-il, est grand et spacieux!
Voilà les Apennins, et voici le Caucase."
La moindre taupinée était mont à ses yeux.
Au bout de quelques jours, le voyageur arrive
En un certain canton où Téthys sur la rive
Avait laissé mainte huître; et notre Rat d'abord
Crut voir, en les voyant, des vaisseaux de haut bord.
"Certes, dit-il, mon père était un pauvre sire:
Il n'osait voyager, craintif au dernier point.
Pour moi, j'ai déjà vu le maritime empire;
J'ai passé les déserts, mais nous n'y bûmes point."
D'un certain magister le Rat tenait ces choses,
    Et les disait à travers champs,
N'étant pas de ces rats qui, les livres rongeants,
    Se font savants jusques aux dents.
    Parmi tant d'huîtres toutes closes
Une s'était ouverte; et, bâillant au soleil,
    Par un doux zéphir réjouie,
Humait l'air, respirait, était épanouie,
Blanche, grasse, et d'un goût, à la voir, nonpareil.
D'aussi loin que le Rat voit cette Huître qui bâille:
"Qu'aperçois-je, dit-il, c'est quelque victuaille;
Et, si je ne me trompe à la couleur du mets,
Je dois faire aujourd'hui bonne chère, ou jamais."
Là-dessus, maître Rat, plein de belle espérance,
Approche de l'écaille, allonge un peu le cou,
Se sent pris comme aux lacs; car l'Huître tout d'un coup
Se referme: et voilà ce que fait l'ignorance.

IX
The Rat and the Oyster

A Rat living in a field, a rat of weak mind and brain,
Fed up once with father's household gods so bland,
Leaving behind the field, the sheaves, and the grain,
Quit his hole, set forth to travel the land.
As soon as he'd gone from his grange,
"How spacious the world is," he said, "how big and wide!
Here's the Caucasus; there's the Apennine range."
A little molehill, to his eyes, was a mountainside.
Wandering thus, our traveler, after several days more,
Got to a district where Tethys, right on the shore,
Had left many an oyster. Straightway our Rat did opine
On seeing them, that he was observing big ships of the line.
"Certainly," he said, "my father was just a pitiful soul.
He didn't dare travel, beset by fears as he could be.
Whereas I've already had a good look at the whole
Ocean realm, crossed deserts (but no drinking there for me)."
By a schoolmaster the Rat had been provided this lore,
But mixed it all up in disarray,
Not being one of those rats who, nibbling at books all day,
Became scholars to the teeth in every way.
Among all these oysters shut tight, a score,
One had opened up its shell; gaping wide at the sun,
Rejoicing in a warm, gentle breeze,
It sniffed the air, breathing, expanding at ease;
White, fat, and of a savor, one could see, matched by none.
From as far as the Rat saw this Oyster, yawning on the sand,
"What do I perceive?" he said. "It's victuals, at hand.
And if I'm right on the color of the dish, I feel
That, today or never, out of it I'm to have a tasty meal."
Whereupon Master Rat, buoyed by fine hopes in profusion,
Approached the shell, stuck out his neck, all brash,
Found himself caught as in a snare; for the Oyster, in a flash,
Closed. That's the fruit of ignorance and delusion.

Cette fable contient plus d'un enseignement:
Nous y voyons premièrement
Que ceux qui n'ont du monde aucune expérience
Sont aux moindres objets frappés d'étonnement;
Et puis nous y pouvons apprendre
Que tel est pris qui croyait prendre.

X
L'Ours et l'Amateur des Jardins

Certain Ours montagnard, Ours à demi léché,
Confiné par le Sort dans un bois solitaire,
Nouveau Bellérophon, vivait seul et caché.
Il fût devenu fou: la raison d'ordinaire
N'habite pas longtemps chez les gens séquestrés.
Il est bon de parler, et meilleur de se taire;
Mais tous deux sont mauvais alors qu'ils sont outrés.
Nul animal n'avait affaire
Dans les lieux que l'Ours habitait:
Si bien que, tout ours qu'il était,
Il vint à s'ennuyer de cette triste vie.
Pendant qu'il se livrait à la mélancolie,
Non loin de là certain Vieillard
S'ennuyait aussi de sa part.
Il aimait les jardins, était prêtre de Flore,
Il l'était de Pomone encore.
Ces deux emplois sont beaux; mais je voudrais parmi
Quelque doux et discret ami:
Les jardins parlent peu, si ce n'est dans mon livre:
De façon que, lassé de vivre
Avec des gens muets, notre homme, un beau matin,
Va chercher compagnie, et se met en campagne.
L'Ours, porté d'un même dessein,

This fable contains more than one bit of edification:
What we see first is a demonstration
That those whose experience of the world is but illusion
Judge every trivial object to be an astonishing revelation.
And then this lesson is also apt:
The would-be trapper is often trapped.

X
The Bear and the Lover of Gardening

A certain mountain Bear, a Bear not all there,
Relegated by Fate to a forest, in solitude,
A new Bellerophon, lived quite alone in his lair.
He'd have gone mad; reason will usually preclude
Residence with sequestered folk for very long.
It's good to speak, and better to keep quiet,
But both, when they're pushed too far, are wrong.
No beast sought its diet
Near the Bear's solitary repair,
So that, although he was a bear,
He grew bored with this sad life-style,
Consumed by melancholy all the while.
A certain Old Man, near the spot,
Was also bored with his lot.
He loved gardens: as priest to Flora he was true;
Faithful he was to Pomona, too.
Two gracious tasks, but I'd want, to make them complete,
A gentle friend, and discreet:
Unless it happens in my book, gardens almost never speak.
So, weary of living week to week
With silent folk, our man, in hopes that he'd find
Company, set out in search of some one fine day.
The Bear, same thought in mind,

Venait de quitter sa montagne.
Tous deux, par un cas surprenant,
Se rencontrent en un tournant.
L'Homme eut peur; mais comment esquiver? et que faire?
Se tirer en Gascon d'une semblable affaire
Est le mieux: il sut donc dissimuler sa peur.
L'Ours, très mauvais complimenteur,
Lui dit: "Viens-t'en me voir." L'autre reprit: "Seigneur,
Vous voyez mon logis; si vous me vouliez faire
Tant d'honneur que d'y prendre un champêtre repas,
J'ai des fruits, j'ai du lait: ce n'est peut-être pas
De Nosseigneurs les Ours le manger ordinaire;
Mais j'offre ce que j'ai." L'Ours l'accepte; et d'aller.
Les voilà bons amis avant que d'arriver;
Arrivés, les voilà se trouvant bien ensemble;
Et, bien qu'on soit, à ce qu'il semble,
Beaucoup mieux seul qu'avec des sots,
Comme l'Ours en un jour ne disait pas deux mots,
L'Homme pouvait sans bruit vaquer à son ouvrage.
L'Ours allait à la chasse, apportait du gibier,
Faisait son principal métier
D'être bon émoucheur, écartait du visage
De son ami dormant ce parasite ailé
Que nous avons mouche appelé.
Un jour que le Vieillard dormait d'un profond somme,
Sur le bout de son nez une allant se placer,
Mit l'Ours au désespoir; il eut beau la chasser.
"Je t'attraperai bien, dit-il; et voici comme."
Aussitôt fait que dit: le fidèle émoucheur
Vous empoigne un pavé, le lance avec raideur,
Casse la tête à l'homme en écrasant la mouche,
Et non moins bon archer que mauvais raisonneur,
Raide mort étendu sur la place il le couche.

Rien n'est si dangereux qu'un ignorant ami;
Mieux vaudrait un sage ennemi.

Had left his mountain hideaway.
The two of them, astounding feat,
At a bend in the road did meet.
Fear seized the man, but what could he do and how escape?
A Gascon's solution to just this kind of scrape
Is best, so he managed to dissimulate his fright.
The Bear, most awkward at being polite,
Growled, "Come on, visit me now!" "Lord," in this grave plight
The other said, "You see my house. If you judge apropos
To grant me the honor of dining with me on rustic fare,
I have fruit, I have milk. This perhaps does not compare
With Milords the Bears' daily diet, that's likely so,
But I offer what I have." The Bear accepted and off they went.
On the way, a growing friendship had their assent;
Once there, mutually delighted, they were soon a pair.
Although one is, it seems safe to declare,
Much better off alone than with a fool,
As the Bear on any day was less than prolix as a rule,
The Man could attend to his gardening without a sound.
The Bear would go off to the hunt, bring game back,
And from his duty never slack:
Near his sleeping friend's face, all around,
Shoo away that wingèd parasite and spy
We've awarded the label of "fly."
When the Old Fellow was lying fast asleep in a nap one day,
On the tip of his nose one came repeatedly to rest.
To the Bear's despair, he couldn't discourage the pest.
"I'll get it for good," he said, "and here's how."
Said and done: the flychaser, true to his vow,
Picked up a paving stone and with a great throw,
As he swatted the fly, he smashed the man's head.
No less good marksman than as thinker he was slow,
Right on the spot he laid him out, stone dead.

From ignorant friends come most dangers and woe.
Far better to have an intelligent foe.

XI
Les Deux Amis

Deux vrais Amis vivaient au Monomotapa:
L'un ne possédait rien qui n'appartînt à l'autre.
    Les amis de ce pays-là
    Valent bien, dit-on, ceux du nôtre,
Une nuit que chacun s'occupait au sommeil,
Et mettait à profit l'absence du soleil,
Un de nos deux amis sort du lit en alarme;
Il court chez son intime, éveille les valets:
Morphée avait touché le seuil de ce palais.
L'Ami couché s'étonne; il prend sa bourse, il s'arme,
Vient trouver l'autre, et dit: "Il vous arrive peu
De courir quand on dort; vous me paraissiez homme
A mieux user du temps destiné pour le somme:
N'auriez-vous point perdu tout votre argent au jeu?
En voici. S'il vous est venu quelque querelle,
J'ai mon épée, allons. Vous ennuyez-vous point
De coucher toujours seul? Une esclave assez belle
Etait à mes côtés: voulez-vous qu'on l'appelle?
—Non, dit l'Ami, ce n'est ni l'un ni l'autre point:
    Je vous rends grâce de ce zèle.
Vous m'êtes, en dormant, un peu triste apparu;
J'ai craint qu'il ne fût vrai; je suis vite accouru.
    Ce maudit songe en est la cause."

Qui d'eux aimait le mieux? Que t'en semble, lecteur?
Cette difficulté vaut bien qu'on la propose.
Qu'un ami véritable est une douce chose!
Il cherche vos besoins au fond de votre cœur;
    Il vous épargne la pudeur
    De les lui découvrir vous-même;
    Un songe, un rien, tout lui fait peur
    Quand il s'agit de ce qu'il aime.

XI
The Two Friends

In Monomotapa there lived two true friends.
One possessed nothing not also in the other's powers.
    A friend in that land transcends,
    They say, any such we've found in ours.
While all there were busy sleeping, one night,
Making use of sun's absence from their sight,
One of our Friends leaped out of bed in dismay,
Ran straight to the other, woke all his household:
Morpheus had touched this dwelling's threshold.
Its owner, amazed, seized wallet and arms straightway,
Came down to meet him, and said, "For you it's rare
To be up when others sleep; you've ever been a man
To use this time for slumber, as best you can.
Can the loss of your wealth gambling have brought you care?
Here is some. If some dispute is so making you behave,
I have my sword, let's go. Is the cause of your unease
That you've always slept alone? A quite attractive slave
Was with me. Shall I call her to calm your mood?"
"No," said his Friend, "it's not any trouble such as these.
    I thank you for your solicitude.
In my sleep you came to me, overwhelmed by grief.
Afraid it was true, I hastened at once to bring relief.
    That cursèd dream was the cause."

Which was the better friend, O reader, the more to admire?
A hard choice to make, indeed; it gives one pause.
For a sweet thing it is to have a true friend!
He seeks to fulfill your heart's every secret desire;
    Spares you the embarrassment
    Of revealing the wishes you caress.
    Fantasies, trifles, frighten and torment,
    If they menace a friend's happiness.

XII
Le Cochon, la Chèvre, et le Mouton

Une Chèvre, un Mouton, avec un Cochon gras,
Montés sur même char, s'en allaient à la foire.
Leur divertissement ne les y portait pas;
On s'en allait les vendre, à ce que dit l'histoire:
    Le Charton n'avait pas dessein
    De les mener voir Tabarin.
    Dom Pourceau criait en chemin
Comme s'il avait eu cent bouchers à ses trousses:
C'était une clameur à rendre les gens sourds.
Les autres animaux, créatures plus douces,
Bonnes gens, s'étonnaient qu'il criât au secours;
    Ils ne voyaient nul mal à craindre.
Le Charton dit au Porc: "Qu'as-tu tant à te plaindre?
Tu nous étourdis tous: que ne te tiens-tu coi?
Ces deux personnes-ci, plus honnêtes que toi,
Devraient t'apprendre à vivre, ou du moins à te taire:
Regarde ce Mouton; a-t-il dit un seul mot?
    Il est sage. —Il est un sot,
Repartit le Cochon; s'il savait son affaire,
Il crierait comme moi, du haut de son gosier;
    Et cette autre personne honnête
    Crierait tout du haut de sa tête.
Ils pensent qu'on les veut seulement décharger,
La Chèvre de son lait, le Mouton de sa laine:
    Je ne sais pas s'ils ont raison;
    Mais quant à moi, qui ne suis bon
    Qu'à manger, ma mort est certaine.
    Adieu mon toit et ma maison."

Dom Pourceau raisonnait en subtil personnage:
Mais que lui servait-il? Quand le mal est certain,
La plainte ni la peur ne changent le destin;
Et le moins prévoyant est toujours le plus sage.

XII
The Pig, the Goat, and the Sheep

A Goat, a Sheep, and a Pig fat from tail to lip
All loaded on one cart were riding off to the fair.
To have some fun wasn't why they made the trip.
It was, as the story tells, so they'd be sold right there:
    The Carter didn't in the least propose
    To have them see Tabarin's shows.
    On the way, Dom Porker's squeals rose
As if he were fleeing butchers, scores at each heel:
An earsplitting din, quite enough to deafen folk.
The other animals, creatures far more genteel,
Good citizens, wondered whatever on earth could evoke
    Such shrieks; they saw no evil to fear.
Said Carter to Hog, "What's all your squawking for here?
You deafen us all. Why can't you be quiet too?
These two persons, more decent folks than you,
Should teach you to behave, or at least shut up and wait.
Look at that Sheep; has he said a word once?
    He's sensible." "He's a dunce,"
Said the Pig. "If he knew his coming fate,
He'd bleat at the top of his lungs, like me.
    Likewise the other decent one
    Would be screaming, not in fun.
They both think that all they'll be is light and free,
The Goat of her milk, the Sheep of the wool he's got.
    I don't know if they're right,
    But I'm good, indeed I can tell,
    For food alone: death is my lot.
    To my shed and sty farewell."

Dom Porker thus reasoned in very subtle guise,
But what did it avail? When evil cannot be averted,
By plaint nor fear will our fate be diverted;
And those who see it least are ever the most wise.

XIII
Tircis et Amarante
Pour Mademoiselle de Sillery

J'avais Esope quitté
Pour être tout à Boccace;
Mais une divinité
Veut revoir sur le Parnasse
Des fables de ma façon.
Or d'aller lui dire: "Non,"
Sans quelque valable excuse,
Ce n'est pas comme on en use
Avec des divinités,
Surtout quand ce sont de celles
Que la qualité de belles
Fait reines des volontés.
Car, afin que l'on le sache,
C'est Sillery qui s'attache
A vouloir que, de nouveau,
Sire Loup, sire Corbeau,
Chez moi se parlent en rime.
Qui dit Sillery dit tout:
Peu de gens en leur estime
Lui refusent le haut bout;
Comment le pourrait-on faire?
Pour venir à notre affaire,
Mes contes, à son avis,
Sont obscurs: les beaux esprits
N'entendent pas toute chose.
Faisons donc quelques récits
Qu'elle déchiffre sans glose:
Amenons des bergers; et puis nous rimerons
Ce que disent entre eux les Loups et les Moutons.

Tircis disait un jour à la jeune Amarante:
"Ah! si vous connaissiez, comme moi, certain mal
Qui nous plaît et qui nous enchante!
Il n'est bien sous le ciel qui vous parût égal.

XIII
Thyrsis and Amaranth
For Mademoiselle de Sillery

I'd turned from Aesop
To be Boccaccio's servant,
But a deity won't stop
Sending to Parnassus fervent
Pleas for fables of mine.
Now for me to go and decline
Without some valid excuse
Is not the line one must use
With a goddess; still
Less when to our bounden duty
One adds the divine beauty
That makes her rule our will.
For, to be completely frank,
It's Sillery one must thank
For the wish again to know
How Sire Wolf and Sire Crow
In rhymes I write now speak anew.
Saying Sillery makes the case:
Very few folks, in their view,
Would deny her prime of place.
Indeed, who would ever so dare?
To come, then, to our affair,
My stories, she finds,
Are obscure. Brilliant minds
Don't grasp all anecdotes.
So, let's tell other kinds
She'll solve without notes:
Let's have shepherds; then our verse will keep
Strictly to dialogues that Wolves arrange with Sheep.

To young Amaranth Thyrsis was saying one day,
"Ah, if, just like me, you only knew a certain pain
That does please, enchant in every way,
As inferior every blessing on earth you'd disdain!

Souffrez qu'on vous le communique;
Croyez-moi, n'ayez point de peur:
Voudrais-je vous tromper, vous pour qui je me pique
Des plus doux sentiments que puisse avoir un cœur?"
Amarante aussitôt réplique:
"Comment l'appelez-vous, ce mal? quel est son nom?
—L'amour. —Ce mot est beau; dites-moi quelques marques
A quoi je le pourrai connaître: que sent-on?
—Des peines près de qui le plaisir des monarques
Est ennuyeux et fade: on s'oublie, on se plaît
Toute seule en une forêt.
Se mire-t-on près un rivage,
Ce n'est pas soi qu'on voit; on ne voit qu'une image
Qui sans cesse revient, et qui suit en tous lieux:
Pour tout le reste on est sans yeux.
Il est un berger du village
Dont l'abord, dont la voix, dont le nom fait rougir:
On soupire à son souvenir;
On ne sait pas pourquoi, cependant on soupire;
On a peur de le voir, encor qu'on le désire."
Amarante dit à l'instant:
"Oh! oh! c'est là le mal que vous me prêchez tant?
Il ne m'est pas nouveau: je pense le connaître."
Tircis à son but croyait être,
Quand la belle ajouta: "Voilà justement
Ce que je sens pour Clidamant."
L'autre pensa mourir de dépit et de honte.

Il est force gens comme lui,
Qui prétendent n'agir que pour leur propre compte,
Et qui font le marché d'autrui.

I'll tell you about it, if I may.
Trust me, you've nought to fear.
Would I deceive you, for whom I'm very proud to say
I've the tenderest feelings a heart can hold dear?"
Amaranth replied straightway,
"Well, what do you call this pain? What's its name?"
"Love." "Oh, what a lovely word! And now tell me some sign
By which I'll know it. What feelings does it inflame?"
"Pangs. Compared to them, the joys for which a king does pine
Are dull and drab. One forgets oneself; one takes delight
In sylvan solitude, day or night.
If one looks at oneself, in a stream,
It's not oneself one observes, but an image, as in a dream,
That's constantly returning, that one never leaves behind.
To all else one's eyes are blind.
A village shepherd's esteem,
Approach, voice, name, to one's cheeks makes blushes rise.
Recalling him, one sighs.
One doesn't know why, yet of sighing one never tires.
One fears seeing him, though it's what one desires."
Amaranth said without hesitation,
"Aha! So that's the pain that's given birth to this oration!
It's not at all new to me; I think I know it in my soul."
Thyrsis thought he was near his goal
When the maiden added, "That, from head to toe,
For Clidament is how my feelings go."
The other swain nearly dropped dead of anger and shame.

Folks like him are not rare:
They think what they do will only accomplish their aim,
But only improve another's affair.

XIV
Les Obsèques de la Lionne

La femme du Lion mourut;
Aussitôt chacun accourut
Pour s'acquitter envers le Prince
De certains compliments de consolation,
Qui sont surcroît d'affliction.
Il fit avertir sa province
Que les obsèques se feraient
Un tel jour, en tel lieu; ses prévôts y seraient
Pour régler la cérémonie,
Et pour placer la compagnie.
Jugez si chacun s'y trouva.
Le Prince aux cris s'abandonna,
Et tout son antre en résonna:
Les Lions n'ont point d'autre temple.
On entendit, à son exemple,
Rugir en leurs patois Messieurs les courtisans.
Je définis la cour un pays où les gens,
Tristes, gais, prêts à tout, à tout indifférents,
Sont ce qu'il plaît au Prince, ou s'ils ne peuvent l'être,
Tâchent au moins de le parêtre:
Peuple caméléon, peuple singe du maître;
On dirait qu'un esprit anime mille corps:
C'est bien là que les gens sont de simples ressorts.
Pour revenir à notre affaire,
Le Cerf ne pleura point. Comment eût-il pu faire?
Cette mort le vengeait: la Reine avait jadis
Etranglé sa femme et son fils.
Bref, il ne pleura point. Un flatteur l'alla dire,
Et soutint qu'il l'avait vu rire.
La colère du Roi, comme dit Salomon,
Est terrible, et surtout celle du roi Lion;
Mais ce Cerf n'avait pas accoutumé de lire.
Le Monarque lui dit: "Chétif hôte des bois,
Tu ris, tu ne suis pas ces gémissantes voix.
Nous n'appliquerons point sur tes membres profanes

XIV
The Lioness's Funeral

The Lion's consort expired.
Each, when this transpired,
Rushed to the Prince, just to acquit
Himself of those murmurings of consolation
Grief needs in ample demonstration.
He advised his realm, all of it;
The funeral service he'd prepare
On such a day, at such a spot; marshals would be there
Who would administer the rite
And also place the mourners right.
Naturally, they all came 'round.
The Monarch's wailing was profound:
It made his whole cavern resound.
(Lions possess no other temple or shrine.)
His roars then became the sign
For howls by Messers Courtiers, each in his tongue.
The court, as I see it, is where the throng,
Sad, gay, willing, to all inert, both right and wrong,
Are what pleases the Prince; or if they fall short, at any rate,
They strive at least to simulate:
Chameleons aping the master's every trait,
A thousand bodies, moved merely by one mind.
It's the habitat of folk who act just like the toys we wind.
Back to our tale with no delay:
The Stag shed not a tear. How could he have done so, pray?
This death avenged him: The Queen had earlier overrun
And strangled both his wife and son.
In short, he didn't weep. A toady told of his disrespect;
Maintained he'd even been so incorrect
As to laugh. Royal ire, as Solomon said,
Is terrible; King Lion's precipitates dread indeed,
But this text the Stag had never learned to read.
The King said, "Basest woodland dweller of them all,
You laugh instead of joining those whose voices bawl!
To touch your impious limbs we will not sully and degrade

Nos sacrés ongles: venez, Loups,
Vengez la Reine; immolez tous
Ce traître à ses augustes mânes."
Le Cerf reprit alors: "Sire, le temps de pleurs
Est passé; la douleur est ici superflue.
Votre digne moitié, couchée entre des fleurs,
Tout près d'ici m'est apparue;
Et je l'ai d'abord reconnue.
"Ami, m'a-t-elle dit, garde que ce convoi,
Quand je vais chez les Dieux, ne t'oblige à des larmes.
Aux Champs Elysiens j'ai goûté mille charmes,
Conversant avec ceux qui sont saints somme moi.
Laisse agir quelque temps le désespoir du Roi:
J'y prends plaisir.' " A peine on eut ouï la chose,
Qu'on se mit à crier: "Miracle! Apothéose!"
Le Cerf eut un présent, bien loin d'être puni.

Amusez les rois par des songes,
Flattez-les, payez-les d'agréables mensonges:
Quelque indignation dont leur cœur soit rempli,
Ils goberont l'appât; vous serez leur ami.

Our sacred claws: Wolves, don't wait.
Avenge the Queen; all now immolate
The vile traitor to her august shade."
Then the Stag replied, "Sire, time for tears in showers
Is past and gone; sorrow's all too needless here.
Your worthy spouse, reclining now in beds of flowers,
To me, nearby, did recently appear.
That it was she at once was clear.
'Friend,' she said to me, 'make sure this company,
When I'm with the Gods, doesn't ever make you weep or moan.
In the Elysian Fields a thousand joys I've known,
In camaraderie with others who are saints, like me.
Let the King's despair flow yet a while, in elegy;
That gives me pleasure.' " Hardly had they got the word
When, from all, "Miracle! Apotheosis!" were heard.
The Stag received a gift, rather than meeting his end.

Dangle dreams before kings' eyes,
Flatter them, pay them off with attractive lies.
Whatever wrath in their hearts does earlier impend,
They'll gobble the bait; you'll be their friend.

XV
Le Rat et l'Eléphant

Se croire un personnage est fort commun en France:
On y fait l'homme d'importance,
Et l'on n'est souvent qu'un bourgeois.
C'est proprement le mal françois:
La sotte vanité nous est particulière.
Les Espagnols sont vains, mais d'une autre manière.
Leur orgueil me semble, en un mot,
Beaucoup plus fou, mais pas si sot.
Donnons quelque image du nôtre,
Qui sans doute en vaut bien un autre.

Un Rat des plus petits voyait un Eléphant
Des plus gros, et raillait le marcher un peu lent
De la bête de haut parage,
Qui marchait à gros équipage.
Sur l'animal à triple étage
Une sultane de renom,
Son chien, son chat et sa guenon,
Son perroquet, sa vieille, et toute sa maison,
S'en allait en pèlerinage.
Le Rat s'étonnait que les gens
Fussent touchés de voir cette pesante masse:
"Comme si d'occuper ou plus ou moins de place
Nous rendait, disait-il, plus ou moins importants!
Mais qu'admirez-vous tant en lui, vous autres hommes?
Serait-ce ce grand corps qui fait peur aux enfants?
Nous ne nous prisons pas, tout petits que nous sommes,
D'un grain moins que les Eléphants."
Il en aurait dit davantage;
Mais le Chat, sortant de sa cage,
Lui fit voir, en moins d'un instant,
Qu'un Rat n'est pas un Eléphant.

XV
The Rat and the Elephant

In France it's common to think one carries great weight.
    Folks there put on airs, soon and late,
    Who are often just bourgeois, if you please:
    It's the authentic French disease.
Stupid pride is our own special banner.
The Spanish are vain, but in quite a different manner.
    Their pride seems to me, in sum,
    A lot madder, but not so dumb.
    Of ours let's give an example
    That is, I'm sure, more than ample.

A very small Rat was watching an Elephant go,
A very large one, and mocking the pace, somewhat slow,
    Of the noble beast, who strode
    Along, delivering a mammoth load:
    On the three-story animal rode
    A sultana of reputation;
    Her dog, cat, ape, for recreation;
Her parrot, duenna, whole household population;
    All traveling in the pilgrim mode.
    The Rat, amazed that those observing
Were moved to see this ponderous mass displace
Itself, said, "As if occupying more or less space
Made any of us important, or more or less deserving!
Why, what do you other folk find to admire so in him?
That great body, that brings children fear and distress?
We hold ourselves in esteem, although we're small and slim,
    No whit less than that Elephantine mess."
    He would have talked on and on
    But, leaving his cage on the Mastodon,
    The Cat showed him, in less than a second,
    That Rats as Elephants can't be reckoned.

XVI
L'Horoscope

On rencontre sa destinée
Souvent par des chemins qu'on prend pour l'éviter.

Un Père eut pour toute lignée
Un Fils qu'il aima trop, jusques à consulter
Sur le sort de sa géniture
Les diseurs de bonne aventure.
Un de ces gens lui dit que des lions surtout
Il éloignât l'Enfant jusques à certain âge;
Jusqu'à vingt ans, point davantage.
Le Père, pour venir à bout
D'une précaution sur qui roulait la vie
De celui qu'il aimait, défendit que jamais
On lui laissât passer le seuil de son palais.
Il pouvait, sans sortir, contenter son envie,
Avec ses compagnons tout le jour badiner,
Sauter, courir, se promener.
Quand il fut en l'âge où la chasse
Plaît le plus aux jeunes esprits,
Cet exercice avec mépris
Lui fut dépeint; mais, quoi qu'on fasse,
Propos, conseil, enseignement,
Rien ne change un tempérament.
Le jeune homme, inquiet, ardent, plein de courage,
A peine se sentit des bouillons d'un tel âge,
Qu'il soupira pour ce plaisir.
Plus l'obstacle était grand, plus fort fut le désir.
Il savait le sujet des fatales défenses;
Et comme ce logis, plein de magnificences,
Abondait partout en tableaux,
Et que la laine et les pinceaux
Traçaient de tous côtés chasses et paysages,
En cet endroit des animaux,
En cet autre des personnages,
Le jeune homme s'émut, voyant peint un Lion:

XVI
The Horoscope

One's destiny is often met
On those very paths one takes to avoid its appearance.

A Father managed only to beget
One Son he loved too well, in his adherence,
For his offspring's fate,
To what seers prognosticate.
One of them said that from lions he had to preserve
And keep the Lad above all, to his twentieth year;
After that age he'd have nothing to fear.
The Father, in order to observe
A precaution on which depended the life entire
Of his beloved Son, decreed it was out of bounds
For him to cross the limits of the palace grounds.
He could, but inside, cater to his every desire:
With his friends fool around the livelong day;
Run, cavort, stroll the time away.
He reached an age when most pleasing too
To youthful spirits is the hunting horn,
Sport elders depicted with scorn.
But no matter what anyone else may say or do:
Talk, advise with admonition,
Nothing alters a disposition.
The youth, restless, ardent, in courage without peers,
Scarcely felt the normal stirrings of his years
When he yearned for that pleasure.
The more it was forbidden, the stronger was the measure
Of desire: he knew the fated ban by heart.
Since the place, full of fine objects of art,
Everywhere in pictures did abound;
And tapestries, paintings all around
On all sides portrayed some rustic hunting scene
(In some just beasts were found,
In others human figures were seen);
Aroused on seeing a painting of a Lion on a path,

"Ah! monstre, cria-t-il, c'est toi qui me fais vivre
Dans l'ombre et dans les fers!" À ces mots il se livre
Aux transports violents de l'indignation,
  Porte le poing sur l'innocente bête.
Sous la tapisserie un clou se rencontra:
    Ce clou le blesse; il pénétra
Jusqu'aux ressorts de l'âme; et cette chère tête,
Pour qui l'art d'Esculape en vain fit ce qu'il put,
Dut sa perte à ces soins qu'on prit pour son salut.
Même précaution nuisit au poète Eschyle.
  Quelque devin le menaça, dit-on,
    De la chute d'une maison.
    Aussitôt il quitta la ville,
Mit son lit en plein champ, loin des toits, sous les cieux.
Un aigle, qui portait en l'air une tortue,
Passa par là, vit l'homme, et sur sa tête nue,
Qui parut un morceau de rocher à ses yeux,
    Etant de cheveux dépourvue,
Laissa tomber sa proie, afin de la casser:
Le pauvre Eschyle ainsi sut ses jours avancer.

    De ces exemples il résulte
Que cet art, s'il est vrai, fait tomber dans les maux
    Que craint celui qui le consulte;
Mais je l'en justifie, et maintiens qu'il est faux.
    Je ne crois point que la Nature
Se soit lié les mains, et nous les lie encor
Jusqu'au point de marquer dans les cieux notre sort:
    Il dépend d'une conjoncture
    De lieux, de personnes, de temps,
Non des conjonctions de tous ces charlatans.
Ce berger et ce roi sont sous même planète;
L'un d'eux porte le sceptre, et l'autre la houlette:
    Jupiter le voulait ainsi.
Qu'est-ce que Jupiter? un corps sans connaissance.
    D'où vient donc que son influence
Agit différemment sur ces deux hommes-ci?

"Ah, monster!" the youth shouted. "It's because of you
I live in shadow and in chains!" With these words he flew
Into a rage: lashing out with his fist, in wrath
At the inoffensive beast, he pounded a hole
In the tapestry: beneath, a nail sealed his fate,
Piercing his hand; poison didn't wait
To spread through his blood; the loss of this dear soul,
For whom the art of Aesculapius in vain did what it could,
Was due to measures taken for his safety that did no good.
A similar precaution brought Aeschylus down.
An oracle warned him, so it was said,
A house would fall on his head.
Not waiting at all, he left town,
Put his bed out in a field, far from all homes, beneath open skies.
An eagle, then carrying a tortoise high up in the air,
Passed by, saw the man. Down on his head, which was bare
And had the appearance of a piece of rock to its eyes
Because it was all denuded of hair,
It dropped its prey, so that it would break apart.
Thus poor Aeschylus learned how his life would depart.

From these examples it results
That this art causes the very ills, if its predictions are true,
Apprehended by the one who consults
It. But I absolve it here, and claim it's false all through.
I don't believe it was Nature's vocation
To tie its own hands or put ours under such a weight,
To the point of precisely situating in the heavens our fate.
That rests on a concatenation
Of time, of persons, and of place,
Not on the junctures all such charlatans do embrace.
Born under one planet are this shepherd, this king;
One carries a crook, the other one has a scepter and a ring.
"Jupiter wanted it that way."
What's Jupiter? A body in the heavens that hasn't a mind.
How does any influence anyone can find,
For one of these men, to such an extent go astray?

Puis comment pénétrer jusques à notre monde?
Comment percer des airs la campagne profonde?
Percer Mars, le Soleil, et des vides sans fin?
Un atome la peut détourner en chemin:
Où l'iront retrouver les faiseurs d'horoscope?
    L'état où nous voyons l'Europe
Mérite que du moins quelqu'un d'eux l'ait prévu:
Que ne l'a-t-il donc dit? Mais nul d'eux ne l'a su.
L'immense éloignement, le point, et sa vitesse,
    Celle aussi de nos passions,
    Permettent-ils à leur faiblesse
De suivre pas à pas toutes nos actions?
Notre sort en dépend: sa course entre-suivie
Ne va, non plus que nous, jamais d'un même pas;
    Et ces gens veulent au compas
    Tracer le cours de notre vie!
    Il ne se faut point arrêter
Aux deux faits ambigus que je viens de conter.
Ce Fils par trop chéri, ni le bonhomme Eschyle,
N'y font rien: tout aveugle et menteur qu'est cet art,
Il peut frapper au but une fois entre mille;
    Ce sont des effets du hasard.

XVII
L'Ane et le Chien

Il se faut entr'aider; c'est la loi de nature.
    L'Ane un jour pourtant s'en moqua;
    Et ne sais comme il y manqua;
    Car il est bonne créature.

And how is it able to get to our world from its base?
How, in fact, can it pierce the vast reaches of space,
Pass right through Mars, the Sun, and the infinite void?
On the way just one atom it needs to avoid
May turn it aside. Where will the astrologers locate
It? What we now see as Europe's state
Should have been foretold by them, at the very least by one.
So why has nothing been said? Such a forecast was made by none.
Do the enormous distance, the location, and the velocity,
That of our passions likewise,
Let their impotence and pomposity
Follow, step by step, all the deeds we do devise?
"Our fate depends on them." But, lacking in consequence,
No more than we, it never follows its path at the same pace.
And these compass-users would all trace
The course of our lives, with insolence!
Nor must we let ourselves be checkmated
By the two equivocal cases I've just this moment related.
Neither the Son too cherished nor old Aeschylus in fright
Is any proof. This art, so blind and false in its every stance,
Once in a thousand times may just get things right.
That's only the workings of chance.

XVII
The Ass and the Dog

We must help one another: it's nature's basic feature.
Yet the Ass scoffed at this law one day.
I don't know how he failed to obey
It, for he's a decent creature.

Il allait par pays, accompagné du Chien,
Gravement, sans songer à rien,
Tous deux suivis d'un commun maître.
Ce maître s'endormit: l'Ane se mit à paître:
Il était alors dans un pré
Dont l'herbe était fort à son gré.
Point de chardons pourtant; il s'en passa pour l'heure:
Il ne faut pas toujours être si délicat;
Et faute de servir ce plat,
Rarement un festin demeure.
Notre Baudet s'en sut enfin
Passer pour cette fois. Le Chien, mourant de faim,
Lui dit: "Cher compagnon, baisse-toi, je te prie:
Je prendrai mon dîné dans le panier au pain."
Point de réponse, mot: le Roussin d'Arcadie
Craignit qu'en perdant un moment
Il ne perdît un coup de dent.
Il fit longtemps la sourde oreille:
Enfin il répondit: "Ami, je te conseille
D'attendre que ton maître ait fini son sommeil;
Car il te donnera, sans faute, à son réveil,
Ta portion accoutumée:
Il ne saurait tarder beaucoup."
Sur ces entrefaites, un Loup
Sort du bois, et s'en vient: autre bête affamée.
L'Ane appelle aussitôt le Chien à son secours.
Le Chien ne bouge, et dit: "Ami, je te conseille
De fuir, en attendant que ton maître s'éveille;
Il ne saurait tarder: détale vite, et cours.
Que si ce Loup t'atteint, casse-lui la mâchoire:
On t'a ferré de neuf; et si tu me veux croire,
Tu l'étendras tout plat." Pendant ce beau discours,
Seigneur Loup étrangla le Baudet sans remède.

Je conclus qu'il faut qu'on s'entraide.

He was crossing some meadows, Dog at his side,
Gravely, no thought as a guide.
Their master followed, a way behind.
Master stopped off for a nap, so Ass inclined
His head to graze (no need for haste)
In a field where grass was to his taste,
But not a thistle to be seen; this time he did without.
We must not always be picky, as we might wish.
Even at meals lacking this dish,
Food is rarely left lying about.
Our Donkey went without, anyway,
This time. The Dog, who was quite famished that day,
Said, "Please kneel, dear companion, so I can feed:
I'll be able to dine from the breadbag that way."
No answer, not even a word; the Arcadian Steed
Feared, if he paused even a second,
He'd miss a bite that beckoned.
For quite a while he turned a deaf ear.
At last he said, "Friend, I advise you here
To wait until your master has finished up his nap,
For once he's fully awake, he'll surely unwrap
Your usual portion, at least.
It's not likely he'll be very long."
In the meantime, coming right along
From the woods, a Wolf drew near, another famished beast.
The Ass appealed to the Dog for his help straightway.
The Dog didn't budge, and said, "I advise you, Friend,
To flee while you wait for your master's nap to end.
It's not likely he'll be long; take off and run away.
If this Wolf catches up, you'll break his jaw, so easily:
You're newly shod. Just do what I say, believe you me;
You'll knock him flat." With this fine speech under way,
Sir Wolf choked the Donkey now deserted by his brother.

I conclude that we're obliged to help one another.

XVIII
Le Bassa et le Marchand

Un Marchand grec en certaine contrée
Faisait trafic. Un Bassa l'appuyait;
De quoi le Grec en Bassa le payait,
Non en Marchand: tant c'est chère denrée
Qu'un protecteur. Celui-ci coûtait tant,
Que notre Grec s'allait partout plaignant.
Trois autres Turcs, d'un rang moindre en puissance,
Lui vont offrir leur support en commun.
Eux trois voulaient moins de reconnaissance
Qu'à ce Marchand il n'en coûtait pour un.
Le Grec écoute; avec eux il s'engage;
Et le Bassa du tout est averti:
Même on lui dit qu'il jouera, s'il est sage,
A ces gens-là quelque méchant parti,
Les prévenant, les chargeant d'un message
Pour Mahomet, droit en son paradis,
Et sans tarder; sinon ces gens unis
Le préviendront, bien certain qu'à la ronde
Il a des gens tout prêts pour le venger:
Quelque poison l'envoira protéger
Les trafiquants qui sont en l'autre monde.
Sur cet avis le Turc se comporta
Comme Alexandre; et plein de confiance,
Chez le Marchand tout droit il s'en alla,
Se mit à table. On vit tant d'assurance
En ses discours et dans tout son maintien,
Qu'on ne crut point qu'il se doutât de rien.
"Ami, dit-il, je sais que tu me quittes;
Même l'on veut que j'en craigne les suites;
Mais je te crois un trop homme de bien;
Tu n'as pas l'air d'un donneur de breuvage.
Je n'en dis pas là-dessus davantage.
Quant à ces gens qui pensent t'appuyer,
Ecoute-moi: sans tant de dialogue
Et de raisons qui pourraient t'ennuyer,
Je ne te veux conter qu'un apologue.

XVIII
The Pasha and the Merchant

A Greek Merchant once built up trade
In a land where a Pasha did allocate
Safety; paid by Greek at Pasha's rate,
Not at Trader's, so high-priced is the aid
Of a protector. This one's fee was so dear,
Our Greek went raining plaints on every ear.
Three other Turks, of distinctly inferior station,
Came offering him protection at a run,
The three of them for much less compensation
Than it now cost the Merchant for just one.
The Greek agrees, takes them on the spot.
Pasha's told of this, prestissimo;
Even advised that if he's wise, like a shot
He'll deal these men some nasty blow,
Forestalling them, seeing that at once they go,
Enlightening Mohammed, right to paradise.
For these folks, together, will otherwise
Forestall him, certain he has friends and heirs
Ready to avenge slights to his self-respect:
Some poison will send him to protect
Traders in the other world selling their wares.
Whereupon the Turk acted with grace,
Like Alexander and, exuding confidence,
Went straight off to the Merchant's place
To dinner. In his speech such evidence
Of assurance was seen, and in his bearing,
No one present thought he suspected a thing.
"I know you've left me, Friend," he said.
"Some say what follows should cause me dread,
But I think your honor is not slackening:
You don't look the man ready to poison a drink.
I need say nothing else on this, I think.
As for the gents who expect to give you more
Protection, hear this: skipping dialogue
And any arguments which might conceivably bore
You, all I'll do is pass on this apologue.

Il était un Berger, son Chien et son troupeau.
Quelqu'un lui demanda ce qu'il prétendait faire
D'un Dogue de qui l'ordinaire
Etait un pain entier. Il fallait bien et beau
Donner cet animal au seigneur du village.
Lui, Berger, pour plus de ménage,
Aurait deux ou trois mâtineaux
Qui lui dépensant moins veilleraient aux troupeaux
Bien mieux que cette bête seule.
Il mangeait plus que trois; mais on ne disait pas
Qu'il avait aussi triple gueule
Quand les loups livraient des combats.
Le Berger s'en défait; il prend trois chiens de taille
A lui dépenser moins, mais à fuir la bataille.
Le troupeau s'en sentit; et tu te sentiras
Du choix de semblable canaille.
Si tu fais bien, tu reviendras à moi."
Le Grec le crut. Ceci montre aux provinces
Que, tout compté, mieux vaut, en bonne foi,
S'abandonner à quelque puissant roi,
Que s'appuyer de plusieurs petits princes.

XIX
L'Avantage de la Science

Entre deux Bourgeois d'une ville
S'émut jadis un différend:
L'un était pauvre, mais habile;
L'autre riche, mais ignorant.
Celui-ci sur son concurrent
Voulait emporter l'avantage,
Prétendait que tout homme sage
Etait tenu de l'honorer.

"There was a Shepherd with a flock and a Dog, big and stout.
Someone once asked him just what he thought he was doing there
With a Bulldog whose everyday fare
Was an entire loaf of bread. Without any semblance of doubt
He had to give the beast away, and to the village lord.
He, the Shepherd, could much better afford
Two or three young curs: they'd be cheap,
Cost him less; and they'd much better guard the sheep
Than just this one beast he saw:
Alone it ate more than three; but he failed to say
It also had a triple-sized jaw
When confronted by wolves in the fray.
The Shepherd got rid of it, and took three dogs of a size
To eat less, but which fled fights that did arise.
The flock felt the effect; so will you the day
Such riffraff as this you utilize.
If you're wise to me again you'll cling."
So the Greek did. To provinces the point is made:
It's better, honestly, after weighing everything,
To resign one's fate to one powerful king
Than to count on several little princes for aid.

XIX
The Advantage of Knowledge

Between two Townsmen an ongoing
Debate rose to fever pitch.
One of them was poor but knowing;
The other, ignorant, was rich.
The latter possessed an itch
To gain advantage in the game.
Every learned man, he did claim,
Owed him honor, as was clear.

C'était tout homme sot; car pourquoi révérer
Des biens dépourvus de mérite?
La raison m'en semble petite.
"Mon ami, disait-il souvent
Au savant,
Vous vous croyez considérable;
Mais, dites-moi, tenez-vous table?
Que sert à vos pareils de lire incessamment?
Ils sont toujours logés à la troisième chambre,
Vêtus au mois de juin comme au mois de décembre,
Ayant pour tout laquais leur ombre seulement.
La République a bien affaire
De gens qui ne dépensent rien!
Je ne sais d'homme nécessaire
Que celui dont le luxe épand beaucoup de bien.
Nous en usons, Dieu sait! notre plaisir occupe
L'artisan, le vendeur, celui qui fait la jupe,
Et celle qui la porte, et vous, qui dédiez
A Messieurs les gens de finance
De méchants livres bien payés."
Ces mots remplis d'impertinence
Eurent le sort qu'ils méritaient.
L'homme lettré se tut, il avait trop à dire.
La guerre le vengea bien mieux qu'une satire.
Mars détruisit le lieu que nos gens habitaient:
L'un et l'autre quitta sa ville.
L'ignorant resta sans asile:
Il reçut partout des mépris;
L'autre reçut partout quelque faveur nouvelle:
Cela décida leur querelle.
Laissez dire les sots: le savoir a son prix.

Rather it was any fool, for why should one revere
    Wealth that in merit has no backing?
    Any reason to do so seems lacking.
    "My friend," he frequently began
        To the learned man,
    "You think you rate consideration,
    But tell me: do you serve a collation?
What good does it do your fellows to study, all alone?
All your kind find their lodging only up in an attic;
You dress in December as you do in June, that's automatic;
And your shadows are the only servants you have known.
    Some use and value to the State
    Are those folks who do not spend!
    I know none it needs to placate
Other than those whose wealth much good does extend.
We do this, Lord knows! Given work by our pleasure
Are artisans, merchants, dressmakers, in full measure;
And those wearing the dresses, and you, who dedicate
    Mean books to men of high finance,
    For which they often compensate
    You well." This conceited stance
    Got the fate it deserved, and more.
The scholar was still: he had too much to rectify.
War hit back more tellingly than any satiric reply:
Mars soon demolished our two neighbors' native shore.
    Both left all they had inside their city.
    The dunce found no refuge or pity;
    Scorn was all he did ever collect.
New approval, everywhere, the other did accumulate,
    And that decided their debate.
Let fools talk. Knowledge does produce respect.

XX
Jupiter et les Tonnerres

Jupiter, voyant nos fautes,
Dit un jour, du haut des airs:
"Remplissons de nouveaux hôtes
Les cantons de l'univers
Habités par cette race
Qui m'importune et me lasse.
Va-t'en, Mercure, aux Enfers;
Amène-moi la Furie
La plus cruelle des trois.
Race que j'ai trop chérie,
Tu périras cette fois."
Jupiter ne tarda guère
A modérer son transport.
O vous, Rois, qu'il voulut faire
Arbitres de notre sort,
Laissez, entre la colère
Et l'orage qui la suit,
L'intervalle d'une nuit.
Le Dieu dont l'aile est légère
Et la langue a des douceurs,
Alla voir les noires Sœurs.
A Tisiphone et Mégère
Il préféra, ce dit-on,
L'impitoyable Alecton.
Ce choix la rendit si fière,
Qu'elle jura par Pluton
Que toute l'engeance humaine
Serait bientôt du domaine
Des déités de là-bas.
Jupiter n'approuva pas
Le serment de l'Euménide.
Il la renvoie; et pourtant
Il lance un foudre à l'instant
Sur certain peuple perfide.
Le Tonnerre, ayant pour guide

XX
Jupiter and the Thunderbolts

Jupiter up above one day did say,
Seeing our misdeeds had grown worse,
"Let's find new inhabitants to stay
In the districts of the universe
Whose dwellers are this dreary
Race, that irks and makes me weary.
Mercury, go to the land we curse,
Hell; bring me a Fury, the one
Who is the cruelest of the three.
Race for whom my love is overdone,
This time you die; you'll see."
Not long did Jupiter remain
In this most wrathful state.
O Kings, you he picked out to reign
As earthly judges of our fate,
Do allow your ire to wane,
Ere you storm and fight,
At least the space of a night.
The God who flies about on rapid wing,
Whose tongue is sweetest of all,
On the Dark Sisters paid his call.
Over Tisiphone, Megaera's sting,
He chose, they say, with care:
Alecto, crueler than the pair.
The choice made her so very vain
That by Pluto she did swear:
Without fail the whole human race
Would soon populate the place
Where netherworld gods move.
Now Jupiter didn't approve
This vow the Fury did invoke.
He sent her back, but, anyway,
Launched a bolt, without any delay,
At a certain faithless folk.
The aimer of this lightning stroke,

Le père même de ceux
Qu'il menaçait de ses feux,
Se contenta de leur crainte;
Il n'embrasa que l'enceinte
D'un désert inhabité:
Tout père frappe à côté.
Qu'arriva-t-il? Notre engeance
Prit pied sur cette indulgence.
Tout l'Olympe s'en plaignit;
Et l'assembleur de nuages
Jura le Styx, et promit
De former d'autres orages:
Ils seraient sûrs. On sourit;
On lui dit qu'il était père,
Et qu'il laissât, pour le mieux,
A quelqu'un des autres dieux
D'autres tonnerres à faire.
Vulcan entreprit l'affaire.
Ce dieu remplit ses fourneaux
De deux sortes de carreaux:
L'un jamais ne se fourvoie;
Et c'est celui que toujours
L'Olympe en corps nous envoie;
L'autre s'écarte en son cours:
Ce n'est qu'aux monts qu'il en coûte;
Bien souvent même il se perd;
Et ce dernier en sa route
Nous vient du seul Jupiter.

Who was, in fact, the sire
Of those he menaced with his fire,
Was content to give them a scare:
His bolt merely singed the air
In a vacant wilderness park.
All sires strike wide of the mark.
What happened next? Our own race
Abused this indulgence and grace.
Whereupon all Olympus did complain.
The assembler of clouds in swarms
Swore by the Styx: promised again
That he would whip up other storms;
They'd strike home. All smiled then;
Said he was a father, they knew,
And they would have much better odds
To leave it to another of the gods
To fashion other bolts, brand new.
This task Vulcan undertook to do:
He filled his furnace, fore and aft,
With two different types of shaft.
The first kind never goes astray
And, every time, that is the one
Olympus, as a body, sends our way.
The others leave the course begun,
And only mountains suffer their ire;
To waste themselves they're prone.
This second kind is set on fire
And launched at us by Jove alone.

XXI
Le Faucon et le Chapon

Une traîtresse voix bien souvent vous appelle;
Ne vous pressez donc nullement:
Ce n'était pas un sot, non, non et croyez-m'en,
Que le chien de Jean de Nivelle.
Un citoyen du Mans, chapon de son métier,
Etait sommé de comparaître
Par-devant les lares du maître,
Au pied d'un tribunal que nous nommons foyer.
Tous les gens lui criaient, pour déguiser la chose,
"Petit, petit, petit!" mais, loin de s'y fier,
Le Normand et demi laissait les gens crier.
"Serviteur, disait-il; votre appât est grossier:
On ne m'y tient pas, et pour cause."
Cependant un Faucon sur sa perche voyait
Notre Manceau qui s'enfuyait.
Les chapons ont en nous fort peu de confiance,
Soit instinct, soit expérience.
Celui-ci, qui ne fut qu'avec peine attrapé,
Devait, le lendemain, être d'un grand soupé,
Fort à l'aise en un plat, honneur dont la volaille
Se serait passée aisément.
L'Oiseau chasseur lui dit: "Ton peu d'entendement
Me rend tout étonné. Vous n'êtes que racaille,
Gens grossiers, sans esprit, à qui l'on n'apprend rien.
Pour moi, je sais chasser, et revenir au maître.
Le vois-tu pas à la fenêtre?
Il t'attend: es-tu sourd? —Je n'entends que trop bien,
Repartit le Chapon; mais que me veut-il dire?
Et ce beau cuisinier armé d'un grand couteau?
Reviendrais-tu pour cet appeau?
Laisse-moi fuir; cesse de rire
De l'indocilité qui me fait envoler
Lorsque d'un ton si doux on s'en vient m'appeler.
Si tu voyais mettre à la broche
Tous les jours autant de faucons
Que j'y vois mettre de chapons,
Tu ne me ferais pas un semblable reproche."

XXI
The Falcon and the Capon

Siren songs quite often call you with their spell,
But don't rush off to the spot.
No, no, he wasn't any fool; believe me, he was not,
Was the dog of Jean de Nivelle.
A citizen of Le Mans, capon by trade and name,
Was once issued a citation,
Right in his owner's habitation,
To appear before a court we call the cooking flame.
Everybody cooed at him, to disguise the flagrant treason,
"Tiny, Tiny, Tiny!" But, distrusting the call's source,
The Norman-and-a-half let them coo themselves hoarse.
"Your servant," he said. "Your lure is clumsy and coarse.
You don't get me with it, for a reason."
Meanwhile a Falcon, on his perch, did observe
Our Mansian from this danger swerve:
Capons scarcely ever put their trust in humans at all,
Be it instinct or trials they recall.
This one, caught only after much work and delay,
Was to be the main guest at a big feast next day,
Lying all at his ease on a platter, an honor that the fowl
Would most gladly have declined.
The Hunting Bird said to him, "Your utterly ignorant mind
Astonishes me: all of you, vulgar, dumb, cheek by jowl
You're just a witless rabble, to whom no one at all can tell
A thing. Now I can hunt and return to the master's care.
Don't you see him at the window there?
He awaits you. Are you deaf?" "I can hear him all too well,"
The Capon replied. "But what is it he means to say?
And that fine cook, who's holding a great big knife,
Would that lure you back on your life?
Let me go, and stop sneering that way
At my balking, and flight in consternation
When in such honeyed tones they sing their invitation.
If you saw, turning on the spit,
As many falcons every single day
As I see capons, come what may,
You'd not reproach me thus as lacking in wit."

XXII
Le Chat et le Rat

Quatre animaux divers, le Chat Grippe-fromage,
Triste-oiseau le Hibou, Ronge-maille le Rat,
    Dame Belette au long corsage,
    Toutes gens d'esprit scélérat,
Hantaient le tronc pourri d'un pin vieux et sauvage.
Tant y furent, qu'un soir à l'entour de ce pin
L'Homme tendit ses rets. Le Chat, de grand matin,
    Sort pour aller chercher sa proie.
Les derniers traits de l'ombre empêchent qu'il ne voie
Le filet: il y tombe, en danger de mourir;
Et mon Chat de crier: et le Rat d'accourir,
L'un plein de désespoir, et l'autre plein de joie;
Il voyait dans les lacs son mortel ennemi.
    Le pauvre Chat dit: "Cher ami,
    Les marques de ta bienveillance
    Sont communes en mon endroit;
Viens m'aider à sortir du piège où l'ignorance
    M'a fait tomber. C'est à bon droit
Que, seul entre les tiens, par amour singulière,
Je t'ai toujours choyé, t'aimant comme mes yeux.
Je n'en ai point regret, et j'en rends grâce aux Dieux.
    J'allais leur faire ma prière,
Comme tout dévot Chat en use les matins.
Ce réseau me retient: ma vie est en tes mains;
Viens dissoudre ces nœuds. —Et quelle récompense
    En aurai-je? reprit le Rat.
    —Je jure éternelle alliance
    Avec toi, repartit le Chat.
Dispose de ma griffe, et sois en assurance:
Envers et contre tous je te protégerai,
    Et la Belette mangerai
    Avec l'époux de la Chouette:
Ils t'en veulent tous deux." Le Rat dit: "Idiot!
Moi ton libérateur? je ne suis pas si sot."
    Puis il s'en va vers sa retraite.

XXII
The Cat and the Rat

Four varied animals, the Cat Grab-Cheese-in-Haste,
Gnaw-Stitch the Rat, along with Sad-Bird the Owl,
And Dame Weasel-Long-Waist,
Four beasts wicked and foul,
Had as their base an old woodland pine now gone to waste.
They were there so much that by this pine one night
A Man set his snares. The Cat, just at earliest light,
Went out on the hunt for his prey.
The last faint traces of darkness were still holding sway
And covering the net; to deadly peril in he fell.
And did our Cat yowl, our Rat rush up at his yell!
For the one, despair; for the other his happiest day:
Caught inside the trap, his mortal enemy sat.
"Dear friend," said poor Cat,
"The signs of your benevolence
To me are constant everywhere.
Do come help me from this trap, into which ignorance
Made me fall. Rightly, with all due care,
Out of a very special love, you alone among your kind
I've ever favored, cherished like the apple of my eye.
This I don't regret at all, and so do thank the Gods on high.
Going to pray to them I had in mind,
As every pious Cat every morn at matins prays.
This net stops me; your wish holds the rest of my days.
Come chew through these knots." "And what sort of a reward
Will I obtain?" replied the Rat.
"I swear eternal alliance, accord
With you now," responded the Cat.
"My claws are at your disposal, and you've my word:
I'll save you from one and all, from any doom;
And the Weasel I'll consume,
The Barn Owl's spouse I will eat.
They're both your enemies." "Idiot!" replied the Rat.
"I, free you? I'm not fool enough for that."
Then off he went, toward his retreat.

La Belette était près du trou.
Le Rat grimpe plus haut; il y voit le Hibou:
Dangers de toutes parts; le plus pressant l'emporte.
Ronge-maille retourne au Chat, et fait en sorte
Qu'il détache un chaînon, puis un autre, et puis tant
Qu'il dégage enfin l'hypocrite.
L'Homme paraît en cet instant;
Les nouveaux alliés prennent tous deux la fuite.
A quelque temps de là, notre Chat vit de loin
Son Rat qui se tenait à l'erte et sur ses gardes:
"Ah! mon frère, dit-il, viens m'embrasser; ton soin
Me fait injure: tu regardes
Comme ennemi ton allié.
Penses-tu que j'aie oublié
Qu'après Dieu je te dois la vie?
—Et moi, reprit le Rat, penses-tu que j'oublie
Ton naturel? Aucun traité
Peut-il forcer un Chat à la reconnaissance?
S'assure-t-on sur l'alliance
Qu'a faite la nécessité?"

XXIII
Le Torrent et la Rivière

Avec grand bruit et grand fracas
Un Torrent tombait des montagnes:
Tout fuyait devant lui; l'horreur suivait ses pas;
Il faisait trembler les campagnes.
Nul voyageur n'osait passer
Une barrière si puissante.
Un seul vit des voleurs; et, se sentant presser,
Il mit entre eux et lui cette onde menaçante.

Weasel was at the hole on the prowl.
The Rat climbed up higher, only to notice the Owl.
Dangers everywhere; the most pressing of them won the day.
Gnaw-Stitch went back to the Cat and gnawed away,
To bite through one link, then another, and so many then
That he freed the hypocrite at last.
Just then, the Man showed up again.
The brand-new allies both took to their heels, fast.
Later, our Cat saw, at a distance and about to flee,
His Rat, who was still on the alert, and on his guard.
"Ah, brother," he said, "come to my arms. Your anxiety
Is an insult, for you still regard
Your ally as a foe you fought.
Can you possibly think I've forgot
That, after God, I do owe my life yet
To you?" "And," said the Rat, "do you think I forget
Your nature? Can any pact indeed
Make Cats anywhere at all feel eternal gratitude?
Does one depend on such an attitude
In any alliance based on need?"

XXIII
The Torrent and the River

With all the racket it could hope to make,
A Torrent rushed right down a mountainside.
All that lived fled before it; horror followed in its wake.
It shook the whole country far and wide:
No traveler would dare go through
A flood of such enormous weight.
One was fleeing bandits. The danger from them he knew,
So he put between them and him the threatening spate.

Ce n'était que menace et bruit sans profondeur:
Notre homme enfin n'eut que la peur.
Ce succès lui donnant courage,
Et les mêmes voleurs le poursuivant toujours,
Il rencontra sur son passage
Une Rivière dont le cours,
Image d'un sommeil doux, paisible, et tranquille,
Lui fit croire d'abord ce trajet fort facile:
Point de bords escarpés, un sable pur et net.
Il entre; et son cheval le met
A couvert des voleurs, mais non de l'onde noire:
Tous deux au Styx allèrent boire;
Tous deux, à nager malheureux,
Allèrent traverser, au séjour ténébreux,
Bien d'autres fleuves que les nôtres.

Les gens sans bruit sont dangereux:
Il n'en est pas ainsi des autres.

XXIV
L'Education

Laridon et César, frères dont l'origine
Venait de chiens fameux, beaux, bien faits et hardis,
A deux maîtres divers échus au temps jadis,
Hantaient, l'un les forêts, et l'autre la cuisine.
Ils avaient d'abord chacun un autre nom;
Mais la diverse nourriture
Fortifiant en l'un cette heureuse nature,
En l'autre l'altérant, un certain marmiton
Nomma celui-ci Laridon.

It was only menace and noise, without depth anywhere.
In short, our man had merely a scare.
Emboldened then by this success,
The same brigands still chasing him and his horse,
He came, in this peril and duress,
To a River, whose quiet course,
The picture of gentle slumber, all peaceful and still,
Made him think at once he could cross there at will:
No high cliffs, a sandy shore, pure, clean, and white.
In he went; his horse put him right
Out of robbers' way, but not the stream's dark tricks:
Both went down to drink in the Styx.
Both, bad swimmers with no skill,
In the dark realm crossed more than their fill
Of streams so entirely different from ours.

Noiseless folk are more dangerous still
Than those who bluster for hours.

XXIV
Schooling

Bacon-Cur and Caesar, brothers bred pure,
Out of storied dogs, handsome, well formed, and bold,
Went to separate owners back in days of old.
One stuck to kitchens, the other to forest spoor.
Awarded other names, initially, they were.
But their nurture, so opposed,
Strengthening in one a nature nobly disposed,
Debasing it in the other, won a scullion's slur:
He called the latter Bacon-Cur.

Son frère, ayant couru mainte haute aventure,
Mis maint cerf aux abois, maint sanglier abattu,
Fut le premier César que la gent chienne ait eu.
On eut soin d'empêcher qu'une indigne maîtresse
Ne fît en ses enfants dégénérer son sang.
Laridon négligé témoignait sa tendresse
A l'objet le premier passant.
Il peupla tout de son engeance:
Tournebroches par lui rendus communs en France
Y font un corps à part, gens fuyants les hasards,
Peuple antipode des Césars.

On ne suit pas toujours ses aïeux ni son père:
Le peu de soin, le temps, tout fait qu'on dégénère:
Faute de cultiver la nature et ses dons,
O combien de Césars deviendront Laridons!

XXV
Les Deux Chiens et l'Ane Mort

Les vertus devraient être sœurs,
Ainsi que les vices sont frères.
Dès que l'un de ceux-ci s'empare de nos cœurs,
Tous viennent à la file; il n'en manque guères:
J'entends de ceux qui, n'étant pas contraires,
Peuvent loger sous même toit.
A l'égard des vertus, rarement on les voit
Toutes en un sujet éminemment placées,
Se tenir par la main sans être dispersées.
L'un est vaillant, mais prompt; l'autre est prudent, mais froid.
Parmi les animaux, le chien se pique d'être

His brother had a host of lofty exploits to relate:
Many a stag at bay, many a boar brought down in place
Made of him the first Caesar to grace the canine race.
Pains were then taken to ensure no unworthy selection
Of mistresses would let his breed degenerate.
Bacon-Cur, neglected, gave all his affection
    To each passerby he found as mate.
    His descendants abound, at a glance.
Turnspits, made common by him all through France,
Are a body apart, a species that runs from dangers,
    To Caesars a race of strangers.

One doesn't always take sire's or forebears' line:
With lack of care, in time, all things cause decline.
Failing to train what natural talent confers,
How many Caesars will be no more than Bacon-Curs!

XXV
The Two Dogs and the Dead Ass

    Virtues should be sisters, not apart,
    Just as vices are brothers in a pack.
As soon as one of the latter takes hold of our heart,
All follow then in single file; there's never a lack.
  I mean those which, free from one another's attack,
    Can lodge together under one roof.
As for virtues, rarely does one ever see proof
That all, in one person clearly located,
Live side by side, not dispersed or separated.
One man is brave but hasty; another one is prudent but aloof.
Among the animals, the dog takes greatest pride

Soigneux et fidèle à son maître;
Mais il est sot, il est gourmand:
Témoin ces deux mâtins qui, dans l'éloignement,
Virent un Ane mort qui flottait sur les ondes.
Le vent de plus en plus l'éloignait de nos Chiens.
"Ami, dit l'un, tes yeux sont meilleurs que les miens:
Porte un peu tes regards sur ces plaines profondes;
J'y crois voir quelque chose. Est-ce un bœuf, un cheval?
—Hé! qu'importe quel animal?
Dit l'un de ces mâtins; voilà toujours curée.
Le point est de l'avoir; car le trajet est grand,
Et, de plus, il nous faut nager contre le vent.
Buvons toute cette eau; notre gorge altérée
En viendra bien à bout: ce corps demeurera
Bientôt à sec, et ce sera
Provision pour la semaine."
Voilà mes Chiens à boire: ils perdirent l'haleine,
Et puis la vie; ils firent tant
Qu'on les vit crever à l'instant.

L'homme est ainsi bâti: quand un sujet l'enflamme,
L'impossibilité disparaît à son âme.
Combien fait-il de vœux, combien perd-il de pas,
S'outrant pour acquérir des biens ou de la gloire!
"Si j'arrondissais mes Etats!
Si je pouvais remplir mes coffres de ducats!
Si j'apprenais l'hébreu, les sciences, l'histoire!"
Tout cela, c'est la mer à boire;
Mais rien à l'homme ne suffit.
Pour fournir aux projets que forme un seul esprit,
Il faudrait quatre corps; encor, loin d'y suffire,
A mi-chemin je crois que tous demeureraient:
Quatre Mathusalems bout à bout ne pourraient
Mettre à fin ce qu'un seul désire.

In care and loyalty at master's side.
But dumb, he's greedy with insistence,
Like those two curs who, at a considerable distance,
Perceived a dead Ass, floating along down a stream,
Carried farther and farther from our Dogs by the wind.
"Friend," said the one, "your eyes are better disciplined:
Take a look down yonder, where those deep waters gleam.
I think I see something there. Is it an ox, a horse, at least?"
"Hey, who cares which beast?"
Said the other. "It's still spoils, I estimate.
The point is to get it; for, as you see, it's distant.
Further, we're faced with a wind that's persistent.
Let's drain the water: our parched throats, at a rapid rate,
Will take care of it; that carcass will be left aground
High and dry. We'll have found
Us a whole week's food supply."
Our Dogs set to drinking, wasting their breath by and by,
Then their lives: their avid thirst,
In just one instant, made them burst.

Such is man: when obsessed by what he wants to find,
To "Impossible!" he's always blind.
How many vows, how much time and effort he does waste
In his strivings to acquire wealth or gain celebrity!
"Let's round off my Lands in haste!
What if by ducats aplenty my coffers were graced!
Suppose I study Hebrew, the sciences, take up history!"
As well attempt to swallow the sea.
But nothing's enough for mankind:
To accomplish the plans hatched in any one man's mind
Would take four bodies, which wouldn't get them done.
None would pass the halfway point, as I believe:
Four Methusalehs, end to end, could not achieve
The goals sought by a single one.

XXVI
Démocrite et les Abdéritains

Que j'ai toujours haï les pensers du vulgaire!
Qu'il me semble profane, injuste, et téméraire,
Mettant de faux milieux entre la chose et lui,
Et mesurant par soi ce qu'il voit en autrui!

Le maître d'Epicure en fit l'apprentissage.
Son pays le crut fou: petits esprits! Mais quoi?
    Aucun n'est prophète chez soi.
Ces gens étaient les fous, Démocrite le sage.
L'erreur alla si loin qu'Abdère députa
    Vers Hippocrate et l'invita,
    Par lettres et par ambassade,
A venir rétablir la raison du malade:
"Notre concitoyen, disaient-ils en pleurant,
Perd l'esprit: la lecture a gâté Démocrite;
Nous l'estimerions plus s'il était ignorant."
"Aucun nombre, dit-il, les mondes ne limite:
    Peut-être même ils sont remplis
    De Démocrites infinis."
Non content de ce songe, il y joint des atomes,
Enfants d'un cerveau creux, invisibles fantômes;
Et, mesurant les cieux sans bouger d'ici bas,
Il connaît l'univers, et ne se connaît pas.
Un temps fut qu'il savait accorder les débats:
    Maintenant il parle à lui-même.
Venez, divin mortel; sa folie est extrême."
Hippocrate n'eut pas trop de foi pour ces gens;
Cependant il partit. Et voyez, je vous prie,
    Quelles rencontres dans la vie
Le sort cause! Hippocrate arriva dans le temps
Que celui qu'on disait n'avoir raison ni sens
    Cherchait dans l'homme et dans la bête
Quel siège a la raison, soit le cœur, soit la tête.
Sous un ombrage épais, assis près d'un ruisseau,
    Les labyrinthes d'un cerveau

XXVI
Democritus and the Abderites

How I've always loathed the thinking of the multitude!
How profane, unjust, and rash they seem to me, and rude.
They put false grounds between them and objectivity,
And judge by their own lights what in others they see!

Epicurus's master underwent the trial of this outrage:
His people thought him mad; petty minds, it's no surprise.
    Who is ever deemed a prophet or wise
In his own land? More fools they, Democritus the sage.
The error went so far that Abderite authorities
    Once did beseech Hippocrates,
    By emissaries, letters signed,
To come restore sense to the ill man's mind.
"Our compatriot's wits are gone," they said in tears.
"It's reading that's spoiled Democritus, we perceive.
Less learned, he'd gain back the esteem of his peers.
'More worlds exist,' he says, 'than we even conceive.
    In such worlds there may well extend
    Democrituses without end.'
This delusion not enough, he joins atoms to the enterprise,
Products of an empty brain, phantoms never seen by any eyes.
And, measuring the heavens while down on earth reclined,
He's expert on the universe, but to himself is blind.
Time was, when he could reconcile disputes of any kind;
    Now he talks to himself, in a dream.
Divine mortal, come with us; his folly's extreme."
In these folks Hippocrates had very little confidence;
However, he went. And now just look, if you please,
    At what encounters in life one sees
Brought about by fate! Hippocrates came by coincidence
Just when the one they said lacked reason and sense
    Had begun, in both animal and human race,
To seek the seat of reason: was the heart or head its place?
He sat in deep shade by a brook, his purpose to explain
    The labyrinthine convolutions of a brain.

L'occupaient. Il avait à ses pieds maint volume,
Et ne vit presque pas son ami s'avancer,
Attaché selon sa coutume.
Leur compliment fut court, ainsi qu'on peut penser:
Le sage est ménager du temps et des paroles.
Ayant donc mis à part les entretiens frivoles,
Et beaucoup raisonné sur l'homme et sur l'esprit,
Ils tombèrent sur la morale.
Il n'est pas besoin que j'étale
Tout ce que l'un et l'autre dit.

Le récit précédent suffit
Pour montrer que le peuple est juge récusable.
En quel sens est donc véritable
Ce que j'ai lu dans certain lieu,
Que sa voix est la voix de Dieu?

XXVII
Le Loup et le Chasseur

Fureur d'accumuler, monstre de qui les yeux
Regardent comme un point tous les bienfaits des Dieux,
Te combattrai-je en vain sans cesse en cet ouvrage?
Quel temps demandes-tu pour suivre mes leçons?
L'homme, sourd à ma voix comme à celle du sage,
Ne dira-t-il jamais: "C'est assez, jouissons?"
—Hâte-toi, mon ami, tu n'as pas tant à vivre.
Je te rebats ce mot, car il vaut tout un livre:
Jouis. —Je le ferai. —Mais quand donc? —Dès demain.
—Eh! mon ami, la mort te peut prendre en chemin:

Occupied at this, and with many a volume spread at his feet,
He almost failed to notice the arrival of his friend,
    His absorption, as usual, so complete.
Courtesies of greeting were brief, as one might comprehend:
The wise are sparing of time and all wordy oration.
So, having set aside all frivolous, idle conversation
And considered, at great length, both man and his mind,
    They came to moral traditions.
    No need to state their positions
    Or what one and the other opined.

    This tale suffices, I find,
To disqualify the people's judgment as totally vain.
    How, then, can anyone maintain,
    As I've seen written by some clod,
    That its voice is the voice of God?

XXVII
The Wolf and the Huntsman

Mad lust for gain, monster whose eyes do not
Regard all the boons of the Gods as worth a single jot,
Incessantly, and in vain, in this work shall I wage
War on you? How much time to accept my thought
Do you want? Deaf to my voice as to that of the sage,
Will man never say, "Enough, let's enjoy what we've got?"
Hurry, my friend, you've not long to live; take a look.
Words I keep dinning in your ears, worth an entire book:
Enjoy what you have. "I will." But when? "Tomorrow's the day."
Hey, my friend, death can catch up with you along the way;

Jouis dès aujourd'hui; redoute un sort semblable
A celui du Chasseur et du Loup de ma fable.
Le premier, de son arc, avait mis bas un daim.
Un faon de biche passe, et le voilà soudain
Compagnon du défunt: tous deux gisent sur l'herbe.
La proie était honnête, un daim avec un faon;
Tout modeste chasseur en eût été content:
Cependant un sanglier, monstre énorme et superbe,
Tente encor notre Archer, friand de tels morceaux.
Autre habitant du Styx: la Parque et ses ciseaux
Avec peine y mordaient; la déesse infernale
Reprit à plusieurs fois l'heure au monstre fatale.
De la force du coup pourtant il s'abattit.
C'était assez de biens. Mais quoi? rien ne remplit
Les vastes appétits d'un faiseur de conquêtes.
Dans le temps que le porc revient à soi, l'Archer
Voit le long d'un sillon une perdrix marcher,
    Surcroît chétif aux autres têtes:
De son arc toutefois il bande les ressorts.
Le sanglier, rappelant les restes de sa vie,
Vient à lui, le découd, meurt vengé sur son corps,
    Et la perdrix le remercie.

Cette part du récit s'adresse aux convoiteux:
L'avare aura pour lui le reste de l'exemple.

Un Loup vit, en passant, ce spectacle piteux:
"O Fortune! dit-il, je te promets un temple.
Quatre corps étendus! que de biens! mais pourtant
Il faut les ménager, ces rencontres sont rares.
    (Ainsi s'excusent les avares.)
J'en aurai, dit le Loup, pour un mois, pour autant:
Un, deux, trois, quatre corps, ce sont quatre semaines,
    Si je sais compter, toutes pleines.
Commençons dans deux jours; et mangeons cependant
La corde de cet arc: il faut que l'on l'ait faite
De vrai boyau; l'odeur me le témoigne assez."

Be happy beginning now. Beware the fate that did disable
The Huntsman and the Wolf who show up in my fable.
With his crossbow, the former had brought down a buck.
A fawn passed by, and there, on the spot, its luck
Made it companion to the dead deer; both lay on the grass.
The bag was most decent: a buck, together with a fawn.
Any reasonable huntsman, content, would have gone.
However, a boar, a superb monster of quite enormous mass,
Again tempted our Bowman—such morsels made him salivate.
A new traveler to the Styx, but the scissors of the Fate
Could barely cut its line; the deity's infernal power
Had to bite again and again into the monster's mortal hour.
But, downed by the force of the bolt, it lay still.
Now wasn't this sufficient gain? Why, no. Nothing can fill
A conqueror's boundless appetite or satisfy his aim.
While the Hog was reviving its senses the Man with the bow
Saw a partridge move along a furrow. He watched it go,
    An insignificant addition to the other game,
Yet tightened crossbow springs, for this prize he eyed.
The boar, what was left of its life still in its shanks,
Rushed him with a rip and, avenged, on the Archer's body died,
    Receiving the partridge's thanks.

To the greedy I've served this part of the story;
For misers what remains of the exemplum will do.

A Wolf passing by observed this pitiful inventory.
"O Fortune," he said, "I now vow a temple to you.
Four bodies laid out! What riches! To be controlled,
However, used sparingly. Such finds are most rare."
    (Thus do misers excuse their fare.)
"This is enough," the Wolf said, "for a month, all told:
One, two, three, four bodies; that makes four weeks' amount
    Of provender, complete, if I can count.
Let's start two days from now; meanwhile, good as gold,
There's that bowstring to eat. It must have been made
Of real sheepgut; the aroma tells me that's true."

En disant ces mots, il se jette
Sur l'arc qui se détend, et fait de la sagette
Un nouveau mort: mon Loup a les boyaux percés.

Je reviens à mon texte. Il faut que l'on jouisse;
Témoins ces deux gloutons punis d'un sort commun:
La convoitise perdit l'un;
L'autre périt par l'avarice.

Saying these words, he made his raid
On the bow, which went off. The bolt, no longer delayed,
Made a new corpse: our Wolf's guts were pierced through.

I come back to my text: our joys we surely must not miss.
Witness this pair of gluttons, by a similar fate undone.
It was greed destroyed the one;
The other died through avarice.

BOOK NINE

IX

LIVRE NEUVIEME

I
Le Dépositaire infidèle

Grâce aux Filles de Mémoire,
J'ai chanté des animaux;
Peut-être d'autres héros
M'auraient acquis moins de gloire.
Le Loup, en langue des Dieux,
Parle au Chien dans mes ouvrages:
Les bêtes, à qui mieux mieux,
Y font divers personnages,
Les uns fous, les autres sages:
De telle sorte pourtant
Que les fous vont l'emportant;
La mesure en est pleine.
Je mets aussi sur la scène
Des trompeurs, des scélérats,
Des tyrans et des ingrats,
Mainte imprudente pécore,
Force sots, force flatteurs;
Je pourrais y joindre encore
Des légions de menteurs:
Tout homme ment, dit le Sage.
S'il n'y mettait seulement
Que les gens du bas étage,
On pourrait aucunement
Souffrir ce défaut aux hommes;
Mais que tous tant que nous sommes
Nous mentions, grand et petit,
Si quelque autre l'avait dit,
Je soutiendrais le contraire.
Et même qui mentirait
Comme Esope et comme Homère,
Un vrai menteur ne serait:
Le doux charme de maint songe
Par leur bel art inventé,
Sous les habits du mensonge
Nous offre le vérité.

I
The Faithless Trustee

I've sung, thanks to my Muse,
Of many a beast's mishaps.
With other heroes, perhaps,
Less fame I'd have to lose.
The Wolf, speaking in verse,
Talks to the Dog in my fable.
Beasts play roles of diverse
Kinds, as best they're able;
Some wise, some mad, unstable.
Such, however, is their way
That mad folk win the day:
They overflow in every age.
I likewise set the stage
With cheats and reprobates,
With tyrants and ingrates,
Many a heedless creature,
Lots of flatterers and fools.
I could add another feature:
Liars, in droves, entire schools.
All, the Psalmist says, tell lies.
If he'd charged with perjury
Just low-class folk we all despise,
We could, to some degree,
Accept this fault in men.
But that every human specimen
Lacks candor, great and small,
Had someone else said it at all,
I'd demur with might and main.
And even those who'd fabricate
In Aesop's or in Homer's vein
Would not truly be liars innate.
Sweet charms of many a delusion,
By their fair art created
And then clothed in illusion,
Give us truth we've venerated.

L'un et l'autre a fait un livre
Que je tiens digne de vivre
Sans fin, et plus, s'il se peut.
Comme eux ne ment pas qui veut.
Mais mentir comme sut faire
Un certain dépositaire,
Payé par son propre mot,
Est d'un méchant et d'un sot.
Voici le fait:
Un Trafiquant de Perse,
Chez son Voisin, s'en allant en commerce,
Mit en dépôt un cent de fer un jour.
"Mon fer? dit-il, quand il fut de retour.
—Votre fer? il n'est plus: j'ai regret de vous dire
Qu'un rat l'a mangé tout entier.
J'en ai grondé mes gens; mais qu'y faire? un grenier
A toujours quelque trou." Le Trafiquant admire
Un tel prodige, et feint de le croire pourtant.
Au bout de quelques jours il détourne l'enfant
Du perfide Voisin; puis à souper convie
Le Père, qui s'excuse, et lui dit en pleurant:
"Dispensez-moi, je vous supplie;
Tous plaisirs pour moi sont perdus.
J'aimais un fils plus que ma vie;
Je n'ai que lui; que dis-je? hélas! je ne l'ai plus.
On me l'a dérobé: plaignez mon infortune."
Le Marchand repartit: "Hier au soir, sur la brune,
Un chat-huant s'en vint votre fils enlever;
Vers un vieux bâtiment je le lui vis porter."
Le Père dit: "Comment voulez-vous que je croie
Qu'un hibou pût jamais emporter cette proie?
Mon fils en un besoin eût pris le chat-huant.
—Je ne vous dirai point, reprit l'autre, comment;
Mais enfin je l'ai vu, vu de mes yeux, vous dis-je.
Et ne vois rien qui vous oblige
D'en douter un moment après ce que je dis.
Faut-il que vous trouviez étrange
Que les chats-huants d'un pays

The books that each did contrive
Deserve, in my view, to survive
Forever and longer, with ease:
Not all can match their fantasies.
But lies like those we'll now see
Told by a certain trustee,
Lies he was forced to eat,
Are those of a fool and a cheat.
  Here is the case:
      A Persian trading on his ship
  Entrusted his Neighbor, while selling on this trip,
  With a full hundredweight of iron in a pack.
  "I'll take my iron now," he said, when he was back.
"Your iron? It no longer exists. I do regret I have to say
    That a rat has devoured it all.
I've berated my men, but what can one do? A storehouse wall
Always has some hole in it." The Trader then gave way
To wonder at this marvel, and feigned he was beguiled.
A bit later, he seized the faithless Neighbor's child,
Then asked him to supper, a very special one.
Shedding tears, the Father said, distraught and wild,
    "Excuse me, please, I'm all undone.
    All pleasure for me is gone, banished.
    More than my life, I loved my son;
He's all I have. What am I saying, alas? He's vanished:
Someone has taken him from me. Pity my plight."
The Merchant responded, "Last evening, right at twilight,
A screech owl came and took your son off in the air.
Toward an old manse I saw him borne, the owl's repair."
The Father scoffed: "Do you really expect me to believe
An owl could ever carry off such prey? I'm not naive.
If need be, my son would have captured the owl instead."
"I'm not the one to tell you how," the other man then said,
"But I saw it, saw it with these very eyes, I do maintain,
    And see not a thing that will sustain
Your doubting it a moment more after what I say.
    Can you judge it so strange that
    Screech owls, in a land today

Où le quintal de fer par un seul rat se mange,
Enlèvent un garçon pesant un demi-cent?"
L'autre vit où tendait cette feinte aventure:
  Il rendit le fer au Marchand,
  Qui lui rendit sa géniture.

Même dispute avint entre deux voyageurs.
  L'un d'eux était de ces conteurs
Qui n'ont jamais rien vu qu'avec un microscope;
Tout est géant chez eux: écoutez-les, l'Europe,
Comme l'Afrique, aura des monstres à foison.
Celui-ci se croyait l'hyperbole permise.
"J'ai vu, dit-il, un chou plus grand qu'une maison.
—Et moi, dit l'autre, un pot aussi grand qu'une église."
Le premier se moquant, l'autre reprit: "Tout doux;
  On le fit pour cuire vos choux."

L'homme au pot fut plaisant; l'homme au fer fut habile.
Quand l'absurde est outré, l'on lui fait trop d'honneur
De vouloir par raison combattre son erreur:
Enchérir est plus court, sans échauffer la bile.

Where a quintal of iron is eaten up, by just one rat,
Should carry off a boy of only half that weight?"
The other saw the point of this trumped-up incident.
Back went iron to Merchant's estate,
And back to him his son was sent.

Two travelers came to a like confrontation.
One of them belonged to that nation
Of storytellers on whom microscopes have cast their spell.
For them everything's gigantic: Europe, to hear them tell,
Just like Africa, in all sorts of monsters must abound.
This one thought he could permit himself hyperbole.
"I saw," he said, "a cabbage bigger than any house around."
"And I," the other said, "a pot as big as any church you'll see."
As the first one scoffed, he went on, "That's not so droll:
It was made to cook your cabbage whole."

The man with the pot was witty; the ironmonger had guile.
When the absurd is strained, one gives it too much respect
By trying to combat the error with logic or intellect.
Going it one better is quicker, and doesn't heat one's bile.

II
Les Deux Pigeons

Deux Pigeons s'aimaient d'amour tendre:
L'un d'eux, s'ennuyant au logis,
Fut assez fou pour entreprendre
Un voyage en lointain pays.
L'autre lui dit: "Qu'allez-vous faire?
Voulez-vous quitter votre frère?
L'absence est le plus grand des maux:
Non pas pour vous, cruel! Au moins, que les travaux,
Les dangers, les soins du voyage,
Changent un peu votre courage.
Encor, si la saison s'avançait davantage!
Attendez les zéphyrs: qui vous presse? un corbeau
Tout à l'heure annonçait malheur à quelque oiseau.
Je ne songerai plus que rencontre funeste,
Que faucons, que réseaux. 'Hélas! dirai-je, il pleut:
Mon frère a-t-il tout ce qu'il veut,
Bon soupé, bon gîte, et le reste?' "
Ce discours ébranla le coeur
De notre imprudent voyageur;
Mais le désir de voir et l'humeur inquiète
L'emportèrent enfin. Il dit: "Ne pleurez point;
Trois jours au plus rendront mon âme satisfaite;
Je reviendrai dans peu conter de point en point
Mes aventures à mon frère;
Je le désennuierai. Quiconque ne voit guère
N'a guère à dire aussi. Mon voyage dépeint
Vous sera d'un plaisir extrême.
Je dirai: 'J'étais là; telle chose m'avint;'
Vous y croirez être vous-même."
A ces mots, en pleurant, ils se dirent adieu.
Le voyageur s'éloigne; et voilà qu'un nuage
L'oblige de chercher retraite en quelque lieu.
Un seul arbre s'offrit, tel encor que l'orage
Maltraita le Pigeon en dépit du feuillage.

II
The Two Pigeons

Two Pigeons shared love and affection.
One, growing bored while at home,
Unwisely once left its protection
To travel afar and to roam.
The other said, "What are you going to do?
Will you now bid your brother adieu?
For me your absence is the worst of chains,
Cruel one, though not for you! At least let the pains,
The risks, the cares of travel anyplace
Make you think of the perils you face.
Well enough if the season, advancing, were kind!
Wait for spring breezes; why all the haste? A crow
Was predicting bad luck to a bird just a moment ago.
All I see ahead is fatal encounter or test,
Nothing but falcons, nets. 'Alas, it's raining,' I'll say.
'Does my brother have his wants today,
Good supper, hostel, and the rest?' "
Some doubt this speech did impart
To our heedless traveler's heart,
But the wish to explore and his own inner fires
Won out in the end. He said, "Don't weep or wail.
Three days at most will satisfy my soul's desires.
I'll be back very soon to recount, in full detail,
My adventures to my brother.
I'll end his ennui. Not seeing one thing or another
Leaves one with not much to say. My travel history
Will give you joy beyond compare:
I'll say, 'That's where I was and this happened to me.'
You'll think you yourself were there."
With these words, both in tears, they said farewell.
The voyager went off. A storm cloud, coming fast,
Obliged him at once to look for shelter in a dell.
Just one tree turned up, such that the tempest blast,
In spite of the leaves, left the poor Pigeon aghast.

L'air devenu serein, il part tout morfondu,
Sèche du mieux qu'il peut son corps chargé de pluie,
Dans un champ à l'écart voit du blé répandu,
Voit un pigeon auprès: cela lui donne envie;
Il y vole, il est pris: ce blé couvrait d'un las
Les menteurs et traîtres appas.
Le las était usé: si bien que, de son aile,
De ses pieds, de son bec, l'oiseau le rompt enfin;
Quelque plume y périt; et le pis du destin
Fut qu'un certain vautour, à la serre cruelle,
Vit notre malheureux, qui, traînant la ficelle
Et les morceaux du las qui l'avait attrapé,
Semblait un forçat échappé.
Le vautour s'en allait le lier, quand des nues
Fond à son tour un aigle aux ailes étendues.
Le Pigeon profita du conflit des voleurs,
S'envola, s'abattit auprès d'une masure,
Crut, pour ce coup, que ses malheurs
Finiraient par cette aventure;
Mais un fripon d'enfant (cet âge est sans pitié)
Prit sa fronde et, du coup, tua plus d'à moitié
La volatile malheureuse,
Qui, maudissant sa curiosité,
Traînant l'aile et tirant le pié,
Demi-morte et demi-boiteuse,
Droit au logis s'en retourna:
Que bien, que mal, elle arriva
Sans autre aventure fâcheuse.
Voilà nos gens rejoints; et je laisse à juger
De combien de plaisirs ils payèrent leurs peines.

Amants, heureux amants, voulez-vous voyager?
Que ce soit aux rives prochaines.
Soyez-vous l'un à l'autre un monde toujours beau,
Toujours divers, toujours nouveau;
Tenez-vous lieu de tout, comptez pour rien le reste.
J'ai quelquefois aimé: je n'aurais pas alors

The air calm again, on he flew, chilled, half-drowned;
As best he could, he dried off his body, all sodden with rain.
In a field off his path he saw grain spread around,
With a pigeon in its midst. His appetite whole again,
Down he flew and was caught: the grain did conceal a snare,
False, treacherous bait strewn with care.
The snare was worn, so much so that, using his wing,
His claws, and his beak, the bird, at last, in desperation
Broke free, left feathers behind. A worse situation
Awaited him: a cruel-taloned vulture, aloft on the wing,
Saw our unfortunate bird who, dragging along the string,
And bits of the net that had held him in the noose,
Resembled a jailbird who'd got loose.
The vulture was going to strike when, from up overhead
In turn, an eagle swooped down, its wings outspread.
The Pigeon, saved by the raptors' fight that arose,
Flew off. Near a tumbledown hut he descended.
This time he thought that all of his woes,
With this adventure, were now ended.
But a scamp of a youth (at that age what a pitiless lot!)
Picked up his sling and, with no more than just one shot,
Maimed the wretched flyer
Who, cursing all his curiosity,
Wing and foot dragging pitifully,
Half-dead and also half-lame,
Turned back, his sole desire.
Somehow he gained the homefire
With no more mishaps to blame.
There our couple was reunited; and I leave to you
To judge with what joys that gave balm to their pains.

Lovers, happy lovers, is it voyages you want, too?
Do make them to nearby domains.
Be, each one for the other, a world that's ever fair,
Ever varied, ever new and rare.
Regard yourselves as all; consider all the rest at fault.
I did love in my time; I would then in no measure,

Contre le Louvre et ses trésors,
Contre le firmament et sa voûte céleste,
Changé les bois, changé les lieux
Honorés par les pas, éclairés par les yeux
De l'aimable et jeune Bergère
Pour qui, sous le fils de Cythère,
Je servis, engagé par mes premiers serments.
Hélas! quand reviendront de semblables moments?
Faut-il que tant d'objets si doux et si charmants
Me laissent vivre au gré de mon âme inquiète?
Ah! si mon coeur osait encor se renflammer!
Ne sentirai-je plus de charme qui m'arrête?
Ai-je passé le temps d'aimer?

For the Louvre and for its treasure,
For the firmament, with its celestial vault,
Have left the woods, fields, and manse
Honored by the presence, illumined by the glance
Of the gentle young Shepherdess
Whom, under Cupid's sweetest duress
I served, eagerly bound by the first vows I swore.
Alas, when will such moments return to me once more?
Must so many gentle charms and sweet sights I did adore
Let me go on existing at the whim of my restless soul?
Ah, if my heart in desire again dared soar and fly!
Shall such enchantment never again seize me whole?
Has the time for love passed me by?

III
Le Singe et le Léopard

Le Singe avec le Léopard
Gagnaient de l'argent à la foire.
Ils affichaient chacun à part.
L'un d'eux disait: "Messieurs, mon mérite et ma gloire
Sont connus en bon lieu. Le Roi m'a voulu voir;
Et, si je meurs, il veut avoir
Un manchon de ma peau; tant elle est bigarrée,
Pleine de taches, marquetée,
Et vergetée, et mouchetée!"
La bigarrure plaît. Partant chacun le vit;
Mais ce fut bientôt fait; bientôt chacun sortit.
Le Singe, de sa part, disait: "Venez, de grâce;
Venez, Messieurs, je fais cent tours de passe-passe.
Cette diversité dont on vous parle tant,
Mon voisin Léopard l'a sur soi seulement;
Moi, je l'ai dans l'esprit. Votre serviteur Gille,
Cousin et gendre de Bertrand,
Singe du Pape en son vivant,
Tout fraîchement en cette ville
Arrive en trois bateaux, exprès pour vous parler;
Car il parle, on l'entend: il sait danser, baller,
Faire des tours de toute sorte,
Passer en des cerceaux; et le tout pour six blancs:
Non, Messieurs, pour un sou; si vous n'êtes contents,
Nous rendrons à chacun son argent à la porte."
Le Singe avait raison. Ce n'est pas sur l'habit
Que la diversité me plaît; c'est dans l'esprit:
L'une fournit toujours des choses agréables;
L'autre, en moins d'un moment, lasse les regardants.
Oh! que de grands seigneurs, au Léopard semblables,
N'ont que l'habit pour tous talents!

III
The Monkey and the Leopard

Monkey and Leopard, at the fair,
Had earning lots of money as their aim.
They each had a booth erected there.
One of them was saying, "Gentlemen, my virtue and my fame
Are known in high places. The King had me come by,
And he'll have my skin, if I die,
Made into a cover for his army hat; for it's got lots
Of varied colors, streaks, and spots,
A wealth of mottled blobs and dots!"
Motley is pleasing, so everyone went in to see.
But the spectacle was over soon and all left presently.
The Monkey was saying, "Come on, Gents, to my stand,
Come in, please! I do a hundred acts of sleight of hand!
That diversity about which he's making such a din,
My neighbor the Leopard has it solely in his skin.
Mine's in my head. To serve you, here is Willy the Clown,
Cousin and son-in-law of Bert (pride
And Ape of the Pope before he died),
Just recently arrived in this fine town
With three boatloads of tricks and talk for your holiday!
For he talks, can be understood! He dances, knows ballet!
Tricks of every kind by the score!
He jumps through hoops! All for six blanks at the outside!
No, Gents, for as little as a sou! If you're not satisfied,
We'll give everyone his money back here at the door!"
The Monkey was right. Variety in clothes is not the trait
That pleases me; it's the mind's capacity to innovate.
That skill always gives us lots of pleasant things.
The other one, in just a second, bores observers everywhere.
Like the Leopards one finds, how many great lords and kings
Have all their talent in what they wear!

IV
Le Gland et la Citrouille

Dieu fait bien ce qu'il fait. Sans en chercher la preuve
En tout cet univers, et l'aller parcourant,
Dans les citrouilles je la treuve.
Un Villageois, considérant
Combien ce fruit est gros et sa tige menue:
"A quoi songeait, dit-il, l'auteur de tout cela?
Il a bien mal placé cette citrouille-là!
Hé parbleu! je l'aurais pendue
A l'un de ces chênes que voilà;
C'eût été justement l'affaire:
Tel fruit, tel arbre, pour bien faire.
C'est dommage, Garo, que tu n'es point entré
Au conseil de celui que prêche ton curé:
Tout en eût été mieux; car pourquoi, par exemple,
Le Gland, qui n'est pas gros comme mon petit doigt,
Ne pend-il pas en cet endroit?
Dieu s'est mépris: plus je contemple
Ces fruits ainsi placés, plus il semble à Garo
Que l'on a fait un quiproquo."
Cette réflexion embarrassant notre homme:
"On ne dort point, dit-il, quand on a tant d'esprit."
Sous un chêne aussitôt il va prendre son somme.
Un Gland tombe: le nez du dormeur en pâtit.
Il s'éveille; et, portant la main sur son visage,
Il trouve encore le Gland pris au poil du menton.
Son nez meurtri le force à changer de langage.
"Oh! oh! dit-il, je saigne! et que serait-ce donc
S'il fût tombé de l'arbre une masse plus lourde,
Et que ce Gland eût été gourde?
Dieu ne l'a pas voulu: sans doute il eut raison;
J'en vois bien à présent la cause."
En louant Dieu de toute chose,
Garo retourne à la maison.

IV
The Acorn and the Pumpkin

What God does he does well. Proof comes straightway to mind
Without our having to search through creation:
 In pumpkins it's right there to find.
 A Countryman, in contemplation
Of this plant, with stem so tiny on such bulky fruit,
Said, "What thought could the Maker of all this have had?
He's put this pumpkin in a place that's oh so bad!
 I'd have hung it, it's more astute,
 From one of these oaks here, begad!
 It would have been the proper way:
 Like fruit, like tree is what I always say.
It's too bad, Garo, that you did not participate
In plans of Him preached about by your curate.
All would have been better off: for example, why not serve
The Acorn, which is smaller than my little finger, by a lot,
 By hanging it down in this spot?
 God was mistaken: the more I do observe
Such fruits placed thus, the more to Garo it's clear:
 Things have been mixed up right here."
These thoughts were quite a burden for our chap.
"One's kept awake," he said, "by such a brilliant mind, I know."
Under an oak he settled down at once to take a little nap.
An Acorn fell; the sleeper's nose stung from the blow
And he woke up. Lifting his hand to his face at this boon,
He found the Acorn, still trapped in the hair on his chin.
The bruise on his nose obliged him to change his tune.
"Oh, oh, I'm bleeding!' he said. "And what a mess I'd be in
If what has dropped from this tree had had a heavier mass,
 And this Acorn had been of the pumpkin class!
God didn't will it so. No doubt at all, He's not a dunce;
 The reason why I've fully figured out."
 Praising God for all things about,
 Garo rushed back home at once.

V
L'Ecolier, le Pédant, et le Maître d'un Jardin

Certain Enfant qui sentait son collège,
Doublement sot et doublement fripon
Par le jeune âge et par le privilège
Qu'ont les pédants de gâter la raison,
Chez un voisin dérobait, ce dit-on,
Et fleurs et fruits. Ce voisin, en automne,
Des plus beaux dons que nous offre Pomone
Avait la fleur, les autres le rebut;
Chaque saison apportait son tribut;
Car au printemps il jouissait encore
Des plus beaux dons que nous présente Flore.
Un jour, dans son jardin il vit notre Ecolier
Qui, grimpant, sans égard, sur un arbre fruitier,
Gâtait jusqu'aux boutons, douce et frêle espérance,
Avant-coureurs des biens que promet l'abondance:
Même il ébranchait l'arbre; et fit tant, à la fin,
Que le possesseur du jardin
Envoya faire plainte au maître de la classe.
Celui-ci vint suivi d'un cortège d'enfants:
Voilà le verger plein de gens
Pires que le premier. Le Pédant, de sa grâce,
Accrut le mal en amenant
Cette jeunesse mal instruite:
Le tout, à ce qu'il dit, pour faire un châtiment
Qui pût servir d'exemple, et dont toute la suite
Se sourvînt à jamais, comme d'une leçon.
Là-dessus, il cita Virgile et Cicéron,
Avec force traits de science.
Son discours dura tant que la maudite engeance
Eut le temps de gâter en cent lieux le jardin.

Je hais les pièces d'éloquence
Hors de leur place, et qui n'ont point de fin;
Et ne sais bête au monde pire
Que l'Ecolier, si ce n'est le Pédant.
Le meilleur de ces deux pour voisin, à vrai dire,
Ne me plairait nullement.

V
The Schoolboy, the Pedant, and the Owner of a Garden

A certain Boy, one with a schoolboy smell,
A twofold fool and scamp, dual offense
Of youth, and of the privilege, as well,
That teachers have of ruining good sense,
At a neighbor's, they say, made a haul
Of flowers and fruit. This neighbor, every fall,
Of the fairest gifts that Pomona offers to all,
Had the flower; others remained with the rest.
Each season sent its tribute, the very best.
For in spring he rejoiced again, content
With the fairest gifts that Flora does present.
One day, then, in his garden, what does he see
But our Schoolboy, heedless, clambering up a fruit tree,
Crushing even frail buds, all sweet hopes and privileges,
Forerunners of the blessings that abundance pledges.
He was even cracking branches: so many broke and bent
That the garden's owner finally sent
A complaint to the schoolmaster. This was quite naive:
The latter came, a column of students trailing behind,
An orchardful of folk of the same kind,
Still worse. The teacher, without even a by-your-leave,
Increased the harm most grievously
By bringing this mob so badly schooled.
All, according to him, so he could compose a penalty
To serve as an example, by which they'd all be ruled:
A lesson for the class they would always recall.
Then he cited Virgil, and Cicero, as protocol,
With many a learnèd point to ascribe.
His discourse went on for so long that his cursèd tribe
Had time to make of the garden a shambles and disgrace.

I detest pieces of eloquent diatribe
That never end and are always entirely out of place;
And know none on earth more uncouth
Than the Schoolboy, unless it's his Master.
The better of these two as neighbor, to tell the truth,
Would be an unmitigated disaster.

VI
Le Statuaire et la Statue de Jupiter

Un bloc de marbre était si beau
Qu'un Statuaire en fit l'emplette.
"Qu'en fera, dit-il mon ciseau?
Sera-t-il dieu, table ou cuvette?

Il sera dieu: même je veux
Qu'il ait en sa main un tonnerre.
Tremblez, humains! faites des voeux:
Voilà le maître de la terre."

L'artisan exprima si bien
Le caractère de l'idole,
Qu'on trouvait qu'il ne manquait rien
A Jupiter que la parole.

Même l'on dit que l'ouvrier
Eut à peine achevé l'image,
Qu'on le vit frémir le premier,
Et redouter son propre ouvrage.

A la faiblesse du sculpteur
Le poëte autrefois n'en dut guère,
Des dieux dont il fut l'inventeur
Craignant la haine et la colère.

Il était enfant en ceci;
Les enfants n'ont l'âme occupée
Que du continuel souci
Qu'on ne fâche point leur poupée.

Le coeur suit aisément l'esprit:
De cette source est descendue
L'erreur païenne, qui se vit
Chez tant de peuples répandue.

VI
The Sculptor and the Statue of Jupiter

A block of marble was so fair,
A Sculptor purchased it whole.
"What will my chisel prepare?"
He asked, "Deity, table, bowl?

A god; he'll even have, I say,
A bolt of lightning in his hand.
Tremble, humans; make vows and pray!
Behold the master of the land!"

So perfectly the artist did portray
His statue's each and every trait,
That everyone who saw it claimed with no delay:
Jove lacked only power to orate.

Of this artist it was even said:
On finishing his imitation,
He was first to quake in dread
And terror of his own creation.

To match this sculptor's flaw
The poet of antiquity was excellent,
In his great fear, respect, and awe
Of those very gods he did invent.

He was a child in this.
Children always fuss and fret,
Ever take things amiss
Lest their dolls become upset.

The heart is quick to heed the mind.
And so it became the fountainhead
Whence pagan error, always blind,
To so many peoples swiftly spread.

Ils embrassaient violemment
Les intérêts de leur chimère:
Pygmalion devint amant
De la Vénus dont il fut le père.
Chacun tourne en réalités,
Autant qu'il peut, ses propres songes:
L'homme est de glace aux vérités;
Il est de feu pour les mensonges.

VII
La Souris métamorphosée en fille

Une Souris tomba du bec d'un Chat-Huant:
Je ne l'eusse pas ramassée;
Mais un Bramin le fit: je le crois aisément;
Chaque pays a sa pensée.
La Souris était fort froissée.
De cette sorte de prochain
Nous nous soucions peu; mais le peuple bramin
Le traite en frère. Ils ont en tête
Que notre âme, au sortir d'un roi,
Entre dans un ciron, ou dans telle autre bête
Qu'il plaît au Sort: c'est là l'un des points de leur loi.
Pythagore chez eux a puisé ce mystère.
Sur un tel fondement, le Bramin crut bien faire
De prier un sorcier qu'il logeât la Souris
Dans un corps qu'elle eût eu pour hôte au temps jadis.
Le sorcier en fit une fille
De l'âge de quinze ans, et telle et si gentille,
Que le fils de Priam pour elle aurait tenté
Plus encor qu'il ne fit pour la grecque beauté.
Le Bramin fut surpris de chose si nouvelle.

Passionate was their embrace
Of their own fantasy's desire:
Pygmalion's love did grace
The Venus he himself did sire.

All try to change to gold
The dreams that pass before their eyes.
To truths man is always ice cold,
And always eager to swallow lies.

VII
The Mouse Metamorphosed into a Maid

From the beak of a Screech Owl a Mouse once fell.
  I'd not have picked it up, not me,
But a Brahman did. I can believe this all too well:
  Each land has its philosophy.
  The Mouse was damaged, and fatally.
  Creatures like this don't evoke
Very much concern in us at all, but the Brahman folk
  Treat them as brothers. At the least,
  They think, when his soul withdraws
From a king, it goes into a mite, or into any beast
That pleases Fate: it's a fundamental precept of their laws.
(Here's Pythagoras's mystery of creation.)
This basis made it the Brahman's moral obligation
To ask a sorcerer to provide the Mouse a post
In a body it might well in former times have had as a host.
  It was transformed by the magician
Into a damsel of fifteen, so very fair and so patrician
That, to win her, Paris would have done, and on cue,
Even more than for beauteous Helen he'd done hitherto.
The Brahman, surprised at an outcome so different,

Il dit à cet objet si doux:
"Vous n'avez qu'à choisir; car chacun est jaloux
De l'honneur d'être votre époux.
—En ce cas je donne, dit-elle,
Ma voix au plus puissant de tous.
—Soleil, s'écria lors le Bramin à genoux,
C'est toi qui seras notre gendre.
—Non, dit-il, ce Nuage épais
Est plus puissant que moi, puisqu'il cache mes traits;
Je vous conseille de le prendre.
—Eh bien! dit le Bramin au Nuage volant,
Es-tu né pour ma fille? —Hélas! non; car le Vent
Me chasse à son plaisir de contrée en contrée:
Je n'entreprendrai point sur les droits de Borée."
Le Bramin fâché s'écria:
"O Vent donc, puisque vent y a,
Viens dans les bras de notre Belle!"
Il accourait; un Mont en chemin l'arrêta.
L'éteuf passant à celui-là,
Il le renvoie, et dit: "J'aurais une querelle
Avec le Rat; et l'offenser
Ce serait fou, lui qui peut me percer."
Au mot de Rat, la Demoiselle
Ouvrit l'oreille: il fut l'époux.
Un Rat! un Rat: c'est de ces coups
Qu'Amour fait; témoin telle et telle:
Mais ceci soit dit entre nous.
On tient toujours du lieu dont on vient. Cette fable
Prouve assez bien ce point; mais, à la voir de près,
Quelque peu de sophisme entre parmi ses traits:
Car quel époux n'est point au Soleil préférable,
En s'y prenant ainsi? Dirai-je qu'un géant
Est moins fort qu'une puce? elle le mord pourtant.
Le Rat devait aussi renvoyer, pour bien faire,
La Belle au Chat, le Chat au Chien,
Le Chien au Loup. Par le moyen
De cet argument circulaire,

To this gentle maid from the blue
Said, "You have but to choose, for all burn to pursue
The honor of being a husband to you."
"In that case," she said, "my bent
Is for the mightiest one in view."
"Sun," cried the Brahman, kneeling as they do,
"As our son-in-law you will suffice."
"That thick Cloud," Sun demurred,
"Has greater power than I, since by him my rays are blurred.
You take him; that's my advice."
"Well," said Brahman to the flying Cloud,
"Is my daughter for you?" "Alas, no; Wind has me cowed.
He chases me just as he pleases, from land to land.
I'll not encroach at all on any rights of Boreas's band."
The irate Brahman then cried out,
"Wind, since there's so much wind about,
By our fair Maid you come and be embraced!"
Wind blew in; a Peak en route stopped him short.
The ball now in the latter's court,
He sent it back and said, "I'd find myself disgraced
In the eyes of Rat; that's taboo.
I'd be mad: I'm one he gnaws his way through."
Hearing "Rat," the Damsel made haste
To lend an ear; he was the groom. A Rat!
A Rat. Just the kind of trick that
Love plays (witness so-and-so's taste,
But do keep this under your hat).
We always take after our own stock. The fable we've heard
Proves the issue rather well; but then if one only takes
A close look, some sophistry joins the points it makes.
For instead of the Sun what spouse is not to be preferred
If one goes about it thus? Will I say a giant is not
As mighty as a flea? And yet it bites him just like a shot.
To do it right, the Rat, also, should send the Maid
To the Cat, the Cat on to the Dog again,
The Dog to the Wolf; by means, then,
Of circular argument, a parade

Pilpay jusqu'au Soleil eût enfin remonté;
Le Soleil eût joui de la jeune beauté.
Revenons, s'il se peut, à la métempsycose:
Le sorcier du Bramin fit sans doute une chose
Qui, loin de la prouver, fait voir sa fausseté.
Je prends droit là-dessus contre le Bramin même;
    Car il faut, selon son système,
Que l'homme, la souris, le ver, enfin chacun
Aille puiser son âme en un trésor commun:
    Toutes sont donc de même trempe;
    Mais agissant diversement
    Selon l'organe seulement
    L'une s'élève, et l'autre rampe.
D'où vient donc que ce corps si bien organisé
Ne put obliger son hôtesse
De s'unir au Soleil? Un Rat eut sa tendresse.

    Tout débattu, tout bien pesé;
Les âmes des souris et les âmes des belles
    Sont très-différentes entre elles;
Il en faut revenir toujours à son destin,
C'est-à-dire, à loi par le Ciel établie:
    Parlez au diable, employez la magie,
Vous ne détournerez nul être de sa fin.

Back to the Sun Pilpay would finally bring to pass;
The sun would now joy in the fair young lass.
Let us, if possible, come back to metempsychosis:
The Brahman's enchanter had wrought a metamorphosis
That, far from proof, shows it's a bottomless morass.
To refute it, to the Brahman's own creed I'll now refer.
      For from what his system does aver,
Man, mouse, worm, each earthly creature, of course,
Must derive their souls from a common source.
      Hence it does follow that they all
      Stem from the one foundation,
      But all formed in variation:
      Some stand up, and others do crawl.
How, then, could this body, so well designed and made,
      Not give its inmate a shove
Toward joining with the Sun? A Rat received her love.

      When it's all debated and weighed,
The souls of mice and beauteous damsels' souls
      Are as far apart as earth's two poles.
One returns to one's own destiny, soon or late:
That is to say, the law established by Heaven.
      Speak to the devil, use sorcery as leaven,
You'll not divert one creature from its fate.

VIII
Le Fou qui vend la sagesse

Jamais auprès des fous ne te mets à portée:
Je ne te puis donner un plus sage conseil,
Il n'est enseignement pareil
À celui-là de fuir une tête éventée.
On en voit souvent dans les cours:
Le prince y prend plaisir; car ils donnent toujours
Quelque trait aux fripons, aux sots, aux ridicules.

Un Fol allait criant par tous les carrefours
Qu'il vendait la sagesse, et les mortels crédules
De courir à l'achat; chacun fut diligent.
On essuyait force grimaces;
Puis on avait pour son argent,
Avec un bon soufflet, un fil long de deux brasses.
La plupart s'en fâchaient; mais que leur servait-il?
C'étaient les plus moqués: le mieux était de rire,
Ou de s'en aller, sans rien dire,
Avec son soufflet et son fil.
De chercher du sens à la chose,
On se fût fait siffler, ainsi qu'un ignorant.
La raison est-elle garant
De ce que fait un fou? Le hasard est la cause
De tout ce qui se passe en un cerveau blessé.
Du fil et du soufflet pourtant embarrassé,
Un des dupes un jour alla trouver un sage,
Qui, sans hésiter davantage,
Lui dit: "Ce sont ici hiéroglyphes tout purs.
Les gens bien conseillés, et qui voudront bien faire,
Entre eux et les gens fous mettront, pour l'ordinaire,
La longueur de ce fil; sinon je les tiens sûrs
De quelque semblable caresse.
Vous n'êtes point trompé: ce fou vend la sagesse."

VIII
The Madman Selling Wisdom

Never put yourself close to a madman's hand.
I can't give you any wiser piece of advice,
Any guidance of greater price,
Than to shun minds where sense is banned.
Often, at court, they enjoy protection
And give pleasure to the Prince; for their predilection
Is to hit rogues, dolts, fools with some shaft or joke.

A Madman went shouting around at each intersection
That he had wisdom for sale; and did the credulous folk
Rush over to buy! Of clients there was no dearth.
He made lots of faces at the throng,
And then gave them their money's worth:
A healthy slap, and a thread that was two ells long.
Most were outraged, but how did that do them a shred
Of good? They were the most mocked; to laugh was best,
Or quit the scene, all anger repressed,
With the slap and with the thread.
In such acts to go looking for sense
Would have earned one hoots, just like any dunce.
Has reason ever, even once,
Ensured what madmen do? Only chance can influence
Whatever's taking place inside a mind that's ill.
Yet, by slap and thread wholly bothered still,
One dupe rushed off to see a wise man one day.
Not hesitating, the sage did say
To him, "These are symbols here, simple and pure.
Well-advised folk, and those who want to skirt ridicule,
Will keep between them and crazy folk, as a general rule,
The length of this thread; otherwise they're sure
Of caresses like this without fail.
You weren't cheated; that madman has wisdom for sale."

IX
L'Huître et les Plaideurs

Un jour deux Pèlerins sur le sable rencontrent
Une Huître, que le flot y venait d'apporter:
Ils l'avalent des yeux, du doigt ils se la montrent;
A l'égard de la dent il fallut contester.
L'un se baissait déjà pour amasser la proie;
L'autre le pousse, et dit: "Il est bon de savoir
    Qui de nous en aura la joie.
Celui qui le premier a pu l'apercevoir
En sera le gobeur; l'autre le verra faire.
    —Si par là l'on juge l'affaire,
Reprit son compagnon, j'ai l'oeil bon, Dieu merci.
    —Je ne l'ai pas mauvais aussi,
Dit l'autre; et je l'ai vue avant vous, sur ma vie.
—Eh bien! vous l'avez vue; et moi je l'ai sentie."
    Pendant tout ce bel incident,
Perrin Dandin arrive: ils le prennent pour juge.
Perrin, fort gravement, ouvre l'Huître, et la gruge,
    Nos deux Messieurs le regardant.
Ce repas fait, il dit d'un ton de président;
"Tenez, la cour vous donne à chacun une écaille
Sans dépens, et qu'en paix chacun chez soi s'en aille."
Mettez ce qu'il en coûte à plaider aujourd'hui;
Comptez ce qu'il en reste à beaucoup de familles,
Vous verrez que Perrin tire l'argent à lui,
Et ne laisse aux plaideurs que le sac et les quilles.

IX
The Oyster and the Litigants

On a beach one day two Pilgrims discover a treasure:
An Oyster, only just now washed ashore by a wave.
Both pointing, they stare at it with greed and pleasure.
So a contest ensues for the morsel they crave:
One's already bending over to gather in the prey.
The other pushes him, and says, "We'll see, no doubt,
    Which of us will savor this today.
The one who did first perceive and make it out
Will gobble it up; the other one watch with grace."
    "If that's how we're judging this case,"
His comrade replies, "Thank God I have the good eye."
    "Nor is mine bad, you can't deny,"
Says the other, "and I saw it before you, I do swear!"
"Well, you saw it, but I sniffed it out, in the air!"
    While this whole fine scene plays
On, Petey Settle-Case arrives, is chosen to adjudicate.
Petey gravely opens the Oyster, swallows it with no debate,
    Our two Gents observing him in a daze.
Meal over, he says in the tone a Chief Justice displays,
"Here you are: the court awards each of you one half-shell,
With no fees. Now you both go off in peace to wherever you dwell."
Put down the fees and costs today to sue in court for pelf;
Then count, for lots of families, what's left at all to snag.
It's Petey you'll see draw all the money in to himself,
And leave the two contesting parties holding nothing but the bag.

X
Le Loup et le Chien maigre

Autrefois Carpillon fretin
Eut beau prêcher, il eut beau dire,
On le mit dans la poêle à frire.
Je fis voir que lâcher ce qu'on a dans la main,
Sous espoir de grosse aventure,
Est imprudence toute pure.
Le Pêcheur eut raison; Carpillon n'eut pas tort:
Chacun dit ce qu'il peut pour défendre sa vie.
Maintenant il faut que j'appuie
Ce que j'avançai lors, de quelque trait encor.

Certain Loup, aussi sot que le Pêcheur fut sage,
Trouvant un Chien hors du village,
S'en allait l'emporter. Le Chien représenta
Sa maigreur: "Jà ne plaise à votre Seigneurie
De me prendre en cet état-là;
Attendez: mon maître marie
Sa fille unique, et vous jugez
Qu'étant de noce, il faut, malgré moi, que j'engraisse."
Le Loup, le croit, le Loup le laisse.
Le Loup, quelques jours écoulés,
Revient voir si son Chien n'est point meilleur à prendre;
Mais le drôle était au logis.
Il dit au Loup par un treillis:
"Ami, je vais sortir; et, si tu veux attendre,
Le portier du logis et moi
Nous serons tout à l'heure à toi."
Ce portier du logis était un chien énorme,
Expédiant les loups en forme.
Celui-ci s'en douta. "Serviteur au portier,"
Dit-il; et de courir. Il était fort agile;
Mais il n'était pas fort habile:
Ce Loup ne savait pas encor bien son métier.

X
The Wolf and the Skinny Dog

Once a small Carp did plead
And preach in vain to a Fisherman;
It was put into the frying pan.
I showed that spurning what's in hand, in greed
And hope of taking in larger prey,
Is pure rashness all the way.
The Fisherman was right; the little Carp was too:
Everyone, to save his life, says what he is able
To. Now I must support the fable
I presented then with another example that's true.

A certain Wolf, as foolish as the Fisherman was wise,
Took a dog from the village by surprise;
Was about to carry him off, when the dog did portray
His skinny state: "If it please Your Lordship, at least
Don't take me away in this shape, I pray.
Wait: today's my owner's wedding feast
For his only daughter. Now you just tell me
Whether as a guest at this fete I can keep from getting fat."
The Wolf, naive, did leave it at that.
Some days later, the Wolf eagerly
Came to the house to see if his Dog was now ready for his plate.
The sly mate was inside, safe and serene.
He then said to the Wolf, through a screen,
"Friend, I'm coming right out, and if you will just wait,
I and the gatekeeper I've beckoned
Will both be with you in just one second."
This gatekeeper was a dog far larger than the norm
Who dispatched wolves in due form,
As this one saw. "To the gatekeeper, my respect,"
He said, and ran. He was very fleet and nimble,
But lacked brains to fill a thimble.
This Wolf had much to learn, his calling to perfect.

XI
Rien de Trop

Je ne vois point de créature
Se comporter modérément.
Il est certain tempérament
Que le maître de la nature
Veut que l'on garde en tout. Le fait-on? nullement.
Soit en bien, soit en mal, cela n'arrive guère.
Le blé, riche présent de la blonde Cérès,
Trop touffu bien souvent, épuise les guérets:
En superfluités s'épandant d'ordinaire,
Et poussant trop abondamment,
Il ôte à son fruit l'aliment.
L'arbre n'en fait pas moins: tant le luxe sait plaire!
Pour corriger le blé, Dieu permit aux moutons
De retrancher l'excès des prodigues moissons:
Tout au travers ils se jetèrent,
Gâtèrent tout, et tout broutèrent;
Tant que le Ciel permit aux loups
D'en croquer quelques-uns: ils les croquèrent tous;
S'ils ne le firent pas, du moins ils y tâchèrent.
Puis le Ciel permit aux humains
De punir ces derniers: les humains abusèrent
A leur tour les ordres divins.
De tous les animaux, l'homme a le plus de pente
A se porter dedans l'excès.
Il faudrait faire le procès
Aux petits comme aux grands. Il n'est âme vivante
Qui ne pèche en ceci. Rien de trop est un point
Dont on parle sans cesse, et qu'on n'observe point.

XI
Nothing to Excess

No creatures do I ever see
Behave in moderation.
There is a middle station
Nature's Master certainly
Wants maintained in everything. Is it? Never in creation.
Whether for good or ill, that hardly ever comes to be.
The grain, blond Ceres' rich gift to the fields,
Quite often too thick, exhausts the furrows' yields.
Expanding, as a rule, in total superfluity,
And in growth much too opulent,
It robs its crop of nourishment.
Trees do no less, luxuriance is such a pleasing tyranny.
God allowed the sheep to discipline the grain
By feeding on excessive harvests on the plain.
Spreading across it, they ran around,
Spoiling and cropping it to the ground;
Till wolves then heeded Heaven's call
To gobble a few of them up. They devoured them all.
If they didn't, at least to try it they were bound.
Then God permitted human warders
To punish the latter. Humans in their turn crowned
With abuse the divine orders.
Of all the beasts, man has by far the strongest drive
Toward excess, lack of self-denial.
Undoubtedly we ought to put on trial
The small as well as the great. There is not a soul alive
Who doesn't sin in this. A precept we constantly preach
Is "Nothing to excess," but we do observe it in the breach.

XII
Le Cierge

C'est du séjour des Dieux que les Abeilles viennent.
Les premières, dit-on, s'en allèrent loger
Au mont Hymette, et se gorger
Des trésors qu'en ce lieu les zéphyrs entretiennent.
Quand on eut des palais de ces filles du Ciel
Enlevé l'ambroisie en leurs chambres enclose,
Ou, pour dire en français la chose,
Après que les ruches sans miel
N'eurent plus que la cire, on fit mainte bougie;
Maint cierge aussi fut façonné.
Un d'eux voyant la terre en brique au feu durcie
Vaincre l'effort des ans, il eut la même envie;
Et, nouvel Empédocle aux flammes condamné
Par sa propre et pure folie,
Il se lança dedans.

Ce fut mal raisonné:
Ce Cierge ne savait grain de philosophie.
Tout en tout est divers: ôtez-vous de l'esprit
Qu'aucun être ait été composé sur le vôtre.
L'Empédocle de cire au brasier se fondit:
Il n'était pas plus fou que l'autre.

XIII
Jupiter et le Passager

O! combien le péril enrichirait les Dieux,
Si nous nous souvenions des voeux qu'il nous fait faire!
Mais, le péril passé, l'on ne se souvient guère
De ce qu'on a promis aux Cieux;
On compte seulement ce qu'on doit à la terre.

XII
The Taper

It's from the dwelling of the Gods that the Bees have come.
The first, it's said, flew away and went to forge
  Their homes on Hymettus, and gorge
Themselves on those treasures that zephyrs keep at optimum.
When in the palaces where heaven's daughters do dwell,
No more ambrosia locked in their chambers did remain,
  Or, to express it in speech that is plain,
  Each honeyless hive was an empty shell
Of wax alone, many candles were made for all to acquire.
  Many a taper was fashioned too.
One of them, seeing clay hardened into bricks by fire
Defeat the onslaught of time, had the same desire;
And, Empedocles jumping to doom in flames anew,
  By its very own sheer folly led,
Flung itself onto the coals.

Thinking quite untrue:
This Taper had no trace of logic at all in its head.
Things are diverse in every way. Get rid of the belief
That anyone was ever made of your own hue and stripe.
In the fire wax Empedocles did melt with no relief;
  It was no more mad than its learned archetype.

XIII
Jupiter and the Passenger

Oh, what riches on the Gods would cascade
If we remembered all the vows that danger makes us bawl!
Yet when peril is over, we scarcely ever recall
  Promises to Heaven once made;
We count as debts only what's owed here below.

"Jupiter, dit l'impie, est un bon créancier;
Il ne se sert jamais d'huissier.
—Eh! qu'est-ce donc que le tonnerre?
Comment appelez-vous ces avertissements?"

Un Passager, pendant l'orage,
Avait voué cent boeufs au vainqueur des Titans.
Il n'en avait pas un: vouer cent éléphants
N'auraient pas coûté davantage.
Il brûla quelques os quand il fut au rivage:
Au nez de Jupiter la fumée en monta.
"Sire Jupin, dit-il, prends mon voeu; le voilà:
C'est un parfum de boeuf que ta grandeur respire.
La fumée est ta part: je ne te dois plus rien."
Jupiter fit semblant de rire;
Mais après quelques jours, le Dieu l'attrapa bien,
Envoyant un songe lui dire
Qu'un tel trésor était en tel lieu. L'homme au voeu
Courut au trésor comme au feu.
Il trouva des voleurs; et, n'ayant dans sa bourse
Qu'un écu pour toute ressource,
Il leur promit cent talents d'or,
Bien comptés, et d'un tel trésor:
On l'avait enterré dedans telle bourgade.
L'endroit parut suspect aux voleurs, de façon
Qu'à notre prometteur l'un dit: "Mon camarade,
Tu te moques de nous; meurs, et va chez Pluton
Porter tes cent talents en don."

XIV
Le Chat et le Renard

Le Chat et le Renard, comme beaux petits saints,
S'en allaient en pèlerinage.
C'étaient deux vrais tartufs, deux archipatelins,

"Jove creditor?" scorners say. "None better.
He never sends bailiffs to a debtor."
Oh? Then what do thunder and lightning show?
What do you call such omens? What are they for?

A Passenger, in a storm on the deep,
Had vowed a hundred oxen to the Titans' conqueror.
He hadn't a one; a vow of elephants, five score,
He could just as easily keep.
He burned some bones when to shore he did leap;
Smoke from them rose to Jupiter's nose.
"Sire Jove," he said, "here's the vow that I chose:
This is scent of bullock Your Grandeur's breathing in.
The smoke is your share; there's nothing more I owe."
Jupiter feigned a laugh and a grin.
But some days later the God did catch him high and low,
Causing him to dream he might win
A treasure in a given place. The man perjury did inspire
Ran off to the pelf as to a fire.
What he found was robbers; and since in his purse, sad
To say, one crown all he had,
A hundred talents, in full measure,
He promised them, out of a treasure
Buried at the site of some village farmstead.
The thieves suspected some betrayal at this place,
So that "Comrade," to our promiser one of them said,
"You mock us. Die, and take on your journey to Hell,
As a gift, your hundred talents as well."

XIV
The Cat and the Fox

Like perfect little saints, the Fox and the Cat
Were off on a pilgrimage route.
Two real Tartuffes they were, each a sly diplomat.

Deux francs patte-pelus, qui, des frais du voyage,
Croquant mainte volaille, escroquant maint fromage,
S'indemnisaient à qui mieux mieux.
Le chemin étant long, et partant ennuyeux,
Pour l'accourcir ils disputèrent.
La dispute est d'un grand secours:
Sans elle on dormirait toujours.
Nos pèlerins s'égosillèrent.
Ayant bien disputé, l'on parla du prochain.
Le Renard au Chat dit enfin:
"Tu prétends être fort habile;
En sais-tu tant que moi? J'ai cent ruses au sac.
—Non, dit l'autre: je n'ai qu'un tour dans mon bissac;
Mais je soutiens qu'il en vaut mille."
Eux de recommencer la dispute à l'envi.
Sur le que si, que non, tous deux étant ainsi,
Une meute apaisa la noise.
Le Chat dit au Renard: "Fouille en ton sac, ami;
Cherche en ta cervelle matoise
Un stratagème sûr: pour moi voici le mien."
A ces mots, sur un arbre il grimpa bel et bien.
L'autre fit cent tours inutiles,
Entra dans cent terriers, mit cent fois en défaut
Tous les confrères de Brifaut.
Partout il tenta des asiles;
Et ce fut partout sans succès;
La fumée y pourvut, ainsi que les bassets,
Au sortir d'un terrier, deux chiens aux pieds agiles
L'étranglèrent du premier bond.

Le trop d'expédients peut gâter une affaire:
On perd du temps au choix, on tente, on veut tout faire.
N'en ayons qu'un, mais qu'il soit bon.

Two frank furry-pawed schemers, they garnered loot
Along the way: lots of poultry, and cheeses to boot,
Each of them in profits vying for more.
The road was very long, and so a dreadful bore.
To shorten it, they argued, of course.
To alleviate boredom arguing is clever,
For otherwise we'd nod off forever.
Our pilgrims talked until hoarse.
All argued out, they gossiped about folks they knew.
Said Fox to Cat when they were through,
"You claim you have such a clever brain;
Are you as cunning as I? I've a hundred ruses in my sack."
"Not I," said the other, "I've only one trick in my double pack,
But worth a thousand of yours, I do maintain."
There they were, locked in argument once more.
With both at Yes-I-am, No-you're-not, just as before,
Hounds turned off the chatter.
Said Cat to Fox, "Friend, delve in your sack and store;
Search through your gray matter
For a stratagem that's sure; here's the one I've got."
Saying this, straight up a tree he scampered, like a shot.
The other's tricks went for nought:
He ran into a hundred holes; a hundred times off the track
He threw the whole of Brifaut's pack.
Everywhere around, asylum he sought,
And in every single place he did fail.
The smoke, and the bassets as well, did prevail.
Forced out of a hole, by two swift hounds he was caught
And strangled to death in a trice.

Too many resources can be the ruin of a plan:
We waste our time in choosing, in trying everything we can.
Let's use one, but one that will suffice.

XV
Le Mari, la Femme, et le Voleur

Un Mari fort amoureux,
Fort amoureux de sa Femme,
Bien qu'il fût jouissant, se croyait malheureux.
Jamais oeillade de la dame,
Propos flatteur et gracieux,
Mot d'amitié, ni doux sourire,
Déifiant le pauvre sire,
N'avaient fait soupçonner qu'il fût vraiment chéri.
Je le crois: c'était un mari.
Il ne tint point à l'hyménée
Que, content de sa destinée,
Il n'en remerciât les Dieux.
Mais quoi? Si l'amour n'assaisonne
Les plaisirs que l'hymen nous donne,
Je ne vois pas qu'on en soit mieux.
Notre Epouse étant donc de la sorte bâtie,
Et n'ayant caressé son mari de sa vie,
Il en faisait sa plainte une nuit. Un Voleur
Interrompit la doléance.
La pauvre femme eut si grand'peur
Qu'elle chercha quelque assurance
Entre les bras de son époux.
"Ami Voleur, dit-il, sans toi ce bien si doux
Me serait inconnu. Prends donc en récompense
Tout ce qui peut chez nous être à ta bienséance;
Prends le logis aussi." Les voleurs ne sont pas
Gens honteux, ni fort délicats:
Celui-ci fit sa main.

J'infère de ce conte
Que la plus forte passion
C'est la peur: elle fait vaincre l'aversion,
Et l'amour quelquefois; quelquefois il la dompte;
J'en ai pour preuve cet amant
Qui brûla sa maison pour embrasser sa dame,

XV
The Husband, the Wife, and the Thief

A Husband in love's torment,
Loving his Wife with extravagance,
Though receiving her favors, judged he's cause for lament:
From the lady not one warm glance,
No compliment, considerate comment
Or kindly word; a gentle smile, even,
Lifting the poor man to heaven,
Had ever given him reason to imagine he was loved sincerely.
I believe it: he was a husband, merely.
It wasn't in any sense marriage's fault
If, accepting his lot, he didn't exalt
And show appreciation of heaven's estate.
But what is there to say? If no spice in love
Seasons pleasures that wedlock sends from above,
I don't see it providing us any better fate.
With a Wife, therefore, who lacked the disposition
To give her spouse caresses of her own volition,
He was complaining about the whole situation one night,
A plaint halted by a Thief.
The poor Wife had such a great fright,
She ran right for comfort, and relief,
To her husband's welcoming arms.
"Friend Thief," he said, "but for you, these charms
Would yet be unknown to me. So in reward, then, do
Take everything we've got that may well appeal to you;
Take the house along too." Now housebreakers are not
Shy folk, nor a very finicky lot.
This one used a free hand.

I infer from this tale
That the very strongest passion
Is fear; it overcomes aversion, in obvious fashion.
And love beats fear sometimes; at times it does prevail.
My proof is that lover who, at leisure,
Set his house afire, so as to embrace his lady fair

L'emportant à travers la flamme.
J'aime assez cet emportement;
Le conte m'en a plu toujours infiniment:
Il est bien d'une âme espagnole,
Et plus grande encore que folle.

XVI
Le Trésor et les deux Hommes

Un Homme n'ayant plus ni crédit ni ressource,
Et logeant le diable en sa bourse,
C'est-à-dire n'y logeant rien,
S'imagina qu'il ferait bien
De se pendre, et finir lui-même sa misère,
Puisque aussi bien sans lui la faim le viendrait faire:
Genre de mort qui ne duit pas
A gens peu curieux de goûter le trépas.
Dans cette intention, une vieille masure
Fut la scène où devait se passer l'aventure.
Il y porte une corde, et veut avec un clou
Au haut d'un certain mur attacher le licou.
La muraille, vieille et peu forte,
S'ébranle aux premiers coups, tombe avec un trésor.
Notre désespéré le ramasse, et l'emporte,
Laisse là le licou, s'en retourne avec l'or,
Sans compter: ronde ou non, la somme plut au sire.
Tandis que le galant à grands pas se retire,
L'Homme au trésor arrive, et trouve son argent
Absent.
"Quoi, dit-il, sans mourir je perdrai cette somme?
Je ne me pendrai pas! Et vraiment si ferai,

And carry her through flames with flair;
I quite approve that lack of measure.
I have always listened to this tale with pleasure:
It illustrates the Spanish soul and mind
As more to grandeur than folly inclined.

XVI
The Treasure and the Two Men

A Man with no more credit or resources and, worse,
Who lodged the devil in his purse;
That is, had in it not a sou,
Felt the best he could do
Was hang himself, bring his plight to an end;
Since surely, if he did not, starvation would show up and lend
A hand, an unpalatable type of death
To those reluctant to taste their last breath.
With this in view he chose an old hovel's attic
As the scene in which to enact this final, dramatic
Adventure: there it was his aim and most fond hope,
With the aid of a nail, in a wall to attach a rope.
The wall, buckling with age and very weak,
Shook at the first hammer blows and collapsed, to reveal
A hoard; our poor man took it, ran like a streak,
Left the rope, the gold uncounted. It went to heal
His woes. Ample or not, the sum gave the chap pleasure.
While this gent was speeding off with the treasure,
Its owner arrived and found the money, to his dismay,
Stolen away.
"What!" he said. "Do I lose this sum and now fail to croak?
Not hang myself? To do so I've truly made up my mind,

Ou de corde je manquerai."
Le lacs était tout prêt; il n'y manquait qu'un homme:
Celui-ci se l'attache, et se pend bien et beau.
Ce qui le consola peut-être
Fut qu'un autre eût, pour lui, fait les frais du cordeau.
Aussi bien que l'argent le licou trouva maître.

L'avare rarement finit ses jours sans pleurs;
Il a le moins de part au trésor qu'il enserre,
Thésaurisant pour les voleurs,
Pour ses parents ou pour la terre.
Mais que dire du troc que le Fortune fit?
Ce sont là de ses traits; elle s'en divertit:
Plus le tour est bizarre, et plus elle est contente.
Cette déesse inconstante
Se mit alors en l'esprit
De voir un homme se pendre;
Et celui qui se pendit
S'y devait le moins attendre.

XVII
Le Singe et le Chat

Bertrand avec Raton, l'un singe et l'autre chat,
Commensaux d'un logis, avaient un commun maître.
D'animaux malfaisants c'était un très-bon plat:
Ils n'y craignaient tous deux aucun, quel qu'il pût être.
Trouvait-on quelque chose au logis de gâté,
L'on ne s'en prenait point aux gens du voisinage:
Bertrand dérobait tout; Raton, de son côté,
Etait moins attentif aux souris qu'au fromage.

Unless there's no rope I can find."
The noose was ready at hand, lacking only a man to choke.
He used it, for his hanging he could well afford.
He had, perhaps, this consolation:
That, for his sake, someone else had had to pay for the cord.
Like the pelf, the halter found a new affiliation.

The miser mainly ends his days in tears and grief.
His share is least of the hoard he circles 'round:
What he hides away goes to a thief,
To relations, or remains in the ground.
But what's to say of the swap Fortune saw fit
To bring about? Twists like this appeal to her wit.
The more outlandish the trick, the happier is this fickle
Goddess to find what will tickle
Her fancy. Whim made her decide
To see a man hang himself, a demise
Picked out by the suicide
By way of an outright surprise.

XVII
The Monkey and the Cat

Bertrand and Raton, a monkey and a cat, were a pair
Of boarders together, sharing their master and cook.
As beasts given to mischief, you couldn't anywhere
Locate a decent match for them, no matter where you'd look.
If anything in the house was ever taken apart,
No one in the neighborhood was guilty, if you please.
Bertrand stole everything; Raton, for his part,
Paid less attention to mice than he did to cheese.

Un jour, au coin du feu, nos deux maîtres fripons
Regardaient rôtir des marrons.
Les escroquer était une très-bonne affaire;
Nos galands y voyaient double profit à faire:
Leur bien premièrement, et puis le mal d'autrui.
Bertrand dit à Raton: "Frère, il faut aujourd'hui
Que tu fasses un coup de maître;
Tire-moi ces marrons. Si Dieu m'avait fait naître
Propre à tirer marrons du feu,
Certes marrons verraient beau jeu."
Aussitôt fait que dit: Raton, avec sa patte,
D'une manière délicate,
Ecarte un peu la cendre, et retire les doigts;
Puis les reporte à plusieurs fois;
Tire un marron, puis deux, et puis trois en escroque:
Et cependant Bertrand les croque
Une servante vient: adieu mes gens. Raton
N'était pas content, ce dit-on.

Aussi ne le sont pas la plupart de ces princes
Qui, flattés d'un pareil emploi,
Vont s'échauder en des provinces
Pour le profit de quelque roi.

By the fire one day our two arch-rogues, warm as toast,
Were watching some chestnuts roast.
To snatch them away was a trick too good to miss.
Our rascals saw twin gains if they did manage this:
Profit for them first of all, and then harm to another.
Said Bertrand to Raton, "Today must be the day, brother,
For you to deal a master stroke.
Grab those chestnuts. Had God made me one of those folk
Who pull chestnuts from the flame,
Chestnuts would surely see a fine game."
No sooner said than done: Raton employed his paw,
Dainty as anyone ever saw.
Pushed the embers aside a way, withdrew his paw then
And stuck it back, over and over again;
Pulled a chestnut out, then two more, then snatched three.
Bertrand, meanwhile, munched in glee.
A maid came in, our folks ran. Raton that day
Was not very happy, so they say.

Nor are most of those princes who rush to the fore
And, flattered by such a mission,
Burn fingers on some distant shore
To satisfy some king's ambition.

XVIII
Le Milan et le Rossignol

Après que le Milan, manifeste voleur,
Eut répandu l'alarme en tout le voisinage,
Et fait crier sur lui les enfants du village,
Un Rossignol tomba dans ses mains par malheur.
Le héraut du printemps lui demande la vie.
"Aussi bien que manger en qui n'a que le son?
    Ecoutez plutôt ma chanson:
Je vous raconterai Térée et son envie.
—Qui, Térée? est-ce un mets propre pour les milans?
—Non pas; c'était un roi dont les feux violents
Me firent ressentir leur ardeur criminelle.
Je m'en vais vous en dire une chanson si belle
Qu'elle vous ravira: mon chant plaît à chacun."
    Le Milan alors lui réplique:
"Vraiment, nous voici bien, lorsque je suis à jeun,
    Tu viens me parler de musique.
—J'en parle bien aux rois. —Quand un roi te prendra,
    Tu peux lui conter ces merveilles.
    Pour un milan, il s'en rira:
    Ventre affamé n'a point d'oreilles."

XVIII
The Kite and the Nightingale

After an alarm that a Kite, a notorious thief,
Was in the vicinity, and he was kept from pillage
By the cries and shouts of children of the village,
A Nightingale fell into his clutches, to her grief.
The herald of spring then begged for her life:
"Also, in one who's nothing but sound, what's to eat?
    Hear my song instead as a treat.
I'll sing about Tereus coveting another's wife."
"Who, Tereus? For a kite is that any kind of fit ration?"
"Oh, no; he was a king whose violent lust and passion
Once did impose all their heinous craving on me.
The song I'll sing about it has such lovely melody
You'll be ravished: my song charms all who come along."
    The Kite replied to her prayer,
"That does me a lot of good! When my hunger is so strong
    You come serving me musical fare."
"I serve it up to kings." "When you're captured by a king,
    With your wondrous tale draw his tears.
    For a kite it's a laughable thing:
    A famished belly has always lacked ears."

XIX
Le Berger et son Troupeau

"Quoi? toujours il me manquera
Quelqu'un de ce peuple imbécile!
Toujours le Loup m'en gobera!
J'aurai beau les compter! ils étaient plus de mille,
Et m'ont laissé ravir notre pauvre Robin;
Robin mouton, qui par la ville
Me suivait pour un peu de pain,
Et qui m'aurait suivi jusques au bout du monde.
Hélas! de ma musette il entendait le son;
Il me sentait venir de cent pas à la ronde.
Ah! le pauvre Robin mouton!"
Quand Guillot eut fini cette oraison funèbre,
Et rendu de Robin la mémoire célèbre,
Il harangua tout le troupeau,
Les chefs, la multitude, et jusqu'au moindre agneau,
Les conjurant de tenir ferme:
Cela seul suffirait pour écarter les Loups.
Foi de peuple d'honneur, ils lui promirent tous
De ne bouger non plus qu'un terme.
"Nous voulons, dirent-ils, étouffer le glouton
Qui nous a pris Robin mouton."
Chacun en répond sur sa tête.
Guillot les crut, et leur fit fête.
Cependant, devant qu'il fût nuit,
Il arriva nouvel encombre:
Un Loup parut; tout le troupeau s'enfuit.
Ce n'était pas un Loup, ce n'en était que l'ombre.

Haranguez de méchants soldats:
Ils promettront de faire rage;
Mais, au moindre danger, adieu tout leur courage;
Votre exemple et vos cris ne les retiendront pas.

XIX
The Shepherd and His Flock

"What? My loss just never stops
In this flock of imbeciles galore!
The Wolf keeps licking his chops
On them! Why count? Once they were a thousand or more.
They let poor Robin be stolen away. He's dead:
Robin Sheep, who'll follow me no more
All around town for a morsel of bread,
Who'd have followed me anywhere on earth any day.
Alas, he'd hear my pipes play soft and deep,
And smell me coming from a hundred yards away.
Ah, poor, poor Robin Sheep!"
After Willy had finished this funeral oration,
Enshrined Robin in their veneration,
The flock, fleecy and shorn,
Heard him—wethers, throng, even tiny lambs newborn—
Exhorting them to stand firm.
That alone would keep Wolves in frustration.
They all promised him, word of honor as a nation,
To budge no more than any Term.
"We all mean," they said, "to stifle the glutton,
Who took from us poor Robin Mutton."
Each on his life did gravely swear.
Believing, Willy then lauded their care.
But, before the day became the night,
A new mishap brought confusion:
A Wolf showed up. The entire flock took flight.
It wasn't a Wolf at all; it was no more than an illusion.

Wretched soldiers whom you do exhort
Will promise to move heaven and hell,
But at the slightest peril, bid all their courage farewell.
Your example and your shouts won't make them hold the fort.

Discours à Madame de la Sablière

Iris, je vous louerais: il n'est que trop aisé;
Mais vous avez cent fois notre encens refusé.
En cela peu semblable au reste des mortelles,
Qui veulent tous les jours des louanges nouvelles.
Pas une ne s'endort à ce bruit si flatteur.
Je ne les blâme point; je souffre cette humeur:
Elle est commune aux Dieux, aux monarques, aux belles.
Ce breuvage vanté par le peuple rimeur,
Le nectar que l'on sert au maître du tonnerre,
Et dont nous enivrons tous les dieux de la terre,
C'est la louange, Iris. Vous ne la goûtez point:
D'autres propos chez vous récompensent ce point;
    Propos, agréables commerces,
Où le hasard fournit cent matières diverses,
    Jusque-là qu'en votre entretien
La bagatelle a part: le monde n'en croit rien.
    Laissons le monde et sa croyance.
    La bagatelle, la science,
Les chimères, le rien, tout est bon; je soutiens
    Qu'il faut de tout aux entretiens:
  C'est un parterre où Flore épand ses biens;
Sur différentes fleurs l'abeille s'y repose,
    Et fait du miel de toute chose.
Ce fondement posé, ne trouvez pas mauvais
Qu'en ces fables aussi j'entremêle des traits
    De certaine philosophie,
    Subtile, engageante, et hardie.
On l'appelle nouvelle: en avez-vous ou non
    Ouï parler? Ils disent donc
    Que la bête est une machine;
Qu'en elle tout se fait sans choix et par ressorts:
Nul sentiment, point d'âme; en elle tout est corps.
    Telle est la montre qui chemine
A pas toujours égaux, aveugle et sans dessein.

Discourse to Madame de la Sablière

Iris, I'd praise you; it's all too easy, of course.
But a hundred times you have declined to endorse
Incense from me, unlike other women in this game
Who every day show hunger for some fresh new acclaim,
All of them lulled by such fulsome recognition.
I don't blame them at all; I accept this disposition.
It's common to Gods, to kings, and to every beauteous dame.
A potion vaunted in the rhyming tradition,
The nectar we serve up to the master of thunder,
And with which we all intoxicate every single god under
The heavens, is praise, Iris. It's not to your taste.
Instead, by other talk your conversations are graced;
    Pleasant talk, exchanged with elegance,
In which a hundred varied themes come up by chance,
    To the point that, in talks with you,
Light matters have a place. People have another view;
    Let's leave them and their interpretation.
    Light matters, learnd information,
Illusions, trifles, all of them are good. I maintain
    That in talk no item or subject is vain,
  A garden in which Flora spreads blessings like rain.
On varied flowers the bee comes to settle, and rests;
    It makes honey of all that it ingests.
Now that I've laid this foundation, don't judge ill
That in these fables, in like fashion, I sometimes will
    Set a doctrine of philosophy,
    Bold, attractive, full of subtlety.
They call it new; is it possible that you may
    Have heard of it? What they say
    Is that an animal is a machine,
All its acts involuntary and subject to automatic control:
In it all is matter; it has no consciousness nor any soul;
    Like a watch whose operation can be seen,
Its movement steady, blind, deprived of conscious art.

Ouvrez-la, lisez dans son sein:
Mainte roue y tient lieu de tout l'esprit du monde;
La première y meut la seconde;
Une troisième suit: elle sonne à la fin.
Au dire de ces gens, la bête est toute telle:
"L'objet la frappe en un endroit;
Ce lieu frappé s'en va tout droit,
Selon nous, au voisin en porter la nouvelle.
Le sens de proche en proche aussitôt la reçoit.
L'impression se fait." Mais comment se fait-elle?
Selon eux, par nécessité,
Sans passion, sans volonté:
L'animal se sent agité
De mouvements que le vulgaire appelle
Tristesse, joie, amour, plaisir, douleur cruelle,
Ou quelque autre de ces états.
Mais ce n'est point cela: ne vous y trompez pas.
Qu'est-ce donc? —Une montre. —Et nous? —C'est autre chose.
Voici de la façon que Descartes l'expose,
Descartes, ce mortel dont on eût fait un dieu
Chez les païens, et qui tient le milieu
Entre l'homme et l'esprit, comme entre l'huître et l'homme
Le tient tel de nos gens, franche bête de somme:
Voici, dis-je, comment raisonne cet auteur:
"Sur tous les animaux, enfants du Créateur,
J'ai le don de penser; et je sais que je pense;"
Or vous savez, Iris, de certaine science,
Que, quand la bête penserait,
La bête ne réfléchirait
Sur l'objet ni sur sa pensée.
Descartes va plus loin, et soutient nettement
Qu'elle ne pense nullement.
Vous n'êtes point embarrassée
De le croire; ni moi.

Cependant, quand aux bois
Le bruit des cors, celui des voix,
N'a donné nul relâche à la fuyante proie,

Open one up; look inside its heart.
Many a wheel replaces any mind that could have reckoned.
The first one moves the second,
And so on; at last its chimes it does impart.
Just so is the beast, from what these folks do say:
"Contact with a given spot simulates
It; the area contacted never hesitates.
Its neighbor, we think, gets the message relayed,
Which, point to point, to the sense it communicates:
The impression is made." "But tell me how it is made."
It's determined, in their view,
Lacks emotion, lacks free will too.
The beast is shot all through
With impulses that in our own common belief
We do call sadness, joy, love, pleasure, cruel grief,
Or some other state of that kind.
But that's not it; don't let it confuse your mind.
"What, then?" "A watch." "And we?" "We're a different creation."
Here is the way Descartes presents his explanation.
Descartes, the being who'd have soon been called divine
By the pagans, and who walks the middle line
Between man and spirit, as between oyster and man we also find
Some of our own kind, each burdened with a plodding mind.
Here, I say, is the method of this author's reasoning:
"Of all the creatures who are the Creator's offspring,
I have the gift of thought. I think, and I know that I do."
Now, Iris, you know it to be scientifically true
That if animals had any intellect,
They still could not reflect
On either objects or cerebration.
Descartes goes even further, and clearly to his mind
They have no thought of any kind.
For you there's no contra-indication
To believing this; nor for me.

In the woods, nevertheless,
When horn calls and voices press
And give no surcease to the fleeing prey;

Qu'en vain elle a mis ses efforts
A confondre et brouiller la voie,
L'animal chargé d'ans, vieux cerf, et de dix cors,
En suppose un plus jeune, et l'oblige par force
A présenter aux chiens une nouvelle amorce.
Que de raisonnements pour conserver ses jours!
Le retour sur ses pas, les malices, les tours,
Et le change, et cent stratagèmes
Dignes des plus grands chefs, dignes d'un meilleur sort!
On le déchire après sa mort:
Ce sont tous ses honneurs suprêmes.
Quand la Perdrix
Voit ses petits
En danger, et n'ayant qu'une plume nouvelle
Qui ne peut fuir encor par les airs le trépas,
Elle fait la blessée, et va, traînant de l'aile,
Attirant le Chasseur et le Chien sur ses pas,
Détourne le danger, sauve ainsi sa famille;
Et puis, quand le Chasseur croit que son Chien la pille,
Elle lui dit adieu, prend sa volée, et rit
De l'Homme qui, confus, des yeux en vain la suit.

Non loin du Nord il est un monde
Où l'on sait que les habitants
Vivent, ainsi qu'aux premiers temps,
Dans une ignorance profonde:
Je parle des humains; car, quant aux animaux,
Ils y construisent des travaux
Qui des torrents grossis arrêtent le ravage
Et font communiquer l'un et l'autre rivage.
L'édifice résiste, et dure en son entiér;
Aprés un lit de bois est un lit de mortier.
Chaque castor agit: commune en est la tâche;
Le vieux y fait marcher le jeune sans relâche;
Maint maître d'oeuvre y court, et tient haut le bâton.
La république de Platon
Ne serait rien que l'apprentie
De cette famille amphibie.
Ils savent en hiver élever leurs maisons,

When it has striven, but all in vain,
To confuse trails, lead dogs astray,
The aging beast, an old stag, whose antlers now sustain
Ten points, substitutes for himself a younger candidate,
Who now for the hounds has to serve as fresh bait.
What plans and devices, to save himself from the pack!
All the schemes, twists and turns, the doubling back,
Exchange of prey, and many a stratagem
Worthy of the greatest chiefs, indeed worthy of a better fate!
After his death, they mutilate
Him, his final honor, and his requiem.
When the Partridge sees
Her young, ill at ease
And in danger, plumage still new and developing,
And the nestlings not yet able to escape in flight,
She feigns injury, then goes around dragging her wing,
Drawing both Hunter and Hound away from the site.
So doing, she turns danger aside, saves the lot.
Then, when the Hunter believes that his Dog has finally got
Her, she bids him farewell in glee and flies on,
While the Man searches blindly to see where she's gone.

Near the North Pole lies a region
Whose inhabitants, as we know,
Dwell, just as in epochs of long ago,
In ignorance that is legion.
I mean humans; the beasts, without instructions,
In contrast do put up constructions
That arrest damage inflicted by rivers in spate,
And let the two shores, once more, communicate.
The dams are strong, durable in every quarter:
Each layer of wood is topped by a layer of mortar.
Every beaver does the labor; common is their cause.
Old ones keep the young ones busy, and without pause;
Many a foreman turns about, holding a stick high in the air.
All Plato's republic there
Could at the very most disciples be
To this amphibious family.
They build winter homes at the bottom of a lake,

Passent les étangs sur des ponts,
Fruit de leur art, savant ouvrage;
Et nos pareils ont beau le voir,
Jusqu'à présent tout leur savoir
Est de passer l'onde à la nage.
Que ces castors ne soient qu'un corps viole d'esprit,
Jamais on ne pourra m'obliger à le croire;
Mais voici beaucoup plus; écoutez ce récit,
Que je tiens d'un roi plein de gloire.
Le défenseur du Nord vous sera mon garant:
Je vais citer un prince aimé de la Victoire;
Son nom seul est un mur à l'empire ottoman:
C'est le roi polonais. Jamais un roi ne ment.

Il dit donc que, sur sa frontière,
Des animaux entre eux ont guerre de tout temps:
Le sang qui se transmet des pères aux enfants
En renouvelle la matière.
Ces animaux, dit-il, sont germains du renard.
Jamais la guerre avec tant d'art
Ne s'est faite parmi les hommes,
Non pas même au siècle où nous sommes.
Corps de garde avancé, vedettes, espions,
Embuscades, partis, et mille inventions
D'une pernicieuse et maudite science,
Fille du Styx, et mère des héros,
Exercent de ces animaux
Le bon sens et l'expérience.
Pour chanter leurs combats, l'Achéron nous devrait
Rendre Homère. Ah! s'il le rendait,
Et qu'il rendît aussi le rival d'Epicure,
Que dirait ce dernier sur ces exemples-ci?
Ce que j'ai déjà dit: qu'aux bêtes la nature
Peut par les seuls ressorts opérer tout ceci;
Que la mémoire est corporelle;
Et que, pour en venir aux exemples divers
Que j'ai mis en jour en ces vers,
L'animal n'a besoin que d'elle.

Span ponds with the bridges they make,
All engineering achievements of note.
No matter how many the natives do see,
Until now they've learned exclusively
To cross waters by swimming or boat.
That these beavers are no more than bodies, lacking in mind,
No one will ever convince me or make me believe.
But there's more. Listen to a tale of this kind
That from a world-famous king I did receive.
The North's defender will support what I relate:
I will cite a prince to whom victory did cleave.
His very name is a wall to the Ottoman state:
The Polish King. A king would never prevaricate.

So he says that, along his borders,
Among certain animals, a state of war is never done.
It's in their blood, transmitted from father to son,
Ever renewing the same orders.
These animals, he says, to foxes are very close kin.
Never with so much skill has war been
Waged by any human forces and powers,
Not even in this enlightened century of ours.
Corps of advance guards, sentries, scouts, spies,
Ambushes, raiding parties, moves that surprise,
Myriad devices of that ruinous cursèd science,
Mother of heroes, and daughter of Hell,
Train these beasts very well
In good sense and self-reliance.
To sing of all their combats, Acheron should once more
Give us Homer. "Ah, if it would restore
Him! And restore Epicurus's rival in addition!
Of these illustrations what would the latter say?"
Just what I have said: that the natural condition
Of animals is to do all this, in an automatic way;
That memory is a bodily feature,
And that, to come at this point to the diverse
Examples brought to light in my verse,
The beast requires no other teacher.

L'objet, lorsqu'il revient, va dans son magasin
Chercher, par le même chemin,
L'image auparavant tracée,
Qui sur les mêmes pas revient pareillement,
Sans le secours de la pensée,
Causer un même événement.
Nous agissons tout autrement:
La volonté nous détermine,
Non l'objet, ni l'instinct. Je parle, je chemine:
Je sens en moi certain agent;
Tout obéit dans ma machine
A ce principe intelligent.
Il est distinct du corps, se conçoit nettement,
Se conçoit mieux que le corps même:
De tous nos mouvements c'est l'arbitre suprême.
Mais comment le corps l'entend-il?
C'est là le point. Je vois l'outil
Obéir à la main; mais la main, qui la guide?
Eh! qui guide les cieux et leur course rapide?
Quelque ange est attaché peut-être à ces grands corps
Un esprit vit en nous, et meut tous nos ressorts;
L'impression se fait: le moyen, je l'ignore:
On ne l'apprend qu'au sein de la Divinité;
Et, s'il faut en parler avec sincérité,
Descartes l'ignorait encore.
Nous et lui là-dessus nous sommes tous égaux:
Ce que je sais, Iris, c'est qu'en ces animaux
Dont je viens de citer l'exemple,
Cet esprit n'agit pas: l'homme est son temple.
Aussi faut-il donner à l'animal un point,
que la plante, après tout, n'a point:
Cependant la plante respire.
Mais que répondra-t-on à ce que je vais dire?

Les Deux Rats, le Renard, et l'Oeuf

Deux Rats cherchaient leur vie; ils trouvèrent un oeuf.

To its own memory bank the stimulus goes right back,
To seek out, on the same track,
The image previously sought,
Which on the same path returns in similar guise,
Without the help of thought,
A like event to realize.
We humans behave otherwise.
Will moves us, no doubt;
Not a stimulus or an instinct. I speak, I travel about;
I feel in me some agent, some sense;
In my being everything throughout
Obeys this basis of intelligence.
Distinct from the body, clearly conceived as immanence,
Conceived better even than the body's scheme,
Of every one of our movements it's the arbiter supreme.
"But how does the body get its intent?
That's the point. I see the instrument
Obey the hand, but what leads the hand to its place?"
Ah, what guides the stars of Heaven in their rapid race?
Some angel may indeed be attached to those great bodies,
in fact.
A mind inhabits us, moving all the springs that make us act.
The impression's made; how it's done, wholly or in part,
One comes to know this only in the bosom of the Lord.
And, if on the need for frankness we're in accord,
Neither was it known by Descartes.
In this we and he are all equal, at the very least.
What I do know, Iris, is that in every single beast
I've just cited in illustration,
This mind doesn't act; man is its exclusive habitation.
To the beast, too, it becomes necessary to grant
A point that we can't attribute to the plant.
Plants, however, do breathe anyway.
But what will be the response to what I'm about to say?

The Two Rats, the Fox, and the Egg

Two Rats were out looking for food. An egg is what they found.

Le dîné suffisait à gens de cette espèce:
Il n'était pas besoin qu'ils trouvassent un boeuf.
Pleins d'appétit et d'allégresse,
Ils allaient de leur oeuf manger chacun sa part,
Quand un quidam parut: c'était maître Renard.
Rencontre incommode et fâcheuse;
Car comment sauver l'oeuf? Le bien empaqueter,
Puis des pieds de devant ensemble le porter,
Ou le rouler, ou le traîner:
C'était chose impossible autant que hasardeuse.
Nécessité l'ingénieuse
Leur fournit une invention.
Comme ils pouvaient gagner leur habitation,
L'écornifleur étant à demi-quart de lieue,
L'un se mit sur le dos, prit l'oeuf entre ses bras,
Puis, malgré quelques heurts et quelques mauvais pas,
L'autre le traîna par la queue.
Qu'on m'aille soutenir, après un tel récit,
Que les bêtes n'ont point d'esprit.

Pour moi, si j'en étais le maître,
Je leur en donnerais aussi bien qu'aux enfants.
Ceux-ci pensent-ils pas dès leurs plus jeunes ans?
Quelqu'un peut donc penser ne se pouvant connaître.
Par un exemple tout égal,
J'attribuerais à l'animal
Non point une raison selon notre manière,
Mais beaucoup plus aussi qu'un aveugle ressort:
Je subtiliserais un morceau de matière,
Que l'on ne pourrait plus concevoir sans effort;
Quintessence d'atome, extrait de la lumière,
Je ne sais quoi plus vif et plus mobile encor
Que le feu; car enfin, si le bois fait la flamme,
La flamme, en s'épurant, peut-elle pas de l'âme
Nous donner quelque idée? et sort-il pas de l'or
Des entrailles du plomb? Je rendrais mon ouvrage
Capable de sentir, juger, rien davantage,
Et juger imparfaitement,

A dinner quite sufficient for folks of this alloy.
No need to discover an ox while they looked around.
    Appetite sharp, and full of joy,
Of their egg each was ready to consume his share
When someone showed: Master Fox from his lair;
    A complete disaster if they met.
How to save their egg? To wrap it securely, then
Together with forepaws lift it, carry it again,
    Or roll or drag it to their den,
Was as impossible as hazardous, to their great regret.
    Ingenious necessity did abet
    Them when this scheme it provided:
Since they could get back to where they resided,
The freeloader still a half-mile down the vale,
Taking the egg in his paws, one Rat lay down on his back.
Then, in spite of a few stumbles, a few bumps on the track,
    The other pulled him by the tail.
Now go maintain, hearing a tale of this kind,
    That beasts don't possess a mind!

    If I were master of things below,
In this ability I'd make them children's peers.
Don't children think, from their very early years?
So someone may think although all unaware of doing so.
    As a comparable example
    I'd give the beast ample
Reasoning powers; not those of our kind
But make it more than a machine, blind imbecile.
I'd have a bit of matter so refined,
One could only conceive it with an effort of will:
Quintessence of atom, pure extract of light,
Something livelier, with swifter motion still
Than fire. For if wood produces flame's creation,
Can flame not, as we see it move to purification,
Give us an idea of the soul, and don't we distill
Gold from the depths of lead? I'd make my creature
Able to feel, judge; with no other feature.
    And judge to a limited extent,

Sans qu'un singe jamais fît le moindre argument.
A l'égard de nous autres hommes,
Je ferais notre lot infiniment plus fort;
Nous aurions un double trésor:
L'un cette âme pareille en tous tant que nous sommes,
Sages, fous, enfants, idiots,
Hôtes de l'univers, sous le nom d'animaux;
L'autre, encore une autre âme, entre nous et les anges
Commune en un certain degré;
Et ce trésor à part créé
Suivrait parmi les airs les célestes phalanges,
Entrerait dans un point sans en être pressé,
Ne finirait jamais, quoique ayant commencé:
Choses réelles, quoique étranges.
Tant que l'enfance durerait,
Cette fille du Ciel en nous ne paraîtrait
Qu'une tendre et faible lumière:
L'organe étant plus fort, la raison percerait
Les ténèbres de la matière,
Qui toujours envelopperait
L'autre âme imparfaite et grossière.

With no ape ever able to make the slightest argument.
As for humankind, both near and far,
I'd make our lot infinitely greater, more fair.
Of treasure we'd have a double share:
One the soul that's the same for all of us, whatever we are,
Childish, foolish, wise, or mad,
Dwellers of the universe, in animal flesh clad.
The other a soul which with angels would be our exclusive fare
In common, if only to a minor degree.
This treasure, created separately,
Would follow the heavenly phalanxes through their range,
Would go through points without squeezing, readily;
Though it had originated, would never cease to be.
Substances real, if passing strange.
All during our childhood state
This daughter of Heaven within us would seem
To be but a soft and feeble gleam.
When the body was mature, reason would penetrate
The murky flesh that perforce
Would always envelop its mate,
The second soul, imperfect and coarse.

BOOK TEN

X

LIVRE DIXIEME

I
L'Homme et la Couleuvre

Un Homme vit une Couleuvre:
"Ah! méchante, dit-il, je m'en vais faire une oeuvre
Agréable à tout l'univers!"
A ces mots, l'animal pervers
(C'est le Serpent que je veux dire,
Et non l'Homme: on pourrait aisément s'y tromper),
A ces mots, le Serpent, se laissant attraper,
Est pris, mis en un sac; et, ce qui fut le pire,
On résolut sa mort, fût-il coupable ou non.
Afin de le payer toutefois de raison,
L'autre lui fit cette harangue:
"Symbole des ingrats! être bon aux méchants,
C'est être sot; meurs donc: ta colère et tes dents
Ne me nuiront jamais." Le Serpent, en sa langue,
Reprit du mieux qu'il put: "S'il fallait condamner
Tous les ingrats qui sont au monde,
A qui pourrait-on pardonner?
Toi-même tu te fais ton procès: je me fonde
Sur tes propres leçons; jette les yeux sur toi.
Mes jours sont en tes mains, tranche-les; ta justice,
C'est ton utilité, ton plaisir, ton caprice:
Selon ces lois, condamne-moi;
Mais trouve bon qu'avec franchise
En mourant au moins je te dise
Que le symbole des ingrats
Ce n'est point le Serpent, c'est l'Homme." Ces paroles
Firent arrêter l'autre; il recula d'un pas.
Enfin il repartit: "Tes raisons sont frivoles.
Je pourrais décider, car ce droit m'appartient;
Mais rapportons-nous-en. —Soit fait," dit le Reptile.
Une Vache était là: on l'appelle; elle vient:
Le cas est proposé. "C'était chose facile:
Fallait-il pour cela, dit-elle, m'appeler?
La Couleuvre a raison: pourquoi dissimuler?

I
The Man and the Garter Snake

A Man once saw a Garter Snake.
"Ah, villain," he said, "the deed I'll do for virtue's sake
Will gratify the universe!"
With these words the perverse
Beast (It's the Snake I've cursed,
And not the Man; one might tend indeed to be confused),
With these words the Snake found itself ill used:
Captured, stuffed inside a sack and, what was worst,
Condemned to death on the spot, guilty or not.
But, to give it a sop of logic for its lot,
To it the Man then started to preach:
"Symbol of ingratitude! To show villains compassion
Is folly, so die! Your rage and your fangs in no fashion
Will ever do harm to me." The Snake, in its own speech,
Replied as best it could: "Were one forced to condemn all
The ingrates who now exist here on earth,
Who'd be pardoned, great or small?
You put yourself on trial: I base my case's worth
On what you do; seeing yourself should give you pause.
My life's in your hands, cut it off: your justice is defined
By its use to you, your caprice, pleasures you find.
Convict me then, by those laws,
But let me, since I'm obliged to die,
At least give you one frank reply.
For the symbol of the ingrate
Is not the Snake at all, it's Man." The import of such words
Made the Man stop short, step back and hesitate.
But he went on: "A frivolous charge, for the birds!
I could pass sentence now, for it's a right I've got,
But let's ask someone else." The Reptile replied, "Agreed."
A Cow stood nearby; summoned, she came to the spot.
The case was put. An easy thing to judge indeed.
"For this," she asked, "you just had to summon me?
The Garter Snake is right. Why all this travesty?

Je nourris celui-ci depuis longues années;
Il n'a sans mes bienfaits passé nulles journées:
Tout n'est que pour lui seul; mon lait et mes enfants
Le font à la maison revenir les mains pleines:
Même j'ai rétabli sa santé, que les ans
Avaient altérée; et mes peines
Ont pour but son plaisir ainsi que son besoin.
Enfin me voilà vieille; il me laisse en un coin
Sans herbe: s'il voulait encor me laisser paître!
Mais je suis attachée; et si j'eusse eu pour maître
Un Serpent, eût-il su jamais pousser si loin
L'ingratitude? Adieu: j'ai dit ce que je pense."
L'Homme, tout étonné d'une telle sentence,
Dit au Serpent: "Faut-il croire ce qu'elle dit?
C'est une radoteuse; elle a perdu l'esprit.
Croyons ce Boeuf. —Croyons," dit la rampante bête.
Ainsi dit, ainsi fait. Le Boeuf vient à pas lents.
Quand il eut ruminé tout le cas en sa tête,
Il dit que du labeur des ans
Pour nous seuls il portait les soins les plus pesants,
Parcourant sans cesser ce long cercle de peines
Qui, revenant sur soi, ramenait dans nos plaines
Ce que Cérès nous donne, et vend aux animaux;
Que cette suite de travaux
Pour récompense avait, de tous tant que nous sommes,
Force coups, peu de gré; puis, quand il était vieux,
On croyait l'honorer chaque fois que les hommes
Achetaient de son sang l'indulgence des Dieux.
Ainsi parla le Boeuf. L'Homme dit: "Faisons taire
Cet ennuyeux déclamateur;
Il cherche de grands mots, et vient ici se faire,
Au lieu d'arbitre, accusateur.
Je le récuse aussi." L'Arbre étant pris pour juge,
Ce fut bien pis encore. Il servait de refuge
Contre le chaud, la pluie, et la fureur des vents;
Pour nous seuls il ornait les jardins et les champs;
L'ombrage n'était pas le seul bien qu'il sût faire:

For years I've carried nourishment this Man's way.
He hasn't lived without boons from me even a single day,
And just for himself alone: my milk and all my calves do vie
To send him home with much more than normal gains.
I restored his health, that time passing by
    Had damaged. And all of my pains
Have served his joys and needs, always renewed.
Now I'm old, so I'm left in a corner in solitude,
Without grass. If he would just allow me to graze!
But I'm tied to a post. Had my master, all these days
Been a Snake, could he have pushed ingratitude
This far? So goodbye; I've said what's on my mind."
The Man, amazed at a judgment of this kind,
Said to the Snake, "Must we believe what we hear?
She's senile; that she's lost her wits is clear.
Let's listen to this Ox." "Let's," the slitherer said.
Said and done: the Ox came in steps ponderous and slow.
He said after chewing the case over in his head,
    That as the years' labor did go
For us alone, he bore all the heaviest cares, plus the woe,
Plodding unceasingly through the long round of pains
That in its yearly cycle brings back to all our plains
What Ceres gives us but sells to our animal neighbors.
    For this succession of labors
He had as payment from all of our kind, again and again,
Many a blow, little thanks. When age became his ration,
It was believed an honor for him each time that men
Bought the Gods' favor with his blood as libation.
Thus spoke the Ox. Said the Man, "Let's dam the spate
    Of this boring master of elocution.
He likes big words: he's come not to judge, but orate
    Like some attorney for the prosecution.
I disqualify him too." When the next judge was the Tree,
It blamed Man even more: a refuge it was, and lee,
Against heat and rain, and winds that cut to the bone.
Gardens and fields were adorned by it, all for us alone.
With shade it furnished, other boons it did dispense:

Il courbait sous les fruits. Cependant pour salaire
Un rustre l'abattait: c'était là son loyer;
Quoique, pendant tout l'an, libéral il nous donne,
Ou des fleurs au printemps, ou du fruit en automne,
L'ombre l'été, l'hiver les plaisirs du foyer.
Que ne l'émondait-on, sans prendre la cognée?
De son tempérament, il eût encor vécu.
L'Homme trouvant mauvais que l'on l'eût convaincu,
Voulut à toute force avoir cause gagnée.
"Je suis bien bon, dit-il, d'écouter ces gens-là!"
Du sac et du Serpent aussitôt il donna
  Contre les murs, tant qu'il tua la bête.

    On en use ainsi chez les grands:
La raison les offense; ils se mettent en tête
Que tout est né pour eux, quadrupèdes et gens,
      Et serpents.
    Si quelqu'un desserre les dents,
C'est un sot. —J'en conviens: mais que faut-il donc faire?
    —Parler de loin, ou bien se taire.

II
La Tortue et les deux Canards

Une Tortue était, à la tête légère,
Qui, lasse de son trou, voulut voir le pays.
Volontiers on fait cas d'une terre étrangère;
Volontiers gens boiteux haïssent le logis.
    Deux Canards, à qui la commère
    Communiqua ce beau dessein,

Laden with fruit, it bowed low. Yet as its recompense
A peasant cut it down: that was its sole reward,
Though all year long, magnanimous, to us it does bring
Either fruits in the fall or else flowers in the spring.
Summer shade, winter fireside joys in it are stored.
Why not trim it, but hold back the axe from its base?
With its even disposition it would live, content.
The Man, refusing to acknowledge such convincing argument,
Decided, willy-nilly, he'd be victor in the case.
"I'm a real fool," he said, "to even listen to this pack!"
At once he began striking both Snake and sack
   Against a wall, until at last the beast was dead.

      For the mighty those are the stakes:
Reason offends them. What they get in their head
Is that animals and men all exist for their sakes,
         Including Snakes.
      To object is the worst of mistakes,
Sheer folly. "I quite agree, but then what's to be done?"
      Keep still, or else speak and run.

II
The Tortoise and the Two Ducks

A Tortoise there was whose brain was weak.
Fed up with her burrow, she thought she would roam:
It's lands foreign to us we esteem and readily seek;
Folks who hobble about are quick to tire of home.
      Two Ducks, whom their eager neighbor
      Informed of this fine enterprise,

Lui dirent qu'ils avaient de quoi la satisfaire.
"Voyez-vous ce large chemin?
Nous vous voiturerons, par l'air, en Amérique:
Vous verrez mainte république,
Maint royaume, maint peuple; et vous profiterez
Des différentes moeurs que vous remarquerez.
Ulysse en fit autant." On ne s'attendait guère
De voir Ulysse en cette affaire.
La Tortue écouta la proposition.
Marché fait, les Oiseaux forgent une machine
Pour transporter la pèlerine.
Dans la gueule, en travers, on lui passe un bâton.
"Serrez bien, dirent-ils, gardez de lâcher prise."
Puis chaque Canard prend ce bâton par un bout.
La Tortue enlevée, on s'étonne partout
De voir aller en cette guise
L'animal lent et sa maison,
Justement au milieu de l'un et l'autre Oison.
"Miracle! criait-on: venez voir dans les nues
Passer la reine des tortues.
—La reine! vraiment oui: je la suis en effet;
Ne vous en moquez point." Elle eût beaucoup mieux fait
De passer son chemin sans dire aucune chose;
Car, lâchant le bâton en desserrant les dents,
Elle tombe, elle crève aux pieds des regardants.
Son indiscrétion de sa perte fut cause.

Imprudence, babil, et sotte vanité
Et vaine curiosité,
Ont ensemble étroit parentage.
Ce sont enfants tous d'un lignage.

Said to her their travel plan would spare her any labor:
"See that broad road in the skies?
To the new world we'll transport you, and do it by air.
Many a government you'll see there,
Many a realm, many a people, too. And you'll be edified
By different customs you'll observe, on every side.
Ulysses did as much." Who would expect, or even care,
To find Ulysses anywhere in this affair?
Tortoise's approval of the plan was quick.
Deal concluded, the Birds then laid the foundation
Of their pilgrim's transportation:
In between her jaws, crosswise, they first lodged a stick.
"Don't let go," they said. "Make sure you hold on tight."
Each Duck then proceeded to seize the stick by an end.
Tortoise aloft, everywhere amazement did extend
To see the slow creature take flight,
House on her back, without a word,
Centered precisely between the one and the other Bird.
"A marvel!" folks cried. "Come see, up in the sky,
The queen of tortoises flying by!"
"The queen! Yes, indeed, that's what I am, all right.
Don't laugh!" She'd have done very much better, at that height,
To pass on her way in silence, thus saving her breath.
For, on releasing the stick in her vain need to chatter,
Down at the onlookers' feet she dropped, there to shatter.
Her lack of sense was the cause of her death.

Imprudence, babbling, and stupid vanity,
Plus curiosity, inanity,
They're all of them closest of kin:
Descendants of one and the same origin.

III
Les Poissons et le Cormoran

Il n'était point d'étang dans tout le voisinage
Qu'un Cormoran n'eût mis à contribution:
Viviers et réservoirs lui payaient pension.
Sa cuisine allait bien: mais, lorsque le long âge
Eut glacé le pauvre animal,
La même cuisine alla mal.
Tout Cormoran se sert de pourvoyeur lui-même.
Le nôtre, un peu trop vieux pour voir au fond des eaux,
N'ayant ni filets ni réseaux,
Souffrait une disette extrême.
Que fit-il? Le besoin, docteur en stratagème,
Lui fournit celui-ci. Sur le bord d'un étang
Cormoran vit une Ecrevisse.
"Ma commère, dit-il, allez tout à l'instant
Porter un avis important
A ce peuple: il faut qu'il périsse;
Le maître de ce lieu dans huit jours pêchera."
L'Ecrevisse en hâte s'en va
Conter le cas. Grande est l'émute;
On court, on s'assemble, on députe
A l'Oiseau: "Seigneur Cormoran,
D'où vous vient cet avis? Quel est votre garand?
Etes-vous sûr de cette affaire?
N'y savez-vous remède? Et qu'est-il bon de faire?
—Changer de lieu, dit-il. —Comment le ferons-nous?
—N'en soyez point en soin: je vous porterai tous,
L'un après l'autre, en ma retraite.
Nul que Dieu seul et moi n'en connaît les chemins:
Il n'est demeure plus secrète.
Un vivier que Nature y creusa de ses mains,
Inconnu des traîtres humains,
Sauvera votre république."
On le crut. Le peuple aquatique
L'un après l'autre fut porté
Sous ce rocher peu fréquenté.

III
The Fish and the Cormorant

Nowhere in the region could a single pool be found
Where a Cormorant didn't collect his tax.
Reservoirs, ponds brought meals in stacks,
A diet most hearty. But when old age made its round
    And the poor bird felt its chill,
    This diet went from good to ill.
Every Cormorant functions as his very own supplier;
Ours, a bit too old to see all the way down to the riverbed,
    With no traps, no nets to spread,
    Now suffered from hunger quite dire.
What to do? Necessity, doctor of strategems, applier
Of schemes, provided this one: at pond's edge one day
    Cormorant saw a Crayfish come by.
"Neighbor," he said, "go this instant, don't delay,
    With this important news, I pray,
    To those folks: every one of them must die.
The owner of this place is coming to fish, in a week."
    Crayfish swam in haste to seek
    The others. In great consternation
    They met, sent the Bird a deputation.
    "Sir Cormorant, about our duress:
Whence comes your information? What proof do you possess?
    Are you sure all this is true?
Don't you know any way out? What's a good thing to do?"
"Move away from here," he said. "Just how can that be done?"
"Don't worry about a thing. I'll transport you, every one
    In order, straight off to my den.
None but God and I know how to get there through the lands;
    No dwelling's more hidden from men.
A fishpond there, hollowed out by Nature's hands,
    Unknown to faithless human bands,
    Saves you all with this stroke."
    They believed him. The aquatic folk
    Were taken, one by one with no snag,
    And placed beneath his lonely crag.

Là, Cormoran, le bon apôtre,
Les ayant mis en un endroit
Transparent, peu creux, fort étroit,
Vous les prenait sans peine, un jour l'un, un jour l'autre;
Il leur apprit à leurs dépens
Que l'on ne doit jamais avoir de confiance
En ceux qui sont mangeurs de gens.
Ils y perdirent peu, puisque l'humaine engeance
En aurait aussi bien croqué sa bonne part.

Qu'importe qui vous mange? Homme ou loup, toute panse
Me paraît une à cet égard;
Un jour plus tôt, un jour plus tard,
Ce n'est pas grande différence.

IV
L'Enfouisseur et son Compère

Un Pincemaille avait tant amassé
Qu'il ne savait où loger sa finance.
L'Avarice, compagne et soeur de l'ignorance,
Le rendait fort embarrassé
Dans le choix d'un dépositaire;
Car il en voulait un, et voici sa raison:
"L'objet tente; il faudra que ce monceau s'altère
Si je le laisse à la maison:
Moi-même de mon bien je serai le larron.
—Le larron? Quoi! jouir, c'est se voler soi-même?
Mon ami, j'ai pitié de ton erreur extrême.
Apprends de moi cette leçon:
Le bien n'est bien qu'en tant que l'on s'en peut défaire;

Cormorant, good apostle and brother,
Having put them in the spot to keep,
A limpid pool, long and narrow but not deep,
Caught them with no trouble: one day one, the next day another.
He taught them, at a cost they bore,
That one must never be so foolish, or so blind,
As to put one's trust in a carnivore.
Yet what had they really to lose, inasmuch as humankind
Too would have munched its fair share of this prey?

What matter who eats you? Man, wolf, all bellies large or small
To me seem alike in that way.
A day's advance, a day's further delay,
The difference isn't great at all.

IV
The Man Who Buried Treasure and His Crony

So much cash did a Pennypincher amass,
He couldn't decide what to keep it in.
Avarice, both stupidity's partner and next of kin,
Led him to a woeful impasse
When he had to choose a trustee.
For he wanted one, and this reason he did give:
"What can be seen is a lure; this pile must suffer larceny
If I leave it where I live.
My desire to steal my own wealth I can't quell."
"Steal it? Ha! Does one rob oneself enjoying money's use?
My friend, I pity your error, extreme and obtuse.
With this lesson allow me to dispel
Your folly. Wealth is wealth only for so long as it can be spent.

Sans cela, c'est un mal. Veux-tu le réserver
Pour un âge et des temps qui n'en ont plus que faire?
La peine d'acquérir, le soin de conserver,
Otent le prix à l'or, qu'on croit si nécessaire."
Pour se décharger d'un tel soin,
Notre homme eût pu trouver des gens sûrs au besoin.
Il aima la terre, et, prenant son compère,
Celui-ci l'aide. Ils vont enfouir le trésor.
Au bout de quelque temps, l'homme va voir son or;
Il ne retrouva que le gîte.
Soupçonnant, à bon droit, le compère, il va vite
Lui dire; "Apprêtez-vous; car il me reste encor
Quelques deniers: je veux les joindre à l'autre masse."
Le compère aussitôt va remettre en sa place
L'argent volé, prétendant bien
Tout reprendre à la fois, sans qu'il y manquât rien.
Mais, pour ce coup, l'autre fut sage:
Il retint tout chez lui, résolu de jouir,
Plus n'entasser, plus enfouir;
Et le pauvre voleur, ne trouvant plus son gage,
Pensa tomber de sa hauteur.

Il n'est pas malaisé de tromper un trompeur.

V
Le Loup et les Bergers

Un Loup rempli d'humanité
(S'il en est de tels dans le monde)
Fit un jour sur sa cruauté,
Quoiqu'il ne l'exerçât que par nécessité,
Une réflexion profonde.

Otherwise it's an evil. Is it your wish to reserve
It for an age and a time for which it's surely no longer meant?
The strains of acquisition, pains taken to conserve,
Annul the worth of gold, to need for which all do assent."
In order to rid himself of such a worry,
Our man could have certainly found reliable folk in a hurry.
He chose the ground, plus a crony's eager consent
To help him out. Off they went to bury the treasure.
Later, the man went to look at the gold for his pleasure.
He found only the nest in the ground.
Rightly suspecting the crony, he quickly rushed 'round
And said, "Be ready to go, for I still have a measure
Of coins, and I now wish to place them with the other stack."
Straightway the crony went off alone and put back
The stolen cash, being fully intent
On taking the hoard all at once, so as not to lose a cent.
But this time no bit of the treasure did stay.
Its wise owner took it home, bent on making merry:
No more to pile up, no more to bury.
The poor thief, when he found his deposit stolen away,
Nearly fainted, he was so surprised.

Schemes to deceive a deceiver are easily realized.

V
The Wolf and the Shepherds

A Wolf with humanity on the brain
(If such on earth there exist to be found),
Had one day about his cruel strain,
His nature only through need, that's very plain,
A thought that was profound.

"Je suis haï, dit-il; et de qui? de chacun.
Le Loup est l'ennemi commun:
Chiens, chasseurs, villageois, s'assemblent pour sa perte;
Jupiter est là-haut étourdi de leurs cris:
C'est par là que de loups l'Angleterre est déserte,
On y mit notre tête à prix.
Il n'est hobereau qui ne fasse
Contre nous tels bans publier;
Il n'est marmot osant crier
Que du Loup aussitôt sa mère ne menace.
Le tout pour un âne rogneux,
Pour un mouton pourri, pour quelque chien hargneux,
Dont j'aurai passé mon envie.
Et bien! ne mangeons plus de chose ayant eu vie:
Paissons l'herbe, broutons, mourons de faim plutôt.
Est-ce une chose si cruelle?
Vaut-il mieux s'attirer la haine universelle?"
Disant ces mots, il vit des Bergers, pour leur rôt,
Mangeants un agneau cuit en broche.
"Oh! oh! dit-il, je me reproche
Le sang de cette gent: voilà ses gardiens
S'en repaissants eux et leurs chiens;
Et moi, Loup, j'en ferai scrupule?
Non, par tous les Dieux! non; je serais ridicule:
Thibaut l'agnelet passera,
Sans qu'à la broche je le mette;
Et non-seulement lui, mais la mère qu'il tette,
Et le père qui l'engendra."
Ce Loup avait raison. Est-il dit qu'on nous voie
Faire festin de toute proie,
Manger les animaux; et nous les réduirons
Aux mets de l'âge d'or autant que nous pourrons?
Ils n'auront ni croc ni marmite?
Bergers, bergers! le Loup n'a tort
Que quand il n'est pas le plus fort:
Voulez-vous qu'il vive en ermite?

"I'm hated," he said. "And by whom? By everyone.
The Wolf is everyone's foe, bar none.
To destroy him, dogs, hunters, peasants are universally keen:
Jupiter up on high is deafened by their cries.
That's why in England no more wolves are to be seen:
They all seek our heads as prize;
No country squire is there who fails
To post bans such as this on our set.
There's no brat who dares to fret
Lest its mother cry wolf to arrest its wails.
And all for a donkey with the scab,
A sheep with the pox, or a mean dog I've managed to grab,
From whom I'll have eaten my fill.
Well, no more eating living creatures; let's not kill.
Let's graze on grass, let's browse, let's starve instead.
Is that so terrible a fate?
Am I better off as object of such universal hate?"
Saying this, he saw Shepherds, their dinner all spread,
Eating lamb they'd just roasted on a spit.
"Oho!" he said. "I give myself a fit
At killing this race, as their keepers make hogs
Of themselves on sheep, they and their dogs!
Shall I, a Wolf, let scruples trouble me?
No, by all the Gods, no! What a ridiculous fool I'd be!
Tybalt the lamb will need no fire,
Or spit on which he'll have to be stuck.
I'll eat not only him, but the ewe who gives him suck,
And the ram who was his sire."
This Wolf was right. What law says humans should be seen
Dining off all prey now on the scene,
Eating meat; and states as well that we should hold
Animals, as best we can, just to diets of the age of gold?
No larder hook for them, or stewing pot?
Shepherds, shepherds! The Wolf is wrong
Only in instances when he's not as strong.
You want a hermit's life to be his lot?

VI
L'Araignée et l'Hirondelle

"O Jupiter, qui sus de ton cerveau,
Par un secret d'accouchement nouveau,
Tirer Pallas, jadis mon ennemie,
Entends ma plainte une fois en ta vie!
Progné me vient enlever les morceaux;
Caracolant, frisant l'air et les eaux,
Elle me prend mes mouches à ma porte:
Miennes je puis les dire; et mon réseau
En serait plein sans ce maudit oiseau:
Je l'ai tissu de matière assez forte."
Ainsi, d'un discours insolent,
Se plaignait l'Araignée autrefois tapissière,
Et qui, lors étant filandière,
Prétendait enlacer tout insecte volant.
La soeur de Philomèle, attentive à sa proie,
Malgré le bestion happait mouches dans l'air,
Pour ses petits, pour elle, impitoyable joie,
Que ses enfants gloutons, d'un bec toujours ouvert,
D'un ton demi-formé, bégayante couvée,
Demandaient par des cris encor mal entendus.
La pauvre Aragne n'ayant plus
Que la tête et les pieds, artisans superflus,
Se vit elle-même enlevée:
L'Hirondelle, en passant, emporta toile, et tout,
Et l'animal pendant au bout.

Jupin pour chaque état mit deux tables au monde:
L'adroit, le vigilant, et le fort sont assis
A la première; et les petits
Mangent leur reste à la seconde.

VI
The Spider and the Swallow

"You who from your brain had the intuition,
O Jove, through some new form of parturition,
To bring forth Pallas, my onetime enemy,
For once in your life, do just listen to me!
Procne comes here to steal my morsels away.
Wheeling, skimming o'er ponds, to my dismay,
At my doorstep, she's grabbing all my flies.
Mine I'm entitled to call them. A full net
I'd have without that damned bird's threat.
I spun it of stout thread, no compromise."
This speech, insolent all through,
Was the plaint of the Spider who as weaver won fame
And afterward a spinner became;
Claimed right to enmesh any insect that flew.
Philomel's sister, after her prey in full measure,
Despite the beastie nabbed flies in air in a glide,
For her young, for herself, in merciless pleasure;
Flies her voracious offspring, beaks always gaping wide,
In notes ill formed (a stammering brood)
Did press her for, in still scarcely audible cries.
The poor Arachnid, reduced in size
To a head and legs, useless for artistic enterprise,
Saw herself removed for good:
The Swallow, in a pass, took along web and all, offhand,
With spider hanging by a strand.

Jupiter set two tables in this world for everyone's estate:
The adroit, the alert, and the strong are always seated
At the first; the small and the defeated,
At the second, find leavings on their plate.

VII
La Perdrix et les Coqs

Parmi de certains Coqs, incivils, peu galants,
Toujours en noise, et turbulents,
Une Perdrix était nourrie.
Son sexe, et l'hospitalité,
De la part de ces Coqs, peuple à l'amour porté,
Lui faisaient espérer beaucoup d'honnêteté:
Ils feraient les honneurs de la ménagerie.
Ce peuple cependant, fort souvent en furie,
Pour la dame étrangère ayant peu de respec,
Lui donnait fort souvent d'horribles coups de bec.
D'abord elle en fut affligée;
Mais, sitôt qu'elle eut vu cette troupe enragée
S'entre-battre elle-même et se percer les flancs,
Elle se consola. "Ce sont leurs moeurs, dit-elle;
Ne les accusons point, plaignons plutôt ces gens:
Jupiter sur un seul modèle
N'a pas formé tous les esprits;
Il est des naturels de coqs et de perdrix.
S'il dépendait de moi, je passerais ma vie
En plus honnête compagnie.
Le maître de ces lieux en ordonne autrement;
Il nous prend avec des tonnelles,
Nous loge avec des coqs, et nous coupe les ailes:
C'est de l'homme qu'il faut se plaindre seulement."

VIII
Le Chien à qui on a coupé les oreilles

"Qu'ai-je fait, pour me voir ainsi
Mutilé par mon propre maître?
Le bel état où me voici!
Devant les autres Chiens oserai-je parêtre?
O rois des animaux, ou plutôt leurs tyrans,

VII
The Partridge and the Cocks

Among certain uncivil Cocks of most ungallant bent,
Always quarreling, and ever turbulent,
Was a Partridge, mild and sage.
Her sex and all the hospitality
Due from these Cocks, a species of amorous carnality,
Made her hope for great decency, without brutality,
When in the honors of the menagerie they'd engage.
But this species, whose attitude was, quite often, rage,
Displayed very slight respect for the foreign dame,
And often pecked her horribly, to her sorrow and shame.
At first she was much afflicted,
But once she saw that this surly flock inflicted
Harm on its own, stabbing flanks with many a poke,
She was consoled. "That's their custom," she said.
"Let's not blame them, but rather pity these folk.
From one model, in his head,
Jupiter hasn't formed all minds.
Cock and Partridge natures are of separate kinds.
If it were only up to me, my entire life would be
Spent in more honorable company.
It's ordered otherwise by the owner of this domain.
He traps us with tunnel net and snare,
He lodges us with Cocks, and clips our wings for fair.
It's of man alone that every one of us has to complain."

VIII
The Dog Whose Ears Were Cropped

"To look like this what did I ever do?
By my own master mutilated here,
What a sight I am to view!
Before the other Dogs will I ever dare appear?
O rulers of beasts, or rather their oppressors,

Qui vous ferait choses pareilles?"
Ainsi criait Mouflar, jeune dogue; et les gens,
Peu touchés de ses cris douloureux et perçants,
Venaient de lui couper sans pitié les oreilles.
Mouflar y croyait perdre. Il vit avec le temps
Qu'il y gagnait beaucoup; car, étant de nature
A piller ses pareils, mainte mésaventure
L'aurait fait retourner chez lui
Avec cette partie en cent lieux altérée:
Chien hargneux a toujours l'oreille déchirée.
Le moins qu'on peut laisser de prise aux dents d'autrui,
C'est le mieux. Quand on n'a qu'un endroit à défendre,
On le munit, de peur d'esclandre.
Témoin maître Mouflar armé d'un gorgerin;
Du reste ayant d'oreille autant que sur ma main:
Un loup n'eût su par où le prendre.

IX
Le Berger et le Roi

Deux démons à leur gré partagent notre vie,
Et de son patrimoine ont chassé la raison;
Je ne vois point de coeur qui ne leur sacrifie:
Si vous me demandez leur état et leur nom,
J'appelle l'un Amour, et l'autre Ambition.
Cette dernière étend le plus loin son empire;
Car même elle entre dans l'amour.
Je le ferais bien voir; mais mon but est de dire
Comme un Roi fit venir un Berger à sa cour.
Le conte est du bon temps, non du siècle où nous sommes.
Ce Roi vit un troupeau qui couvrait tous les champs,
Bien broutant, en bon corps, rapportant tous les ans,

Who would bring you to such tears?"
So whined Jowler, a mastiff pup; his aggressors,
Not at all moved by his doleful, piercing cries,
Had just without pity finished cropping his ears.
Jowler believed this a loss; in time he did realize
How much he'd gained: his nature being to venture
Into pillaging his fellows, many a misadventure
Would have brought him back to the fold
With those organs all bitten and chewed to mourn:
Ears of quarrelsome dogs are always tattered and torn.
The fewer the chances one allows others' teeth to take hold,
The better. With but one vital spot to defend in our fort,
We guard it for fear of being caught short.
See Master Jowler, equipped with a spiked neckband,
Possessing as much by way of ears as I possess on my hand.
A Wolf could have got no hold of any sort.

IX
The Shepherd and the King

Two demons share our lives at their pleasure;
To drive reason from its home is their mission.
I don't see a heart not submissive in some measure
To them. If you ask their names and condition,
I call one of them Love and the other Ambition.
The latter farther extends its dominion and estate,
For in love's realm it too finds sport.
I'd demonstrate this, but my purpose here is to relate
How a King had a Shepherd attached to his court.
The tale's from the good old days, not this era of our pains.
This King saw a flock that covered fields far and near:
Grazing heartily, in good shape, bringing in every year

Grâce aux soins du Berger, de très-notables sommes.
Le Berger plut au Roi par ces soins diligents.
"Tu mérites, dit-il, d'être pasteur de gens:
Laisse-là tes moutons, viens conduire des hommes;
Je te fais juge souverain."
Voilà notre Berger la balance à la main.
Quoiqu'il n'eût guère vu d'autres gens qu'un Ermite,
Son troupeau, ses mâtins, le loup, et puis c'est tout,
Il avait du bon sens; le reste vient ensuite:
Bref, il en vint fort bien à bout.
L'Ermite son voisin accourut pour lui dire:
"Veillé-je? et n'est-ce point un songe que je vois?
Vous, favori! vous, grand! Défiez-vous des rois;
Leur faveur est glissante: on s'y trompe; et le pire
C'est qu'il en coûte cher: de pareilles erreurs
Ne produisent jamais que d'illustres malheurs.
Vous ne connaissez pas l'attrait qui vous engage:
Je vous parle en ami; craignez tout." L'autre rit,
Et notre Ermite poursuivit:
"Voyez combien déjà la cour vous rend peu sage.
Je crois voir cet Aveugle à qui, dans un voyage,
Un Serpent engourdi de froid
Vint s'offrir sous la main; il le prit pour un fouet;
Le sien s'était perdu, tombant de sa ceinture.
Il rendait grâce au Ciel de l'heureuse aventure,
Quand un passant cria: 'Que tenez-vous, ô Dieux!
Jetez cet animal traître et pernicieux,
Ce Serpent. —C'est un fouet. —C'est un Serpent, vous dis-je.
A me tourmenter quel intérêt m'oblige?
Prétendez-vous garder ce trésor? —Pourquoi non?
Mon fouet était usé; j'en retrouve un fort bon:
Vous n'en parlez que par envie.'
L'Aveugle enfin ne le crut pas;
Il en perdit bientôt la vie:
L'animal dégourdi piqua son homme au bras.
Quand à vous, j'ose vous prédire
Qu'il vous arrivera quelque chose de pire.
—Eh! que me saurait-il arriver que la mort?

Thanks to the Shepherd's care, quite noteworthy gains.
The Shepherd pleased the King with such dedication.
"You should," he said, "lead folks as a vocation.
Come guide men; leave your sheep here on these plains.
    You're chief justice of the land."
Behold our Shepherd, scales of justice in hand.
Though he'd hardly seen folk, other than a Hermit nearby,
His flock, his dogs, the Wolf; no others that I could tell,
He had sense. The rest came later, in good supply.
    In short he performed his job very well.
His neighbor the Hermit into his chambers burst:
"Am I asleep or awake? Is that an illusion I see there?
You, a royal favorite! In high place! Of kings beware;
Their favor is treacherous, deceptive. And the very worst
Of it is that it costs dear: never does any such error
As you've made yield anything but trouble and terror.
You don't know the attraction by which you've been drawn.
I speak as a friend. Fear it all." At the other's smile
    Our Hermit went on for a while:
"At this court, already, look how your wisdom has gone.
I believe I see that Blind Man, during a trip he was on,
    Whose hand came upon a frozen Snake.
To assume on the spot it was a whip was his fatal mistake.
Having fallen from his belt, his own had gone astray.
He was thanking Heaven for the luck that came his way
When a passerby cried, 'What are you holding, ye Gods?
Throw away that false beast, lethal by all odds,
That Snake!' 'This is a whip.' 'Now listen! It's a Snake, I say!
What interest have I to upset myself this way?
Do you intend to keep this precious find?' 'Why not?
My whip was worn; this is a good one indeed I've got.
    Envy's making you talk, my friend.'
    The Blind Man, in short, would not believe,
    And so soon brought his life to an end:
The snake, thawed out, bit his arm through the sleeve.
    As for you, I venture this prediction:
What will come to you is yet a worse affliction."
"Ha! What fate other than death could come along?"

—Mille dégoûts viendront," dit le prophète Ermite.
Il en vint en effet; l'Ermite n'eut pas tort.
Mainte peste de cour fit tant, par maint ressort,
Que la candeur du juge, ainsi que son mérite,
Furent suspects au Prince. On cabale, on suscite
Accusateurs, et gens grevés par ses arrêts:
"De nos biens, dirent-ils, il s'est fait un palais."
Le Prince voulut voir ces richesses immenses.
Il ne trouva partout que médiocrité
Louanges du désert et de la pauvreté:
    C'étaient là ses magnificences.
"Son fait, dit-on, consiste en des pierres de prix:
Un grand coffre en est plein, fermé de dix serrures."
Lui-même ouvrit ce coffre, et rendit bien surpris
    Tous les machineurs d'impostures.
Le coffre étant ouvert, on y vit des lambeaux,
    L'habit d'un gardeur de troupeaux,
Petit chapeau, jupon, panetière, houlette,
    Et, je pense, aussi sa musette.
"Doux trésors, ce dit-il, chers gages, qui jamais
N'attirâtes sur vous l'envie et le mensonge,
Je vous reprends: sortons de ces riches palais
    Comme l'on sortirait d'un songe!
Sire, pardonnez-moi cette exclamation:
J'avais prévu ma chute en montant sur le faîte.
Je m'y suis trop complu; mais qui n'a dans la tête
    Un petit grain d'ambition?"

"A thousand ills," prophesied the Hermit without mirth.
They came along indeed; the Hermit wasn't wrong.
Many a vicious courtier, through intrigue all day long,
Caused the judge's integrity, as well as his worth,
To be doubted by the Prince. Plotting, they did unearth
Accusers, with folk who'd lost the judge's decision.
"With our wealth," they said, "he's built a palace Elysian."
The Prince insisted on seeing this enormous opulence.
Wherever he looked, he found only moderation,
Credit to fields and a shepherd's poor station.
    That was the sum of his magnificence.
"He's put it into precious stones," said each malcontent.
"He's got a strongbox full, with ten locks, in permanence."
He opened the coffer himself, whereupon the astonishment
    Of all these connivers was immense.
In the open coffer they saw clothes that were all torn,
    Garments a shepherd had once worn:
Little cap, simple smock, breadbag, crook.
    His pipes too I won't overlook.
"Sweet treasures," he said, "dear possessions which have never
Drawn anyone's envy to yourselves, nor any lying scheme,
I'll take you back. Let's leave these rich palaces forever,
    Just as one would awake from a dream!
Sire, pardon my outburst, change of position.
I'd foreseen my downfall, once I'd mounted to these heights.
I liked it here too well, but who hasn't once blurred his sights
    With just a little grain of ambition?"

X
Les Poissons et le Berger qui joue de la flûte

Tircis, qui pour la seule Annette
Faisait résonner les accords
D'une voix et d'une musette
Capables de toucher les morts,
Chantait un jour le long des bords
D'une onde arrosant des prairies
Dont Zéphire habitait les campagnes fleuries.
Annette cependant à la ligne pêchait;
Mais nul poisson ne s'approchait:
La Bergère perdait ses peines.
Le Berger, qui, par ses chansons,
Eût attiré des inhumaines,
Crut, et crut mal, attirer des poissons.
Il leur chanta ceci: Citoyens de cette onde,
Laissez votre Naïade en sa grotte profonde;
Venez voir un objet mille fois plus charmant.
Ne craignez point d'entrer aux prisons de la Belle;
Ce n'est qu'à nous qu'elle est cruelle.
Vous serez traités doucement;
On n'en veut point à votre vie:
Un vivier vous attend, plus clair que fin cristal;
Et, quand à quelques-uns l'appât serait fatal,
Mourir des mains d'Annette est un sort que j'envie."
Ce discours éloquent ne fit pas grand effet;
L'auditoire était sourd aussi bien que muet:
Tircis eut beau prêcher. Ses paroles miellées
S'en étant aux vents envolées,
Il tendit un long rets. Voilà les poissons pris;
Voilà les poissons mis au pied de la Bergère.

O vous, pasteurs d'humains et non pas de brebis,
Rois, qui croyez gagner par raisons les esprits
D'une multitude étrangère,
Ce n'est jamais par là que l'on en vient à bout.
Il y faut une autre manière:
Servez-vous de vos rets; la puissance fait tout.

X
The Fish and the Shepherd Playing the Flute

Thyrsis to Annette, his only choice,
With sweet chords in his head
Of shepherd's pipe and voice
Capable of moving the very dead,
Was singing, one day, by a riverbed
Whose stream watered prairies wide
Where Zephyr lived in the blooming countryside.
Annette, meanwhile, cast her baited hook,
But nary a fish rose to take a look.
The Shepherdess fished in vain.
The Shepherd's songs as he'd wish,
Could melt even icy disdain.
Believing in error they could attract fish,
This is what he sang: "Dwellers of this stream,
Abandon your naiad to her deep grotto's dream;
Come watch a nymph of much more grace and charm.
Don't fear being carried away by our Maid to her pool;
It's solely to me that she's ever cruel.
You'll surely come to no harm;
No one desires you for his plate.
Clearer than fine crystal, a fishpond's ready for you.
And should the bait happen to be fatal to a few,
To die at the hand of Annette is a most enviable fate."
But the effect of this eloquent speech was moot:
His hearers were all deaf as well as being mute.
Thyrsis did his preaching in vain; his honeyed words
Flew off in the wind with the birds.
So he cast a long net. Now there were fish, entwined;
There, at Shepherdess's feet, fish he did produce.

O Shepherds, not of sheep, but leaders of humankind,
Kings who think reason and logic will gain the mind
Of a throng alien and obtuse,
That's never how you'll manage to hold them in thrall.
It's another method you must use:
Employ your nets. Might and power accomplish it all.

XI
Les deux Perroquets, le Roi, et son Fils

Deux Perroquets, l'un père et l'autre fils,
Du rôt d'un Roi faisaient leur ordinaire;
Deux demi-dieux, l'un fils et l'autre père,
De ces oiseaux faisaient leurs favoris.
L'âge liait une amitié sincère
Entre ces gens: les deux pères s'aimaient;
Les deux enfants, malgré leur coeur frivole,
L'un avec l'autre aussi s'accoutumaient,
Nourris ensemble, et compagnons d'école.
C'était beaucoup d'honneur au jeune Perroquet,
Car l'enfant était prince, et son père monarque.
Par le tempérament que lui donna la Parque,
Il aimait les oiseaux. Un Moineau fort coquet,
Et le plus amoureux de toute la province,
Faisait aussi sa part des délices du Prince.
Ces deux rivaux un jour ensemble se jouants,
Comme il arrive aux jeunes gens,
Le jeu devint une querelle.
Le Passereau, peu circonspec,
S'attira de tels coups de bec,
Que, demi-mort et traînant l'aile,
On crut qu'il n'en pourrait guérir.
Le Prince indigné fit mourir
Son Perroquet. Le bruit en vint au père.
L'infortuné vieillard crie et se désespère,
Le tout en vain; ses cris sont superflus;
L' Oiseau parleur est déjà dans la barque:
Pour dire mieux, l'Oiseau ne parlant plus
Fait qu'en fureur sur le fils du Monarque
Son père s'en va fondre, et lui crève les yeux.
Il se sauve aussitôt, et choisit pour asile
Le haut d'un pin. Là, dans le sein des Dieux,
Il goûte sa vengeance en lieu sûr et tranquille.
Le Roi lui-même y court, et dit pour l'attirer:
"Ami, reviens chez moi; que nous sert de pleurer?

XI
The Two Parrots, the King, and His Son

Two Parrots, one the sire, the other his son,
Ate meals cooked on a King's kitchen fire.
Two demigods, one the son, the other his sire,
Each made one of these birds a favorite one.
Their ages made these folk admire
One another: the two sires shared affection;
The two young, although each a frivolous fool,
Were also quite used to their connection;
Were raised together, comrades at school.
To the young Parrot the honor was sweet as candy,
For the lad was a Prince, his sire a head of state.
With the native disposition given him by Fate,
The boy loved birds. A Sparrow, every inch a dandy,
The land's most amorous gallant by any measure,
Also shared in all the Prince's joy and pleasure.
These rivals birds began play one day with a joke.
As frequently happens with young folk,
Into a spat their game soon led.
The Sparrow, not lacking in cheek,
Drew hard blows from Parrot's beak:
Dragging his wing, he looked half-dead;
It was thought he couldn't recover again.
The angry Prince hit mortally then
At his Parrot. The father had news of the affair,
And the desperate parent's lamentations rent the air,
But totally in vain; his cries had all become moot:
In Charon's bark, the Talking Bird was now languishing.
To continue the tale, the Bird, now eternally mute,
Drove the father right down on the son of the King
Straightway, in his full fury, to peck out both his eyes.
Then, departing at once, he flew off like a shot
To the top of a pine. On this refuge in the skies
He savored his revenge, in a safe and tranquil spot.
The King himself ran there; said, to lure him down,
"Friend, come back to me; of what use is lamentation?

Haine, vengeance, et deuil, laissons tout à la porte.
Je suis contraint de déclarer,
Encor que ma douleur soit forte,
Que le tort vient de nous; mon fils fut l'agresseur:
Mon fils! non; c'est le Sort qui du coup est l'auteur.
La Parque avait écrit de tout temps en son livre
Que l'un de nos enfants devait cesser de vivre,
L'autre de voir, par ce malheur.
Consolons-nous tous deux, et reviens dans ta cage."
Le Perroquet dit: "Sire Roi,
Crois-tu qu'après un tel outrage
Je me doive fier à toi?
Tu m'allègues le Sort: prétends-tu, par ta foi,
Me leurrer de l'appât d'un profane langage?
Mais, que la Providence, ou bien que le Destin
Règle les affaires du monde,
Il est écrit là-haut qu'au faîte de ce pin,
Ou dans quelque forêt profonde,
J'achèverai mes jours loin du fatal objet
Qui doit t'être un juste sujet
De haine et de fureur. Je sais que la vengeance
Est un morceau de roi; car vous vivez en dieux.
Tu veux oublier cette offense;
Je le crois: cependant il me faut, pour le mieux,
Éviter ta main et tes yeux.
Sire Roi, mon ami, va-t'en, tu perds ta peine:
Ne me parle point de retour;
L'absence est aussi bien un remède à la haine
Qu'un appareil contre l'amour."

Hatred, vengeance, and sorrow, let's put all of that aside.
I'm obliged to make the declaration,
Although my grief's too great to hide:
The wrong was ours; the aggressor was my son, that's right.
No, not my son! It's Fortune's blow that caused our plight.
The Fate had written it out, oh, so long ago, to specify
In her book that one of our two sons would have to die,
The other, in this mishap, lose his sight.
Let's console each other, and you come back to your cage."
"Sire King," the Parrot demurred,
"Do you believe, after such an outrage,
I should trust what I've heard?
You cite Fate to me. Is your idea, based on your word,
To lure me with an impious speech, masking as sage?
It doesn't matter; whether it be Providence or Destiny
That governs affairs here below,
It's written, up above, that atop this pine tree,
Or deep inside some forest, I'll go
Finish my days, removed from the fateful sight
That surely justifies hatred, spite,
And rage in you. I know that vengeance while it's piping hot
Is a king's morsel; for, living like gods, you all do prize
It. You'd have this offense forgot;
I believe it. Yet it must be best for me, this too I realize,
To avoid your hand and your eyes.
Sire King, my friend, go; you're just wasting time to wait.
Don't talk to me of making a move
To return. Absence is at least as good a remedy for hate
As it is, indeed, a cure for love."

XII
La Lionne et l'Ourse

Mère Lionne avait perdu son fan:
Un chasseur l'avait pris. La pauvre infortunée
Poussait un tel rugissement
Que toute la forêt était importunée.
La nuit ni son obscurité,
Son silence et ses autres charmes,
De la reine des bois n'arrêtait les vacarmes:
Nul animal n'était du sommeil visité.
L'Ourse enfin lui dit: "Ma commère,
Un mot sans plus: tous les enfants
Qui sont passés entre vos dents
N'avaient-ils ni père ni mère?
—Ils en avaient. —S'il est ainsi,
Et qu'aucun de leur mort n'ait nos têtes rompues,
Si tant de mères se sont tues,
Que ne vous taisez-vous aussi?
—Moi, me taire! moi, malheureuse?
Ah! j'ai perdu mon fils! il me faudra traîner
Une vieillesse douloureuse!
—Dites-moi, qui vous force à vous y condamner?
—Hélas! c'est le Destin qui me hait." Ces paroles
Ont été de tout temps en la bouche de tous.

Misérables humains, ceci s'adresse à vous.
Je n'entends résonner que des plaintes frivoles.
Quiconque, en pareil cas, se croit haï des Cieux.
Qu'il considère Hécube, il rendra grâce aux Dieux.

XII
Mother Lion and Mother Bear

Mother Lion's cub was dead and gone:
A hunter had taken it. The poor wretch had such a fit
Of roaring, howling, and carrying on,
The entire forest was annoyed and vexed by it.
Not the darkness of the night,
Its silence, nor its other charms and joys
Could bring to a halt the forest queen's unending noise.
Sleep was banned for every animal, outright.
Mother Bear said, then, "If it's no bother,
Neighbor, a word. All the young, each day,
Who've passed down to your maw, as prey,
Did they have no father and no mother?"
"They did." "Well, since that is the case,
And none at their death made us all deaf with their din,
If so many mothers held sorrow in,
Why can't you be still with grace?"
"I, be still? I, sad victim of a thief?
Ah, I've lost my son; I must now drag along in gloom
Through an old age full of grief!"
"Tell me what constrains you to such mournful doom."
"It's Fate, alas, that does hate me." Fate. This word
Has always been found in the speech of everyone.

This is to all wretched human beings under the sun:
Frivolous complaints are the only ones I've ever heard.
In like case, whoever thinks he's hated by Heaven's odds
Should consider Hecuba, and he'll give thanks to the Gods.

XIII
Les deux Aventuriers et le Talisman

Aucun chemin de fleurs ne conduit à la gloire.
Je n'en veux pour témoin qu'Hercule et ses travaux:
    Ce dieu n'a guère de rivaux;
J'en vois peu dans la Fable, encor moins dans l'Histoire.
En voici pourtant un, que de vieux talismans
Firent chercher fortune au pays des romans.
    Il voyageait de compagnie.
Son camarade et lui trouvèrent un poteau
    Ayant au haut cet écriteau:
Seigneur aventurier, s'il te prend quelque envie
De voir ce que n'a vu nul chevalier errant,
    Tu n'as qu'à passer ce torrent;
Puis, prenant dans tes bras un éléphant de pierre
    Que tu verras couché par terre,
Le porter, d'une haleine, au sommet de ce mont
Qui menace les cieux de son superbe front.
L'un des deux chevaliers saigna du nez. "Si l'onde
    Est rapide autant que profonde,
Dit-il, et suppose qu'on la puisse passer,
Pourquoi de l'éléphant s'aller embarrasser?
    Quelle ridicule entreprise!
Le sage l'aura fait par tel art et de guise
Qu'on le pourra porter peut-être quatre pas:
Mais jusqu'au haut du mont! d'une haleine! il n'est pas
Au pouvoir d'un mortel; à moins que la figure
Ne soit d'un éléphant nain, pygmée, avorton,
    Propre à mettre au bout d'un bâton:
Auquel cas, où l'honneur d'une telle aventure?
On nous veut attraper dedans cette écriture;
Ce sera quelque énigme à tromper un enfant:
C'est pourquoi je vous laisse avec votre éléphant."
Le raisonneur parti, l'aventureux se lance,
    Les yeux clos, à travers cette eau.
    Ni profondeur ni violence
Ne purent l'arrêter; et selon l'écriteau,

XIII
The Two Knights Errant and the Inscription

No path strewn with flowers shows the way to glory.
I call to witness only Hercules, the labors he has done.
    As rivals this god has hardly anyone.
I see few in tales and fables, fewer still in history's story.
But here's one that some old inscription at a glance
Made seek his fortune in the fabled land of romance.
    He was traveling in company.
His comrade and he, together, came across a pole.
    At the top there was this scroll:
Sir adventurer, if the desire should seize you suddenly
To see what all knights errant have yet to contemplate,
    You have but to cross this river in spate.
Then, taking in your arms an elephant made of stone
    That you'll see lying on the ground alone,
Carry it without pause up that peak of enormous size
Whose superb brow poses its threat to the skies.
One knight got cold feet. "What if the current's sweep
    Is as swift as the water runs deep?"
He said. "And even supposing one could squirm
Across, why encumber oneself with the pachyderm?
    What a foolish adventure to essay!
The enchanter's designed it so artfully, in such a way,
That one could perhaps move it four steps from the spot.
But carry it to the top! And without a pause! That's just not
Within any mortal's power, unless this figure of stone
Is a dwarf elephant, a pygmy, no more than an embryo
    Fit for the end of a stick, a mere sideshow.
If that's so, from such an exploit how has honor grown?
What's written must conceal a trap that isn't shown;
Some puzzle he's invented to deceive a child's mind.
That's why I'll now leave you here with your elephant find."
With the rationalizer gone, the other knight, brave,
    Plunged right in, eyes closed, no hesitation.
    Not water's depth nor violent wave
Could check him. According to the sign's indication,

Il vit son éléphant couché sur l'autre rive.
Il le prend, il l'emporte, au haut du mont arrive,
Rencontre une esplanade, et puis une cité.
Un cri par l'éléphant est aussitôt jeté:
Le peuple aussitôt sort en armes.
Tout autre aventurier, au bruit de ces alarmes,
Aurait fui: celui-ci, loin de tourner le dos,
Veut vendre au moins sa vie, et mourir en héros.
Il fut tout étonné d'ouïr cette cohorte
Le proclamer monarque au lieu de son roi mort.
Il ne se fit prier que de la bonne sorte,
Encor que le fardeau fût, dit-il, un peu fort.
Sixte en disait autant quand on le fit saint-père:
(Serait-ce bien une misère
Que d'être pape ou d'être roi?)
On reconnut bientôt son peu de bonne foi.
Fortune aveugle suit aveugle hardiesse.
Le sage quelquefois fait bien d'exécuter
Avant que de donner le temps à la sagesse
D'envisager le fait, et sans la consulter.

XIV
Discours à M. le Duc de la Rochefoucauld

Je me suis souvent dit, voyant de quelle sorte
L'homme agit, et qu'il se comporte,
En mille occasions, comme les animaux:
Le Roi de ces gens-là n'a pas moins de défauts
Que ses sujets, et la nature
A mis dans chaque créature
Quelque grain d'une masse où puisent les esprits;

He saw his elephant on the other shore. Without a stop
He picked it up, then carried it straight to the mountain top,
Where he found an esplanade, with a citadel close by.
From the elephant's mouth at once there came a cry.
Men came forth straightway, bearing arms.
Any other knight errant, at the sound of these alarms,
Would have fled; but this one, far from turning tail,
Resolved to sell life dear, die like a hero, or prevail.
He was amazed to hear, to a man, the whole band
Proclaim him monarch in place of their king who was dead.
He let himself be coaxed only as form did demand,
Although this burden was rather a heavy load, he said.
Sixtus said as much, upon his election to the papal state.
(Would it be such a miserable fate,
Really, to find oneself a pope or king?)
They soon saw his coyness was not a serious thing.
Blind fortune follows after daring that's blind.
The man who is wise, on occasion does well to act
Before he provides time for the wisdom of his mind
To scan the matter; before he consults it, in fact.

XIV
Discourse to the Duke de la Rochefoucauld

I've often told myself, seeing in just what way
Man acts, with his behaving every day,
Repeatedly, like beasts in all respects,
That kings who rule over us have just as many defects
As their subjects: a native feature
Of each and every living creature
Is some grain of the stuff on which all minds depend.

J'entends les esprits corps, et pétris de matière.
Je vais prouver ce que je dis.
A l'heure de l'affût, soit lorsque la lumière
Précipite ses traits dans l'humide séjour,
Soit lorsque le soleil rentre dans sa carrière,
Et que, n'étant plus nuit, il n'est pas encor jour,
Au bord de quelque bois sur un arbre je grimpe,
Et, nouveau Jupiter, du haut de cet Olympe
Je foudroie, à discrétion,
Un lapin qui n'y pensait guère.
Je vois fuir aussitôt toute la nation,
Des lapins, qui, sur la bruyère,
L'oeil éveillé, l'oreille au guet,
S'égayaient, et du thym parfumaient leur banquet.
Le bruit du coup fait que la bande
S'en va chercher sa sûreté
Dans la souterraine cité:
Mais le danger s'oublie, et cette peur si grande
S'évanouit bientôt; je revois les lapins,
Plus gais qu'auparavant, revenir sous mes mains.
Ne reconnaît-on pas en cela les humains?
Dispersés par quelque orage,
A peine ils touchaient le port
Qu'ils vont hasarder encor
Même vent, même naufrage;
Vrais lapins, on les revoit
Sous les mains de la Fortune.
Joignons à cet exemple une chose commune.
Quand des chiens étrangers passent par quelque endroit,
Qui n'est pas de leur détroit,
Je laisse à penser quelle fête!
Les chiens du lieu, n'ayants en tête
Qu'un intérêt de gueule, à cris, à coups de dents,
Vous accompagnent ces passants
Jusqu'aux confins du territoire.
Un intérêt de biens, de grandeur, et de gloire,
Aux gouverneurs d'états, à certains courtisans,

Body-minds I mean, those full of matter that's coarse.
I'll now prove the point I defend.
At the hour of the hunt, either when daylight's source
Hastens to regain its ocean domain for the night,
Or when the sun once more does resume its daily course,
And, though night is now over, it's not yet entirely light,
At the entrance to some wood I climb straight up a tree.
From the top of this Olympus a second Jove I'll be:
I blast at will from this location
Some unsuspecting rabbit with my fire.
At once I see dispersed in flight the nation
Of rabbits gathered in the briar.
Eyes and ears on the alert, all the time,
Hopping gaily about, adding flavor to dinner with thyme,
At the sound of the shot they disappear
In search of safety, pell-mell,
In their underground citadel.
But the danger is forgotten; all their panic, their fear
Soon vanish. Once again I watch the rabbits trip,
Even happier than they were before, again within my grip.
Don't humans act like this while at sea on a ship?
Blown off course by a storm, when
They're barely safe back home in port,
More danger at once they'll court
From winds and shipwrecks again.
True rabbits, they readily embrace
The lure of Fortune's faithless call.
Let's add to this example one that's known to all.
When strange dogs just happen to be traveling by some place
Not in their sanctioned space,
You can imagine their reception!
Local dogs, who lack any conception
Not of interest to their maws, all snaps and growls,
Do escort these transients with howls
Right to the limits of their territory.
Interest in wealth, in grandeur, and in glory
Makes kings and courtiers prodigal with scowls.

A gens de tous métiers, en fait tout autant faire.
On nous voit tous, pour l'ordinaire,
Piller le survenant, nous jeter sur sa peau.
La coquette et l'auteur sont de ce caractère:
Malheur à l'écrivain nouveau!
Le moins de gens qu'on peut à l'entour du gâteau,
C'est le droit du jeu, c'est l'affaire.
Cent exemples pourraient appuyer mon discours;
Mais les ouvrages les plus courts
Sont toujours les meilleurs. En cela, j'ai pour guide
Tous les maîtres de l'art, et tiens qu'il faut laisser
Dans les plus beaux sujets quelque chose à penser:
Ainsi ce discours doit cesser.

Vous qui m'avez donné ce qu'il a solide,
Et dont la modestie égale la grandeur,
Qui ne pûtes jamais écouter sans pudeur
La louange la plus permise,
La plus juste et la mieux acquise;
Vous enfin, dont à peine ai-je encore obtenu
Que votre nom reçût ici quelques hommages,
Du temps et des censeurs défendant mes ouvrages,
Comme un nom qui, des ans et des peuples connu,
Fait honneur à la France, en grands noms plus féconde
Qu'aucun climat de l'univers,
Permettez-moi du moins d'apprendre à tout le monde
Que vous m'avez donné le sujet de ces vers.

Folks of every single calling act thus everywhere.
We're all seen, for our daily fare,
To rob the newcomer, devour him prestissimo.
(In coquettes and authors this is a vocation;
For new writers, nothing but woe!)
As few folks as possible around the pie we now share
Is the law of the game, its foundation.
A hundred examples could support my disquisition,
But the very briefest composition
Is always the best. In this, the mentors I have found
Are all masters of the art. One must, I do asseverate,
On all fine themes leave room in which to meditate,
So this discourse must terminate.

You, to whom I'm in debt for its solid ground,
And whose eminence is matched by modesty,
Who've never been able to hear without humility
Praise of you so truly discerned,
Most justified, most honorably earned;
You, in short, from whom I barely have permission
To pay a bit of homage right now to your name;
A name, now known forever by folks of every condition,
That does honor to France, which more great names does sire
Then any land in all the universes;
Permit me now, at least, to proclaim to the world entire
That you've given me the subject of these verses.

XV
Le Marchand, le Gentilhomme, le Pâtre, et le Fils de Roi

Quatre chercheurs de nouveaux mondes,
Presque nus, échappés à la fureur des ondes,
Un Trafiquant, un Noble, un Pâtre, un Fils de roi,
Réduits au sort de Bélisaire,
Demandaient aux passants de quoi
Pouvoir soulager leur misère.
De raconter quel sort les avait assemblés,
Quoique sous divers points tous quatre ils fussent nés,
C'est un récit de longue haleine.
Ils s'assirent enfin au bord d'une fontaine:
Là le conseil se tint entre les pauvres gens.
Le Prince s'étendit sur le malheur des grands.
Le Pâtre fut d'avis qu'éloignant la pensée
De leur aventure passée,
Chacun fît de son mieux, et s'appliquât au soin
De pourvoir au commun besoin.
"La plainte, ajouta-t-il, guérit-elle son homme?
Travaillons: c'est de quoi nous mener jusqu'à Rome."
Un pâtre ainsi parler! Ainsi parler; croit-on
Que le Ciel n'ait donné qu'aux têtes couronnées
De l'esprit et de la raison;
Et que de tout berger, comme de tout mouton,
Les connaissances sont bornées?
L'avis de celui-ci fut d'abord trouvé bon
Par les trois échoués au bord de l'Amérique.
L'un (c'était le Marchand) savait l'arithmétique:
"A tant par mois, dit-il, j'en donnerai leçon.
—J'enseignerai la politique,"
Reprit le Fils de roi. Le Noble poursuivit:
"Moi, je sais de blason; j'en veux tenir école."
Comme si, devers l'Inde, on eût eu dans l'esprit
La sotte vanité de ce jargon frivole!
Le Pâtre dit: "Amis, vous parlez bien; mais quoi?
Le mois a trente jours: jusqu'à cette échéance

XV
The Merchant, the Gentleman, the Shepherd, and the Son of a King

Shorn of goods by the ocean's wrath,
Four who in the new world sought their path,
A Trader, a Noble, a Shepherd, the Son of a King,
Reduced to the fate of Belisarius,
Were imploring passersby for anything
To relieve a plight so precarious.
To tell how they came together through fate,
Born under different signs, each one to a different estate,
Would indeed be a lengthy story.
By a spring at last they sat, for inventory
In council, poor men, pooling ideas they'd got.
The Prince lamented kingly folks' sorrowful lot.
Better not to dwell on thoughts of recent grief
Was the Shepherd's belief:
Each should do his best; apply himself with speed
To providing for the common need.
"Do plaints," he went on, "heal man or his neighbor?
Let's go to work. What will lead us to Rome is our labor."
A Shepherd speak so? Just so! Is it a common pretense
That Heaven's aim was to have only crowned heads abound
In reason and intelligence?
And that in all shepherds, as in sheep behind a fence,
Understanding and skill be hidebound?
This one's idea was at once judged full of sense
By the other three wrecked on America's shore.
One (it was the Trader) knew his arithmetic to the core:
"At so much a month, I'll give lessons for recompense."
"And I will teach political lore,"
Added the Son of a King. The Noble in turn opined,
"Heraldry is what I know; my class will be a bargain."
As though, in the West Indies, anyone at all had a mind
For the vain folly of that frivolous jargon!
"Such good ideas, my friends, but what are they good for?
Till the month's thirty days are up and bills come due,

Jeûnerons-nous, par votre foi?
Vous me donnez une espérance
Belle, mais éloignée; et cependant j'ai faim.
Qui pourvoira de nous au dîner de demain?
Ou plutôt sur quelle assurance
Fondez-vous, dites-moi, le souper d'aujourd'hui?
Avant tout autre, c'est celui
Dont il s'agit. Votre science
Est courte là-dessus: ma main y suppléera."
A ces mots le Pâtre s'en va
Dans un bois: il y fit des fagots, dont la vente
Pendant cette journée et pendant la suivante,
Empêcha qu'un long jeûne à la fin ne fît tant
Qu'ils allassent là-bas exercer leur talent.

Je conclus de cette aventure
Qu'il ne faut pas tant d'art pour conserver ses jours;
Et, grâce aux dons de la nature,
La main est le plus sûr et le plus prompt secours.

What, frankly, keeps hunger from our door?
Fine hopes you three do offer to my view,
But remote. Meanwhile, all my stomach feels is sorrow.
Who'll go see to dinner for the four of us tomorrow?
Or rather, what certainty of earning
Enough for our supper yet today does any one of you hold?
That above all, if I may be so bold,
Remains the question. Your learning
Comes up short; my hand will fill the gap." This said,
The Shepherd then went on ahead
Into a wood. The sale of faggots he collected there,
That day and the next, furnished them their fare,
And kept a long fast from dispatching four gallant
Folk straight down below to exercise their talent.

From this adventure I conclude:
We've no need of art or science just to earn our daily bread.
Thanks to nature's gift of aptitude,
The hand provides the surest and the quickest aid instead.

BOOK ELEVEN

XI

LIVRE ONZIEME

I
Le Lion

Sultan Léopard autrefois
Eut, ce dit-on, par mainte aubaine,
Force boeufs dans ses prés, force cerfs dans ses bois,
Force moutons parmi la plaine.
Il naquit un Lion dans la forêt prochaine.
Après les compliments et d'une et d'autre part,
Comme entre grands il se pratique,
Le Sultan fit venir son vizir le Renard,
Vieux routier et bon politique.
"Tu crains, ce lui dit-il, Lionceau mon voisin;
Son père est mort; que peut-il faire?
Plains plutôt le pauvre orphelin.
Il a chez lui plus d'une affaire,
Et devra beaucoup au Destin
S'il garde ce qu'il a, sans tenter de conquête."
Le Renard dit, branlant la tête:
"Tels orphelins, Seigneur, ne me font point pitié;
Il faut de celui-ci conserver l'amitié,
Ou s'efforcer de le détruire
Avant que la griffe et la dent
Lui soit crue, et qu'il soit en état de nous nuire.
N'y perdez pas un seul moment.
J'ai fait son horoscope: il croîtra par la guerre;
Ce sera le meilleur Lion
Pour ses amis, qui soit sur terre:
Tâchez donc d'en être; sinon
Tâchez de l'affaiblir." La harangue fut vaine.
Le Sultan dormait lors; et dedans son domaine
Chacun dormait aussi, bêtes, gens: tant qu'enfin
Le Lionceau devient vrai Lion. Le tocsin
Sonne aussitôt sur lui; l'alarme se promène
De toutes parts; et le Vizir,
Consulté là-dessus, dit avec un soupir,
"Pourquoi l'irritez-vous? La chose est sans remède.

I
The Lion

Sultan Leopard once had goods
Aplenty, they say, from many an escheat:
Lots of oxen in his fields, lots of stags inside his woods.
Lots of sheep on his plains did bleat.
Then a Lion was born in a nearby forest retreat.
After all the good wishes sent in from far and wide,
As is done among heads of nations,
The Sultan called Fox, his vizier, aside,
A veteran at state machinations.
"You apprehend Lion Cub, my neighbor," he said.
"His sire's dead, so how will he fare?
I say pity the poor orphan instead.
He has lots to do around his lair;
He'll owe much to Destiny's aid
If he keeps what he has and doesn't try conquest outside."
Shaking his head, the Fox replied,
"Such orphans, Sire, in me don't inspire the slightest pity.
We must keep his goodwill to save our city,
Or we must destroy him now, today,
Before the fang and claw he'll use
Are fully grown, and he's at all able to harm us in any way.
You haven't a single moment to lose.
I've done his horoscope: his wars will increase his worth.
He'll be the very best Lion,
For friends of his, that is, on earth.
So try to befriend this scion,
Or do what you can to make him weak." Words in vain:
The Sultan went off to sleep, and inside his domain
Everyone slept as well—animals, folks. Until at last
Lion Cub became Lion truly, when the tocsin blast
Was heard by all at once: alarm spread on the plain
All around. The Vizier, close by,
When consulted on the matter, said with a sigh,
"Why upset him? The damage is now past repair, I'm afraid.

En vain nous appelons mille gens à notre aide:
Plus ils sont, plus il coûte; et je ne les tiens bons
    Qu'à manger leur part des moutons.
Apaisez le Lion: seul il passe en puissance
Ce monde d'alliés vivants sur notre bien.
Le Lion en a trois qui ne lui coûtent rien,
Son courage, sa force, avec sa vigilance.
Jetez-lui promptement sous la griffe un mouton;
S'il n'est pas content, jetez-en davantage:
Joignez-y quelque boeuf; choisissez, pour ce don,
    Tout le plus gras du pâturage.
Sauvez le reste ainsi." Ce conseil ne plut pas.
    Il en prit mal; et force Etats
    Voisins du Sultan en pâtirent:
    Nul n'y gagna, tous y perdirent.
    Quoi que fît ce monde ennemi,
    Celui qu'ils craignaient fut le maître.
Proposez-vous d'avoir le Lion pour ami,
    Si vous voulez le laisser craître.

II
Pour Monseigneur le Duc du Maine

Jupiter eut un fils, qui, se sentant du lieu
    Dont il tirait son origine,
    Avait l'âme toute divine.
L'enfance n'aime rien: celle du jeune dieu
    Faisait sa principale affaire
    Des doux soins d'aimer et de plaire.
    En lui l'amour et la raison

In vain we call a thousand folk to come to our aid.
The more there are, the more it costs. And all we do reap
Is to see them eat their share of sheep.
Appease the Lion; by himself he surpasses in power
All these allies who live off the fat of our land.
The Lion has three; on him they make no such demand:
His courage, strength, alertness at every hour.
Within reach of his claws quickly throw him a sheep.
If he's not content, toss more before his gaze.
Throw in an ox as well. And in your choice don't be cheap:
The very fattest beasts that graze.
Save the rest that way." The advice pleased no one there.
They suffered, as States everywhere,
Sultan's allies, saw to their cost.
Despite enemy moves, in the end
The one they feared stayed master of the foe.
Better decide to welcome the Lion as friend,
If you're ever willing to let him grow.

II
For Milord the Duke du Maine

Jupiter had a son, a true reflection of the spheres
And the source of his birth,
Whose soul wasn't of earth.
Children love nothing; this god's first years
Were just one endless prodigy
Of dedication to love and gallantry.
In him love, and also reason,

Devancèrent le temps, dont les ailes légères
N'amènent que trop tôt, hélas! chaque saison.
Flore aux regards riants, aux charmantes manières,
Toucha d'abord le coeur du jeune Olympien.
Ce que la passion peut inspirer d'adresse,
Sentiments délicats et remplis de tendresse,
Pleurs, soupirs, tout en fut: bref, il n'oublia rien.
Le fils de Jupiter devait, par sa naissance,
Avoir un autre esprit, et d'autres dons des Cieux,
    Que les enfants des autres Dieux:
Il semblait qu'il n'agît que par réminiscence,
Et qu'il eût autrefois fait le métier d'amant,
    Tant il le fit parfaitement!
Jupiter cependant voulut le faire instruire.
Il assembla les Dieux, et dit: "J'ai su conduire
Seul et sans compagnon jusqu'ici l'univers;
    Mais il est des emplois divers
    Qu'aux nouveaux dieux je distribue.
Sur cet enfant chéri j'ai donc jeté la vue:
C'est mon sang; tout est plein déjà de ses autels.
Afin de mériter le rang des Immortels,
Il faut qu'il sache tout." Le maître du tonnerre
Eut à peine achevé, que chacun applaudit.
Pour savoir tout, l'enfant n'avait que trop d'esprit.
    "Je veux, dit le Dieu de la guerre,
    Lui montrer moi-même cet art
    Par qui maints héros ont eu part
Aux honneurs de l'Olympe, et grossi cet empire.
    —Jo serai son maître de lyre,
    Dit le blond et docte Apollon.
—Et moi, reprit Hercule à la peau de lion,
    Son maître à surmonter les vices,
A dompter les transports, monstres empoisonneurs,
Comme hydres renaissants sans cesse dans les coeurs:
    Ennemi des molles délices,
Il apprendra de moi les sentiers peu battus

Stole a march on time, on whose swift-moving wings
Are borne, all too soon, alas, season after season.
Smiling Flora, she whose manners enchant in all things,
Was first to touch the young Olympian's heart.
In passion finding inspiration for finesse,
Delicate feelings, replete with tenderness,
Tears and sighs, he had it all; he never forgot a part.
By reason of his birth, a scion of Jove must own
Other heavenly talents, and a different kind of mind
Than children of other Gods could find.
His decorum seemed to have been born of memory alone,
And a lover's role to have been a former predilection,
He played it with such perfection!
Jupiter, nevertheless, insisted he be instructed.
Convening the Gods, he said, "Until now I've conducted,
Eschewing any partners, affairs of the universe.
But some tasks there are, diverse,
That to new gods I now wish to assign.
So I've cast my eye on this beloved child of mine.
Already humans give him, as my scion, altar after altar.
To be worthy of the Gods, he must not falter,
But know everything." The lord of thunder said no more;
Hardly had he done when the place rang with cheers.
To comprehend it all, the boy's mind had nowhere any peers.
"What I will do," observed the God of War,
"Is, myself, instruct him in the art
Through which many a hero has taken part
In the honors of Olympus and gained more for our empire."
"I'll teach him to play the lyre,"
Said Apollo the learned and fair.
"I," said Hercules of the lion skin, "everywhere
To overcome the vices in full measure,
To dominate the passions, all those monsters who impart,
Like hydras constantly reborn, their poisons to each heart.
Rejecting soft and lazy pleasure,
Those deserted paths he'll come to know from me

Qui mènent aux honneurs sur les pas des vertus."
Quand ce vint au Dieu de Cythère,
Il dit qu'il lui montrerait tout.
L'Amour avait raison: de quoi ne vient à bout
L'esprit joint au désir de plaire?

III
Le Fermier, Le Chien, et le Renard

Le Loup et le Renard sont d'étranges voisins:
Je ne bâtirai point autour de leur demeure.
Ce dernier guettait à toute heure
Les poules d'un Fermier; et, quoique des plus fins,
Il n'avait pu donner d'atteinte à la volaille.
D'une part l'appétit, d'autre le danger,
N'était pas au compère un embarras léger.
"Hé quoi! dit-il, cette canaille
Se moque impunément de moi?
Je vais, je viens, je me travaille,
J'imagine cent tours: le rustre, en paix chez soi,
Vous fait argent de tout, convertit en monnoie
Ses chapons, sa poulaille; il en a même au croc;
Et moi, maître passé, quand j'attrape un vieux coq,
Je suis au comble de la joie!
Pourquoi sire Jupin m'a-t-il donc appelé
Au métier de renard? Je jure les puissances
De l'Olympe et du Styx, il en sera parlé."
Roulant en son coeur ces vengeances,

That on virtue's heels lead to honor and supremacy."
When it was Amor's turn, at ease,
He said he'd show him all, in sum.
Love was right. What obstacles cannot be overcome
By wit and the wish to please?

III
The Farmer, the Dog, and the Fox

The Wolf and the Fox are the worst kind of neighbors;
Close to their dwellings I'll never build a bower.
The latter prowled about at every hour
Around a Farmer's hens but, with all his clever labors,
He hadn't succeeded in reaching even a single fowl.
On the one hand hunger, danger on the other,
To the rogue were no slight amount of bother.
"What!" he cried. "Will this foul
Rabble mock me with impunity?
I come, I go, I strain till I could howl,
Devise a hundred schemes. That peasant in tranquility
Makes money hand over fist, draws cash with facility
From capons, chickens; has more in his larder to match.
And I, a past master, when some aged cock I manage to catch,
Just swoon in joy at my agility!
Why at giving me the fox's trade did Jove not balk?
I hereby swear this oath by all of the powers that be
From Olympus to the Styx: there'll be no lack of talk!"
So, brooding over his vindictive knavery,

Il choisit une nuit libérale en pavots:
Chacun était plongé dans un profond repos;
Le maître du logis, les valets, le chien même,
Poules, poulets, chapons, tout dormait. Le Fermier,
Laissant ouvert son poulailler,
Commit une sottise extrême.
Le voleur tourne tant qu'il entre au lieu guetté,
Le dépeuple, remplit de meurtres la cité.
Les marques de sa cruauté
Parurent avec l'aube: on vit un étalage
De corps sanglants et de carnage.
Peu s'en fallut que le Soleil
Ne rebroussât d'horreur vers le manoir liquide.
Tel et d'un spectacle pareil,
Apollon irrité contre le fier Atride
Joncha son camp de morts: on vit presque détruit
L'ost des Grecs; et ce fut l'ouvrage d'une nuit.
Tel encore autour de sa tente
Ajax, à l'âme impatiente,
De moutons et de boucs fit un vaste débris,
Croyant tuer en eux son concurrent Ulysse
Et les auteurs de l'injustice
Par qui l'autre emporta le prix.
Le Renard, autre Ajax, aux volailles funeste,
Emporte ce qu'il peut, laisse étendu le reste.
Le maître ne trouve de recours qu'à crier
Contre ses gens, son chien: c'est l'ordinaire usage.
"Ah! maudit animal, qui n'es bon qu'à noyer,
Que n'avertissais-tu dès l'abord du carnage?
—Que ne l'évitiez-vous? c'eût été plus tôt fait:
Si vous, maître et fermier, à qui touche le fait,
Dormez sans avoir soin que la porte soit close,
Voulez-vous que moi, Chien, qui n'ai rien à la chose,
Sans aucun intérêt je perde le repos?"
Ce Chien parlait bien à propos:
Son raisonnement pouvait être
Fort bon dans la bouche d'un maître,

He chose a night when poppy dust was everywhere.
Everyone there was freed by deep slumber from care:
The Master, servants, even the dog who guarded the door;
Hens, pullets, capons, all slept. The Farmer, to his grief,
Had left his hen house open to the thief,
A blunder he would regret evermore.
The robber then squirmed inside the place scouted so well.
Killing everywhere, with dead he filled the citadel.
The signs of his ferocity, pell-mell,
Became visible at dawn: strewn all over the floor
Were the carcasses weltering in their gore.
The Sun, once he'd arrived at the site,
Nearly turned back in horror to his deep ocean dwelling.
So Apollo, irate, offered such a sight
To haughty Agamemnon: incensed, his ire swelling,
He filled up his camp with dead. Almost wholly destroyed
Was the host of the Greeks. Thus was one night employed.
So too, 'round his tent, out of control,
Ajax, he of the rash impetuous soul,
Killing sheep and goats by the score, amuck did run,
Slaying Ulysses, he thought, his rival at the time,
And all those who'd done the crime
Of robbing him of the prize he'd won.
The Fox, another Ajax, fatal to the fowls in their nest,
Carried off what he could, scattered about left the rest.
The owner's sole recourse was to shout the house down
Around his servants and his dog; indeed, that's the usual way:
"Ah, you damned beast, good for nothing but to drown!
Why did you not inform me of this carnage right away?"
"Why did you allow it? That would certainly have solved
It soonest. If you, the master and farmer most involved,
Go off to bed, and don't take any care to lock the gate,
Do you count on me, a Dog, to whom this matter's of no weight,
No interest at all, to lose sleep and stay awake?"
Uttered by the Dog this reply did make
Sense. In sound logic he was versed;
The master should have thought of it first.

Mais, n'étant que d'un simple chien,
On trouva qu'il ne valait rien:
On vous sangla le pauvre drille.

Toi donc, qui que tu sois, ô père de famille
(Et je ne t'ai jamais envié cet honneur),
T'attendre aux yeux d'autrui quand tu dors, c'est erreur.
Couche-toi le dernier, et vois fermer ta porte.
Que si quelque affaire t'importe,
Ne la fais pas par procureur.

IV
Le Songe d'un habitant du Mogol

Jadis certain Mogol vit en songe un Vizir
Aux Champs Elysiens possesseur d'un plaisir
Aussi pur qu'infini, tant en prix qu'en durée:
Le même songeur vit en une autre contrée
Un Ermite entouré de feux,
Qui touchait de pitié même les malheureux.
Le cas parut étrange, et contre l'ordinaire:
Minos en ces deux morts semblait s'être mépris.
Le dormeur s'éveilla, tant il en fut surpris.
Dans ce songe pourtant soupçonnant du mystère,

But, expressed as a mere dog's observation,
It was judged to be without foundation.
He beat the poor devil, for all to see.

So you, O paterfamilias, no matter who you may be
(That's an honor I've not envied you, never),
Expecting others to watch while you sleep is not very clever.
Be last to bed; make sure your door is locked tight.
And when some affair needs doing right,
Don't have it done by proxy, ever.

IV
The Dream of the Citizen of the Mogul's Land

Once a man of the Mogul's land in a dream had a vision:
A Vizier he saw possessing infinite bliss in the Elysian
Fields, a bliss both pure and precious, as well as eternal.
The same dreamer saw in still another of the infernal
Regions a Hermit engulfed in flame,
Who out of pity made even the most wretched exclaim.
A strange case it appeared, most unusual and strained:
Minos seemed to have dealt each deceased the wrong fate.
The sleeper then woke up, his amazement was so great.
Yet, thinking in this dream some mystery was contained,

Il se fit expliquer l'affaire.
L'interprète lui dit: "Ne vous étonnez point;
Votre songe a du sens; et, si j'ai sur ce point
Acquis tant soit peu d'habitude,
C'est un avis des Dieux. Pendant l'humain séjour,
Ce Vizir quelquefois cherchait la solitude;
Cet Ermite aux Vizirs allait faire sa cour."

Si j'osais ajouter au mot de l'interprète,
J'inspirerais ici l'amour de la retraite:
Elle offre à ses amants des biens sans embarras,
Bien purs, présents du Ciel, qui naissent sous les pas.
Solitude, où je trouve une douceur secrète,
Lieux que j'aimai toujours, ne pourrai-je jamais,
Loin du monde et du bruit, goûter l'ombre et le frais?
Oh! qui m'arrêtera sous vos sombres asiles?
Quand pourront les neuf Soeurs, loin des cours et des villes,
M'occuper tout entier, et m'apprendre des cieux
Les divers mouvements inconnus à nos yeux,
Les noms et les vertus de ces clartés errantes
Par qui sont nos destins et nos moeurs différentes!
Que si je ne suis né pour de si grands projets,
Du moins que les ruisseaux m'offrent de doux objets!
Que je peigne en mes vers quelque rive fleurie!
La Parque à filets d'or n'ourdira point ma vie,
Je ne dormirai point sous de riches lambris:
Mais voit-on que le somme en perde de son prix?
En est-il moins profond, et moins plein de délices?
Je lui voue au désert de nouveaux sacrifices.
Quand le moment viendra d'aller trouver les morts,
J'aurai vécu sans soins, et mourrai sans remords.

He went and had the matter explained.
The interpreter told him, "Don't be astonished at all;
Your dream makes sense; if on these questions some small
Experience I've acquired and accrued,
This is a message from the Gods. While he was still alive,
This Vizier on some occasions went seeking solitude;
To go pay court to Viziers this Hermit did contrive."

If I took the liberty of adding a word, to complete
The interpretation, I'd recommend a love of retreat.
Blessings without encumbrance it does offer those who love
It, come to life under foot, pure, presents from Heaven up above.
Solitude, whose joys I find are so discreet,
Places I've always loved, will you never again abound
In the cool shade I do savor, far away from fury and sound?
Oh, if in your dark refuge I could fix my place!
When will the Nine Sisters, far removed from court and city pace,
Take up all my time and teach me in the lore of the skies
The diverse paths of the stars, unknown to our eyes?
The names, and the virtues likewise, of those planetary
Motions according to which all our destinies and habits vary?
But, if I wasn't born to climb to those exalted heights,
At least, for me, let brooks and streams provide gentle sights!
Allow me in my verses to portray shores with flowers rife.
The Fate whose thread is all gold won't spin out my life;
I won't take my repose in some richly paneled hall.
On that account will my dreams be less precious at all?
Will they be less profound, overflow any less with pleasure?
In the country I'll dedicate myself anew to this treasure.
When the moment arrives for me to terminate my mortal course,
I'll have lived without cares and will die without remorse.

V
Le Lion, le Singe, et les deux Anes

Le Lion, pour bien gouverner,
Voulant apprendre la morale,
Se fit, un beau jour, amener
Le Singe, maître ès arts chez la gent animale.
Le première leçon que donna le régent
Fut celle-ci: "Grand Roi, pour régner sagement,
Il faut que tout prince préfère
Le zèle de l'État à certain mouvement
Qu'on appelle communément
Amour-propre; car c'est le père,
C'est l'auteur de tous les défauts
Que l'on remarque aux animaux.
Vouloir que de tout point ce sentiment vous quitte.
Ce n'est pas chose si petite
Qu'on en vienne à bout en un jour:
C'est beaucoup de pouvoir modérer cet amour.
Par là, votre personne auguste
N'admettra jamais rien en soi
De ridicule ni d'injuste.
—Donne-moi, repartit le Roi,
Des exemples de l'un et de l'autre.
—Toute espèce, dit le docteur,
Et je commence par la nôtre,
Toute profession s'estime dans son coeur,
Traite les autres d'ignorantes,
Les qualifie impertinentes;
Et semblables discours qui ne nous coûtent rien.
L'amour-propre, au rebours, fait qu'au degré suprême
On porte ses pareils; car c'est un bon moyen
De s'élever soi-même.
De tout ce que dessus j'argumente très-bien
Qu'ici bas maint talent n'est que pure grimace,
Cabale, et certain art de se faire valoir,
Mieux su des ignorants que des gens de savoir.

V
The Lion, the Monkey, and the Two Asses

The Lion, to govern in a proper way,
Deciding that ethics wasn't a joke,
Called to his presence one fine day
The Monkey, who was Master of Arts to the animal folk.
The first lesson the professor could bring
Him was this: "In order to reign wisely, O Great King,
It must be every prince's desire
To put the Commonweal above motivation
Known by common reputation
As self-love; for it's the sire,
The creator of all of those defects
That in animals one detects.
To be ever willing to give up this impulse everywhere
Is no such trifling affair
That one does it in a day, Sire.
Moderation of this love is a feat to admire.
To do it right, your most august
Person must never allow a thing
In you that's foolish or unjust."
"Give me," then replied the King,
"Examples of the one and of the other."
Said the scholar, "It does seem—
I begin with my calling, no bother—
That each profession is loaded with self-esteem,
Says the others are just stupid trades,
To be judged as useless charades;
Makes other speeches like this that cost us not a cent.
And self-love's other side makes us elevate up to the sky
Our own kind, for no better way can one ever invent
Of seeing oneself lifted high.
On all the hereinabove I have the very finest argument:
On this earth, many skills are no more than pure grimace,
Connivance and a bit of talent for self-presentation,
Which dunces do better than those of learned inclination.

L'autre jour, suivant à la trace
Deux Anes qui, prenant tour à tour l'encensoir,
Se louaient tour à tour, comme c'est la maniére,
J'ouïs que l'un des deux disait à son confrère:
'Seigneur, trouvez-vous pas bien injuste et bien sot
L'Homme, cet animal si parfait? Il profane
Notre auguste nom, traitant d'*âne*
Quiconque est ignorant, d'esprit lourd, idiot:
Il abuse encore d'un mot,
Et traite notre rire et nos discours de *braire*.
Les humains sont plaisants de prétendre exceller
Par-dessus nous! Non, non; c'est à vous de parler,
A leurs orateurs de se tairc:
Voilà les vrais braillards. Mais laissons là ces gens:
Vous m'entendez, je vous entends;
Il suffit. Et quant aux merveilles
Dont votre divin chant vient frapper les oreilles,
Philomèle est, au prix, novice dans cet art:
Vous surpassez Lambert.' L'autre Baudet repart:
'Seigneur, j'admire en vous des qualités pareilles.'
Ces Anes, non contents de s'être ainsi grattés,
S'en allèrent dans les cités
L'un l'autre se prôner: chacun d'eux croyait faire,
En prisant ses pareils, une fort bonne affaire,
Prétendant que l'honneur en reviendrait sur lui.

J'en connais beaucoup aujourd'hui,
Non parmi les baudets, mais parmi les puissances
Que le Ciel voulut mettre en de plus hauts degrés,
Qui changeraient entre eux les simples Excellences,
S'ils osaient, en des Majestés.
J'en dis peut-être plus qu'il ne faut, et suppose
Que Votre Majesté gardera le secret.
Elle avait souhaité d'apprendre quelque trait
Qui lui fît voir, entre autre chose,
L'amour-propre donnant du ridicule aux gens.
L'injuste aura son tour: il y faut plus de temps."

"The other day, while following the trace
Of two Asses who, taking turns at mutual congratulation,
Were plastering one another with praise, as is their way,
To one of these two colleagues I did hear the other say,
'Sir, don't you find quite unjust and most worthy of ridicule
Man, that creature so perfect? Just like a monkey,
He profanes our august name, calling *donkey*
Whoever is ignorant, dull-witted, an idiot, or a fool.
In language he breaks another rule,
By calling it *braying* when our speech and laughter trill.
Humans are so amusing in their pretensions to excel
Over us! No, no, it's your prerogative to speak well,
And up to their orators to be still.
They're the real brayers. But to these folk let's say adieu.
You understand me, I understand you,
Enough. As for the marvels one hears
When your heavenly song comes and falls on others' ears,
In that art, by comparison, Philomel's a neophyte;
You surpass Lambert.' The other Donkey replied right
Off, 'Lord, the qualities I admire in you have no peers.'
These Asses, whom backscratching thus didn't please
Enough, went off to town at their ease,
To recommend each other. In so doing, each of them was misled
By praising his fellows into thinking he'd come out ahead,
His intent being to have the honor come back again his way.

"I know many types like this today,
Not among donkeys, but among those in high places
Whom Heaven decided to raise to yet higher degrees;
Who with one another would change simply 'Your Graces,'
If they dared, into 'Your Majesties.'
I've said more, perhaps, than I should, and assume also
Your Majesty will keep this secret intact.
You'd expressed a wish to know which traits in fact,
Along with other things, would show
How through self-love folks become the butt of jeers.
Injustice will have its turn; it's a field that takes years."

Ainsi parla ce singe. On ne m'a pas su dire
S'il traita l'autre point, car il est délicat;
Et notre maître ès arts, qui n'était pas un fat,
Regardait ce Lion comme un terrible sire.

VI
Le Loup et le Renard

Mais d'où vient qu'au Renard Esope accorde un point,
C'est d'exceller en tours pleins de matoiserie?
J'en cherche la raison, et ne la trouve point.
Quand le Loup a besoin de défendre sa vie,
Ou d'attaquer celle d'autrui,
N'en sait-il pas autant que lui?
Je crois qu'il en sait plus; et j'oserais peut-être
Avec quelque raison contredire mon maître.
Voici pourtant un cas où tout l'honneur échut
A l'hôte des terriers. Un soir il aperçut
La lune au fond d'un puits: l'orbiculaire image
Lui parut un ample fromage.
Deux seaux alternativement
Puisaient le liquide élément:
Notre Renard, pressé par une faim canine,
S'accommode en celui qu'au haut de la machine
L'autre seau tenait suspendu.
Voilà l'animal descendu,
Tiré d'erreur, mais fort en peine,
Et voyant sa perte prochaine:
Car comment remonter, si quelque autre affamé,
De la même image charmé,

Thus spoke the Monkey. No one has been able to tell me
If he dealt with the other point, a most delicate matter.
And our Master of Arts, not being given to foolish chatter,
Could already see in this Lion a Master of Tyranny.

VI
The Wolf and the Fox

Now how does it happen that Aesop awards the Fox the prize
As supreme master of schemes that in cunning are rife?
I keep looking for the reason but can merely surmise.
When it's a Wolf's cause to defend his own life,
    Or make his raid on that of another,
    Doesn't he know as much as his brother?
I believe he knows more, and I might, perhaps, even dare
With some reason to contradict my master there.
But here is a case where all the honor goes right
Away to the foxhole dweller. One bright night
He saw the moon in a well; the orbicular reflection
    Aped a big cheese to perfection.
    A couple of buckets, alternately,
    Were used to draw water up, easily.
Our Fox, by a sharp canine appetite impelled,
Settled himself in the one hanging there and held
    At the top by the pail down below.
    The Fox's descent wasn't slow.
    Free from error, but shrouded in gloom,
    He now foresaw impending doom:
How would he get out, if no other hungry beast fell
    Under the same image's magic spell

Et succédant à sa misère,
Par le même chemin ne le tirait d'affaire?
Deux jours s'étaient passés sans qu'aucun vînt au puits.
Le temps, qui toujours marche, avait, pendant deux nuits,
Echancré, selon l'ordinaire,
De l'astre au front d'argent la face circulaire.
Sire Renard était désespéré.
Compère Loup, le gosier altéré,
Passe par là. L'autre dit: "Camarade,
Je vous veux régaler: voyez-vous cet objet?
C'est un fromage exquis: le dieu Faune l'a fait;
La vache Io donna le lait.
Jupiter, s'il était malade,
Reprendrait l'appétit en tâtant un tel mets.
J'en ai mangé cette échancrure;
Le reste vous sera suffisante pâture.
Descendez dans un seau que j'ai là mis exprès."
Bien qu'au moins mal qu'il pût il ajustât l'histoire,
Le Loup fut un sot de le croire;
Il descend, et son poids emportant l'autre part,
Reguinde en haut maître Renard.

Ne nous en moquons point: nous nous laissons séduire
Sur aussi peu de fondement;
Et chacun croit fort aisément
Ce qu'il craint et ce qu'il désire.

VII
Le Paysan du Danube

Il ne faut point juger des gens sur l'apparence.
Le conseil en est bon, mais il n'est pas nouveau.
Jadis l'erreur du Souriceau
Me servit à prouver le discours que j'avance:

And, replacing him in wretchedness,
Took the same path and drew him from this mess?
None came to the well while two more days crossed the skies.
Time, ever marching on, after two additional nights likewise,
Had trimmed, at its usual pace,
A small slice from the silvery star's circular face.
There sat Fox in despair and disgust.
Comrade Wolf, his throat as dry as dust,
Came by. The other one said, "Dear Comrade,
I've a treat for you: see what's down here below?
An exquisite cheese, made by the god Faunus a while ago.
The milk was given by the cow Io.
If Jupiter, listless, feeling bad,
Were to try such a dish, he'd recover his appetite.
I've only consumed just the least
Little sliver. Left for you is a feast.
Come down in that pail I've placed up top in plain sight."
Though as best he could he'd trumped up this tale out of school,
To believe him the Wolf was a fool.
Down he went; and the pail, now pulled up by his weight,
Hoisted Fox back to his lofty state.

Let's not mock the Wolf: we let ourselves be seduced by a host
Of stories with no foundation,
And we believe without hesitation
In what we each fear and long for most.

VII
The Peasant from the Danube

We mustn't judge folks by their looks at a glance.
That is quite good advice, but it's not at all new.
Errors of a Young Mouse I knew
Once served to prove this contention I advance.

J'ai, pour le fonder à présent,
Le bon Socrate, Esope, et certain paysan
Des rives du Danube, homme dont Marc-Aurèle
Nous fait un portrait fort fidèle.
On connaît les premiers: quant à l'autre, voici
Le personnage en raccourci.
Son menton nourrissait une barbe touffue;
Toute sa personne velue
Représentait un ours, mais un ours mal léché:
Sous un sourcil épais il avait l'oeil caché,
Le regard de travers, nez tortu, grosse lèvre,
Portait sayon de poil de chèvre,
Et ceinture de joncs marins.
Cet homme ainsi bâti fut député des villes
Que lave le Danube. Il n'était point d'asiles
Où l'avarice des Romains
Ne pénétrât alors, et ne portât les mains.
Le député vint donc, et fit cette harangue:
"Romains, et vous Sénat assis pour m'écouter,
Je supplie avant tout les Dieux de m'assister:
Veuillent les Immortels, conducteurs de ma langue,
Que je ne dise rien qui doive être repris!
Sans leur aide, il ne peut entrer dans les esprits
Que tout mal et toute injustice:
Faute d'y recourir, on viole leurs lois.
Témoin nous que punit la romaine avarice:
Rome est, par nos forfaits, plus que par ses exploits,
L'instrument de notre supplice.
Craignez, Romains, craignez que le Ciel quelque jour
Ne transporte chez vous les pleurs et la misère;
Et mettant en nos mains, par un juste retour,
Les armes dont se sert sa vengeance sévère,
Il ne vous fasse, en sa colère,
Nos esclaves à votre tour.
Et pourquoi sommes-nous les vôtres? Qu'on me die
En quoi vous valez mieux que cent peuples divers.
Quel droit vous a rendus maîtres de l'univers?
Pourquoi venir troubler une innocente vie?

I have, to justify it at present,
Good Socrates, Aesop, and a certain peasant
From the Danube, a man whose portrait is made
Faithful with Marcus Aurelius's aid.
The first two are known. As to the third, I report
What he looked like, in short:
His chin supported a thick beard, unsheared.
His whole hairy body appeared
To be that of a bear, but a bear not all there.
Heavy brows hid eyes that could only glare
And look askance; his nose, askew; thick lips.
He wore a goatskin tunic to his hips,
His belt was made of ocean reed.
This man so put together was sent as a delegate
From towns by the Danube. No refuge was inviolate
Which the avarice of Roman hearts
And hands hadn't yet pierced with its criminal darts.
By the deputy, then, with this speech they were stung:
"Romans, and you, Senators, who hear this where you sit,
I implore the Gods above all to assist my heart and wit.
May it please the Immortals, all those who guide my tongue,
That I say nothing that calls for blame of any kind!
Without any help from them, nothing at all can enter a mind
That's not total sin and total misdeed.
Failing to turn to them, their laws we abrogate.
Witness our people, now penalized by Roman greed.
Rome, more as a result of our crimes than through its great
Exploits, torments us till we bleed.
Tremble, Romans, tremble, lest Heaven someday in disgust
Deliver to you and to your land both misery and tears;
And, putting in our hands, a reversal all too just,
The weapons used in the vengeance of the spheres,
In righteous wrath make you, for years,
Our slaves in your turn in the dust.
And why are we yours? Let someone show me the evidence
Of what makes you better than so many peoples diverse.
By what right at all do you rule the whole universe?
Why have you come to trouble a life of innocence?

Nous cultivions en paix d'heureux champs; et nos mains
Etaient propres aux arts, ainsi qu'au labourage.
Qu'avez-vous appris aux Germains?
Ils ont l'adresse et le courage:
S'ils avaient eu l'avidité
Comme vous, et la violence,
Peut-être en votre place ils auraient la puissance,
Et sauraient en user sans inhumanité.
Celle que vos préteurs ont sur nous exercée
N'entre qu'à peine en la pensée.
La majesté de vos autels
Elle-même en est offensée;
Car sachez que les Immortels
Ont les regards sur nous. Grâces à vos exemples,
Ils n'ont devant les yeux que des objets d'horreur,
De mépris d'eux et de leurs temples,
D'avarice qui va jusques à la fureur.
Rien ne suffit aux gens qui nous viennent de Rome:
La terre et le travail de l'homme
Font pour les assouvir des efforts superflus.
Retirez-les: on ne veut plus
Cultiver pour eux les campagnes.
Nous quittons les cités, nous fuyons aux montagnes;
Nous laissons nos chères compagnes.
Nous ne conversons plus qu'avec des ours affreux,
Découragés de mettre au jour des malheureux,
Et de peupler pour Rome un pays qu'elle opprime.
Quant à nos enfants déjà nés,
Nous souhaitons de voir leurs jours bientôt bornés:
Vos préteurs au malheur nous font joindre le crime.
Retirez-les: ils ne nous apprendront
Que la mollesse et que le vice;
Les Germains comme eux diviendront
Gens de rapine et d'avarice.
C'est tout ce que j'ai vu dans Rome à mon abord.
N'a-t-on point de présent à faire,
Point de pourpre à donner: c'est en vain qu'on espère

In peace we tilled our fruitful fields; and our hands too
Were fit for arts and crafts, as well as the plow.
What did the Germans learn from you?
They do have skill and courage now.
Had they been cursed by avidity
Like you, your violence as well,
Perhaps instead of yours, their might would then swell,
But would be used humanely, with rapidity.
The atrocities from your praetors we've received
Can scarcely even be conceived.
Your altars' very majesty
By their acts is aggrieved.
For the Gods, sure you may be,
Have their eyes on us. It's thanks to your example
That horrid sights are all they do see and contemplate,
Scorn for them, their shrines is so ample,
Like your made greed that none can emulate.
The men who come to us from Rome are never satisfied:
The land and labor we've supplied
To sate their desires have just gone in vain.
Withdraw them. Never will we again
Cultivate for them our fields and lands.
We quit our towns, flee to mountain havens with our bands,
Leave our dear mates on our strands;
Consort henceforth just with frightful bears we do hate,
Determined in despair not at any time to procreate
Unhappy offspring, to people for Rome a captive clime.
As for our children now alive,
Our wish is to see the end of their days soon arrive.
It's your praetors who to sorrow make us join crime.
Withdraw them: they'll teach us to succumb
Only to flabby indulgence and vice.
The German folk, like them, will become
Men avid for plunder in a trice.
That is all I've seen in Rome since my arrival here.
With no gift to deliver to your door,
No present of purple to make, in vain does one hope for

Quelque refuge aux lois; encor leur ministère
A-t-il mille longueurs. Ce discours, un peu fort,
    Doit commencer à vous déplaire.
    Je finis. Punissez de mort
    Une plainte un peu trop sincère."
A ces mots, il se couche; et chacun étonné
Admire le grand coeur, le bon sens, l'éloquence
    Du sauvage ainsi prosterné.
On le créa patrice; et ce fut la vengeance
Qu'on crut qu'un tel discours méritait. On choisit
    D'autres préteurs; et par écrit
Le Sénat demanda ce qu'avait dit cet homme,
Pour servir de modèle aux parleurs à venir.
    On ne sut pas longtemps à Rome
    Cette éloquence entretenir.

VIII
Le Vieillard et les trois Jeunes Hommes

    Un octogénaire plantait.
"Passe encor de bâtir; mais planter à cet âge!
Disaient trois jouvenceaux, enfants du voisinage;
    Assurément il radotait.
    Car, au nom des Dieux, je vous prie,
Quel fruit de ce labeur pouvez-vous recueillir?
Autant qu'un patriarche il vous faudrait vieillir.
    A quoi bon charger votre vie

A shield in the law: its enforcement is a chore
Slowed by endless delays . . . This speech, so severe,
    Must by now be quite displeasing to you.
    I've done. Now let my death here,
    For this too candid complaint, ensue."
Then he fell at their feet, to their great surprise.
All admired the noble heart, the eloquence and good sense
    Of the savage lying before their eyes.
They made him a patrician. This was the recompense
In their view that such a speech deserved. Then they chose
    Other praetors; and this man's prose,
At the Senate's request, they wrote for posterity,
To serve as a model for those orators yet to come.
    Such eloquence and rhetorical dexterity
    Were not sustained for long in Rome.

VIII
The Old Man and the Three Youths

    An octogenarian was planting trees.
"Build a house, well enough, but at your age what good
Is planting?" So spoke three youths of the neighborhood.
    He was senile, if you please:
    "For in Heaven's name, do now tell us, pray,
What fruits of your labors you can gather as your wage.
You would have to stay on and survive to Methusaleh's age.
    Why further encumber your life today

Des soins d'un avenir qui n'est pas fait pour vous?
Ne songez désormais qu'à vos erreurs passées;
Quittez le long espoir et les vastes pensées;
    Tout cela ne convient qu'à nous.
    —Il ne convient pas à vous-mêmes,
Repartit le Vieillard. Tout ètablissement
Vient tard, et dure peu. La main des Parques blêmes
De vos jours et des miens se joue également.
Nos termes sont pareils par leur courte durée.
Qui de nous des clartés de la voûte azurée
Doit jouir le dernier? Est-il aucun moment
Qui vous puisse assurer d'un second seulement?
Mes arrière-neveux me devront cet ombrage:
    Eh bien! défendez-vous au sage
De se donner des soins pour le plaisir d'autrui?
Cela même est un fruit que je goûte aujourd'hui:
J'en puis jouir demain, et quelques jours encore;
    Je puis enfin compter l'aurore
    Plus d'une fois sur vos tombeaux."
Le Vieillard eut raison: l'un des trois jouvenceaux
Se noya dès le port, allant à l'Amérique;
L'autre, afin de monter aux grandes dignités,
Dans les emplois de Mars servant la République,
Par un coup imprévu vit ses jours emportés;
    Le troisième tomba d'un arbre
    Que lui-même il voulut enter;
Et, pleurés du Vieillard, il grava sur leur marbre
    Ce que je viens de raconter.

With concerns of a future which has no fulfillment for you?
Henceforth, just think of your sins of past commission;
Abandon long-term hopes and thoughts of great ambition.
    All that is for us alone to do."
    "It's not what your life dictates,"
The Old Man replied. "Every fortune won, I opine,
Comes late and leaves soon. The hands of the pallid Fates
Play around as much with your lives as with mine.
Our spans are alike, in the brief times they endure.
Which of us will be last to enjoy, can one be sure,
Light of the azure sky? Is there a moment therefore
That guarantees you will have as much as a moment more?
My great-grandchildren will owe this shade to me.
    Do you forbid the wise, arbitrarily,
To take pains and work for the pleasure and favor
Of others? That in itself is a fruit I now savor.
I may enjoy it tomorrow and still, perhaps, a year
    Hence. I may, in fact, see dawn appear
    On each of your graves over and over again."
The Old Man's point was right. One of these three young men,
Setting sail for new world shores, did drown
In sight of home port; the next, seeking high station
By serving the Republic in time of war to garner renown,
From an unforeseen blow met his life's termination.
    The third fell off a tree to his doom,
    One that he tried to graft and remold.
And the Old Man, mourning them all, carved upon each tomb
    What in this tale I've just told.

IX
Les Souris et le Chat-Huant

Il ne faut jamais dire aux gens:
"Écoutez un bon mot, oyez une merveille."
Savez-vous si les écoutants
En feront une estime à la vôtre pareille?
Voici pourtant un cas qui peut être excepté:
Je le maintiens prodige, et tel que d'une fable
Il a l'air et les traits, encor que véritable.

On abbatit un pin pour son antiquité,
Vieux palais d'un Hibou, triste et sombre retraite
De l'oiseau qu'Atropos prend pour son interprète.
Dans son tronc caverneux, et miné par le temps,
Logeaient, entre autres habitants,
Force Souris sans pieds, toutes rondes de graisse.
L'Oiseau les nourrissait parmi les tas de blé,
Et de son bec avait leur troupe mutilé.
Cet Oiseau raisonnait: il faut qu'on le confesse.
En son temps, aux Souris le compagnon chassa:
Les premières qu'il prit du logis échappées,
Pour y remédier, le drôle estropia
Tout ce qu'il prit ensuite; et leurs jambes coupées
Firent qu'il les mangeait à sa commodité,
Aujourd'hui l'une, et demain l'autre.
Tout manger à la fois, l'impossibilité
S'y trouvait, joint aussi le soin de sa santé.
Sa prévoyance allait aussi loin que la nôtre:
Elle allait jusqu'à leur porter
Vivres et grains pour subsister.
Puis, qu'un Cartésien s'obstine
A traiter ce Hibou de montre et de machine?
Quel ressort lui pouvait donner
Le conseil de tronquer un peuple mis en mue?
Si ce n'est pas là raisonner,
La raison m'est chose inconnue.
Voyez que d'arguments il fit:

IX
The Mice and the Screech Owl

One must never proclaim to other folk,
"Here's a good one," or "This is a great tale."
Do you know if, hearing your joke,
They'll esteem it as much as you without fail?
Here is an exception, however, that can be told.
It's a marvel, I maintain, and such that all through
It has a fable's look and traits, though it's true.

A pine tree was felled for being so old;
The ancient palace of an Owl, sad and somber retreat
Of the bird Atropos once chose to be her exegete.
In its hollow trunk, now sapped by time's spell,
Lived, among other lodgers as well,
Lots of Mice without feet, all of them round and fat.
The Bird, which was feeding them kernels of wheat,
Had crippled each with his beak, nice and neat.
This was a Bird that reasoned; now one must concede that.
When our creature began tracking Mice for his game,
The first ones he caught fled his nest, every one.
As remedy, the sly bird learned to maim
All he caught subsequently. Thus, with their legs all gone,
He shifted Mice at leisure from nest to craw,
One today, tomorrow others, at his hours:
No eating all at once, as he quickly saw.
And he cared about his health, following nature's law.
His foresight went to just as great lengths as ours:
As far as bringing for their repast
Grain and seeds, so they would last.
Therefore what can some Cartesian mean
By calling this Owl a kind of clock or machine?
What spring inside him could provide
Guidance to truncate prey for fattening, the lot?
If therein reason doesn't reside,
Then reason is a thing that is not
Known to me. Here's how he thought:

"Quand ce peuple est pris, il s'enfuit;
Donc il faut le croquer aussitôt qu'on le happe.
Tout, il est impossible. Et puis, pour le besoin
N'en dois-je pas garder? Donc il faut avoir soin
De le nourrir sans qu'il échappe.
Mais comment? Ôtons-lui les pieds." Or, trouvez-moi
Chose par les humains à sa fin mieux conduite.
Quel autre art de penser Aristote et sa suite
Enseignent-ils, par votre foi?

Ceci n'est point une fable; et la chose, quoique merveilleuse et presque incroyable, est véritablement arrivée. J'ai peut-être porté trop loin la prévoyance de ce Hibou; car je ne prétends pas établir dans les bêtes un progrès de raisonnement tel que celui-ci: mais ces exagérations sont permises à la poésie, surtout dans la manière d'écrire dont je me sers.

"These folk all flee whenever they're caught,
So as soon as they're grabbed I must gobble this prey.
To eat all at once can't be done. And then for later fare
I need, oughtn't I to save some? So I've got to take care
To feed them without their getting away.
But how? Let's remove their feet." Now you just find for me
A problem that's solved by humans, with a better result.
In what other art of thinking do Aristotle and his cult
Give instruction, in all sincerity?

This is not a fable, and the thing, though marvelous and nearly incredible, really happened. I've perhaps pushed the Owl's foresight too far, for I don't pretend to establish a process of reasoning like this in animals. But these exaggerations are permitted in poetry, especially in the kind of writing I do.

Epilogue

C'est ainsi que ma Muse, aux bords d'une onde pure,
    Traduisit en langue des Dieux
    Tout ce que disent sous les cieux
Tant d'êtres empruntants la voix de la nature.
    Trucheman de peuples divers,
Je les faisais servir d'acteurs en mon ouvrage;
    Car tout parle dans l'univers;
    Il n'est rien qui n'ait son langage:
Plus éloquents chez eux qu'ils ne sont dans mes vers,
Si ceux que j'introduis me trouvent peu fidèle,
Si mon oeuvre n'est pas assez bon modèle,
    J'ai du moins ouvert le chemin:
D'autres pourront y mettre une dernière main.
Favoris des neuf Soeurs, achevez l'entreprise:
Donnez mainte leçon que j'ai sans doute omise;
Sous ces inventions il faut l'envelopper.
Mais vous n'avez que trop de quoi vous occuper:
Pendant le doux emploi de ma Muse innocente,
Louis dompte l'Europe; et, d'une main puissante,
Il conduit à leur fin les plus nobles projets
    Qu'ait jamais formés un monarque.
Favoris des neuf Soeurs, ce sont là des sujets
    Vainqueurs du temps et de la Parque.

Epilogue

Thus it is that my Muse, on the banks of a limpid stream,
Has translated into verse and rhyme
Everything said in this earthly clime
By so many creatures who use nature's voice and dream.
Interpreter of species diverse,
I've had them take up in my book the actor's vocation,
For everything speaks in the universe;
Nothing's unable to talk in creation.
Since they're more loquacious at home than in my verse,
If those I introduce think my portraits are untrue,
If my work's an imperfect model in other folks' view,
At least I've opened the path up wide.
By some others the finishing touch can now be applied.
Protégés of the Nine Sisters, finish the enterprise;
Teach many a lesson that no doubt I failed to devise.
They must be wrapped up in this kind of invention.
But you have all too much that takes your attention:
During sweet labors my Muse in innocence has planned,
Louis has tamed all of Europe, and with a mighty hand
He's bringing to fulfillment the very noblest ambitions
Ever formed by a head of state.
Protégés of the Nine Sisters, those are the commissions
That triumph over time and Fate.

BOOK TWELVE

XII

LIVRE DOUZIEME

A Monseigneur le Duc de Bourgogne

Monseigneur,

Je ne puis employer, pour mes fables, de protection qui me soit plus glorieuse que la vôtre. Ce goût exquis et ce jugement si solide que vous faites paraître dans toutes choses au delà d'un âge où à peine les autres princes sont-ils touchés de ce qui les environne avec le plus d'éclat; tout cela, joint au devoir de vous obéir et à la passion de vous plaire, m'a obligé de vous présenter un ouvrage dont l'original a été l'admiration de tous les siècles äussi bien que celle de tous les sages. Vous m'avez même ordonné de continuer; et, si vous me permettez de le dire, il y a des sujets dont je vous suis redevable, et où vous avez jeté des grâces qui ont été admirées de tout le monde. Nous n'avons plus besoin de consulter ni Apollon ni les Muses, ni aucune des divinités du Parnasse: elles se rencontrent toutes dans les présents que vous a faits la nature, et dans cette science de bien juger des ouvrages de l'esprit, à quoi vous joignez déjà celle de connaître toutes les règles qui y conviennent. Les fables d'Esope sont une ample matière pour ces talents; elles embrassent toutes sortes d'événements et de caractères. Ces mensonges sont proprement une manière d'histoire où on ne flatte personne. Ce ne sont pas choses de peu d'importance que ces sujets: les animaux sont les précepteurs des hommes dans mon ouvrage. Je ne m'étendrai pas davantage là-dessus: vous voyez mieux que moi le profit qu'on en peut tirer. Si vous vous connaissez maintenant en orateurs et en poétes, vous vous connaîtrez encore mieux quelque jour en bons politiques et an bons généraux d'armée; et vous vous tromperez aussi peu au choix des personnes qu'au mérite des actions. Je ne suis pas d'un âge à espérer d'en être témoin. Il faut que je me contente de travailler sous vos ordres. L'envie de vous plaire me tiendra lieu d'une imagination que les ans ont affaiblie: quand vous souhaiterez quelque fable, je la trouverai dans ce fonds-là. Je voudrais bien que vous y pussiez trouver des louanges dignes du monarque qui fait maintenant le destin de tant de peuples et de nations, et qui rend toutes les parties du monde attentives à ses conquêtes, à ses victoires, et à la paix qui semble se rapprocher, et dont il impose les conditions avec toute la modération que peuvent souhaiter nos ennemis. Je me le figure comme un conquérant qui veut mettre des bornes à sa gloire et à sa puissance, et de qui on pourrait dire, à meilleur titre qu'on ne l'a dit d'Alexandre, qu'il va tenir les états de l'univers, en obligeant les ministres de tant de princes de s'assembler pour terminer une guerre qui ne peut être que ruineuse à leurs maîtres. Ce sont des sujets au-dessus de nos paroles: je

To Milord the Duke of Burgundy

Milord,

I can avail myself, for my fables, of no protection more illustrious than yours. The exquisite taste and solid judgment you display in all things, beyond that of an age when other princes are scarcely aware of the most striking aspects of their surroundings, joined with my duty to obey you and an ardent desire to please you, have constrained me to offer you a work the model for which has had the admiration of all centuries and all wise men. You have even given me instructions to continue it; and if you permit me to say so, it contains subjects I owe to you and to which you have contributed virtues admired by everyone. We no longer need consult Apollo or the Muses, or any of the deities on Parnassus; they're present in all the gifts bestowed on you by nature, and in your capacity to judge works of the mind, to which you already join that of knowing all the rules pertaining thereto. Aesop's fables offer ample material for these talents; they include all sorts of events and characters. These fictions are really a kind of history that flatters no one. Their subjects are not matters of no importance: the animals are teachers of men in my work. I'll expand no further on that; you, better than I, see the benefit to be drawn from them. If you're already familiar with orators and poets, you'll be even more knowledgeable later about good statesmen and good army generals; and you'll make as few errors in your choice of persons as you do in judging the merit of actions. I'm not of an age that permits me the hope of being witness to this. I must be content to work under your instructions. The desire to please you will make up for an imagination made feeble by the years; when you desire some fable, I'll find it in that. It would be my wish indeed that you find herein tributes worthy of the monarch who now fulfills the destiny of so many peoples and nations; and who draws the attention of all parts of the world to his conquests, his victories, and to the peace which seems so near, for which he sets conditions with all the moderation our foes could desire. I see him as a conqueror who intends to set limits on his prestige and power, of whom one might say, with more justification than has been said of Alexander, that he's about to convene the parliament of the universe, obliging the ministers of so many princes to assemble in order to end a war that can only be ruinous for their masters.

les laisse à de meilleures plumes que la mienne, et suis avec un profond respect,

Monseigneur,

Votre très-humble, très-obéissant,
et trè-fidèle serviteur,

De La Fontaine

I
Les Compagnons d'Ulysse
A Monseigneur le Duc de Bourgogne

Prince, l'unique objet du soin des Immortels,
Souffrez que mon encens parfume vos autels.
Je vous offre un peu tard ces présents de ma Muse;
Les ans et les travaux me serviront d'excuse.
Mon esprit diminue, au lieu qu'à chaque instant
On aperçoit le vôtre aller en augmentant:
Il ne va pas, il court, il semble avoir des ailes.
Le héros dont il tient des qualités si belles
Dans le métier de Mars brûle d'en faire autant:
Il ne tient pas à lui que, forçant la victoire,
Il ne marche à pas de géant
Dans la carrière de la gloire.
Quelque dieu le retient (c'est notre souverain),
Lui qu'un mois a rendu maître et vainqueur du Rhin;
Cette rapidité fut alors nécessaire;
Peut-être elle serait aujourd'hui téméraire.
Je m'en tais; aussi bien les Ris et les Amours
Ne sont pas soupçonnés d'aimer les longs discours.
De ces sortes de dieux votre cour se compose:

These are matters above words of ours; I leave them to better pens than my own, and am with deep respect,

Milord,

Your most humble, most obedient,
and most faithful servant,

De La Fontaine

I
The Companions of Ulysses
To Milord the Duke of Burgundy

Prince, to whom the Gods give special concern,
At your altars do suffer my incense to burn.
A bit late, I offer you these presents, from my Muse;
The years and my labors will serve me as excuse.
My wit is now failing whereas, constantly, we know,
Yours, before all eyes, is observed to grow.
It doesn't move at a walk, it races, it takes flight.
The hero from whom it gets such virtues outright,
In Mars's calling burns to do as much on every side.
Free to force his triumph, he'd surely gain his aim,
    With every giant step and stride,
    Of gleaning further glory and fame.
Some god restrains him (our sovereign, yours and mine),
Him who in merely a month became the victor of the Rhine.
Then such speed was just the needed way;
It would, perhaps, be deemed a rash tactic today.
I say no more of this. Besides, Laughter and Love,
It's suspected, of such lengthy speeches don't approve,
And it's gods of this kind who inhabit your court;

Ils ne vous quittent point. Ce n'est pas qu'après tout
D'autres divinités n'y tiennent le haut bout:
Le Sens et la Raison y règlent toute chose.
Consultez ces derniers sur un fait où les Grecs,
Imprudents et peu circonspects,
S'abandonnèrent à des charmes
Qui métamorphosaient en bêtes les humains.

Les compagnons d'Ulysse, après dix ans d'alarmes,
Erraient au gré du vent, de leur sort incertains.
Ils abordèrent un rivage
Où la fille du dieu du jour,
Circé, tenait alors sa cour.
Elle leur fit prendre un breuvage
Délicieux, mais plein d'un funeste poison.
D'abord ils perdent la raison;
Quelques moments après, leur corps et leur visage
Prennent l'air et les traits d'animaux différents:
Les voilà devenus ours, lions, éléphants;
Les uns sous une masse énorme,
Les autres sous une autre forme;
Il s'en vit de petits: *exemplum, ut talpa.*
Le seul Ulysse en échappa;
Il sut se défier de la liqueur traîtresse.
Comme il joignait à la sagesse
La mine d'un héros et le doux entretien,
Il fit tant que l'enchanteresse
Prit un autre poison peu différent du sien.
Une déesse dit tout ce qu'elle a dans l'âme:
Celle-ci déclara sa flamme.
Ulysse était trop fin pour ne pas profiter
D'une pareille conjoncture:
Il obtint qu'on rendrait à ces Grecs leur figure.
"Mais la voudront-ils bien, dit la Nymphe, accepter?
Allez le proposer de ce pas à la troupe."
Ulysse y court, et dit: "L'empoisonneuse coupe
A son remède encore; et je viens vous l'offrir:

They're never far away from you. But neither do they efface
Other deities who also occupy an honored place.
Sense and Reason decide affairs of every sort.
Do see them on a matter where the Greeks, debased
By folly and imprudent haste,
Gave in to spells and charms
That changed their human into bestial traits.

Ulysses' companions, after ten years of peril and alarms,
Drifted at the whim of the winds, unsure of their fates.
They came to rest at a shore
Where Apollo's daughter, Circe,
Had them in court at her mercy.
For all of them a potion she did pour:
Exquisite, but a drink fraught with deadly cost.
Straightway their reason was lost.
Moments later, every body and face, furthermore,
Of divers beasts took on the looks and features,
Bears, lions, elephants among the creatures.
Some possessed enormous mass;
Others formed a different class.
Some were small; for example, like the mole.
Only Ulysses evaded the role.
He avoided the treacherous concoction with audacity.
Since along with his sagacity
He had a hero's look, speech both sweet and shrewd,
He made full use of his capacity
To give the witch a drink like those she'd brewed.
Goddesses say all they feel in unequivocal fashion:
This one declared her passion.
Ulysses was too clever not to profit on the spot
From the opportunity at hand.
Recovery of form he won for each Greek in the band.
"But will they," said the Nympth, "give up what they've got?
Now go find your men and bring the option up."
Off Ulysses ran. He said, "For the potion in the cup
An antidote exists: all those who take it will be men.

Chers amis, voulez-vous hommes redevenir?
On vous rend déjà la parole.
Le Lion dit, pensant rugir:
"Je n'ai pas la tête si folle;
Moi renoncer aux dons que je viens d'acquérir!
J'ai griffe et dent, et mets en pièces qui m'attaque.
Je suis roi: deviendrai-je un citadin d'Ithaque!
Tu me rendras peut-être encor simple soldat:
Je ne veux point changer d'état."
Ulysse du Lion court à l'Ours: "Eh! mon frère,
Comme te voilà fait! je t'ai vu si joli!
—Ah! vraiment nous y voici,
Reprit l'Ours à sa manière:
Comme me voilà fait? comme doit être un ours.
Qui t'a dit qu'une forme est plus belle qu'une autre?
Est-ce à la tienne à juger de la nôtre?
Je me rapporte aux yeux d'une ourse mes amours.
Te déplais-je? va-t'en; suis ta route et me laisse.
Je vis libre, content, sans nul soin qui me presse;
Et te dis tout net et tout plat:
Je ne veux point changer d'état."
Le prince grec au Loup va Proposer l'affaire;
Il lui dit, au hasard d'un semblable refus:
"Camarade, je suis confus
Qu'une jeune et belle bergère
Conte aux échos les appétits gloutons
Qui t'ont fait manger ses moutons.
Autrefois on t'eût vu sauver sa bergerie:
Tu menais une honnête vie.
Quitte ces bois et redevien,
Au lieu de loup, homme de bien."
—En est-il? dit le Loup; pour moi, je n'en vois guère.
Tu t'en viens me traiter de bête carnassière;
Toi qui parles, qu'es-tu? N'auriez-vous pas, sans moi,
Mangé ces animaux que plaint tout le village?
Si j'étais homme, par ta foi,
Aimerais-je moins le carnage?

Dear friends, will you be human beings once again?
Already you have the speech you had."
The Lion's roar rang from the glen.
He growled, "I'm not one to be so mad!
I, renounce the gifts I've just acquired, plus my den?
I've got fang and claw, and rip to shreds all those who attack.
I'm a king. To be an Ithacan burgher shall I now go back?
Simple soldiery for you may once again become my fate.
I won't exchange my present state."
From the Lion Ulysses ran to the Bear: "Oh, my brother,
What's made of you! I've seen you fair and jolly!"
Ah, here we have unquestioned folly!"
Said the Bear, bearish as any other:
"What's been made of me? What I should be, as a bear.
Who said one form's fairer than another, with greater powers?
Is it up to yours to go be the judge of ours?
I rely on a lady bear's view of my love and tender care.
Do I displease you? Depart: be off on your way, and let me be.
I live free, content, with no cares at all to press down on me.
I tell you flatly, with no debate:
I won't exchange my present state."
To the Wolf the Greek prince went to offer this trade.
He said to him, although risking an equal rejection,
"Comrade, it's with dejection
I hear a fair young shepherd maid
Screaming that your gluttony has you keep
On making repasts of all of her sheep.
Once you'd have been seen defending her fold;
You led a life as good as gold.
Leave these woods; again you can
Be, not a wolf, but an upright man."
"Are there any?" said the Wolf. "I don't see one in the least.
You've come out here calling me a carnivorous beast.
Who are you to talk? Lacking me, wouldn't you all have unduly
Eaten these creatures the village mourns in distress?
Were I a man—now speak truly—
Would I love carnage any less?

Pour un mot quelquefois vous vous étranglez tous:
Ne vous êtes-vous pas l'un à l'autre des loups?
Tout bien considéré, je te soutiens en somme
Que, scélérat pour scélérat,
Il vaut mieux être un loup qu'un homme:
Je ne veux point changer d'état."
Ulysse fit à tous une même semonce.
Chacun d'eux fit même réponse,
Autant le grand que le petit.
La liberté, les bois, suivre leur appétit,
C'était leurs délices suprêmes;
Tous renonçaient au lôs des belles actions.
Ils croyaient s'affranchir suivants leurs passions,
Ils étaient esclaves d'eux-mêmes.

Prince, j'aurais voulu vous choisir un sujet
Où je pusse mêler le plaisant à l'utile:
C'était sans doute un beau projet
Si ce choix eût été facile.
Les compagnons d'Ulysse enfin se sont offerts;
Ils ont force pareils en ce bas univers,
Gens à qui j'impose pour peine
Votre censure et votre haine.

Over a word, at times, you all slaughter one another.
Aren't all of you wolves, every man to his brother?
All things well considered, in short, I maintain
That, reprobate for reprobate,
Better be a wolf than one in man's domain.
I won't exchange my present state."
To each Ulysses made the exhortation.
Each replied, with no variation,
The large as well as the slight:
Freedom, the woods, following their appetite,
These were their delight supreme.
All renounced the fame of epic deeds with glee:
They thought indulging their passions had set them free;
Slaves of themselves, it would seem.

Prince, it was my wish to choose a subject for you
In which pleasing and useful might be combined.
The plan was undoubtedly a good one too
If an easy choice I could find.
Ulysses' companions turned up in short, most apropos.
They've lots of fellows in this universe below,
Whose punishment, in full measure,
Is your censure and displeasure.

II
Le Chat et les deux Moineaux
A Monseigneur le Duc de Bourgogne

Un Chat, contemperain d'un fort jeune Moineau,
Fut logé près de lui dès l'âge du berceau:
La cage et le panier avaient mêmes pénates;
Le Chat était souvent agacé par l'oiseau:
L'un s'escrimait du bec, l'autre jouait des pattes.
Ce dernier toutefois épargnait son ami.
Ne le corrigeant qu'à demi,
Il se fût fait un grand scrupule
D'armer de pointes sa férule.
Le Passereau, meins circonspec,
Lui donnait force coups de bec.
En sage et discrète personne,
Maître Chat excusait ces jeux:
Entre amis, il ne faut jamais qu'on s'abandonne
Aux traits d'un courroux sérieux.
Comme ils se connaissaient tous deux dès leur bas âge,
Une longue habitude en paix les maintenait;
Jamais en vrai combat le jeu ne se tournait:
Quand un Moineau du voisinage
S'en vint les visiter, et se fit compagnon
Du pétulant Pierrot et du sage Raton;
Entre les deux oiseaux il arriva querelle;
Et Raton de prendre parti:
"Cet inconnu, dit-il, nous la vient donner belle,
D'insulter ainsi notre ami!
Le Moineau du voisin viendra manger le nôtre!
Non, de par tous les chats!" Entrant lors au combat,
Il croque l'étranger. "Vraiment, dit maître Chat,
Les moineaux ont un goût exquis et délicat!"
Cette réflexion fit aussi eroquer l'autre.

Quelle morale puis-je inférer de ce fait?
Sans cela, toute fable est un oeuvre imparfait.

II
The Cat and the Two Sparrows
To Milord the Duke of Burgundy

A Cat and a very young Sparrow, friends and peers,
Had lived side by side since earliest years.
Cage and basket shared household gods and laws.
The Bird's teasing the Cat produced no tears:
One fenced with his beak, the other one with his paws.
Cat always treated his friend with punctilio,
    Never failing to pull back his blow.
    His conscience would have had grave flaws
    Had his paw unsheathed its claws.
    Sparrow, behaving far less prudently,
    Pecked at him, hard and constantly.
    As a wise person using discretion,
    Mastei Cat excused this as play:
With friends one must never give in to aggression
    When moved by wrath, on any day.
Since from infancy their friendship had so firmly stood,
Long habit kept them at peace, both day and night.
Never did play turn sour, or bring them to a fight.
    When a Sparrow from the neighborhood
Came to pay a visit, and then made a great show
Of amity for wise Raton and pert Pierrot,
The birds began to fight, with cries loud and shrill,
    And Raton then entered the fray.
"This stranger," he said, "comes here to mock us at will
    By insulting my friend this way!
This neighbor Sparrow's come to eat my brother!
No, by all cats!" Whereupon, plunging right into the spat,
He gobbled the intruder. "Really," observed Master Cat,
"Sparrows have exquisite, delicate flavor. Fancy that!"
This reflection likewise made him gobble up the other.

What moral can I now infer from this feat?
Without one every fable must remain incomplete.

J'en crois voir quelques traits; mais leur ombre m'abuse.
Prince, vous les aurez incontinent trouvés:
Ce sont des jeux pour vous, et non point pour ma Muse;
Elle et ses soeurs n'ont pas l'esprit que vous avez.

III
Du Thésauriseur et du Singe

Un homme accumulait. On sait que cette erreur
Va souvent jusqu'à la fureur.
Celui-ci ne songeait que ducats et pistoles.
Quand ces biens sont oisifs, je tiens qu'ils sont frivoles.
Pour sûreté de son trésor,
Notre Avare habitait un lieu dont Amphitrite,
Défendait aux voleurs de toutes parts l'abord.
Là, d'une volupté selon moi fort petite,
Et selen lui fort grande, il entassait toujours:
Il passait les nuits et les jours
A compter, calculer, supputer sans relâche,
Calculant, supputant, comptant comme à la tâche:
Car il trouvait toujours du mécompte à son fait.
Un gros Singe, plus sage, à mon sens, que son maître,
Jetait quelque doublon toujours par la fenêtre,
Et rendait le compte imparfait:
La chambre, bien cadenassée,
Permettait de laisser l'argent sur le comptoir.
Un beau jour dom Bertrand se mit dans la pensée
D'en faire un sacrifice au liquide manoir.
Quant à moi, lorsque je compare
Les plaisirs de ce Singe à ceux de cet Avare,
Je ne sais bonnement auxquels donner le prix:

I think I see, though very dimly, some features I may lose.
Prince, you'll at once have found those that fit:
The task is child's play for you, too hard for my Muse.
Neither she nor her Sisters have your store of wit.

III
On the Miser and the Monkey

A man was piling up cash. It's known that this fault
Often foreshadows folly's assault.
This man thought of nothing but pistoles and ducats.
It's valueless, I hold, when such wealth lies all idle in buckets.
So that his treasure could reside
In safety, our Miser had his home in a place where
Amphitrite prevented access by thieves on every side.
There, in ecstasy which to me would be spare,
But quite unmatched in his view, he heaped it up always:
He would spend all his nights and days
Counting, calculating, computing without surcease;
He'd calculate, compute, count as if working by the piece.
For in his data he would always find some miscalculation.
A large Monkey, infinitely wiser than his master, in my view,
Always picked up some doubloon and out the window threw
It, thus causing an incorrect tabulation.
The room, padlocked every which way,
Had made it possible to allow the money to remain
On the counter. Bertrand got an idea one fine day:
To offer it as a sacrifice to the ocean domain.
As for me, whenever I do compare
This Monkey's pleasures to those that Miser had there,
I don't really know which one should obtain the prize.

Dom Bertrand gagnerait près de certains esprits;
Les raisons en seraient trop longues à déduire.
Un jour donc l'Animal, qui ne songeait qu'à nuire,
Détachait du monceau, tantôt quelque doublon,
Un jacobus, un ducaton,
Et puis quelque noble à la rose;
Èprouvait son adresse et sa force à jeter
Ces morceaux de métal, qui se font souhaiter
Par les humains sur toute chose.
S'il n'avait entendu son compteur à la fin
Mettre la clef dans la serrure,
Les ducats auraient tous pris le même chemin,
Et couru la même aventure;
Il les aurait fait tous voler jusqu'au dernier
Dans le gouffre enrichi par maint et maint naufrage.
Dieu veuille préserver maint et maint financier
Qui n'en fait pas meilleur usage!

IV
Les deux Chèvres

Dès que les Chèvres ont brouté,
Certain esprit de liberté
Leur fait chercher fortune: elles vont en voyage
Vers les endroits du pâturage
Les moins fréquentés des humains:
Là, s'il est quelque lieu sans route et sans chemins,
Un rocher, quelque mont pendant en précipices,
C'est où ces dames vont promener leurs caprices.

It's Dom Bertrand who'd deserve it in some folks' eyes.
(The reasons for this would take too long to pursue.)
So the Animal, intent only on what mischief it could do,
One day began looting the pile: now some doubloon,
Some jacobus, a ducatoon,
And some rose noble or other then;
Just to test his skill and ability to throw
Out these pieces of metal, that are desired so,
Above all other things, by men.
If he hadn't heard his tabulator at long last
Insert key in lock, a bit late,
The ducats all on the same path would have passed,
And suffered the very same fate.
To the last one he'd have made them fly, it's clear,
Into depths enriched by many and many a foundered debtor.
May God preserve and keep many and many a financier
Who doesn't utilize them any better!

IV
The Two Nanny Goats

Ever since Nanny Goats have browsed,
Their free spirits have roused
Them into seeking their fortune. They very often roam
Toward pastures far from home,
Ones we human beings rarely find.
There, wherever they discover regions that lack paths of any kind,
On some rock, some mount that in cliffs and crags abounds,
These dames give vent to their caprice, in leaps and bounds.

Rien ne peut arrêter cet animal grimpant.
Deux Chèvres donc s'émancipant,
Toutes deux ayant patte blanche,
Quittèrent les bas prés, chacune de sa part:
L'une vers l'autre allait pour quelque bon hasard.
Un ruisseau se rencontre, et pour pont une planche.
Deux belettes à peine auraient passé de front
Sur ce pont.
D'ailleurs, l'onde rapide et le ruisseau profond
Devaient faire trembler de peur ces amazones.
Malgré tant de dangers, l'une de ces personnes
Pose un pied sur la planche, et l'autre en fait autant.
Je m'imagine voir, avec Louis le Grand,
Philippe Quatre qui s'avance
Dans l'île de la Conférence.
Ainsi s'avançaient pas à pas
Nez à nez, nos aventurières,
Qui, toutes deux étant fort fières,
Vers le milieu du pont ne se voulurent pas
L'une à l'autre céder. Elles avaient la gloire
De compter dans leur race, à ce que dit l'histoire,
L'une, certaine Chèvre, au mérite sans pair,
Dont Polyphème fit présent à Galatée;
Et l'autre la chèvre Amalthée,
Par qui fut nourri Jupiter.
Faute de reculer, leur chute fut commune:
Toutes deux tombèrent dans l'eau.

Cet accident n'est pas nouveau
Dans le chemin de la Fortune.

Nothing can arrest this animal's escalation.
    Thus two Nannies, in emancipation,
    On light feet, their carte blanche,
Left the lowland fields, each directed by Fate
Right to the opposite shores of a stream in full spate:
A stream spanned by one plank, just as narrow as a branch.
Two weasels could scarcely pass, each thin as a midge,
        On this bridge.
Besides, the swift current—deep water under a ridge—
Should have made these Amazons tremble with fright.
One of the two, despite so much peril in plain sight,
Stepped straight out onto the plank. Nor did the other wait.
I imagine I'm seeing, along with Louis the Great,
    Philip the Fourth stride in confidence
    Right onto the Isle of the Conference.
    So, advancing from where they stood,
    Our heroines soon were head to head,
    Both of them by overweening pride misled.
When they'd reached the middle, neither one would
Yield a step to the other. Both reveled in the fame
Of celebrated ancestors, according to the story's claim:
One a certain Goat whose merit left others in the ruck,
Polyphemus's gift to Galatea, on whom he did dote.
    And the other the Amalthean Goat
    Who to Jove once did give suck.
Refusing to back up, they fell to a common fate:
    Both tumbled down into the stream below.

    Such accidents are not new, I know,
    On paths that Fortune does create.

A Monseigneur le Duc de Bourgogne

Qui avait demandé à M. de la Fontaine
une fable qui fût nommée *le Chat et la Souris*

Pour plaire au jeune Prince à qui la Renommée
Destine un temple en mes écrits,
Comment composerai-je une fable nommée
Le Chat et la Souris?

Dois-je représenter dans ces vers une belle
Qui, douce en apparence, et toutefois cruelle,
Va se jouant des coeurs que ses charmes ont pris
Comme le Chat de la Souris?

Prendrai-je pour sujet les jeux de la Fortune?
Rien ne lui convient mieux: et c'est chose commune
Que de lui voir traiter ceux qu'en croit ses amis
Comme le Chat fait la Souris

Introduirai-je un Roi qu'entre ses favoris
Elle respecte seul, Roi qui fixe sa roue,
Qui n'est point empêché d'un monde d'ennemis,
Et qui des plus puissants, quand il lui plaît, se joue
Comme le Chat de la Souris?

Mais insensiblement, dans le tour que j'ai pris,
Mon dessein se rencontre; et, si je ne m'abuse,
Je pourrais tout gâter par de plus longs récits:
Le jeune Prince alors se jouerait de ma Muse
Comme le Chat de la Souris.

To Milord the Duke of Burgundy

Who had requested of M. de la Fontaine
a fable to be called *The Cat and the Mouse*

To please the young Prince for whom universal Fame
    In my works has destined a House
Of Worship, how compose a fable I'll name
    The Cat and the Mouse?

Is it a beauty I should in these lines represent
Who, gentle in appearance, and yet on cruelty bent,
Goes playing around with hearts her charms do arouse
    As a Cat does with a Mouse?

Are Fortune's games the subject to choose?
Nothing is more fitting, and it's ordinary news
To see her treat those with favor she endows
    As a Cat does treat a Mouse.

Shall I introduce a King, one to whom she bows
In respect alone, a King who stops her wheel,
Whom a world of foes can't hinder with its rows
And who, most puissant, whenever he pleases may well deal
    As a Cat does with a Mouse?

But imperceptibly, on the path selected by my vows,
I find my plan; and, if I'm not wrong in my views,
I could spoil everything if much longer I do browse.
The young Prince would then play with my Muse
    As a Cat does with a Mouse.

V
Le Vieux Chat et la Jeune Souris

Une jeune Souris, de peu d'expérience,
Crut fléchir un vieux Chat, implorant sa clémence,
Et payant de raisons le Raminagrobis.
    "Laissez-moi vivre: une souris
    De ma taille et de ma dépense
    Est-elle à charge en ce logis?
    Affamerais-je, à votre avis,
    L'hôte et l'hôtesse, et tout leur monde?
    D'un grain de blé je me nourris:
    Une noix me rend toute ronde.
A présent je suis maigre; attendez quelque temps.
Réservez ce repas à Messieurs vos enfants."
Ainsi parlait au Chat la Souris attrapée.
    L'autre lui dit: "Tu t'es trompée:
Est-ce à moi que l'on tient de semblables discours?
Tu gagnerais autant de parler à des sourds.
Chat, et vieux, pardonner! cela n'arrive guères.
    Selon ces lois, descends là-bas,
    Meurs, et va-t'en, tout de ce pas,
    Haranguer les Soeurs filandières:
Mes enfants trouveront assez d'autres repas."
    Il tint parole.
                    Et pour ma fable
Voici le sens moral qui peut y convenir:
La jeunesse se flatte, et croit tout obtenir;
    La vieillesse est impitoyable.

V
The Old Cat and the Young Mouse

A young Mouse, untried, thought to avert tragedy
By dissuading an old Cat and by begging him for clemency,
Hoping Raminagrobis this logic would espouse:
    "Let me live. Can any kind of mouse
    Of my size, and living so thriftily,
    Be a burden at all on this house?
    In your view, inflict starvation
    On master and mistress and everyone around?
    A kernel of grain is my only ration;
    A nut makes me all fat and round.
Wait just a while; now I'm nothing but bones and skin.
Save this meal for your young, your next of kin."
Thus this captured Mouse did argue to this Cat,
    Who answered, "You're all wrong in that.
Am I such a one as to give ear to this kind of speech?
You'd get as far by going to the deaf to preach.
A Cat, and an old one, pardon you? There is no way.
    This rule sends you on down to Hell.
    Die, and depart, straightway, to tell
    The Spinning Sisters what you say.
My young on other meals will dine quite well."
    He kept his word.
                                        And for my fable, no less,
Here is the moral sense that may, indeed, pertain:
Youth deludes itself into believing that it can obtain
    Everything. Old age is merciless.

VI
Le Cerf malade

En pays plein de cerfs, un Cerf tomba malade.
Incontinent maint camarade
Accourt à son grabat le voir, le secourir,
Le consoler du moins: multitude importune.
"Eh! Messieurs, laissez-moi mourir:
Permettez qu'en forme commune
La Parque m'expédie; et finissez vos pleurs."
Point du tout: les consolateurs
De ce triste devoir tout au long s'acquittèrent,
Quand il plut à Dieu s'en allèrent:
Ce ne fut pas sans boire un coup,
C'est-à-dire sans prendre un droit de pâturage.
Tout se mit à brouter les bois du voisinage.
La pitance du Cerf en déchut de beaucoup.
Il ne trouva plus rien à frire;
D'un mal il tomba dans un pire.
Et se vit réduit à la fin
À jeûner et mourir de faim.

Il en coûte à qui vous réclame,
Médecins du corps et de l'âme!
O temps! ô moeurs! j'ai beau crier,
Tout le monde se fait payer.

VII
La Chauve-Souris, le Buisson, et le Canard

Le Buisson, le Canard, et la Chauve-Souris,
Voyant tous trois qu'en leur pays
Ils faisaient petite fortune,
Vont trafiquer au loin, et font bourse commune.
Ils avaient des comptoirs, des facteurs, des agents

VI
The Ailing Stag

A Stag became ill in a region where stags abound.
At once many comrades came 'round,
Rushed to his pallet to see what aid to supply,
To console him at least; an importunate swarm.
"Ah, Gentlemen, just allow me to die.
Permit the Fate, in usual form,
To send me along, and put an end to your weeping."
Nothing doing: the consolers, in keeping
With their sad obligation, stayed on and on and on.
Not till it pleased God were they gone,
And not without a drink for the road.
That is, without taking pasture rights where they stood:
All commenced browsing the woods in the neighborhood.
The Stag's ration greatly dwindled near his abode.
He found no further food in his dell.
From one evil to a worse one he fell;
Saw himself reduced by depredation
To fasting and, finally, starvation.

You must pay those who demand the role
Of playing doctor to body and soul.
"O tempora, O mores!" I cry out to no avail.
They all collect fees without fail.

VII
The Bat, the Bush, and the Duck

The Bush, the Bat, and likewise the Duck,
Seeing at home they had no luck,
And their fortune so small,
Went to trading abroad: pooled their resources, all.
They had counters, and middlemen, and agents to deputize

Non moins soigneux qu'intelligents,
Des registres exacts de mise et de recette.
Tout allait bien; quand leur emplette,
En passant par certains endroits
Remplis d'écueils et fort étroits,
Et de trajet très-difficile,
Alla tout emballée au fond des magasins
Qui du Tartare sont voisins.
Notre trio poussa maint regret inutile;
Ou plutôt il n'en poussa point,
Le plus petit marchand est savant sur ce point:
Pour sauver son crédit, il faut cacher sa perte.
Celle que, par malheur, nos gens avait soufferte
Ne put se réparer: le cas fut découvert.
Les voilà sans crédit, sans argent, sans ressource,
Prêts à porter le bonnet vert.
Aucun ne leur ouvrit sa bourse.
Et le sort principal, et les gros intérêts,
Et les sergents, et les procès,
Et le créancier à la porte
Dès devant la pointe du jour,
N'occupaient le trio qu'à chercher maint détour
Pour contenter cette cohorte.
Le Buisson accrochait les passants à tous coups.
"Messieurs, leur dit-il, de grâce, apprenez-nous
En quel lieu sont les marchandises
Que certains gouffres nous ont prises."
Le Plongeon sous les eaux s'en allait les chercher.
L'oiseau Chauve-Souris n'osait plus approcher
Pendant le jour nulle demeure:
Suivi de sergents à toute heure,
En des trous il s'allait cacher.
Je connais maint detteur qui n'est ni souris-chauve,
Ni buisson, ni canard, ni dans tel cas tombé,
Mais simple grand seigneur, qui tous les jours se sauve
Par un escalier dérobé.

Who were no less attentive than wise;
True books for costs and receipts to prorate.
All went quite well, till their freight,
Traversing certain straits at sea,
Full of reefs and narrow as can be,
Unusually hazardous to cross,
Sank, every single bale, to the ocean stores
Next to the netherworld's shores.
Our trio long and vainly mourned their loss;
Or, rather, didn't loosely chatter.
The smallest businessman is wise in this matter:
To preserve his credit, his loss must be concealed.
The damage to which our folk unluckily had to yield
Could not be repaired; it was told and seen.
There they were: no credit, money, stock; even worse,
About to don the debtor's cap of green.
None did they find who'd open his purse.
And the capital funds, and gross interest, to boot,
And the bailiffs, and every lawsuit,
And the creditors at the gate
Still earlier than break of day,
Took all our trio's time, as they sought another way
To satisfy the throng importunate.
The Bush would snag passersby, in abject supplication.
"Sirs," he'd say to them, "please give us information
On where the merchandise we miss
Has gone, seized by some deep abyss."
The Diver went off to go look for it beneath the water.
The Bat no longer dared approach a single quarter
Where folks lived, during the day.
Ever chased by bailiffs all the way,
She hid in caves to avoid slaughter.
I know many a debtor who isn't any of these: not a bat,
A bush, or a duck, nor whose plight is so base;
But is simply some great lord who, every day, just like a cat,
Scampers down a back staircase.

VIII
La Querelle des Chiens et des Chats, et celle des Chats et des Souris

La Discorde a toujours régné dans l'univers;
Notre monde en fournit mille exemples divers:
Chez nous cette déesse a plus d'un tributaire.
    Commençons par les Eléments:
Vous serez etonnés de voir qu'à tous moments
    Ils seront appointés contraire.
    Outre ces quatre potentats,
    Combien d'êtres de tous états
    Se font une guerre éternelle!

Autrefois un logis plein de Chiens et de Chats,
Par cent arrêts rendus en forme solennelle,
    Vit terminer tous leurs débats.
Le maître ayant réglé leurs emplois, leurs repas,
Et menacé du fouet quiconque aurait querelle,
Ces animaux vivaient entre eux comme cousins.
Cette union si douce, et presque fraternelle,
    Edifiait tous les voisins.
Enfin elle cessa. Quelque plat de potage,
Quelque os, par préférence, à quelqu'un d'eux donné,
Fit que l'autre parti s'en vint tout forcené
    Représenter un tel outrage.
J'ai vu des chroniqueurs attribuer le cas
Aux passe-droits qu'avait une Chienne en gésine.
    Quoi qu'il en soit, cet altercas
Mit en combustion la salle et la cuisine:
Chacun se déclara pour son Chat, pour son Chien.
On fit un règlement dont les Chats se plaignirent,
    Et tout le quartier étourdirent.
Leur avocat disait qu'il fallait bel et bien
Recourir aux arrêts. En vain ils les cherchérent.
Dans un coin oû d'abord leurs agents les cachèrent,
    Les Souris enfin les mangèrent.
Autre procès nouveau. Le peuple souriquois

VIII
The Quarrel of the Dogs and the Cats and That of the Cats and the Mice

Discord has ever reigned supreme through the universe.
Of this our world provides a thousand examples diverse.
Down among us, this goddess has more than one tributary.
    With the Elements let's commence:
Incessantly (to see this your surprise will be immense)
    They're at cross purposes, contrary.
    Aside from these four potentates,
    How many creatures, of all estates,
    Choose eternal war as their norm!

In former times, a household full of Dogs and Cats,
Through a hundred decrees made law in due form,
    Saw an end put to all their spats.
When the master set out duties and meals with caveats,
And threatened to whip whoever commenced a storm,
These animals lived together as in consanguinity.
This union, so gentle, almost fraternal, so warm,
    Edified all in the vicinity.
It came to an end at last. Some mess of pottage,
Some bone, awarded out of preference to some favored pet,
Made the party of the other part, violently upset,
    Contest such outrage in the cottage.
I've read chroniclers who attributed the situation
To the special privileges accorded to a whelping Bitch.
    Whatever the case, this altercation
Raised tempers in parlor and kitchen to fever pitch:
Everyone declared for his Cat, or his Dog, as adversary.
The ruling went against the Cats who, in rage and chagrin,
    Deafened the neighborhood with their din.
Their attorney told them it was absolutely necessary
To refer to the decrees. In vain they searched with zeal.
In a corner where they'd been stowed by agents, to conceal
    Them, for Mice at last they made a meal.
Another trial ensued. In this one the people musculine

En pâtit: maint vieux Chat, fin, subtil, et narquois,
Et d'ailleurs en voulant à toute cette race,
Les guetta, les prit, fit main basse.
La maître du logis ne s'en trouva que mieux.

J'en reviens à mon dire. On ne voit sous les cieux
Nul animal, nul être, aucune créature,
Qui n'ait son opposé: c'est la loi de la nature.
D'en chercher la raison, ce sont soins superflus.
Dieu fit bien ce qu'il fit, et je n'en sais pas plus.
Ce que je sais, c'est qu'aux grosses paroles
On en vient sur un rien, plus des trois quarts du temps.
Humains, il vous faudrait encore à soixante ans
Renvoyer chez les barbacoles.

IX
Le Loup et le Renard

D'où vient que personne en la vie
N'est satisfait de son état?
Tel voudrait bien être soldat
À qui le soldat porte envie.

Certain Renard voulut, dit-on,
Se faire loup. Hé! qui peut dire
Que pour le métier de mouton
Jamais aucun loup ne soupire?

Ce qui m'étonne est qu'à huit ans
Un Prince en fable ait mis la chose,
Pendant que sous mes cheveux blancs

Lost their case. Many an old Cat, cunning, subtle, and superfine,
Holding a grudge, moreover, against their entire nation,
Stalked, caught, and consumed them as his ration.
With this, the master of the house could find no fault.

I return to my text. Nowhere is there under Heaven's vault
A beast, being, or creature anyone ever saw
Who has no one opposing him: that's just nature's law.
To seek out the reason for this would be an idle chore.
What God did create was good, and of this I know no more.
What I do know is that, as a general rule,
Trifles do bring folks to the point of fighting words indeed.
Human beings, even at the age of sixty, what you need
Is to be sent back to primary school.

IX
The Wolf and the Fox

How is it that no one alive one can see
Is ever content with his own estate?
Some would long for a soldier's fate
Toward whom the soldier feels envy.

It became one Fox's determination
To remake himself as a Wolf. Who can say
That for the fleecy, ovine occupation
No wolf will ever utter sighs one day?

What astonishes me is, at age eight,
That a Prince on this theme did compose
A fable while beneath my own white pate

Je fabrique à force de temps
Des vers moins sensés que sa prose.

Les traits dans sa fable semés
Ne sont en l'ouvrage du poëte
Ni tous ni si bien exprimés:
Sa louange en est plus complète.

De la chanter sur la musette,
C'est mon talent; mais je m'attends
Que mon héros, dans peu de temps,
Me fera prendre la trompette.

Je ne suis pas un grand prophète:
Cependant je lis dans les cieux
Que bientôt ses faits glorieux
Demanderont plusieurs Homères;
Et ce temps-ci n'en produit guères.
Laissant à part tous ces mystères,
Essayons de conter la fable avec succès.

Le Renard dit au Loup: "Notre cher, pour tous mets
J'ai souvent un vieux coq, ou de maigres poulets:
C'est une viande qui me lasse.
Tu fais meilleure chère avec moins de hasard:
J'approche des maisons; tu te tiens à l'écart.
Apprends-moi ton métier, camarade, de grâce;
Rends-moi le premier de ma race
Qui fournisse son croc de quelque mouton gras:
Tu ne me mettras point au nombre des ingrats.
—Je le veux, dit le Loup; il m'est mort un mien frère:
Allons prendre sa peau, tu t'en revêtiras."
Il vint, et le Loup dit: "Voici comme il faut faire,
Si tu veux écarter les mâtins du troupeau."
Le Renard, ayant mis la peau,
Répétait les leçons que lui donnait son maître.
D'abord il s'y prit mal, puis un peu mieux, puis bien;
Puis enfin il n'y manqua rien.

I form, by dint of working late,
Verse much less clever than his prose.

None of the fine traits filling his tale
Is found in works of the verse creator
In such quantity, style, or such detail.
His credit is on that score all the greater.

Using pipes to play his praise
Is my talent. But I wait for the day
When for my hero, with scant delay,
A trumpet I will have to raise.

I don't possess the prophet's gaze.
Yet, high up in the heavens I read
That soon his every glorious deed
Will need several Homers, to do
The telling, and our epoch gives us few.
Now bidding all these questions adieu,
Let's try to recount the fable as we should.

The Fox said to the Wolf, "Dear friend, often all the food
I get is an old cock or scrawny pullet, as tough as wood.
It's a diet I find boring and staid.
With far less risk your meals are much finer every day.
I hang around henhouses; you keep safe by staying away.
I beg of you, comrade, please: do teach me your trade.
Make me first in my race, with your aid,
To fill my larder with fat sheep: two of them or three.
Among those ungrateful to you, you'll never number me."
"I'm willing," said the Wolf. "A brother of mine just died.
Let's get his skin; you'll put it on and we'll see."
So he did, and then Wolf said, "Here's what must be tried
If from guard dogs you want to separate the flocks."
Having donned the skin, the Fox
Practiced lessons given by his master, faithfully.
At first he did poorly, then a bit better, then very well.
At last nothing lacked, one could tell.

A peine il fut instruit autant qu'il pouvait l'être,
Qu'un troupeau s'approcha. Le nouveau Loup y court
Et répand la terreur dans les lieux d'alentour.
Tel, vêtu des armes d'Achille,
Patrocle mit l'alarme au camp et dans la ville:
Mères, brus et vieillards, au temple couraient tous.
L'ost au peuple bêlant crut voir cinquante loups:
Chien, berger, et troupeau, tout fuit vers le village,
Et laisse seulement une brebis pour gage.
Le larron s'en saisit. A quelque pas de là
Il entendit chanter un Coq du voisinage.
Le disciple aussitôt droit au Coq s'en alla,
Jetant bas sa robe de classe,
Oubliant les brebis, les leçons, le régent,
Et courant d'un pas diligent.
Que sert-il qu'on se contrefasse?
Prétendre ainsi changer est une illusion:
L'on reprend sa première trace
A la première occasion.

De votre esprit, que nul autre ègale,
Prince, ma Muse tient tout entier ce projet:
Vous m'avez donné le sujet,
Le dialogue, et la morale.

Scarcely was he instructed as fully as he could ever be
When a flock came by. New Wolf rushed them with a bound,
Spread terror all over the place, everywhere around.
    So in Achilles' armor, bearing his arms,
Did Patroclus in camp and citadel raise alarms:
Mothers, fiancées, old men ran to the temple in awe.
Fifty wolves sheep and guardians thought they saw:
Dog, shepherd, flock fled villageward fast as they could,
Leaving behind as hostage just one ewe where she stood.
The thief snapped her up. A few yards from the spot,
He heard the cry of a Cock from the neighborhood.
Straight toward it went the disciple, off like a shot,
    Throwing off his scholar's disguise,
Forgetting the sheep, the lessons, his master,
    Running fast and ever faster.
    Ignoring one's true nature isn't wise.
To think one changes thus is illusion, at best.
    One reverts to the shape one denies
    Right with the very first test.

    From your wit, which nowhere finds its equal,
Prince, to my Muse comes this piece in its entirety:
    You've provided the subject for me,
    The dialogue, the moral as sequel.

X
L'Écrevisse et sa Fille

Les sages, quelque fois, ainsi que l'Écrevisse,
Marchent à reculons, tournent le dos au port.
C'est l'art des matelots: c'est aussi l'artifice
De ceux qui, pour couvrir quelque puissant effort,
Envisagent un point directement contraire,
Et font vers ce lieu-là courir leur adversaire.
Mon sujet est petit, cet accessoire est grand:
Je pourrais l'appliquer à certain conquérant
Qui tout seul déconcerte une lique à cent têtes.
Ce qu'il n'entreprend pas, et ce qu'il entreprend,
N'est d'abord qu'un secret, puis devient des conquêtes.
En vain l'on a les yeux sur ce qu'il veut cacher,
Ce sont arrêts du sort qu'on ne peut empêcher:
Le torrent à la fin devient insurmontable.
Cent dieux sont impuissants contre un seul Jupiter.
Louis et le Destin me semblent de concert
Entraîner l'univers. Venons à notre fable.

Mère Ecrevisse un jour à sa fille disait:
"Comme tu vas, bon Dieu! ne peux-tu marcher droit?
—Et comme vous allez vous-même! dit la fille:
Puis-je autrement marcher que ne fait ma famille?
Veut-on que j'aille droit quand on y va tortu?"

Elle avait raison: la vertu
De tout exemple domestique
Est universelle, et s'applique
En bien, en mal, en tout; fait des sages, des sots;
Beaucoup plus de ceux-ci. Quant à tourner le dos
A son but, j'y reviens; la méthode en est bonne,
Surtout au métier de Bellone:
Mais il faut le faire à propos.

X
The Crayfish and Her Daughter

Like the Crayfish, at times folks who are wise
Go in reverse, to their goal turn their back.
That's the sailor's art. It's also the disguise
Of those who, so as to cover some powerful attack,
Take aim at a point that's directly contrary,
And to that selfsame spot divert their adversary.
My example is slim; this annex has greater weight.
I could apply it to a certain conqueror's estate:
Alone he thwarts a hundred-headed league with ease.
What he doesn't undertake, what he undertakes to do,
Remain at first only secrets, and later become victories.
Toward what he wants to hide all eyes do turn in vain.
These are decisions of fate that none can restrain:
A torrent, at last, o'er which none can prevail.
Against one Jupiter alone a hundred deities are impotent.
Louis and Destiny seem to me one single instrument
That pulls the universe along. And now to our tale.

Mother Crayfish once noted her daughter's gait:
"How you do move, good Lord! Can't you swim straight?"
"How you move, yourself!" retorted the daughter.
"Can I travel otherwise than my family does in water?
You want me to go straight when biased is your way?"

She was right: the power each day
Of domestic models on every side
Is universal. And we see it applied
For good, evil, everything. It makes sages, dunces, a pack.
Of the latter many more by far. As for turning one's back
To one's aim, I now return to that. The method has paid,
Most of all in Bellona's trade,
But well timed, and with a knack.

XI
L'Aigle et la Pie

L'Aigle, reine des airs, avec Margot la Pie,
Différentes d'humeur, de langage, et d'esprit,
Et d'habit,
Traversaient un bout de prairie.
Le hasard les assemble en un coin détourné.
L'Agasse eut peur; mais l'Aigle, ayant fort bien dîné,
La rassure, et lui dit: "Allons de compagnie;
Si le maître des Dieux assez souvent s'ennuie,
Lui qui gouverne l'univers,
J'en puis bien faire autant, moi qu'on sait qui le sers.
Entretenez-moi donc, et sans cérémonie."
Caquet-bon bec alors de jaser au plus dru,
Sur ceci, sur cela, sur tout. L'homme d'Horace,
Disant le bien, le mal, à travers champs, n'eût su
Ce qu'en fait de babil y savait notre Agasse.
Elle offre d'avertir de tout ce qui se passe,
Sautant, allant de place en place,
Bon espion, Dieu sait. Son offre ayant déplu,
L'Aigle lui dit en colère:
"Ne quittez point votre séjour,
Caquet-bon bec, ma mie: adieu; je n'ai que faire
D'une babillarde à ma cour:
C'est un fort méchant caractère."
Margot ne demandait pas mieux.

Ce n'est pas ce qu'on croit que d'entrer chez les Dieux:
Cet honneur a souvent de mortelles angoisses.
Rediseurs, espions, gens à l'air gracieux,
Au coeur tout différent, s'y rendent odieux:
Quoiqu'ainsi que la Pie il faille dans ces lieux
Porter habit de deux paroisses.

XI
The Eagle and the Magpie

The Eagle, queen of the air, and the Magpie, Margot,
Quite opposed in character, in speech, and in finesse
And dress,
Were crossing a prairie a while ago.
Chance brought them together in a lonesome dell.
Magpie was scared, but Eagle, having just dined very well,
Reassured her and said, "Together, we two, let's be.
If the master of the Gods becomes bored with alacrity,
He who governs the universe,
I who am known to serve him can likewise suffer this curse.
So entertain me now, and with no formality."
Then began Blabbermouth's chatter, thick and fast:
Of this, that, everything. Horace's crier might try
Good news and bad, hit or miss, and not have surpassed
What in matters of gossip our Magpie knew and heard.
She offered to alert him fully on all that occurred:
She'd flit all about, seize every word;
A good spy, Lord knows. Her offer was sadly miscast.
The Eagle said, in ire profuse,
"Don't you bother to leave your nest,
Blabbermouth, my friend. Goodbye. I don't have any use
At court for babblers who'd infest
It from top to bottom with nasty abuse."
Margot was just glad to get off thus.

To be admitted to the presence of the Gods is not so marvelous
As one thinks. This honor often brings mortal distress.
Tattletales, spies, flatterers who all fawn and fuss,
But with faithless hearts, just make themselves odious.
Though like the Magpie one must, once there, be courteous,
Put on more than one parish's dress.

XII
Le Milan, le Roi, et le Chasseur
A Son Altesse Sérénissime Monseigneur
Le Prince de Conti

Comme les Dieux sont bons, ils veulent que les Rois
Le soient aussi: c'est l'indulgence
Qui fait le plus beau de leurs droits,
Non les douceurs de la vengeance:
Prince, c'est votre avis. On sait que le courroux
S'éteint en votre coeur sitôt qu'on l'y voit naître.
Achille, qui du sien ne put se rendre maître,
Fut par là moins héros que vous.
Ce titre n'appartient qu'à ceux d'entre les hommes
Qui, comme en l'âge d'or, font cent biens ici-bas.
Peu de grands sont nés tels en cet âge où nous sommes:
L'univers leur sait gré du mal qu'ils ne font pas.
Loin que vous suiviez ces exemples,
Mille actes généreux vous promettent des temples.
Apollon, citoyen de ces augustes lieux,
Prétend y célébrer votre nom sur sa lyre.
Je sais qu'on vous attend dans le palais des Dieux:
Un siècle de séjour doit ici vous suffire.
Hymen veut séjourner tout un siècle chez vous.
Puissent ses plaisirs les plus doux
Vous composer des destinées
Par ce temps à peine bornées!
Et la Princesse et vous n'en méritez pas moins.
J'en prends ses charmes pour témoins;
Pour témoins j'en prends les merveilles
Par qui le Ciel, pour vous prodigue en ses présents,
De qualités qui n'ont qu'en vous seuls leurs pareilles
Voulut orner vos jeunes ans.
Bourbon de son esprit ces grâces assaisonne:
Le Ciel joignit en sa personne
Ce qui sait se faire estimer
A ce qui sait se faire aimer:

XII
The Kite, the King, and the Hunter
To His Most Serene Highness the Prince de Conti

Since the Gods are kind, they prefer Kings to be
Kind as well. In tolerance abides
The noblest trait of their authority,
Not in joys vengeance provides.
That, Prince, is your view. It's known that wrath
Is quenched in your heart as soon as it does arise.
Achilles, unable to tame his ire in any wise,
Therein followed a less heroic path
Than you. That honor belongs only to those, sage
As in the age of gold, who do much good here below.
Few in high places are born who act this way in our age.
The world is grateful to them for the evil they don't sow.
You are far from following such lines:
A thousand kindly acts have guaranteed your shrines.
Apollo, who inhabits all these august places,
Plans to praise your name there with his lyre.
You've a place in the palace of all the Gods' graces.
A century of life here should be all you desire:
For a hundred years Hymen wishes to reside with you.
May the very sweetest joys from him ensue
To give you fortunes most sublime,
Scarcely bound by any spans of time!
Both the Princess and you should have nothing less.
As proof I cite her charms that bless;
Likewise as witness those marvels I call
With which the Gods, lavishing gifts on you as peers,
Virtues that, save in you two, have no parallels at all,
Decided to grace your young years.
With her wit, to these charms Bourbon adds piquancy:
In her Heaven gave joint tenancy
To what all will praise evermore,
And to what everyone does now adore.

Il ne m'appartient pas d'étaler votre joie;
Je me tais donc, et vais rimer
Ce que fit un oiseau de proie.
Un Milan, de son nid antique possesseur,
Etant pris vif par un Chasseur,
D'en faire au Prince un don cet homme se propose.
La rareté du fait donnait prix à la chose.
L'Oiseau, par le Chasseur humblement présenté,
Si ce conte n'est pas apocryphe,
Va tout droit imprimer sa griffe
Sur le nez de Sa Majesté.
—Quoi! sur le nez du Roi! —Du Roi même en personne.
—Il n'avait donc alors ni sceptre ni couronne?
—Quand il en aurait eu, ç'aurait été tout un:
Le nez royal fut pris comme un nez du commun.
Dire des courtisans les clameurs et la peine
Serait se consumer en efforts impuissants.
Le Roi n'éclata point: les cris sont indécents
A la majesté souveraine.
L'Oiseau garda son poste: on ne put seulement
Hâter son départ d'un moment.
Son maître le rappelle, et crie, et se tourmente,
Lui présente le leurre et le poing; mais en vain.
On crut que jusqu'au lendemain
Le maudit animal à la serre insolente
Nicherait là malgré le bruit,
Et sur le nez sacré voudrait passer la nuit.
Tâcher de l'en tirer irritait son caprice.
Il quitte enfin le Roi, qui dit: "Laissez aller
Ce Milan, et celui qui m'a cru régaler.
Ils se sont acquittés tous deux de leur office,
L'un en milan, et l'autre en citoyen des bois:
Pour moi, qui sais comment doivent agir les rois,
Je les affranchis du supplice."
Et la cour d'admirer. Les courtisans ravis
Elèvent de tels faits, par eux si mal suivis:
Bien peu, même des rois, prendraient un tel modèle;
Et le Veneúr l'échappa belle,

It's not my place to put all your joy on display;
So I'll refrain, and rather explore
Rhymes on the deed of a bird of prey.
Perennial proprietor of the same nest, a Kite
Was caught by a Hunter at the site.
To present it to the Prince was this fellow's vision:
The bag's rarity made the gift a prize decision.
Now the Bird, humbly offered by the Hunter, goes,
If this tale is not an invention,
And plants its claws in condescension
Right onto His Majesty's nose.
"What, the King's nose?" "On the nose of the King it sat down."
"Then he wasn't holding his scepter, or wearing his crown?"
"Had he been, it would have happened anyway, no doubt:
The royal nose was seized, like any commoner's snout."
To relate the clamor and grief of the courtiers would be
To waste one's time and effort with many a futile word.
The King didn't explode: improper shouts are never heard
From the mouths of sovereign majesty.
The Bird stayed on its perch. No one knew or reckoned
How to speed its removal by a second.
Its master recalled it, yelled, strained without pause;
Held out its lure and his fist, but wholly in vain.
There they thought it would remain
Until the morrow; the cursed bird with its brazen claws
Would roost where it was despite
The din, and on the sacred nose would spend the night.
Trying to pull it off just irritated, made it insolent.
It departed at last from the King, who said, "Liberate
This Kite, and the man who thought it would captivate
Me. They've both done the tasks for which they're meant:
One as a Kite, the other as one who resides in a wood.
As for me, who know and understand just how kings should
Act, I free them from punishment."
And the court expressed admiration! Courtiers all madly
Praise examples like this, which they follow so badly.
Few deeds, even by kings, on such a model would be shaped.
Luck being with him, the Hunter escaped.

Coupable seulement, tant lui que l'animal,
D'ignorer le danger d'approcher trop du maître.
Ils n'avaient appris à connaître
Que les hôtes des bois: était-ce un si grand mal?

Pilpay fait près du Gange arriver l'aventure.
Là, nulle humaine créature
Ne touche aux animaux pour leur sang épancher.
Le Roi même ferait scrupule d'y toucher.
"Savons-nous, disent-ils, si cet oiseau de proie
N'était point au siège de Troie?
Peut-être y tint-il lieu d'un prince ou d'un héros
Des plus huppés et des plus hauts:
Ce qu'il fut autrefois il pourra l'être encore.
Nous croyons, après Pythagore,
Qu'avec les animaux de forme nous changeons,
Tantôt milans, tantôt pigeons,
Tantôt humains, puis volatilles,
Ayant dans les airs leurs familles."

Comme l'on conte en deux façons
L'accident du Chasseur, voici l'autre manière:
Un certain Fauconnier ayant pris, ce dit-on,
A la chasse un Milan (ce qui n'arrive guère),
En voulut au Roi faire un don,
Comme de chose singulière:
Ce cas n'arrive pas quelquefois en cent ans;
C'est le *non plus ultra* de la fauconnerie.
Ce Chasseur perce donc un gros de courtisans,
Plein de zèle, échauffé, s'il le fut de sa vie.
Par ce parangon des présents
Il croyait sa fortune faite:
Quand l'animal porte-sonnette,
Sauvage encore et tout grossier,
Avec ses ongles tout d'acier,
Prend le nez du Chasseur, happe le pauvre sire:
Lui de crier; chacun de rire,

His only crime, like that of the bird he'd brought in,
Was not knowing that coming too close to kings is taboo.
    The only creatures both of them knew
Were dwellers of the woods. Was that so terrible a sin?

Near the Ganges river Pilpay stages this adventure.
    There no human being will venture
To hunt animals, either all alone or in a band.
The King himself would scruple to lay a hand
On one. "Do we know," they say, "if this bird of prey
    At the siege of Troy had no part to play?
Perhaps it had the role of prince or hero as its occupation,
    Its rank the highest, and its station.
What once upon a time it was it may yet become again.
    After Pythagoras, we believe we men
And beasts change shapes in their varied climes:
    Now kites, pigeons at other times;
    Now humans, then birds aloft at ease,
    Together with all their avian families."

    Since a variant does exist of the plight
Of the Hunter, here's the version of other chroniclers:
A certain Falconer, so they say, having taken a Kite
While on the chase (a catch that very seldom occurs),
    Gave it to the King one day
    As a specimen most rare,
Captured not once in a hundred years, sometimes more.
It was the *ne plus ultra*, nonpareil, of falconry.
So this Hunter pushed through courtiers by the score,
As afire with eagerness as in life he'd be.
    With this paragon of gifts he bore
    He thought he had his fortune made.
    The bell-bearing bird, now on parade,
    Still wild, untutored by any laws,
    With all its razor-sharp claws
Grabbed the poor fellow: it seized the Hunter's nose.
    He yelled; all the others' glee rose,

Monarque et courtisans. Qui n'eût ri? Quant à moi,
Je n'en eusse quitté ma part pour un empire.
Qu'un pape rie, en bonne foi
Je ne l'ose assurer; mais je tiendrais un roi
Bien malheureux, s'il n'osait rire:
C'est le plaisir des Dieux. Malgré son noir souci,
Jupiter et le peuple immortel rit aussi.
Il en fit des éclats, à ce que dit l'histoire,
Quand Vulcain, clopinant, lui vint donner à boire.
Que le peuple immortel se montrât sage ou non,
J'ai changé mon sujet avec juste raison;
Car, puisqu'il s'agit de morale,
Que nous eût du Chasseur l'aventure fatale
Enseigné de nouveau? L'on a vu de tout temps
Plus de sots fauconniers que de rois indulgents.

XIII
Le Renard, les Mouches, et le Hérisson

Aux traces de son sang, un vieux hôte des bois,
Renard fin, subtil et matois,
Blessé par des chasseurs, et tombé dans la fange,
Autrefois attira ce parasite ailé
Que nous avons mouche appelé.
Il accusait les Dieux, et trouvait fort étrange
Que le Sort à tel point le voulût affliger,
Et le fit aux Mouches manger.

Monarch and courtiers. Who'd not have laughed? As for me,
I'd not have traded my joy for an empire ever after.
That a pope would laugh, in sincerity
I dare not guarantee. But I would judge that majesty
Sad indeed that dared not yield to laughter.
It's the pleasure of the Gods. Despite their somber brow,
Jupiter and his divine band do laugh, I avow:
He once exploded with mirth, according to the fable,
When Vulcan, hobbling, was carrying drinks to his table.
Whether the immortal folk behaved with wisdom or no,
I've changed the victim, and quite properly so.
For, since it involves a moral too,
What would the Hunter's doomed feat tell us that's new?
As we have seen, the world, in every epoch, always brings
Us lots more foolish falconers than it does indulgent kings.

XIII
The Fox, the Flies, and the Hedgehog

Traced by his blood, a veteran of the forest multitude,
A Fox, crafty, subtle, and shrewd,
But wounded by hunters, and lying prostrate in the mire,
Once drew wingèd parasites passing by,
The species we have labeled "fly."
Laying blame on the Gods, he found it a strange desire
On the part of Fate to try him and afflict him so,
Eaten by Flies from head to toe.

"Quoi! se jeter sur moi, sur moi le plus habile
De tous les hôtes des forêts!
Depuis quand les renards sont-ils un si bon mets?
Et que me sert ma queue? Est-ce un poids inutile?
Va, le Ciel te confonde, animal importun!
Que ne vis-tu sur le commun?"
Un Hérisson du voisinage,
Dans mes vers nouveau personnage,
Voulut le délivrer de l'importunité
Du peuple plein d'avidité:
"Je les vais de mes dards enfiler par centaines,
Voison Renard, dit-il, et terminer tes peines.
—Garde-t'en bien, dit l'autre; ami, ne le fais pas:
Laisse-les, je te prie, achever leur repas.
Ces animaux sont soûls; une troupe nouvelle
Viendrait fondre sur moi, plus âpre et plus cruelle."

Nous ne trouvons que trop de mangeurs ici-bas:
Ceux-ci sont courtisans, ceux-là sont magistrats.
Aristote appliquait cet apologue aux hommes.
Les exemples en sont communs,
Surtout au pays où nous sommes.
Plus telles gens sont pleins, moins ils sont importuns.

"What, pounce on me? Me, who have more finesse innate
Than every woodland resident?
Since when as a dinner have foxes become so succulent?
And what good is my tail? Is it only a useless weight?
Heaven confound you, importunate beasts! Get out!
Why don't you feed on some common lout?"
A Hedgehog nearby, hearing his curse
(He's a brand-new character in my verse),
Would halt the nuisance—he had the capacity—
Of these insects and their rapacity:
"By the hundreds I'll now impale them on my quills,
Neighbor Fox," he said, "and terminate your ills."
"Take care not to," said the other. "Don't, my friend.
Let them, I pray, bring their meal to an end.
These creatures are full; a new swarm in glee,
Harsher and more cruel, would soon swoop down upon me."

We find all too many devourers on earth everywhere:
These are courtiers, here; judges the ones over there.
To humans this apologue by Aristotle was applied.
Examples are common near and far,
Mostly in the land where we reside.
The more you fill up such folk, the less nuisance they are.

XIV
L'Amour et la Folie

Tout est mystère dans l'Amour,
Ses flèches, son carquois, son flambeau, son enfance:
Ce n'est pas l'ouvrage d'un jour
Que d'épuiser cette science.
Je ne prétends donc point tout expliquer ici:
Mon but est seulement de dire, à ma manière,
Comment l'aveugle que voici
(C'est un dieu), comment, dis-je, il perdit la lumière,
Quelle suite eut ce mal, qui peut-être est un bien;
J'en fais juge un amant, et ne décide rien.

La Folie et l'Amour jouaient un jour ensemble:
Celui-ci n'était pas encor privé des yeux.
Une dispute vint: l'Amour veut qu'on assemble
Là-dessus le conseil des Dieux;
L'autre n'eut pas la patience;
Elle lui donne un coup si furieux,
Qu'il en perd la clarté des cieux.
Vénus en demande vengeance.
Femme et mère, il suffit pour juger de ses cris:
Les Dieux en furent étourdis,
Et Jupiter et Némésis,
Et les Juges d'Enfer, enfin toute la bande.
Elle représenta l'énormité du cas:
Son fils, sans un bâton, ne pouvait faire un pas;
Nulle peine n'était pour ce crime assez grande;
Le dommage devait être aussi réparé.
Quand on eut bien considéré
L'intérêt du public, celui de la partie,
Le résultat enfin de la suprême cour
Fut de condamner la Folie
A servir de guide à l'Amour.

XIV
Love and Folly

Amor is a mystery all the way:
The torch, the infantile state, the quiver, and the darts.
It takes the labor of more than a day
To plumb knowledge of his parts,
So I won't explain them all here to the *n*th degree.
My aim is solely to relate, in my own private way,
Just how the blind child you see
(He's a god), how, I say, he came to lose the light of day;
And what followed this misfortune, which may be a boon.
I'll let lovers judge, deciding nothing too soon.

Folly and Love were playing one day without dissembling.
(He'd not yet lost his eyes, could see where to go.)
A dispute arose, and Love stood fast on their assembling
The Council of the Gods, who'd know.
But Folly, patience completely gone,
Struck him: so mad a blow, and so malign,
No more for him would heaven's light shine.
Venus demanded vengeance be done.
That she was woman and mother was evident from her cries:
Gods were deafened all over the skies,
And Jove and Nemesis likewise,
And the Judges in Hell—the whole crew, in no time.
She pled the enormity of the case, her pain:
Her son couldn't take even a step without using a cane.
No punishment was harsh enough for so heinous a crime.
Damage done to him required reparation too.
When they'd considered every view,
The other party's interest, that of the commonweal,
The decision, at last, of the high court above
Was to sentence Folly, with no appeal,
To serve henceforth as a guide for Love.

XV
Le Corbeau, la Gazelle, la Tortue, et le Rat
A Madame de la Sablière

Je vous gardais un temple dans mes vers:
Il n'eût fini qu'avecque l'univers.
Déjà ma main en fondait la durée
Sur ce bel art qu'ont les Dieux inventé,
Et sur le nom de la divinité
Que dans ce temple on aurait adorée.
Sur le portail j'aurais ces mots écrits:
Palais sacré de la déesse Iris;
Non celle-là qu'a Junon à ses gages;
Car Junon même et le maître des Dieux
Serviraient l'autre, et seraient glorieux
Du seul honneur de porter ses messages.
L'apothéose à la voûte eût paru;
Là, tout l'Olympe en pompe eût été vu
Plaçant Iris sous un dais de lumière.
Les murs auraient amplement contenu
Toute sa vie, agréable matière,
Mais peu féconde en ces événements
Qui des États font les renversements.
Au fond du temple eût été son image,
Avec ses traits, son souris, ses appas,
Son art de plaire et de n'y penser pas,
Ses agréments à qui tout rend hommage.
J'aurais fait voir à ses pieds des mortels
Et des héros, des demi-dieux encore,
Même des dieux: ce que le monde adore
Vient quelquefois parfumer ses autels.
J'eusse en ses yeux fait briller de son âme
Tous les trésors, quoique imparfaitement:
Car ce coeur vif et tendre infiniment
Pour ses amis, et non point autrement,
Car cet esprit, qui, né du firmament,

XV
The Crow, the Gazelle, the Tortoise, and the Rat
To Madame de la Sablière

I was saving you a temple here in my verse
That would last as long as the universe.
My hand had already laid its foundation
On the fine art Gods created as their game,
And on that goddess's fair name
That in this shrine would have won adoration.
Above the temple portal I would have written this:
Palace sacred to the goddess Iris.
I don't mean the one who's in Juno's employ.
Juno herself and Jove would deem it laudatory,
It would be their honor, their pride and glory,
To serve her as message-bearers, their joy.
Of the apotheosis the vault was the scene.
There all Olympus in full pomp would be seen
Seating Iris under a dais radiant with light.
All adorned the temple walls would have been
With her whole life story, pleasing to cite,
But entirely free of any such event or trait
Of the kind that frequently overturns a State.
Inside the shrine her statue I'd raise,
Depicting her smiles, her charm, her wit,
Her art of pleasing all without knowing it,
Her graces, which the world does praise.
I'd have shown mortals recumbent at her feet.
Heroes likewise, and demigods furthermore,
Even gods: those whom the world does adore
Would come to her altars at times to burn sweet
Incense. In her eyes I would show each treasure
Of her bright soul, though in imperfect guise.
For that heart, sensitive, tender, wholly wise
For her friends' sake, and never otherwise;
That wit which, born as the firmament's prize,

A beauté d'homme avec grâces de femme,
Ne se peut pas, comme on veut, exprimer.
O vous, Iris, qui savez tout charmer,
Qui savez plaire en un degré suprême,
Vous que l'on aime à l'égal de soi-même
(Ceci soit dit sans nul soupçon d'amour,
Car c'est un mot banni de votre cour,
Laissons-le donc), agréez que ma Muse
Achève un jour cette ébauche confuse.
J'en ai placé l'idée le projet
Pour plus de grâce, au devant d'un sujet
Où l'amitié donne de telles marques,
Et d'un tel prix, que leur simple récit
Peut quelque temps amuser votre esprit.
Non que ceci se passe entre monarques:
Ce que chez vous nous voyons estimer
N'est pas un roi qui ne sait point aimer:
C'est un mortel qui sait mettre sa vie
Pour son ami. J'en vois peu de si bons.
Quatre animaux, vivants de compagnie,
Vont aux humains en donner des leçons.

La Gazelle, le Rat, le Corbeau, la Tortue,
Vivaient ensemble unis: douce société.
Le choix d'une demeure aux humains inconnue
    Assurait leur félicité.
Mais quoi! l'homme découvre enfin toutes retraites.
    Soyez au milieu des déserts,
    Au fond des eaux, au haut des airs,
Vous n'éviterez point ses embûches secrètes.
La Gazelle allait s'ébattre innocemment,
    Quand un Chien, maudit instrument
    Du plaisir barbare des hommes,
Vint sur l'herbe éventer les traces de ses pas.
Elle fuit, et le Rat, à l'heure du repas,
Dit aux amis restants: "D'où vient que nous ne sommes
    Aujourd'hui que trois conviés?

Has man's virtues, woman's grace in full measure,
Cannot as one would like be expressed or portrayed.
O Iris, you who can charm all without aid,
You who give all pleasure in supreme degree,
You whom I do cherish as I do surely cherish me
(This, be it said, with no hint of love or sport.
For "love" is a word banished from your court,
So let's put it aside), allow this Muse of mine
One day to bring to completion this dim outline.
I've set its central idea and perception
To better effect at the head of a conception
In which friendship has traits, as you'll find,
And such value, that this tale without guile
May divert your mind for just a little while.
Not that this occurs among kings of any kind.
What, as we observe, you esteem and approve
Isn't a king who doesn't understand how to love.
    It's a creature who's able to put life at stake
    For a friend. Few such noble folk can one find.
    Four animals, living together for company's sake,
    Will now proceed to furnish lessons to humankind.

The Gazelle, the Rat, the Tortoise, and the Crow
Lived together in gentle society with success.
The choice of a dwelling that humans did not know
        Assured their happiness.
But in the end, alas, man discovers all secret repairs.
    Go as far in the desert as you please,
    As far aloft, to the depths of the seas,
You'll still not evade his hidden traps and snares.
Gazelle ran off to her joys, all innocent,
    When a Dog, that damned instrument
    Of man's cruel pleasure and play,
Traced her spoor by sniffing it out in the grass.
She fled. Rat, when dinnertime came to pass,
Said to the friends who remained, "How is it that today
    At table we're only three in fact?

La Gazelle déjà nous a-t-elle oubliés?"
A ces paroles, la Tortue
S'écrie, et dit: "Ah! si j'étais
Comme un Corbeau d'ailes pourvue,
Tout de ce pas je m'en irais
Apprendre au moins quelle contrée,
Quel accident tient arrêtée
Notre compagne au pied léger;
Car, à l'egard du coeur, il en faut mieux juger."
Le Corbeau part à tire-d'aile:
Il aperçoit de loin l'imprudente Gazelle
Prise au piège, et se tourmentant.
Il retourne avertir les autres à l'instant;
Car, de lui demander quand, pourquoi, ni comment
Ce malheur est tombé sur elle,
Et perdre en vains discours cet utile moment,
Comme eût fait un maître d'école,
Il avait trop de jugement.
Le Corbeau donc vole et revole.
Sur son rapport les trois amis
Tiennent conseil. Deux sont d'avis
De se transporter sans remise
Aux lieux où la Gazelle est prise.
L'autre, dit le Corbeau, gardera le logis:
Avec son marcher lent, quand arriverait-elle?
Après la mort de la Gazelle.
Ces mots à peine dits, ils s'en vont secourir
Leur chère et fidèle compagne,
Pauvre Chevrette de montagne.
La Tortue y voulut courir:
La voilà comme eux en campagne,
Maudissant ses pieds courts avec juste raison,
Et la nécessité de porter sa maison.
Rongemaille (le Rat eut à bon droit ce nom)
Coupe les noeuds du lacs: on peut penser la joie.
Le Chasseur vient et dit: "Qui m'a ravi ma proie?"
Rongemaille, à ces mot, se retire en un trou,

Has Gazelle already forgotten us and our pact?"
At these words Tortoise wasn't slow
To cry out and say, "Ah, if only I
Were endowed with wings like a Crow,
At this very moment I would fly,
To find out what region at least,
What sort of accident or beast,
Has our swift partner confined.
For, concerning her heart, our judgment must be more kind."
The Crow flew off at once, pell-mell.
From afar, he perceived the imprudent Gazelle
Struggling, caught up in a snare.
At once he returned to tell the others where
She was. For to ask why, through what force,
And how this misfortune befell
Her, waste this precious time in vain discourse,
As a schoolmaster certainly would do,
His judgment was too good, of course.
So, having flown, back the Crow flew.
On his report the friends conferred.
The judgment alike of both Rat and Bird
Was forthwith to make their way
To where the Gazelle imprisoned lay.
The Tortoise should stay at home, the Crow averred.
For, moving at such a slow pace, when would she arrive?
When the Gazelle was no longer alive.
Words scarcely said when they were off, to rescue
The friend on whom they did dote,
Poor loyal little Mountain Goat.
But Tortoise insisted on coming too.
There she was, with her baggage to tote,
Cursing and damning her short legs, with justification,
And the need to carry her own habitation.
Gnawstitch (Rat had earned his name by demonstration)
Cut the snare's knots. Imagine the joy they did display.
The Hunter arrived and said, "Who has stolen my prey?"
At these words Gnawstitch withdrew to a nearby hole,

Le Corbeau sur un arbre, en un bois la Gazelle:
Et le Chasseur, à demi fou
De n'en avoir nulle nouvelle,
Aperçoit la Tortue, et retient son courroux.
"D'oû vient, dit-il, que je m'effraie?
Je veux qu'à mon souper celle-ci me défraie."
Il la mit dans son sac. Elle eût payé pour tous,
Si le Corbeau n'en eût averti la Chevrette.
Celle-ci, quittant sa retraite,
Contrefait la boiteuse, et vient se présenter.
L'Homme de suivre, et de jeter
Tout ce qui lui pesait: si bien que Rongemaille
Autour des noeuds du sac tant opère et travaille,
Qu'il délivre encor l'autre soeur,
Sur qui s'était fondé le souper du Chasseur.

Pilpay conte qu'ainsi la chose s'est passée.
Pour peu que je voulusse invoquer Apollon,
J'en ferais, pour vous plaire, un ouvrage aussi long
Que l'Iliade ou l'Odyssée.
Rongemaille ferait le principal héros,
Quoiqu'à vrai dire ici chacun soit nécessaire.
Porte-maison l'Infante y tient de tels propos,
Que Monsieur du Corbeau va faire
Office d'espion, et puis de messager.
La Gazelle a d'ailleurs l'adressee d'engager
Le Chasseur à donner du temps à Rongemaille.
Ainsi chacun en son endroit
S'entremet, agit travaille.
A qui donner le prix? Au coeur si l'on m'en croit.

To a treetop flew Crow, into a wood Gazelle did run.
    And the Hunter, half out of control
    With rage to discover his snare undone,
Saw the Tortoise. He suppressed his irritation.
    "Why," he asked, "am I in such a state?"
For supper at least this creature will compensate."
He put her in his sack. She'd have paid, as his ration,
    Had the Crow not straightway alerted the Gazelle.
    She, leaving her refuge in the dell,
Pretended to be lame, then revealed herself that way.
    The Man followed her, tossing away
Everything weighing him down, so that Gnawstitch, not slow,
Around the knots of the sack started to work and labored so,
    He freed their sister from the fate
Of having to provide the Hunter's supper plate.

Pilpay tells that the event happened thus, truthfully.
If ever so briefly inspired by Apollo, and his song,
I'd make of it, to give you pleasure, a work just as long
    As the Iliad or the Odyssey.
Gnawstitch would play the principal hero's part,
Though, to tell the truth, here each one is necessary.
Housebearer Infanta would say her lines with such art
    That Sir Crow would perform the airy
Duties of scout and messenger from the sky.
Furthermore, Gazelle would have the skill to occupy
The Hunter, so as to give enough time to Gnawstitch.
    Thus, each, in the right place to be,
    Takes part, acts, labors at fever pitch.
Who should get the prize? The heart, if they listen to me.

XVI
La Forêt et le Bûcheron

Un Bûcheron venait de rompre ou d'égarer
Le bois dont il avait emmanché sa cognée.
Cette perte ne put sitôt se réparer
Que la Forêt n'en fût quelque temps épargnée.
L'Homme enfin la prie humblement
De lui laisser tout doucement
Emporter une unique branche
Afin de faire une autre manche:
Il irait employer ailleurs son gagne-pain;
Il laisserait debout maint chêne et maint sapin
Dont chacun respectait la vieillesse et les charmes.
L'innocente Forêt lui fournit d'autres armes.
Elle en eut du regret. Il emmanche son fer:
Le misérable ne s'en sert
Qu'à dépouiller sa bienfaitrice
De ses principaux ornements.
Elle gémit à tous moments:
Son propre don fait son supplice.

Voilà le train du monde et de ses sectateurs:
On s'y sert du bienfait contre les bienfaiteurs.
Je suis las d'en parler. Mais que de doux ombrages
Soient exposés à ces outrages,
Qui ne se plaindrait là-dessus!
Hèlas! j'ai beau crier et me rendre incommode,
L'ingratitude et les abus
N'en seront pas moins à la mode.

XVI
The Forest and the Woodman

A Woodman had just shattered, or else mislaid,
The wooden handle on which he'd stuck his axe.
Replacement of the loss could not be made
So soon as not to spare the Forest further attacks.
    At last the Man did most humbly plead
    That she allow him, with no greed,
    Just one solitary bough to take,
    In order to fashion a second stake:
Use of his tool elsewhere he would transfer,
Would leave standing many an oak and many a fir
That all did respect, for their age and their charm.
The innocent Forest furnished him one more arm,
To her regret: the blade went on another haft,
    And the wretch used his craft
    Only to renew his kind savior's distress
    And despoil her proudest ornaments.
    At each moment she sighs, laments:
    Her own gift is what produced her duress.

That's the way of the world and its party members:
Good deeds turn their doers all to ashes and embers.
I weary of saying it. But that sources of gentle shade
    Should be prey to the woodman's blade,
    At this outrage who'd fail to complain?
Alas, no matter how I disagree, cry out with passion,
    Ingratitude and abuses that reign
    Will nonetheless still be in fashion.

XVII
Le Renard, Le Loup, et le Cheval

Un Renard, jeune encor, quoique des plus madrés,
Vit le premier Cheval qu'il eût vu de sa vie.
Il dit à certain Loup, franc novice: "Accourez,
    Un animal paît dans nos prés,
Beau, grand; j'en ai la vue encor toute ravie.
—Est-il plus fort que nous? dit le Loup en riant.
    Fais-moi son portrait, je te prie.
—Si j'étais quelque peintre ou quelque étudiant,
Repartit le Renard, j'avancerais la joie
    Que vous aurez en le voyant.
Mais venez. Que sait-on? peut-être est-ce une proie
    Que la Fortune nous envoie."
Ils vont; et le Cheval, qu'à l'herbe on avait mis,
Assez peu curieux de semblables amis,
Fut presque sur le point d'enfiler la venelle.
"Seigneur, dit le Renard, vos humbles serviteurs
Apprendraient volontiers comment on vous appelle."
Le Cheval, qui n'était dépourvu de cervelle,
Leur dit: "Lisez mon nom, vous le pouvez, Messieurs:
Mon cordonnier l'a mis autour de ma semelle."
Le Renard s'excusa pour son peu de savoir.
"Mes parents, reprit-il, ne m'ont point fait instruire;
Ils sont pauvres et n'ont qu'un trou pour tout avoir;
Ceux du Loup, gros Messieurs, l'ont fait apprendre à lire."
    Le Loup, par ce discours flatté,
    S'approcha. Mais sa vanité
Lui coûta quatre dents: le Cheval lui desserre
Un coup; et haut le pied. Voilà mon Loup par terre,
    Mal en point, sanglant et gâté.
"Frère, dit le Renard, ceci nous justifie
    Ce que m'ont dit des gens d'esprit:
Cet animal vous a sur la mâchoire écrit
Que de tout inconnu le sage se méfie."

XVII
The Fox, the Wolf, and the Horse

A Fox, still young, though already a master of cunning,
Saw the first Horse he'd ever seen in all his days.
He said to a certain Wolf, a rank novice, "Come running!
    The beast grazing in our field is stunning,
Big, impressive! What a sight! I'm still in a daze!"
The Wolf said, laughing, "Is he any more powerful than we?
    Describe to me this beast you praise."
"If I were a painter, or some scholar doing a dissertation,
Replied the Fox, "I'd hasten the pleasure that today
    You'll feel on seeing this sensation.
But come on. What do we know? It may be that he's some prey
    That Fortune has just sent our way."
There they went. The Horse, who'd been put out to grass,
Most indifferent to such friends who pass,
Was just about to take off and return to his stall.
"Lord," said the Fox, "your humble servants. Our aim
Is most eagerly to be apprised of what we should call
You." The Horse, who in brains was well supplied,
Said to them, "Gentlemen, you can very quickly read my name:
My bootmaker's carved it 'round my shoe, on the side."
To the state of his ignorance Fox made confession:
"To any schooling for me," he said, "my parents gave no heed.
They're indigent folk, and a hole is their only possession.
The Wolf's, who are affluent Gentry, had him taught how to read."
    The Wolf, all flattered by this address,
    Drew near, but his vain foolishness
Cost him four teeth. The Horse, with no further debate,
Gave him a kick and off he ran. So there was Wolf prostrate,
    In deplorable shape, a bloody mess.
"Brother," said the Fox, "this confirms, as judicious,
    What I was told by some very witty folks I saw:
What that beast has just written, all over your jaw,
Is that of all strangers wise men are suspicious."

XVIII
Le Renard et les Poulets d'Inde

Contre les assauts d'un Renard
Un arbre à des Dindons servait de citadelle.
Le perfide ayant fait tout le tour du rempart,
Et vu chacun en sentinelle,
S'écria: "Quoi! Ces gens se moqueront de moi!
Eux seuls seront exempts de la commune loi!
Non, par tous les Dieux! non." Il accomplit son dire.
La lune, alors luisant, semblait, contre le sire,
Vouloir favoriser la dindonnière gent.
Lui, qui n'était novice au métier d'assiégeant,
Eut recours à son sac de ruses scélérates,
Feignit vouloir gravir, se guinda sur ses pattes;
Puis contrefit le mort, puis le ressuscité.
Arlequin n'eût exécuté
Tant de différents personnages.
Il élevait sa queue, il la faisait briller,
Et cent mille autres badinages,
Pendant quoi nul Dindon n'eût osé sommeiller.
L'ennemi les lassait en leur tenant la vue
Sur même objet toujours tendue.
Les pauvres gens étant à la longue éblouis,
Toujours il en tombait quelqu'un: autant de pris,
Autant de mis à part: près de la moitié succombe.
Le compagnon les porte en son garde-manger.

Le trop d'attention qu'on a pour le danger
Fait le plus souvent qu'on y tombe.

XVIII
The Fox and the Turkeys

Against a Fox's assault and attack,
As their fortress some Turkeys made use of a tree.
The traitor, having circled 'round, front and back,
Saw each on guard as guarantee.
He cried, "What! For me do these folk show contempt?
Of the common law shall they alone be held exempt?
No, by all the Gods, no!" And he then made good on his oath.
Against the rascal, the moon, bright on the undergrowth,
Seemed to want to favor the gobblers' nation,
But he, no mere neophyte at the besieger's operation,
Had recourse to his scoundrel's bag of illusion:
Stood on hind legs, feigned climbing to cause confusion,
Played he was dead, and then revived, without aid.
Harlequin couldn't have played
Such a tremendous diversity of roles:
He raised his tail high, made it shine and gleam;
Plus thousands of like rigmaroles,
During which not a Turkey dared to drowse or dream.
With all eyes held fast by these goings-on below,
They all were wearied by their foe.
The poor folk, in the end so dazzled and shaken,
Began dropping to the ground. As many as were taken
Were put to one side; nearly half of them did succumb.
Our sly friend then took them off to his manger.

When we're numbed by too great attention to danger,
More often than not, its victims we become.

XIX
Le Singe

Il est un Singe dans Paris
A qui l'on avait donné femme.
Singe en effet d'aucuns maris,
Il la battait: la pauvre dame
En a tant soupiré qu'enfin elle n'est plus.
Leur fils se plaint d'étrange sorte,
Il éclate en cris superflus:
Le père en rit, sa femme est morte;
Il a déjà d'autres amours
Que l'on croit qu'il battra toujours;
Il hante la taverne et souvent il s'enivre.

N'attendez rien de bon du peuple imitateur,
Qu'il soit singe ou qu'il fasse un livre:
La pire espèce, c'est l'auteur.

XX
Le Philosophe Scythe

Un Philosophe austère, et né dans la Scythie,
Se proposant de suivre une plus douce vie,
Voyegea chez les Grecs, et vit en certains lieux
Un Sage assez semblable au vieillard de Virgile,
Homme égalant les rois, homme approchant des Dieux,
Et, comme ces derniers, satisfait et tranquille.
Son bonheur consistait aux beautés d'un jardin.
Le Scythe l'y trouva qui, la serpe à la main,
De ses arbres à fruit retranchait l'inutile,
Ebranchait, émondait, ôtait ceci, cela,
Corrigeant partout la nature,
Excessive à payer ses soins avec usure.
Le Scythe alors lui demanda:

XIX
The Ape

In Paris an Ape can be found
To whom they'd furnished a wife.
True Ape of some husbands around,
He beat her: the poor dame's life
Was tormented so, she's with us no longer today.
Their son wails: bitter tears he's shed
Are in vain, futile his dismay.
The father just laughs: his wife is dead,
And already he has another mate
He'll undoubtedly beat soon and late.
He haunts taverns, gets into drunken scrapes.

Expect nothing good from imitators unconfined,
Whether they're writers of books or only apes.
Authors are the very worst of the kind.

XX
The Scythian Philosopher

A native of Scythia, an austere Philosopher,
Deciding a sweeter life he'd now prefer,
Went to Greece. He saw, at a certain location,
A Sage like the old man who was Virgil's pride,
A match for kings, and to the Gods a close relation;
And, just like the latter, tranquil and satisfied.
He derived all his joys from a garden's beauties.
The Scythian found him, hook in hand, at his duties:
Trimming from fruit trees the dead twigs he spied,
Pruning, snipping, taking this, that in his task,
Correcting Nature everywhere,
When with excess interest she repaid his care.
At this the Scythian did ask,

"Pourquoi cette ruine? Était-il d'homme sage
De mutiler ainsi ces pauvres habitants?
Quittez-moi votre serpe, instrument de dommage;
Laissez agir la faux du Temps:
Ils iront assez tôt border le noir rivage.
—J'ôte le superflu, dit l'autre, et l'abattant,
Le reste en profite d'autant."
Le Scythe, retourné dans sa triste demeure,
Prend la serpe à son tour, coupe et taille à toute heure;
Conseille à ses voisins, prescrit à ses amis
Un universal abatis.
Il ôte de chez lui les branches le plus belles,
Il tronque son verger contre toute raison,
Sans observer temps ni saison,
Lunes ni vieilles ni nouvelles.
Tout languit et tout meurt.

Ce Scythe exprime bien
Un indiscret stoïcien:
Celui-ci retranche de l'âme
Désirs et passions, le bon et le mauvais,
Jusqu'aux plus innocents souhaits.
Contre de telles gens, quant à moi, je réclame.
Ils ôtent à nos coeurs le principal ressort;
Ils font cesser de vivre avant que l'on soit mort.

XXI
L'Eléphant et le Singe de Jupiter

Autrefois l'Eléphant et le Rhinocéros,
En dispute du pas et des droits de l'empire,
Voulurent terminer la querelle en champ clos.
Le jour en était pris, quand quelqu'un vint leur dire

"Why this depredation? Should a wise man carry on so,
And mutilate these poor orchard dwellers this way?
Drop your pruning hook, that tool of destruction and woe.
    Let the scythe of Time reap its prey.
Soon enough they'll line Hell's dark shore in a row."
"I'm removing the excess," he replied, "and in doing it
    I give what's left the benefit."
The Scythian, back home in his dourest of lands,
Took his pruning hook too, cut and slashed away with both hands,
Advised his neighbors, prescribed to all his friends
    A universal felling, with dividends:
Hacking from his trees the finest branches he could mutilate,
He truncated his orchard, against all logic and reason,
    Ignoring the weather, the season,
    Months of the year, early or late.
Everything languished and died.

                    This Scythian is the heroic
    Example of an undiscerning Stoic:
    The latter would remove from the soul
Desires and passions, the good as well as the bad;
    Even the most innocent ones we've ever had.
As for me, my disapproval of such folk remains whole.
They take away from our hearts what's most inbred,
And make us call a halt to living, even before we're dead.

XXI
The Elephant and Jupiter's Monkey

Once Elephant and Rhinoceros, having a spat,
A dispute over pride of place and dominant rights,
Decided to settle it in the lists by single combat.
The date was set when someone came and informed the knights

Que le singe de Jupiter,
Portant un caducée, avait paru dans l'air.
Ce singe avait nom Gille, à ce que dit l'histoire.
    Aussitôt l'Eléphant de croire
    Qu'en qualité d'ambassadeur
    Il venait trouver Sa Grandeur.
    Tout fier de ce sujet de gloire
Il attend maître Gille, et le trouve un peu lent
    A lui présenter sa créance.
    Maître Gille enfin, en passant,
    Va saluer Son Excellence.
L'autre était préparé sur la légation:
    Mais pas un mot. L'attention
Qu'il croyait que les Dieux eussent à sa querelle
N'agitait pas encor chez eux cette nouvelle.
    Qu'importe à ceux du firmament
    Qu'on soit mouche ou bien éléphant?
Il se vit donc réduit à commencer lui-même:
"Mon cousin Jupiter, dit-il, verra dans peu
Un assez beau combat, de son trône suprême;
    Toute sa cour verra beau jeu.
—Quel combat?" dit le Singe avec un front sévère.
L'Eléphant repartit: "Quoi! vous ne savez pas
Que le Rhinocéros me dispute le pas;
Qu'Eléphantide a guerre avec Rhinocère?
Vous connaissez ces lieux, ils ont quelque renom.
—Vraiment je suis ravi d'en apprendre le nom,
Repartit maître Gille: on ne s'entretient guère
De semblables sujets dans nos vastes lambris."
    L'Eléphant, honteux et surpris,
Lui dit: "Et parmi nous que venez-vous donc faire?
—Partager un brin d'herbe entre quelques fourmis:
Nous avons soin de tout. Et quant à votre affaire,
On n'en dit rien encor dans le conseil des Dieux:
Les petits et les grands sont égaux à leurs yeux."

That the Monkey of Jupiter on high,
Caduceus in hand, had just been seen in the sky.
The way the story tells it, Willy was this Monkey's name.
Straightway the Elephant did decide
That upon an ambassador's mission
He'd come: His Grandeur's position.
Puffed up by this reason to feel pride,
Awaiting Master Willy, he found him to be somewhat slow
To present credentials in evidence.
Master Willy at last, passing, did show
Up. He did greet His Excellence,
Who expected a legation and official mention.
Nary a word was said. The attention
He thought the Gods were awarding his quarrel, and his fight,
Had not even been aroused; no news had come to light.
What import to those in the firmament
Whether someone is a fly or an elephant?
So he had to lower himself by alluding to the matter.
"My cousin Jupiter," he said, "will soon have in view
From his lofty throne a duel full of fury and clatter.
Fine sport for his entire court, too."
"What duel," inquired the Monkey, frowning, "and wherefore?"
"What?" said the Elephant. "Then you don't yet know
That Rhinoceros is contesting my right to go
First? That Elephantis and Rhinoceria are at war?
You know these places. They've acquired some little fame."
"I'm really enchanted to be acquainted with their name,"
Replied Master Willy. "Such items rarely come to the fore
When in our vast, spacious halls conversations do arise."
The Elephant, full of shame and surprise,
Said, "Then in regard to us what have you come here for?"
"To divide up a blade of grass in some ants' enterprise:
We're concerned about everything. And as for your uproar,
No one's yet brought it up, in the council in the skies.
The great and the small alike are equal in their eyes."

XXII
Un Fou et un Sage

Certain Fou poursuivait à coups de pierre un Sage.
Le Sage se retourne et lui dit: "Mon ami,
C'est fort bien fait à toi, reçois cet écu-ci:
Tu fatigues assez pour gagner davantage.
Toute peine, dit-on, est digne de loyer.
Vois cet homme qui passe, il a de quoi payer;
Adresse-lui tes dons, ils auront leur salaire."
Amorcé par le gain, notre Fou s'en va faire
Même insulte à l'autre bourgeois.
On ne le paya pas en argent cette fois.
Maint estafier accourt; on vous happe notre homme,
On vous l'échine, on vous l'assomme.

Auprès des rois il est de pareils fous:
A vos dépens ils font rire le maître.
Pour réprimer leur babil, irez-vous
Les maltraiter? Vous n'êtes pas peut-être
Assez puissant. Il faut les engager
A s'adresser à qui peut se venger.

XXIII
Le Renard Anglais
A Madame Harvey

Le bon coeur est chez vous compagnon du bon sens,
Avec cent qualités trop longues à déduire,
Une noblesse d'âme, un talent pour conduire
Et les affaires et les gens,
Une humeur franche et libre, et le don d'être amie
Malgré Jupiter même et les temps orageux.
Tout cela méritait un éloge pompeux;

XXII
A Fool and a Wise Man

At a Wise Man a certain Fool threw stones galore.
The Wise Man turned and said, "My friend,
You've done very well; take this crown to spend:
You've worked hard enough to earn some more.
All labor, so they say, is worthy of reward.
See that man passing? Such payments he can afford.
Send him your gifts; your earnings will be concrete."
Lured by gain, our Fool proceeded to repeat
His affront to the other gent.
This time, no money in acknowledgment.
Lots of bodyguards rushed up, seized our dunce,
And beat him black and blue at once.

At kings' courts there exist such fools too.
At your expense they make the master laugh.
To squelch their nonsense, then, will you
Go and mistreat them? Perhaps you are not half
Strong enough. You've got to have the knack
Of getting them to hit folks who hit back.

XXIII
The English Fox
To Madame Harvey

In you a good heart and good sense do exist side by side,
With a hundred virtues, too many to detail indeed.
The nobility of your soul, and your ability to lead
Both folks and affairs do coincide
With a frank, free nature; and with friendship, what's more,
In the face of Jupiter himself and tempestuous days.
All this deserves a eulogy of pompous praise;

Il en eût été moins selon votre génie:
La pompe vous déplaît, l'éloge vous ennuie.
J'ai donc fait celui-ci court et simple. Je veux
Y coudre encore un mot ou deux
En faveur de votre patrie:
Vous l'aimez. Les Anglais pensent profondément;
Leur esprit, en cela, suit leur tempérament:
Creusant dans les sujets, et forts d'expérience,
Ils étendent partout l'empire des sciences.
Je ne dis point ceci pour vous faire ma cour:
Vos gens à pénétrer l'emportent sur les autres;
Même les chiens de leur séjour
Ont meilleur nez que n'ont les nôtres.
Vos renards sont plus fins; je m'en vais le prouver
Par un d'eux, qui, pour se sauver,
Mit en usage un stratagème
Non encore pratiqué, des mieux imaginés.
Le scélérat, réduit en un péril extrême,
Et presque mis à bout par ces chiens au bon nez,
Passa près d'un patibulaire.
Là, des animaux ravissants,
Blaireaux, renards, hiboux, race encline à mal faire,
Pour l'exemple pendus, instruisaient les passants.
Leur confrère, aux abois, entre ces morts s'arrange.
Je crois voir Annibal, qui, pressé des Romains,
Met leurs chefs en défaut, ou leur donne le change,
Et sait, en vieux renard, s'échapper de leurs mains.
Les clefs de meute parvenues
A l'endroit où pour mort le traître se pendit,
Remplirent l'air de cris: leur maître les rompit,
Bien que de leurs abois ils perçassent les nues.
Il ne put soupçonner ce tour assez plaisant.
"Quelque terrier, dit-il, a sauvé mon galant.
Mes chiens n'appellent point au delà des colonnes
Où sont tant d'honnêtes personnes.
Il y viendra, le drôle!" Il y vint, à son dam.
Voilà maint basset clabaudant;

That would clash with your essence to the core.
Pomp displeases you, you find eulogies a total bore.
So I've made this one short and simple. Nevertheless, I do
    Wish to add on another word or two
    In favor of your native shore,
Which you love. Englishmen's thinking is quite profound.
Their minds, just like their temperaments, are sound.
Digging into subjects, with experience in solid alliance,
In all areas they're extending the realm of science.
I don't say this to you just to make flattering sounds.
To go deeply into things your people have greater powers.
    Even English packs of hounds
    Possess much keener noses than ours.
And your foxes are more cunning. I'm going to demonstrate
    With one who, in order to escape his fate,
    Put into practice a clever scheme
Never yet employed, inventive as any ever found.
The scoundrel, menaced by peril that was extreme,
And by these keen-nosed dogs at last about to be downed,
    Came upon a gibbet's construction.
    There raptors and beasts of prey,
Badgers, foxes, owls, all species given to destruction,
Were hanged, as examples to folks passing that way.
Up among these corpses leaped their colleague at bay.
I seem to see Hannibal, pressed by Roman bands,
Putting their leaders at fault or sending them astray,
And, like the old fox he was, slipping from their hands.
    The lead dogs, reaching their prize
Right where the villain playing dead was hanging in place,
Filled the air with cries. Their master broke off the chase,
Even though with their baying they were piercing the skies.
He wasn't capable of suspecting this sort of droll scheme.
"Some foxhole," he said, "has saved the rogue from my team.
My dogs don't carry their hue and cry beyond this kind of post
    That to so many decent folk is host.
He'll come join them, the rascal!" He did, to his woe.
    There were the bassets yelping below,

Voilà notre Renard au charnier se guindant.
Maître pendu croyait qu'il en irait de même
Que le jour qu'il tendit de semblables panneaux;
Mais le pauvret, ce coup, y laissa ses houseaux.
Tant il est vrai qu'il faut changer de stratagème!
Le Chasseur, pour trouver sa propre sûreté,
N'aurait pas cependant un tel tour inventé;
Non point par peu d'esprit: est-il quelqu'un qui nie
Que tout Anglais n'en ait bonne provision?
Mais le peu d'amour pour la vie
Leur nuit en mainte occasion.

Je reviens à vous, non pour dire
D'autres traits sur votre sujet;
Tout long éloge est un projet
Peu favorable pour ma lyre.
Peu de nos chants, peu de nos vers,
Par un encens flatteur amusent l'univers,
Et se font écouter par des nations étranges.
Votre prince vous dit un jour
Qu'il aimait mieux un trait d'amour
Que quatre pages de louanges.
Agréez seulement le don que je vous fais
Des derniers efforts de ma Muse.
C'est peu de chose; elle est confuse
De ces ouvrages imparfaits.
Cependant ne pourriez-vous faire
Que le même hommage pût plaire
A celle qui remplit vos climats d'habitants
Tirés de l'île de Cythère?
Vous voyez par là que j'entends
Mazarin, des Amours déesse tutélaire.

And our Fox, hoisted up on the gibbet, above the foe.
Master Hanged Man thought that matters would turn out
Just as they had the day he'd performed this same evasion.
But the poor beast perished in his boots on this occasion,
So true it is that one has to change one's stratagems about!
The Hunter, to save himself from a death so imminent,
Would not, however, have thought to devise or invent
Such a trick. Not for lack of brains. Can it in any way be denied
That all the English have wit and sense in ample amounts?
    But an indifference to life they don't hide
    Very often does them harm when it counts.

    I return to you; not in desire
    To say other things about you.
    All long encomia, in my view,
    Are ill suited to my lyre.
    Few paeans, and very little verse,
Can, with flattery, divert the universe
And capture the ears of nations these days.
    Your king once said he throve
    More on one sign of affection and love
    Than on four pages of praise.
Just agree to accept this gift, my donation
    Of the last efforts of my Muse.
    It's of very little worth; she rues
    The work's faulty creation.
    But couldn't you now use your style
    So the same homage might beguile
The lady who has peopled your land fair and green
    With folk from Cytherea's isle?
    You're aware by this that I do mean
Mazarin, patron goddess of Love in exile.

XXIV
Daphnis et Alcimadure
Imitation de Théocrite
A Madame de la Mésangère

Aimable fille d'une mère
A qui seule aujourd'hui mille coeurs font la cour,
Sans ceux que l'amitié rend soigneux de vous plaire,
Et quelques-uns encor que vous garde l'Amour,
Je ne puis qu'en cette préface
Je ne partage entre elle et vous
Un peu de cet encens qu'on recueille au Parnasse,
Et que j'ai le secret de rendre exquis et doux.
Je vous dirai donc … Mais tout dire,
Ce serait trop; il faut choisir,
Menageant ma voix et ma lyre,
Qui bientôt vont manquer de force et de loisir.
Je louerai seulement un coeur plein de tendresse,
Ces nobles sentiments, ces grâces, cet esprit:
Vous n'auriez en cela ni maître ni maîtresse,
Sans celle dont sur vous l'éloge rejaillit.
Gardez d'environner ces roses
De trop d'épines, si jamais
L'Amour vous dit les mêmes choses:
Il les dit mieux que je ne fais;
Aussi sait-il punir ceux qui ferment l'oreille
A ses conseils. Vous l'allez voir.

Jadis une jeune merveille
Méprisait de ce dieu le souverain pouvoir:
On l'appelait Alcimadure:
Fier et farouche objet, toujours courant aux bois,
Toujours sautant aux prés, dansant sur la verdure,
Et ne connaissant autres lois
Que son caprice; au reste, égalant les plus belles,
Et surpassant les plus cruelles;
N'ayant trait qui ne plût, pas même en ses rigueurs:

XXIV
Daphnis and Alcimadura
After Theocritus
To Madame de la Mésengère

Lovable daughter of a mother
Toward whom alone today a thousand hearts do move,
Along with friends who'd please you rather than another,
And some as well who are reserved for you by Love,
This preface I can't help but commence
By dividing, between you two, a discreet
Amount of what is gathered up on Parnassus, the incense
That I have the secret of making exquisite, and sweet.
So I will tell you . . . But relating it all
Would be too much; choice must be small,
Sparing my voice and also my lyre,
Which will soon be deprived of both time and fire.
I will praise just one heart, so full of tenderness,
Those noble sentiments, those graces, that wit too.
In all this you have neither master nor mistress,
Not counting her whose honor reflects onto you.
Take care that you do not surround
These roses with too many thorns, if Love
The same message to you ever does propound.
Better than I he knows what he's speaking of.
He knows likewise how to punish those who turn a deaf ear
To his advice. This you'll see with certainty.

Once a young marvel of beauty did sneer
In great contempt at the sovereign power of that deity.
Alcimadura was the name of this paragon:
Ever a proud, wild creature, racing through forest trees,
Ever leaping about the meadows, ever dancing on the lawn,
And submitting to no other decrees
Than her own caprice; at that, a match for the loveliest
And surpassing the very cruelest.
Without an unpleasant feature, even in her constant severity,

Quelle l'eût-on trouvée au fort de ses faveurs!
Le jeune et beau Daphnis, berger de noble race,
L'aima pour son malheur: jamais la moindre grâce
Ni le moindre regard, le moindre mot enfin,
Ne lui fut accordé par ce coeur inhumain.
Las de continuer une poursuite vaine,
    Il ne songea plus qu'à mourir.
    Le désespoir le fit courir
    A la porte de l'inhumaine.
Hélas! ce fut aux vents qu'il raconta sa peine;
    On ne daigna lui faire ouvrir
Cette maison fatale, où, parmi ses compagnes,
L'ingrate, pour le jour de sa nativité,
    Joignit aux fleurs de sa beauté
Les trésors des jardins et des vertes campagnes.
"J'espérais, cria-t-il, expirer à vos yeux;
    Mais je vous suis trop odieux,
Et ne m'étonne pas qu'ainsi que tout le reste
Vous me refusiez même un plaisir si funeste.
Mon père, après ma mort, et je l'en ai chargé,
    Doit mettre à vos pieds l'héritage
    Que votre coeur a négligé.
Je veux que l'on y joigne aussi le pâturage,
    Tous mes troupeaux, avec mon chien;
    Et que du reste de mon bien
    Mes compagnons fondent un temple
    Où votre image se contemple,
Renouvelants de fleurs l'autel à tout moment.
J'aurai près de ce temple un simple monument;
    On gravera sur la bordure:
Daphnis mourut d'amour. Passant, arrête-toi,
Pleure, et dis: 'Celui-ci succomba sous la loi
    De la cruelle Alcimadure.' "
A ces mots, par la Parque il se sentit atteint:
Il aurait poursuivi; la douleur le prévint.
Son ingrate sortit triomphante et parée.
On voulut, mais en vain, l'arrêter un moment

What she'd have been had she accepted love and amity!
A shepherd of noble birth, Daphnis the young and fair,
Loved her, to his misfortune. Never any grace or care,
The slightest kind look, in short the least little word,
From this heartless creature had he ever had or heard.
So, weary of pursuing a fruitless quest in vain,
He made up his mind to terminate his life.
Despair made him go in this last strife
To the pitiless maiden's door again.
Alas, it was just to the wind that he recounted his pain:
They refused to open, on his life,
And admit him to that fatal house where, seated beside
Her maids, the cruel girl was adding, for her fete,
To the blooms of her own beauteous state
The treasures of the garden and of the green countryside.
"I had hoped," he cried out, "to die before your eyes.
But I'm too odious to you, I realize,
And am not surprised that, as you do others you deny,
You ban even this last fatal joy for which I sigh.
I've charged my sire, when I've gone through death's door,
To hasten and place at your feet the estate
That your heart preferred to ignore.
My fields and pasture, as well, to you I now allocate,
Plus all my flocks, and my dog likewise.
And want my companions to utilize
What's left to build a temple to you
Where your image will be on view,
Whose altar will ever bear the freshest flowers grown.
Next to this temple I'll have just a simple tombstone.
They'll carve this on its base:
Daphnis died of love. Passerby, stop a while and see.
Do weep and say, 'Here lies one destroyed by the decree
Of cruel Alcimadura, denied her grace.' "
Having spoken thus, by the Fate he was stricken and called.
He would have gone on, by death throes was forestalled.
The cruel maiden emerged in triumph, all adorned.
They tried, but in vain, for a moment to make her wait,

Pour donner quelques pleurs au sort de son amant:
Elle insulta toujours au fils de Cythérée,
Menant dès ce soir même, au mépris de ses lois,
Ses compagnes danser autour de sa statue.
Le dieu tomba sur elle et l'accabla du poids:
    Une voix sortit de la nue,
Echo redit ces mots dans les airs épandus:
"Que tout aime à présent: l'insensible n'est plus."
Cependant de Daphnis l'ombre au Styx descendue
Frémit et s'étonna la voyant accourir.
Tout l'Érèbe entendit cette belle homicide
S'excuser au berger, qui ne daigna l'ouïr
Non plus qu'Ajax Ulysse, et Didon son perfide.

XXV
Le Juge Arbitre, l'Hospitalier, et le Solitaire

Trois Saints, également jaloux de leur salut,
Portés d'un même esprit, tendaient à même but.
Ils s'y prirent tous trois par des routes diverses:
Tous chemins vont à Rome; ainsi nos concurrents
Crurent pouvoir choisir des sentiers différents.
L'un touché des soucis, des longueurs, des traverses
Qu'en apanage on voit aux procès attachés,
S'offrit de les juger sans récompense aucune,
Peu soigneux d'établir ici-bas sa fortune.
Depuis qu'il est des lois, l'homme, pour ses péchés,
Se condamne à plaider la moitié de sa vie:

So she'd shed a few tears at her suitor's deplorable fate.
Cytherea's son was still only mocked and scorned.
That same eve, for his laws showing contempt and spite,
She led maids in dance 'round his statue nearby.
The god fell over on her and crushed her at the site.
A voice came from up in the sky;
Its words echoed everywhere from shore to shore:
"Let all now love. The heartless maiden is present no more."
Meanwhile, the shade of Daphnis, now gone down to occupy
The Styx, shuddered, amazed at seeing her near.
All Erebus heard this beauteous murderess then plead
For pardon from the shepherd, who turned a deaf ear,
As Ajax had to Ulysses, and Dido to her betrayer indeed.

XXV
The Adjudicator, the Hospitaler, and the Solitary

Three Saintly Men, spurred equally by zeal for salvation,
Borne by the same spirit, sought this goal with dedication.
The three of them went about it in distinctly different ways.
All roads lead to Rome, so that each of our missionaries
Believed he could choose to embark on a path that varies.
One, touched by all the cares, the obstacles, and the delays
That one observes as appendages to each litigious cause,
Offered to judge them gratis, being willing to forgo
All compensation, indifferent to wealth here below.
Man, for his sins, ever since he's created a system of laws,
Has been doomed to litigation for half his life.

La moitié? les trois quarts, et bien souvent le tout.
Le conciliateur crut qu'il viendrait à bout
De guérir cette folle et détestable envie.
Le second de nos Saints choisit les hôpitaux.
Je le loue; et le soin de soulager ces maux
Est une charité que je préfère aux autres.
Les malades d'alors, étant tels que les nôtres,
Donnaient de l'exercice au pauvre Hospitalier;
Chagrins, impatients, et se plaignant sans cesse:
"Il a pour tels et tels un soin particulier,
    Ce sont ses amis; il nous laisse."
Ces plaintes n'étaient rien au prix de l'embarras
Où se trouva réduit l'appointeur de débats:
Aucun n'était content; la sentence arbitrale
    A nul des deux ne convenait:
    Jamais le Juge ne tenait
    A leur gré la balance égale.
De semblables discours rebutaient l'appointeur:
Il court aux hôpitaux, va voir leur directeur:
Tous deux ne recueillant que plainte et que murmure,
Affligés, et contraints de quitter ces emplois,
Vont confier leur peine au silence des bois.
Là, sous d'âpres rochers, près d'une source pure,
Lieu respecté des vents, ignoré du soleil,
Ils trouvent l'autre Saint, lui demandent conseil.
"Il faut, dit leur ami, le prendre de soi-même.
    Qui mieux que vous sait vos besoins?
Apprendre à se connaître est le premier des soins
Qu'impose à tous mortels la Majesté suprême.
Vous êtes-vous connus dans le monde habité?
L'on ne le peut qu'aux lieux pleins de tranquillité:
Chercher ailleurs ce bien est une erreur extrême.
    Troublez l'eau: vous y voyez-vous?
Agitez celle-ci. —Comment nous verrions-nous?
    La vase est un épais nuage
Qu'aux effets du cristal nous venons d'opposer.
—Mes frères, dit le Saint, laissez-la reposer,

Half? Three-fourths, and quite often all of it indeed.
The conciliator thought he'd be able to succeed
In curing this mad, detestable wish for strife.
The hospitals were the path the second Saint chose.
I commend him; the concern for relieving such woes
Is a charitable endeavor that I prefer to others.
The sufferers of those times, like us and our brothers,
Gave practice to the poor Hospitaler, and to spare;
Fretful, impatient, whining, always kicking up a fuss:
"It's on so and so that he lavishes special care;
    They're his friends. He abandons us."
These complaints were nothing when compared to the acute
Discomfort suffered by the mediator of each dispute:
No one was ever satisfied; the arbiter's adjudication
    Suited neither litigant of the two.
    Never did the Judge, in their view,
    Provide them any evenhanded allocation.
Rhetoric of this kind repelled and dismayed the mediator.
He hastened to the hospitals to see the administrator.
Both of them, receiving nothing but complaints and murmuring,
Afflicted and obliged to quit their works of doing good,
Went to tell their sorrow to the silence of the wood.
There, beneath some rugged crags, right beside a clear spring,
A place respected by the winds and to sunlight unknown,
They asked advice of the other Saint, whom they found all alone.
"You must," said their friend, "your own private counselors be.
    Who knows your needs any better than you?
To learn to know oneself is the very first task one must do,
Of those imposed on all mortals by the supreme Majesty.
Did you come to know yourselves under society's spell?
One can do this only in those places that in tranquility excel.
To seek this blessing anywhere else just makes no sense.
    Muddy the water. Are your images clear?
Stir up this spring." "How can we see ourselves here?
    A cloud of silt, dark and dense,
Has just dimmed the crystalline mirror on every side."
"Brothers," said the Saint, "now allow it to subside.

Vous verrez alors votre image.
Pour vous mieux contempler demeurez au désert."
Ainsi parla le Solitaire.
Il fut cru; l'on suivit ce conseil salutaire.

Ce n'est pas qu'un emploi ne doive être souffert.
Puisqu'on plaide, et qu'on meurt, et qu'on devient malade,
Il faut des médecins, il faut des avocats.
Ces secours, grâce à Dieu, ne nous manqueront pas:
Les honneurs et le gain, tout me le persuade.
Cependant on s'oublie en ces communs besoins.
O vous dont le public emporte tous les soins,
Magistrats, princes et ministres,
Vous que doivent troubler mille accidents sinistres,
Que le malheur abat, que le bonheur corrompt,
Vous ne vous voyez point, vous ne voyez personne.
Si quelque bon moment à ces pensers vous donne,
Quelque flatteur vous interrompt.

Cette leçon sera la fin de ces ouvrages:
Puisse-t-elle être utile aux siècles à venir!
Je la présente aux rois, je la propose aux sages:
Par où saurais-je mieux finir?

XXVI
La Matrone d'Ephèse

S'il est un conte usé, commun et rebattu,
C'est celui qu'en ces vers j'accommode à ma guise.
—Et pourquoi donc le choisis-tu?
Qui t'engage à cette entreprise?

You'll see your image in consequence.
To observe yourselves better, remain in isolation."
This was the Solitary's advice.
Heeding him, they took his wise counsel in a trice.

Not that one shouldn't put up with one's occupation.
Since we sue, and die, and become ill—folks of every degree—
We need doctors, we need lawyers, the pack.
Of their assistance, thank God, there'll be no lack:
The honors, the profits, all of that convinces me.
But one forgets oneself, for the community's sake.
O you, all of whose attention the public does take,
Magistrate, prince, and minister,
You who must always be troubled by a thousand or more sinister
Events, whom misfortune strikes, good fortune corrupts,
You don't contemplate yourselves, you see no one, see nought.
If some happy moment gives you leisure for such thought,
Some toady comes along and interrupts.

This lesson will terminate this work's pages.
May use for it in future ages come to someone's mind!
I make a gift of it to kings, I offer it as well to sages.
What better ending could I find?

XXVI
The Matron of Ephesus

If there's a tale that's worn, common, and trite,
It's the one that in these verses I will now accommodate.
"Then why choose that one to write?
Why turn to this enterprise so late?

N'a-t-elle point déjà produi assez d'écrits?
Quelle grâce aura ta Matrone
Au prix de celle de Pétrone?
Comment la rendras-tu nouvelle à nos esprits?
—Sans répondre aux censeurs, car c'est chose infinie,
Voyons si dans mes vers je l'aurai rajeunie.

Dans Ephèse il fut autrefois
Une dame en sagesse et vertus sans égale,
Et selon la commune voix
Ayant su raffiner sur l'amour conjugale,
Il n'était bruit que d'elle et de sa chasteté:
On l'allait voir par rareté.
C'était l'honneur du sexe: heureuse sa patrie.
Chaque mère à sa bru l'alléguait pour patron;
Chaque époux la prônait à sa femme chérie;
D'elle descendent ceux de la prudoterie,
Antique et célèbre maison.
Son mari l'aimait d'amour folle.
Il mourut. De dire comment,
Ce serait un détail frivole;
Il mourut, et son testament
N'était plein que de legs qui l'auraient consolée,
Si les biens réparaient la perte d'un mari
Amoureux autant que chéri.
Mainte veuve pourtant fait la déchevelée,
Qui n'abandonne pas le soin du demeurant,
Et du bien qu'elle aura fait le compte en pleurant.
Celle-ci par ses cris mettait tout en alarme;
Celle-ci faisait un vacarme,
Un bruit, et des regrets à percer tous les coeurs;
Bien qu'on sache qu'en ces malheurs
De quelque désespoir qu'une âme soit atteinte,
La douleur est toujours moins forte que la plainte,
Toujours un peu de faste entre parmi les pleurs.
Chacun fit son devoir de dire à l'affligée
Que tout a sa mesure, et que de tels regrets

Aren't enough versions already in everyone's view?
Is your Matron any more harmonious
Compared to the one in Petronius?
How, to our minds, will you ever make yours new?"
Without answering critics (there's never an end to that curse),
Let's see if I've given her fresh charm in my verse.

In Ephesus there lived formerly
A lady whose propriety and virtue were unique;
Who was regarded universally
As having raised conjugal love to its peak.
There was talk of nothing but her and her chastity.
Such a rare gem all ran to see;
She was the honor of her sex: happy the land of her birth.
As a model each mother cited her to each daughter-in-law;
To his own dear wife each husband extolled her worth.
Her posterity can claim the most chastity on earth
(A famous old clan held in awe).
Her spouse doted on her without fail.
He died. To tell exactly how
Would just add useless detail.
He died, and his very last vow
And testament were legacies destined for her consolation,
If wealth could make up for a husband now perished,
Loving as much as he was cherished.
Yet many a widow makes a display of desolation
Who doesn't give up her concern for what's left,
And for wealth she's computed while still feeling bereft.
This one made a racket with all her shouts and cries.
This one raised an uproar to the skies:
Shrieks and lamentations, enough to fill all hearts with woe;
Though in such cases of sorrow, we know,
Whatever despair invades the heart and soul's domain,
Plaints and mourning are always more intense than the pain.
In the midst of tears there's always a little bit of show.
To the afflicted woman all felt it their duty to say
That everything has its limits, and that inordinate grief

Pourraient pécher par leur excès:
Chacun rendit par là sa douleur rengrégée.
Enfin ne voulant plus jouir de la clarté
Que son époux avait perdue,
Elle entre dans sa tombe, en ferme volonté
D'accompagner cette ombre aux enfers descendue.
Et voyez ce que peut l'excessive amitié
(Ce mouvement aussi va jusqu'à la folie):
Une esclave en ce lieu la suivit par pitié,
Prête à mourir de compagnie.
Prête, je m'entends bien; c'est-à-dire en un mot
N'ayant examiné qu'à demi ce complot,
Et jusques à l'effet courageuse et hardie.
L'esclave avec la dame avait été nourrie.
Toutes deux s'entraimaient, et cette passion
Etait crue avec l'âge au coeur des deux femelles:
Le monde entier à peine eût fourni deux modèles
D'une telle inclination.

Comme l'esclave avait plus de sens que la dame,
Elle laissa passer les premiers mouvements,
Puis tâcha, mais en vain, de remettre cette âme
Dans l'ordinaire train des communs sentiments.
Aux consolations la veuve inaccessible
S'appliquait seulement à tout moyen possible
De suivre le défunt aux noirs et tristes lieux:
Le fer aurait été le plus court et le mieux,
Mais la dame voulait paître encore ses yeux
Du trésor qu'enfermait la bière,
Froide dépouille et pourtant chère.
C'était là le seul aliment
Qu'elle prit en ce monument.
La faim donc fut celle des portes
Qu'entre d'autres de tant de sortes,
Notre veuve choisit pour sortir d'ici bas.
Un jour se passe, et deux sans autre nourriture
Que ses fréquents soupirs, que ses fréquents hélas,

Might be a sin if pushed beyond belief.
All thereby only aggravated her pain and dismay.
Finally, no longer willing to enjoy the light
That to her spouse was a lost event,
She went inside his tomb, in the staunch intent
To go with this shade now descended to eternal night.
And just see what excessive love is able to do
(This penchant can likewise lead to insanity):
Out of pity a slave girl followed her inside too,
Ready to die to keep her company.
Now this "ready" I have to qualify: it means, in a word,
Having but half-examined this plan she'd heard,
And brave and daring; that is, until it came to act.
The slave had been raised with the lady, in fact.
They loved each other, and this most tender relation
In the two women's hearts, through the years, had grown.
The whole world could scarcely have claimed to own
Two couples of such dedication.

Since, of the two, the slave had the less addled brain,
She indulged her lady's first impulses for her sake,
Then attempted to recall her, although entirely in vain,
To the normal course such sentiments do usually take.
The widow, impervious to all consolation,
Only applied herself with greater determination
To following the deceased to his somber, sad abode.
A dagger would have been a shorter, better road,
But to her eyes, the lady felt, she still owed
The feast of the treasure on the bier.
Cold remains and nevertheless so dear.
This was the only nourishment
She took in this burial monument.
And so starvation then became the gate,
Among so many other varied kinds of fate,
Chosen by our widow so from earth she could depart.
A day, then two more, with no sustenance at all, went by,
Other than her frequent moans, her deep sighs from the heart,

Qu'un inutile et long murmure
Contre les dieux, le sort, et toute la nature.
Enfin sa douleur n'omit rien,
Si la douleur doit s'exprimer si bien.
Encore un autre mort faisait sa résidence
Non loin de ce tombeau, mais bien différemment,
Car il n'avait pour monument
Que le dessous d'une potence.
Pour exemple aux voleurs on l'avait là laissé.
Un soldat bien récompensé
Le gardait avec vigilance.
Il était dit par ordonnance
Que si d'autres voleurs un parent, un ami
L'enlevaient, le soldat nonchalant, endormi,
Remplirait aussitôt sa place.
C'était trop de sévérité,
Mais la publique utilité
Défendait que l'on fît au garde aucune grâce.
Pendant la nuit il vit aux fentes du tombeau
Briller quelque clarté, spectacle assez nouveau.
Curieux, il y court, entend de loin la dame
Remplissant l'air de ses clameurs.
Il entre, est étonné, demande à cette femme,
Pourquoi ces cris, pourquoi ces pleurs,
Pourquoi cette triste musique,
Pourquoi cette maison noire et mélancolique.
Occupée à ses pleurs à peine elle entendit
Toutes ces demandes frivoles,
Le mort pour elle y répondit;
Cet objet sans autres paroles
Disait assez par quel malheur
La dame s'enterrait ainsi toute vivante.
"Nous avons fait serment, ajouta la suivante,
De nous laisser mourir de faim et de douleur."
Encore que le soldat fût mauvais orateur,
Il leur fit concevoir ce que c'est que la vie.

Her incessant and fruitless cry:
Against fate and all of nature, against the gods on high.
In short her grief omitted not a thing
If all these changes sorrow is obliged to ring.
Now another deceased had come there to reside,
Close by this tomb, but with a very different bent,
For his solitary monument
Was a gibbet's underside.
As an example to thieves he'd been given this station.
A soldier, for good compensation,
Guarded him with great vigilance.
It was decreed, by local ordinance:
Were other thieves, kinfolk, friends ever to creep
In and take him, the careless soldier, fast asleep,
Would substitute for him in this regard.
This was, surely, too severe a deal,
But public interest and public weal
Forbade any kind of grace or leniency for the guard.
Through openings in the tomb he noticed, that night,
The glimmering of a light, to him a most unexpected sight.
Curious, he ran there, heard the lady from a distance
Fill the air with her complaints.
He went in, amazed, asked with insistence
The reason for her tears and plaints,
For the sad cries and gloom,
Why her dwelling was this dark and melancholy tomb.
Her tears the cause, barely heard by his listener
Was such a frivolous request.
The deceased replied for her:
Speechless, the corpse at rest
Said enough to clarify the woe
That made the lady thus inter herself alive.
"And we vowed," the servant added, "not to survive;
To allow ourselves to die in hunger and in sorrow."
The soldier was no virtuoso, as orators do go,
But he made them imagine what life may well embrace.

La dame cette fois eut de l'attention;
Et déjà l'autre passion
Se trouvait un peu ralentie.
Le temps avoit agi. "Si la foi du serment,"
Poursuivit le soldat, vous défend l'aliment,
Voyez-moi manger seulement,
Vous n'en mourrez pas moins." Un tel tempérament
Ne déplut pas aux deux femelles:
Conclusion qu'il obtint d'elles
Une permission d'apporter son soupé;
Ce qu'il fit; et el'esclave eut le coeur fort tenté
De renoncer dès lors à la cruelle envie
De tenir au mort compagnie.
"Madame," ce dit-elle, "un penser m'est venu:
Qu'importe à votre époux que vous cessiez de vivre?
Croyez-vous que lui-même il fût homme à vous suivre
Si par votre trépas vous l'aviez prévenu?
Non, Madame, il voudrait achever sa carrière.
La nôtre sera longue encor si nous voulons.
Se faut-il à vingt ans enfermer dans la bière?
Nous aurons tout loisir d'habiter ces maisons.
On ne meurt que trop tôt; qui nous presse? Attendons;
Quant à moi je voudrais ne mourir que ridée.
Voulez-vous emporter vos appas chez les morts?
Que vous servira-t-il d'en être regardée?
Tantôt en voyant les trésors
Dont le Ciel prit plaisir d'orner votre visage,
Je disais: 'Hélas! C'est dommage,
Nous mêmes nous allons enterrer tout cela.' "
A ce discours flatteur la dame s'éveilla.
Le Dieu qui fait aimer prit son temps; il tira
Deux traits de son carquois; de l'un il entama
Le soldat jusqu'au vif; l'autre effleura la dame:
Jeune et belle, elle avait sous ses pleurs de l'éclat,
Et des gens de goût délicat
Auraient bien pu l'aimer, et même étant leur femme.
Le garde en fut épris: les pleurs et la pitié,

Now the lady gave heed in different fashion,
And already her other passion
Was progressing at a slower pace.
Time had done its work. "If the faith of an oath,"
The soldier went on, "to take food makes you loath,
Then just you watch me eat, both.
You'll die nonetheless, I hereby do swear, by my troth."
The compromise gave them no pain:
Permission from them he did gain
To go and fetch his own supper ration,
Which he did. The slave girl felt a strong temptation
At once to abandon the vow whose cruel tyranny
Had them keep the dead man company.
"Madame," she said, "I've just had this thought:
You think, if you die, your dead spouse will salute?
Was he a man, in your view, who'd have followed suit?
If, preceding him, you were the one death had caught?
No, Madame, he'd have desired to complete life's course.
Ours will still last, if we just don't tempt fate.
Must we, at twenty, in a tomb choke off our vital force?
We have all our leisure to inhabit this kind of estate.
We die all too soon anyway. What's the hurry? Let's wait.
If you ask me, I'd rather die only wrinkled and old.
Do you wish to bring your beauty to a dead man's arms?
What joys, gazing upon you, will his eyes enfold?
Just now, seeing the precious charms
With which Heaven's been pleased to adorn your face,
'Alas,' I said, 'What a loss of grace!'
And to bury all this it's our own intention, too!"
The honeyed words roused the lady to another view.
The God who makes us love chose his time. He drew
Two shafts from his quiver. With one of them, he shot
The soldier to the quick; one grazed the lady on the spot.
Young and fair, shining beneath her tears, she stood there then;
And the most finicky of men
Could indeed have loved her, though to wed her were their lot.
The guard was smitten; her tears, his compassionate care,

Sorte d'amour ayant ses charmes,
Tout y fit: une belle, alors qu'elle est en larmes
En est plus belle de moitié.
Voilà donc notre veuve écoutant la louange,
Poison qui de l'amour est le premier degré;
La voilà qui trouve à son gré
Celui qui le lui donne; il fait tant qu'elle mange,
Il fait tant que de plaire, et se rend en effet
Plus digne d'être aimé que le mort le mieux fait.
Il fait tant enfin qu'elle change;
Et toujours par degrés, comme l'on peut penser:
De l'un à l'autre il fait cette femme passer;
Je ne le trouve pas étrange.
Elle écoute un Amant, elle en fait un Mari;
Le tout au nez du mort qu'elle avait tant chéri.
Pendant cet hyménée un voleur se hasarde
D'enlever le dépôt commis aux soins du garde.
Il en entend le bruit; il y court à grands pas;
Mais en vain, la chose était faite.
Il revient au tombeau conter son embarras,
Ne sachant où trouver retraite.
L'Esclave alors lui dit le voyant éperdu:
"L'on vous a pris votre pendu?
Les lois ne vous feront, dites-vous, nulle grâce?
Si Madame y consent j'y remédierai bien.
Mettons notre mort en la place,
Les passants n'y connaîtront rien."
La Dame y consentit. O volages femelles!
La femme est toujours femme; il en est qui sont belles,
Il en est qui ne le sont pas.
S'il en était d'assez fidèles,
Elles auraient assez d'appas.

Prudes, vous vous devez défier de vos forces.
Ne vous vantez de rien. Si votre intention
Est de résister aux amorces,
La nôtre est bonne aussi; mais l'exécution

The kind of love that just endears,
All contributed their effect: a beauty all bathed in tears
Becomes more than twice as fair.
There our widow was, hearing praise and compliment,
Potions that of love are always the initial phase.
There she was, turning a joyful gaze
On him who'd lavished them on her, and given her nourishment.
He did everything to please and so placed himself ahead,
As one deserving to be loved, of the fairest of the dead.
In short, a change she quickly underwent,
And all of it step by step, just as one might then expect.
From one stage to the next he led her, wholly unchecked.
I find no reason for astonishment.
She heard a Suitor; his transfer to Mate wasn't slow,
And all right in front of the deceased she'd cherished so.
During this union a thief, chancing to come there,
Took away what had been entrusted to the guard's care.
He heard the noise, rushed back as fast as he could run,
In vain. It was gone, there was no doubt.
Back he came to the tomb to lament: he was undone
And lacked the means to find a way out.
The Slave said, seeing such anguish in plain view,
"Your dead man's been taken from you?
The law, you say, denies you all consideration, or grace?
If Madame is willing, here's a way of managing:
Let's put our deceased in his place.
Passersby won't be able to tell a thing."
The Lady was willing. O fickle females there!
Woman is always woman. Some there are who are passing fair,
Some there are who just are not.
If enough of them gave a loyal care,
Enough charm they'd have by a lot.

Chaste Ladies, do beware of that fortitude of yours;
Don't boast of a thing. If it's your primary goal
To stand fast against our lures,
Ours is valid likewise. But in practice, our role

Nous trompe également; témoin cette Matrone.
Et n'en déplaise au bon Pétrone,
Ce n'était pas un fait tellement merveilleux
Qu'il en dût proposer l'exemple à nos neveux.
Cette veuve n'eut tort qu'au bruit qu'on lui vit faire;
Qu'au dessein de mourir, mal conçu, mal formé;
Car de mettre au patibulaire,
Le corps d'un mari tant aimé,
Ce n'était pas peut-être une si grande affaire.
Cela lui sauvait l'autre; et tout considéré,
Mieux vaut goujat debout qu'Empereur enterré.

Le Soleil et les Grenouilles
Imitation de la fable latine

Les filles du limon tiraient du roi des astres
Assistance et protection:
Guerre ni pauvreté, ni semblables désastres
Ne pouvaient approcher de cette nation.
Elle faisait valoir en cent lieux son empire.
Les reines des étangs, Grenouilles veux-je dire,
Car que coûte-t-il d'appeler

Deludes us equally, witness this Matron acting thus.
And, no disrespect to good Petronius,
This wasn't at all an incident of such transcendence
That he should offer it as model to our descendants.
The widow was wrong only in the uproar and scene she did exhibit,
And her plan, ill conceived, ill formed, to have perished.
For to have suspended on the gibbet
The corpse of a spouse so cherished
Was perhaps not such a terrible sin, one to ban or prohibit.
For her it saved the other. And, considering everything,
Better a humble soldier alive than a dead and buried King.

The Sun and the Frogs
After the Latin Fable

From the King of the Stars, Daughters of the riverbed
Received protection and aid.
Neither war, nor poverty, nor any comparable dread
Disasters on this Nation could even make a raid.
In a hundred places its empire's outposts were seen.
The Empresses of the ponds—Frogs are the ones I mean—
(For what's it cost to call

Les choses par noms honorables?
Contre leur bienfaiteur osèrent cabaler,
Et devinrent insupportables.
L'imprudence, l'orgueil, et l'oubli des bienfaits,
Enfants de la bonne fortune,
Firent bientôt crier cette troupe importune:
On ne pouvait dormir en paix.
Si l'on eût cru leur murmure,
Elles auraient par leurs cris
Soulevé grands et petits
Contre l'oeil de la Nature.
Le Soleil, à leur dire, allait tout consumer,
Il fallait promptement s'armer,
Et lever des troupes puissantes.
Aussitôt qu'il faisait un pas,
Ambassades Croassantes
Allaient dans tous les Etats:
A les ouïr, tout le monde,
Toute la machine ronde
Roulait sur les intérêts
De quatre méchants marais.
Cette plainte téméraire
Dure toujours; et pourtant
Grenouilles devraient se taire,
Et ne murmurer pas tant:
Car si le Soleil se pique,
Il le leur fera sentir.
La République aquatique
Pourrait bien s'en repentir.

Things by some honorable name?)
Against their benefactor dared conspire, all,
And absolutely unbearable became.
Imprudence, pride, plus blessings forgotten by the score,
Good fortune's offspring, no denying,
Soon had this importunate company croaking and crying!
None could sleep in peace any more.
Had any heeded their hue and cry,
They would with their strident bawl
Have roused great and small
In opposition to Nature's Eye.
The Sun would consume them all, to hear them say:
They had to take arms right away
And launch mighty army formations.
If he took a step, at any rate,
Croaky Delegations
Leaped off to every State.
All, to hear them tell,
The entire world as well,
Relied on them; on the interest
Of four wretched swamps did rest.
This rash, heedless complaint
Hasn't stopped yet. Nonetheless,
Frogs should all cease their plaint
And grumble a good deal less.
The Sun will cause them regret
If angered in the firmament.
The aquatic Nation, in a sweat,
Might well rue it, and then repent.

La Ligue des Rats

Une Souris craignait un Chat
Qui dès longtemps la guettait au passage.
Que faire en cet état? Elle, prudente et sage,
Consulte son voisin: c'était un maître Rat,
Dont la rateuse seigneurie
S'était logée en bonne hôtellerie,
Et qui cent fois s'était vantée, dit-on,
De ne craindre de chat ou chatte
Ni coup de dent, ni coup de patte.
"Dame Souris, lui dit ce fanfaron,
Ma foi, quoi que je fasse,
Seul, je ne puis chasser le Chat qui vous menace:
Mais assemblant tous les Rats d'alentour,
Je lui pourrai jouer d'un mauvais tour."
La Souris fait une humble révérence;
Et le Rat court en diligence
A l'office, qu'on nomme autrement la dépense,
Où maints Rats assemblés
Faisaient, aux frais de l'hôte, une entière bombance.
Il arrive, les sens troublés,
Et les poumons tout essouflés.
"Qu'avez-vous donc? lui dit un de ces Rats; parlez.
—En deux mots, répond-il, ce qui fait mon voyage,
C'est qu'il faut promptement secourir la Souris;
Car Raminagrobis
Fait en tous lieux un étrange ravage.
Ce Chat, le plus diable des Chats,
S'il manque de souris, voudra manger des rats."
Chacun dit: "Il est vrai. Sus! sus! courons aux armes!"
Quelques Rates, dit-on, répandirent des larmes.
N'importe, rien n'arrête un si noble projet:
Chacun se met en équipage;
Chacun met dans son sac un morceau de fromage;
Chacun promet enfin de risquer le paquet.
Ils allaient tous comme à la fête,

The League of Rats

A Mouse lived in fear of a Tomcat
Who for her had long been lying in wait.
What to do in this state? With prudence innate
She wisely consulted her neighbor, a Master Rat,
One of the rattish aristocracy
Lodged in a first-class inn and hostelry,
Who'd boasted a hundred times, they did say,
He feared no Tom or Kitty he ever saw,
No slash of tooth, no swipe of paw.
"Dame Mouse," this braggart said to her that day,
"In truth, no matter what I do,
Alone I can't chase off the Cat who's threatening you.
But, assembling all of the Rats around here,
I can deal him a nasty blow, that's clear."
The Mouse thanked him, and humbly bowed.
Rat ran as fast as feet allowed
To the pantry, known too as the buttery or treasury,
Where many Rats, assembled there,
Were engaged, at their host's expense, in glee and revelry.
He arrived, senses in disrepair,
All winded, lungs gasping for air.
"What ails you? said one of these Rats. "Speak without care!"
"In a word or two," he replied, "the reason for my travel
Is that we must immediately go to the rescue of the Mouse,
For Raminagrobis in this house
Is at the moment going everywhere to unravel
Everything. This most devilish of Cats,
If he's lacking in mice, will turn to eating rats."
All said, "That's true! Up, up, to arms, worthy peers!"
A few Rattesses, they say, did shed a few tears.
No matter; nothing could halt such a noble operation.
Each equipped himself as he did please;
Each one in his sack did stuff a piece of cheese;
Each promised, in short, to risk extermination.
Off they all went as to a feast instead,

L'esprit content, le coeur joyeux.
Cependant le Chat, plus fin qu'eux,
Tenait déjà la Souris par la tête.
Ils s'avancèrent à grands pas
Pour secourir leur bonne amie:
Mais le Chat, qui n'en démord pas,
Gronde et marche au-devant de la troupe ennemie.
A ce bruit, nos très-prudents Rats,
Craignant mauvaise destinée,
Font, sans pousser plus loin leur prétendu fracas,
Une retraite fortunée.
Chaque Rat rentre dans son trou;
Et si quelqu'un en sort, gare encor le Matou!

Le Renard et l'Écureuil

Il ne se faut jamais moquer des misérables,
Car qui peut s'assurer d'être toujours heureux?
Le sage Esope dans ses fables
Nous en donne un exemple ou deux;
Je ne les cite point, et certain chronique
M'en fournit un plus authentique.
Le Renard se moquait un jour de l'Ecureuil,
Qu'il voyait assailli d'une forte tempête:
"Te voilà, disait-il, prêt d'entrer au cercueil
Et de ta queue en vain tu te couvres la tête.
Plus tu t'es approché du faîte,
Plus l'orage te trouve en butte à tous ses coups.
Tu cherchais les lieux hauts et voisins de la foudre:
Voilà ce qui t'en prend; moi je cherche les trous,
Je ris, en attendant que tu sois mis en poudre."

Their spirits high, joy in every heart.
Meanwhile the Cat, wilier from the start
Than they, already had the Mouse by the head.
With rapid steps they advanced to fight
And liberate their good friend's face.
But the Cat, still holding her tight,
Snarled and came toward them, confronting the enemy race.
At the sound, our prudent nation of Rats,
Fearing an ugly fate as well as a defeat,
Without pushing on to their boasted slaughter of Cats,
At once beat a lucky retreat.
Every single Rat fled straight to his den.
And if any of them emerged, watch out for Tom again!

The Fox and the Squirrel

One ought never to poke fun at the unfortunate,
For who on having an ever fortunate fate can count?
In his fables wise Aesop does relate
An example or two I can indeed recount.
But I'll not cite them, for a certain chronicle
Provides me one that's more canonical.
The Squirrel found himself mocked one day by the Fox,
Who saw him assailed by a storm's lightning and hail.
"There you are," he said, "all ready for your funeral box.
And to no avail do you cover your head with your tail.
Tree tops can't save you from the gale:
You're a better target for every tempest bolt and blow.
You've sought shelter on high, near the lightning's thrust;
Look what happens to you. I just look for holes below
And laugh, while waiting for you to be blown to dust."

Tandis qu'ainsi le Renard se gabait,
Il prenait maint pauvre poulet
Au gobet.
Lorsque l'ire du Ciel à l'Ecureuil pardonne,
Il n'éclaire plus ni ne tonne,
L'orage cesse. Et le beau temps venu,
Un chasseur ayant aperçu
Le train de ce Renard autour de sa tanière:
"Tu paieras, dit-il, mes poulets."
Aussitôt nombre de bassets
Vous fait déloger le compère;
L'Ecureuil l'aperçoit qui fuit
Devant la meute qui le suit.
Ce plaisir ne lui coûte guère,
Car bientôt il le voit aux portes du trépas.
Il le voit, mais il ne rit pas,
Instruit par sa propre misère.

La Poule et le Renard

Une Poule jeune et sage,
Toute faite pour charmer,
Qui pouvait se faire aimer
De tous les Coqs du village,
Marchait d'un pas fort galant,
Et, comme Poule qui veut plaire,
Portait pour habit d'ordinaire
Un petit drap d'or volant.
Se voyant posséder des beautés sans égales,
Malgré mille rivales,
Du mari qu'elle aimait elle croyait aussi
Etre aimée, et sans doute il le fallait ainsi.

While continuing thus to mock and gloat,
Fox caught pullets, like a stoat,
By the throat.
When the Squirrel at last won pardon from Heaven's ire,
No more thunder or lightning's fire,
The storm was over. Then, with fair weather back,
A hunter who possessed the knack
Perceived the traces of this Fox around his lair:
"You'll pay for my pullets you've abused."
At once lots of bassets, loosed,
Dislodged the rogue from his repair.
Away the Squirrel then watched him race
Ahead of the pack in the chase.
But short-lived indeed was his glee,
For he soon observed him respond to death's call.
He saw him but didn't laugh at all,
Enlightened by his own past misery.

The Hen and the Fox

A young Hen, fresh in wedlock,
With all kinds of charm imbued,
Who'd clearly have been pursued
And courted by each village Cock,
Walked about, coquettish and bold.
And, like Hens who wished to please,
Her daily garb was certain to tease:
A little cloth of shining gold.
Seeing she had beauty unmatched and commanding,
Scores of rivals notwithstanding,
She judged her husband's love to be as keen
As hers for him and, no doubt, it should have been.

Mais bientôt du contraire elle se vit certaine,
Car cet emplumé sultan,
Suivi de son sérail qu'il menait dans la plaine,
Se faisait chaque jour des autres une reine,
Quand celle-ci recevait à peine
Le mouchoir qu'une fois l'an.
Un juste désespoir s'empare de son âme,
Et suivant le dépit qui l'entraîne et l'enflamme,
Elle court à venger de si cruels dédains:
Mille desseins elle roule,
Mais elle est Poule,
Et la crainte lui fait emprunter d'autres mains.
Sottement elle s'adresse
Au Renard son ennemi,
Et non sans avoir frémi,
Lui dit le mal qui la presse;
Et pourvu que par lui son coeur soit satisfait,
Avec serment lui promet
Que dans les broussailles voisines
Elle saura bientôt lui livrer en secret
Le Coq et les concubines.
Il lui promet à son tour
De bien venger son amour,
De secourir sa faiblesse,
L'assure qu'elle aura raison,
Et, comme il est adroit et rempli de finesse,
Il flatte la trahison,
Pour attraper la traîtresse.
D'abord il s'alla poster
Sur le détour obscur d'une route secrète,
Par où sans qu'on le vit, il pouvait attenter
Sur toute la troupe coquette.
Après avoir en tapinois
Fait longtemps le pied de grue,
La Poule retourne au bois
Lui conter, toute éperdue,
Que, par un cas imprévu,

But she soon became aware the contrary was the case.
For this sultan in plumes,
Followed by the harem that he led all around the place,
Each day from the others chose a new queen to grace,
While she had scarcely a single embrace
Just once a year, in the royal rooms.
Righteous despair took possession of her soul
And, thus giving in to spite that she could not control,
Enflamed, she hastened to avenge such cruel disdain.
Myriad schemes she mulled over then.
But she was no more than a Hen,
And fear made her solicit someone else's might and main.
Foolish, she went to confer
With her enemy, the Fox.
Not without shivers and shocks,
She told him of the grief oppressing her.
Provided that through him her heart might be satisfied,
By this oath she swore to abide:
Among the neighboring thickets and vines,
Lying in ambush, he would very soon be supplied
By her with Cock and concubines.
He in turn swore by heaven above
He'd avenge her now scorned love,
Succor her weakness and distress,
Guarantee she would win in the fight.
Clever beast that he was, just dripping with finesse,
He catered to treason outright
To catch the traitress with success.
Right off he went to lie in wait
At an obscure byway on a hidden road, by a rock,
Whence, without being seen, he could pounce straight
On the whole elegant flock and the Cock.
He hung around as long as he could
In hiding, lying there cooling his heels.
The Hen at last returned to the wood
To tell him, all cackles and squeals,
That by accident, quite unforeseen,

Des soldats, dont la faim est toujours insensée,
Avaient mis à son insu
Le sérail en fricassée.
"Non, non, je n'aurai point attendu vainement!"
Dit le Renard en colère:
"Du temps que j'ai perdu tu seras le salaire!"
Et l'approchant finement,
L'étrangla comme il sait faire.

Quand on veut venger une offense
Et que seul on ne peut se venger qu'à demi,
C'est une grande imprudence
D'employer son ennemi.

L'Ane Juge

Un Baudet fut élu, par la gent animale,
Juge d'une chambre royale:
"C'est l'homme qu'il nous faut!" disaient autour de lui
Ses amis accourus tout exprès au concile.
"Simple dans son maintien et dans ses goûts facile,
Il sera de Thémis l'incomparable appui;
Et de plus il rendra sentences non pareilles,
Puisque, tenant du Ciel les plus longues oreilles,
Il se doit mieux entendre aux affaires d'autrui.
Bientôt l'industrieuse Avette
Devant cet Arbitre imposant,
Se plaignit que la Guêpe allait partout disant
Que le trésor doré des filles de l'Hymette,

Soldiers, whose raging appetite is always at apogee
Unknown to her did intervene:
The harem was just fricassee.
"No, no, I won't have waited in vain and futilely!"
Said the Fox, irate all through.
"For time I've lost, the compensation will be you!"
And, approaching her cunningly,
He throttled her as he knew how to do.

When one wants to avenge an offense
And has scarcely the strength to strike a blow,
What imprudence is more immense
Than resorting to one's foe?

The Ass Who Was a Judge

A Donkey was elected, by the animal cohort,
To be Judge of a royal court.
"This is the man we need!" was said on every hand
By friends who'd rushed to the convention:
"Easy to please and lacking in all pretension,
A matchless support of Themis in this land.
And, too, his judgments will be of highest grade
Since, having the longest ears Heaven has made,
Others' affairs he must more ably understand."
Soon the Bee, busy beyond measure,
Before this imposing Magistrate
Complained: the Wasp was going around to prate
That Hymettus's daughters' golden treasure,

Loin de valoir son miel âcre et rousseau,
N'était bon qu'à sucrer potage de pourceau:
"Contre cette menteuse, impudente et traîtresse,
J'implore à genoux Votre Altesse!"
Dit l'Abeille tremblante au Juge au gros museau.
A ses mots l'Ane se redresse
Dans son tribunal
Et, prenant un air magistral,
Décorum ordinaire aux gens de son espèce,
Il ordonne à l'huissier d'étendre au bord d'un muid
Egale part de l'un et de l'autre produit.
Le Grison en goûta au fin bout de sa langue,
Pas une fois mais deux, et tint cette harangue,
La gloire de la robe et du bonnet carré:
"La plaignante ayant fait une cuisine fade,
Nous déclarons, tout très considéré,
Qu'à sa compote de malade
Le miel guépin est par nous préféré.
Quelle saveur au palais agréable!
C'est le piquant des mets délicieux
Dont Hébé parfume la table
De Jupin, le maître des Dieux!"
Et chacun de blâmer cet arrêt vicieux.
Mais Sire Goupillet, Renard de forte tête,
Leur dit: "De votre choix vous avez les guerdons;
Je n'attendais pas moins de ce croque-chardons.
Selon ses goûts juge la bête!"

Not like her honey, pink and saline,
Was good solely to sweeten swill for swine.
"Against this impudent, lying cheat's slyness
On my knees I implore Your Highness!"
Said trembling Bee to Judge with muzzle Muline.
At her words the Ass sat up straight
In his tribunal chair.
Assuming a magisterial, learned air,
Demeanor habitual in folk of his species and estate,
He ordered bailiff to lay out on the edge of a barrelhead
Equal parts of the products on which the case was pled.
Jackass tasted, just where his tongue tip could reach,
Not once, but twice, and then he delivered this speech,
All honor to judge's cap and gown his every single word:
"The plaintiff having concocted a most insipid brew,
We rule, having duly weighed what we've heard:
Rather than her invalid's stew,
It's the Wasp's honey we've preferred.
For palate's delectation, what savor!
Of all spicy foodstuffs it's the wonder,
Condiment Hebe uses, to flavor
Food of Jove, the Lord of Thunder!"
And did everyone condemn this faulty decree!
But Master Volpone, a Fox whose wit rose like yeast,
Said to them, "You now reap the fruits of your choice.
I expected no less from this thistle muncher's voice.
By his tastes shall ye judge the beast!"

Index

Index